跨境电商：理论、政策与实操

主　编　郑春芳
副主编　王　婷　张翠波

中国财经出版传媒集团
经济科学出版社
Economic Science Press

图书在版编目（CIP）数据

跨境电商：理论、政策与实操/郑春芳主编．
—北京：经济科学出版社，2019.12（2023.4 重印）
ISBN 978－7－5218－1157－5

Ⅰ.①跨…　Ⅱ.①郑…　Ⅲ.①电子商务
Ⅳ.①F713.36

中国版本图书馆 CIP 数据核字（2019）第 289595 号

责任编辑：王红英
责任校对：郑淑艳
责任印制：邱　天

跨境电商：理论、政策与实操
主　编　郑春芳
副主编　王　婷　张翠波
经济科学出版社出版、发行　新华书店经销
社址：北京市海淀区阜成路甲 28 号　邮编：100142
总编部电话：010－88191217　发行部电话：010－88191522
网址：www.esp.com.cn
电子邮件：esp@esp.com.cn
天猫网店：经济科学出版社旗舰店
网址：http://jjkxcbs.tmall.com
固安华明印业有限公司印装
787×1092　16 开　22 印张　460000 字
2020 年 3 月第 1 版　2023 年 4 月第 2 次印刷
ISBN 978－7－5218－1157－5　定价：49.80 元

前　言

随着移动第三方支付、物联网、云计算等技术发展，跨境电商得到了极大的发展，已成为当今互联网时代发展最为迅速的国际贸易新动力和新趋势。2010年以来，中国对外贸易增速逐步放缓。2012~2017年，中国货物进出口增速为个位数，2015年和2016年甚至出现负增长。在此背景下，跨境电商却在快速发展，2012~2017年跨境电商交易增速均在20%以上，其中，2013年增速高达50%，全线跑赢全国货物进出口增速。商务大数据监测显示，2018年，我国跨境电商零售总额同比增长50%，2019年前7个月，我国主要跨境电商平台零售进口额同比增长超过20%，远高于1.3%的我国整体外贸进口增速。

跨境电商是构建开放型世界经济的重要支撑。2018年2月9日，首届世界海关跨境电商大会在北京召开，来自WCO、125个国家（地区）的海关、政府部门、万国邮政联盟、OECD等国际组织、电子商务相关企业和学术界近2000名代表参加会议。首届世界海关跨境电商大会的召开，是推动跨境电商成为国际贸易主要形式的最为重要的里程碑事件。

跨境电商是企业向“卖全球”的目标迈进、创造就业、机遇和价值的重要贸易方式。跨境电商突破了展览、展销、现场洽谈等传统外贸营销模式的制约，有利于企业缩短贸易链条，直接参与国际贸易，建立自主营销渠道，开展研发设计；也有利于大中小企业融通发展，促进国内制造业升级和品牌成长。

跨境电商还是贸易双方共享历史、文化的一种生活方式。近年来，中国消费者的需求已经发生巨大变化，从“买得到”转向“买得好”。用户购买的不仅仅是一件商品，而是一种品质生活方式。跨境电商消费者正在融入和享受这种“买全球”的生活方式，享受来自各国的商品及其文化和历史。我国跨境网购用户一直快速增长。截至2018年底，我国经常进行跨境网购的用户达8850万人。随着消费的不断升级，天猫国际、网易考拉、唯品国际、亚马逊、速卖通等跨境电商平台已经成为消费者生活必不可少的一部分。在2019年“6·18”电商大促中，天猫国际海外品牌整体成交同比增长197%，870多个首次参加“6·18”促销活动的海外新品牌，成交最高超日销100倍。

跨境电商的快速发展创造了大量的就业。截至2017年底，我国直接、间接跨境电商从业人员达到2830万人。但是，现有的跨境电商从业者主要还是原来传统外贸人才在摸索中转变而来，我国高校并没有与之匹配的人才培养专业，以至于跨境电商行业此前并没有充足的人才储备。据商务部电子商务和信息化司发布的《中国电子商务报告（2018）》显示，2018年，中国跨境电商人才缺口已接近450万人，并以每年30%的增速扩大。

本教材分上、下两篇。上篇理论与政策包括五章，详细介绍跨境电商的概念、特征、发展历程、现状，解析跨境电商政策、海关职能创新与难点、跨境电商企业融资方式、跨境支付收款方式。下篇亚马逊平台实操包括五章，以亚马逊平台为例，详细介绍卖家注册、选品、上架、营销推广和客户服务等出口卖家主要操作。本教材旨在帮助跨境电商卖家“卖全球”的创业梦想插上翅膀，为跨境网购用户“买全球”的消费方式增添智慧，为广大跨境电商企业培养专业人才。

本教材具体的编写分工如下：第一章、第二章、第三章、第六章、第七章、第八章、第九章由郑春芳（北京联合大学，教授）编写；第四章、第五章由王婷（北京联合大学，金融学专业硕士）、郑春芳编写；第十章由张翠波（北京联合大学，副教授）编写。郑春芳负责对本教材进行整体指导与统稿工作。

跨境电商行业政策密集出台、平台规则变动频繁，教材编写过程遇到很多困难。教材编写成员利用寒暑假时间、高强度完成编写工作，北京智欣联创科技有限公司辛玉麟总经理、白玉生副总经理、北京数通国软信息技术有限公司司汝军总经理、厦门今众唯电子商务有限公司詹劭勋总经理为教材下篇实操部分提供宝贵的亚马逊平台素材、产品信息使用授权及审阅工作。对此，编写组成员表示衷心的感谢！对本教材的责编王红英女士的敬业、高效表示由衷的感谢和敬意！

本教材系2018年第一批教育部产学合作协同育人项目“跨境电商背景下国际贸易本科专业课程体系改革研究”（项目号：201801148002）、2018年第二批教育部产学合作协同育人项目“基于OBE的本科《跨境电商》课程建设与改革研究”（项目号：201802104009）以及北京联合大学人才强校优选——百杰计划“跨境电商零售进口增值税的征管模式研究”（项目号：BPHR2019CS02）的系列成果之一，对有关资助方表示衷心感谢！

跨境电商是一个多学科交叉融合的全新领域，仍处于快速发展阶段，各国不断出台跨境电商方面的政策，海关监管、统计、征税等职能在不断完善中，很多跨境电商理论还没有达成统一成熟的业界共识；各国跨境电商进出口政策、各平台规则也在不断调整中，带来平台实际操作会有些变化。因此，本教材编写组成员虽搜集、阅读、梳理大量文献与政策，利用校企合作资源获得实践领域素材，但仍不免有疏漏的地方，不当之处敬请读者批评指正。

郑春芳

2019年12月26日于北京

目　录

上篇　理论与政策

下篇 亚马逊平台实操

上　篇

理论与政策

第一章

跨境电商概述

教学目标：

1. 学生掌握并能复述跨境电商的概念与特征。
2. 学生熟悉和辨识跨境电商的不同模式与分类。
3. 学生了解中国跨境电商进出口发展历程及现状。

📖 引导案例：

2019 年 2 月 21 日，商务部召开新闻发布会，新闻发言人高峰对外发布 2018 年商务领域重点工作情况：

2018 年我国网络零售市场规模持续扩大。全国网上零售额突破 9 万亿元，比上年增长 23.9%，其中实物商品网上零售额 7 万亿元，同比增长 25.4%，对社会消费品零售总额增长的贡献率达到 45.2%，较上年提升 7.3 个百分点。①② 在规模增长的同时，新旧动能转换进一步加快，线上线下融合、业态模式创新、质量服务提升等新动能加速形成。2018 年我国网络零售市场发展呈现五个特点：零售品质持续提升，推动消费升级不断深化；农村电商迅猛发展，开辟农产品上行新通道；社交电商迅速成长，成为市场发展“生力军”；生活服务电商提质升级，生态圈建设成为新重点；跨境电商再上新台阶，“丝路电商”合作不断深化。

跨境电商作为 2018 年中国网络零售市场的特征之五，新闻发言人如是说：“据海关统计，2018 年我国跨境电商零售进出口总额达到 1347 亿元，同比增长 50%。2018 年，我国与俄罗斯、阿根廷等 9 个国家新建电子商务合作机制，通过召开电子商务工作促进会与企业对接会等，帮助相关国家企业利用电子商务开拓国际市场，与柬埔寨、科威特、阿联酋、奥地利等国跨境电商交易额同比增速均超过 100%。”

2019 年 8 月 8 日，商务部电子商务司负责人介绍了 2019 年上半年全国网络零售市场发展情况。

---

① 商务部. 2018 年全国网上零售额突破 9 万亿元. 中国财经网，2019－2－21.

② 2018 年全国网上零售额同比增长 23.9%. 山东省电子商务促进会，2019－1－22.

2019 年上半年，我国网络零售市场保持快速增长，全国网上零售额达 4.82 万亿元，同比增长 17.8%，比第一季度加快 2.5 个百分点。[①] 其中，实物商品网上零售额 3.82 万亿元，增长 21.6%，占社会消费品零售总额的比重为 19.6%，比第一季度提高 1.4 个百分点，对社会消费品零售总额增长的贡献率达 44.8%，比第一季度提高 3.6 个百分点。在激发需求潜力、扩大国内消费方面的作用不断增强。

2019 年上半年，我国网络零售市场呈现五大特点：消费提质升级趋势明显；地域消费热点呈现差异；农村电商发展潜力较大；跨境电商保持较快增长；电商与实体融合更加紧密。

跨境电商作为 2019 年中国网络零售市场的特征之四，新闻发言人如是说："商务大数据监测显示，今年上半年主要跨境电商平台零售进口额同比增长超过 20%。从原产地看，自日本、美国、韩国进口额排名前三，占比分别为 19.1%、13.9%和 10.7%。从品类看，化妆品、粮油食品和日用品进口额排名前三，占比分别为 34.8%、24.7%和 9.6%。"

2019 年前 7 个月，我国外贸进出口总值 17.41 万亿元，比上年同期增长 4.2%。其中，出口 9.48 万亿元，增长 6.7%；进口 7.93 万亿元，增长 1.3%；贸易顺差 1.55 万亿元，扩大 47.4%。[②]

随着互联网、云计算、大数据等新技术的广泛应用，近年来，跨境电商快速发展，已经成为国际贸易发展的新趋势和新增长点。

第一节　跨境电商的概念与特征

一、跨境电商的概念

跨境电商（cross-border e-commerce），也称跨境电子商务，目前，各国、各界对跨境电商还没有一个统一的定义。阿里研究院和艾瑞咨询等业界给出了各自的狭义和广义跨境电商的概念。来有为、张夏恒、柯丽敏、马述忠等学界给出了具有包容性、范畴具有概括性的概念。

中国电子商务研究中心认为，跨境电子商务是生产、贸易企业或者个人通过电子商务的手段，整合产业链上下游及相关资源，将传统进出口贸易中的展示、洽谈和成交环节数字化、电子化，实现产品进出口的新型贸易方式。

---

① 商务部．上半年网上零售额同比增 17.8%　提质升级趋势明显．人民网，2019－8－9.

② 7 月我国外贸出口总值 1.53 万亿元比去年同期增长 10.3%．经济日报，2019－8－9.

世界海关组织没有直接定义跨境电商，而是在研究报告中通过电子商务概念来描述跨境电商，即电子商务是通过互联网完成的商品和服务交易，扩大到国际市场的电子商务就是跨境电商①。跨境电商源于电子商务，又不同于电子商务。本书将跨境电商概念分为广义和狭义两种。

广义的跨境电商是指依托互联网完成的商品和服务的跨国交易，是电子商务突破了关境、在国际市场的延伸，是电子商务在国际贸易中的应用。广义的跨境电商是传统国际贸易流程的数字化、电子化和网络化，涉及货物的电子贸易、电子资金划拨、电子货运单证等内容。

狭义的跨境电商是指跨境网络零售，指分属不同关境的交易主体通过互联网达成交易、进行跨境支付结算，通过跨境物流送达商品，完成交易的一个过程，是国际贸易的一种新形式。狭义跨境电商定义中的零售主要针对个人消费者（consumer）和小额买卖的商户（business）。

狭义的跨境电商，本质上讲，是一种在线零售业务，是国际贸易发展的新形式。无论形式怎样变化，最终还要回归到商业和零售的本质，就是为异国消费者提供高品质的产品和良好的购物体验。

二、跨境电商的特征

跨境电商作为一种国际贸易新形式，世界海关组织②给出了跨境电商的 4 个关键特征：

（1）物流处理时效高（time-sensitive goods flow）。与传统国际贸易不同，通过跨境电商平台达成的交易，减少了传统国际贸易需要经过国内出口商、国外进口商、国外渠道商、国外零售商等交易环节，弱化甚至替代了传统国际贸易中一些重要的中间环节，使国际贸易供应链更加扁平化。跨境电商交易双方都更加关注物流处理的实效。一般而言，跨境电商卖家在成交后 1 ~ 3 天内处理订单的物流信息，上传物流单号，为消费者提供良好的购物体验。

（2）大量小包裹（high volumes of small packages）。跨境电商，尤其是狭义跨境网络零售，往往是直接满足消费者个性化、多样化需求而产生的，具有碎片化、高频次、小批量特征，必然带来大量小包裹。以中国为例，2017 年，中国跨境电商零售进口商品总值 500 多亿元人民币，涉及 3.9 亿票清单，平均每单价值约为 130 元人民币。2017 年，中国跨境电商零售出口总值 197.99 亿元人民币，涉及约 2.96 亿票清单，平均每单 66.93 元人民币③。

（3）参与者未知（participation of unknown players）。由于跨境电子商务的非中心化和全球性的特性，在线消费者的身份和其所处的地理位置往往是不真实

---

① 世界海关组织. WCO Study Report on Cross – Border E – Commerce，2017 – 3.

② http：//www. wcoomd. org/en/topics/facilitation/activities-and-programmes/ecommerce. aspx.

③ 中国跨境电商发展年鉴编委会. 2018 中国跨境电商发展年鉴. 中国海关出版社，2018.

的，不易确定，但却丝毫不影响交易的进行。这一点在跨境数字化产品和服务交易中体现得尤为明显。跨境数字产品和服务基于数字传输，具有无形性。以书籍为例，消费者无须透露个人真实身份信息，只要购买网上的数据权、线上支付、线上传输收货，便可以使用书中的知识和信息。

（4）需要退货/退款流程（return/refund processes required）。很多跨境电商平台提供低成本甚至免费退换货服务，鼓励了消费者的包围式（bracketing）购买行为，即在不确定产品尺寸是否合适，或者产品实物自己是否喜欢的情况下，消费者会同时订购多个产品，收到实物试用或试穿后，再退掉不适合的。这样，较高的退换货率给跨境商家带来更高的成本和很大的经济损失。因此，跨境电商需要制定详细的退换货流程，一方面，保证消费者的权益利益，另一方面，正确的退换货处理流程可以帮助商家防止诈骗行为、提高客户满意度、更好地进行库存选择和筛选产品生产商或供应商等。可以说，没有退换货流程作为保障，跨境电商交易很难达成和快速发展。

三、跨境电商与传统国际贸易的区别

跨境电商与传统国际贸易的区别主要体现在以下几个方面：

1. 交易主体不同

在传统国际贸易中，进、出口商是具有外贸经营权的生产企业或者外贸企业。而跨境电商中的买卖双方均可以是企业或个人。如在跨境电商 B2B、B2C 和 C2C 模式下，跨境购买的可以是个人消费者，也可以是企业；跨境电商出口的可以是企业，也可以是个人。

2. 寻找客户的方式不同

在传统国际贸易中，进口商与出口商一般采用电话、电传、邮件等方式建立新的业务关系，或者要花费大量成本去参加全球的展销会，或者在国际官网上搜索相关公司的信息，或者从商务参赞那里获得国外公司的黄页。而在跨境电商模式下，买卖双方不需要当面交涉，只要在线上交流和线上广告推广，如在一些大的跨境电商交易平台，如亚马逊、eBay、Wish、速卖通上，卖家通过各种营销推广方式寻找自己的客户群。

3. 交易磋商的过程不同

在传统国际贸易中，进出口双方都是通过电话、邮件、MSN 等即时通话工具及软件等方式来联系，一般会经历交易前的准备（国际市场调研）、询盘、报价、还盘、接受、签订合同等过程。而跨境电商的交易磋商过程都可以在跨境电商平台上完成，简化了磋商程序，节省了时间。

4. 运输的方式不同

在传统国际贸易中，运输方式主要包括海洋运输、航空运输、铁路运输、集装箱运输等，其中集装箱海洋运输模式占比约 80%。而在跨境电商中，由于交易具有高频次、低货值的特点，不适用于有最低装箱要求的集装箱海运，最惯常的运输方式是邮政运输中的国际快递。据国家电子商务研究中心的数据显示，跨境电商70%的出口业务走的都是国际快递。

5. 运输保险的险别不同

在传统国际贸易中，特别是针对海洋运输所设置的保险条款分别是英国伦敦保险业协会的ICC条款和我国颁布的海洋运输保险CIC条款。这些条款包括水渍险、平安险、一切险以及战争险等。而在跨境电商中，由于运输方式主要是邮政运输，邮包险和邮包一切险则成为主要险种。

6. 支付的方式不同

在传统国际贸易中，进出口双方通常会直接采用信用证、汇款和托收等支付方式收付货款。这些支付方式主要依托的是银行信用，中间环节较多，办理手续麻烦，涉及的票据也很繁杂，遇到"单证不符"还要返工进行修改。而在跨境电商中，平台上进行交易大多数采用的是线上或电子支付方式，比如信用卡、网上银行、电子转账、手机支付、第三方支付方式，如PayPal和支付宝等。新型的支付方式成本低、速度快，大大降低支付成本，提高交易效率。

7. 交易的流程不同

在传统国际贸易中，交易需要经过国内出口商、国外进口商、国外渠道商、国外零售商等交易中间环节；而跨境电商通过线上平台达成交易，可以省去传统国际贸易中一些重要的中间环节，主要有三种流程：一是出口国生产商—国内网商—平台—国外网商—国外消费者；二是出口国生产商—平台—国外网商—国外消费者；三是出口国生产商通过平台直接与国外消费者达成交易。

第二节　跨境电商的模式

一、跨境电商B2B与跨境零售2C

从交易对象角度上看，根据买家是企业还是个人，跨境电商可以分为跨境电商B2B（business to business）和跨境零售2C两种模式。

1. 跨境电商B2B

跨境电商B2B是指分属不同关境的企业，通过电子商务平台实现商品交易，并通过跨境物流实现商品从企业卖家送达企业买家的一种新型电子商务模式。跨境电商B2B有两种商业模式。

（1）入驻跨境电商B2B平台。跨境电商B2B平台所面对的最终客户为企业或集团客户，提供企业、产品、服务等相关信息。目前，中国跨境电商交易规模中80%以上是跨境电商B2B，企业级市场始终处于主导地位。典型做法是企业入驻阿里巴巴国际站、环球资源网、中国制造网、敦煌网等 B2B 平台。

（2）跨境电商 B2B 独立站。跨境电商 B2B 独立站依托国内的生产商资源，面向海外的中小企业客户或者零售商客户，批量销售产品。这种模式会设定一个最低的起订量或者最低的订单金额，通过在线的支付完成下单，通过跨境物流完成产品的交付。典型代表有 2004 年成立的敦煌网、2007 年前后成立的杭州全麦、2009 年成立的大龙网、泉州做情趣内衣的公司时颖服饰（Dear-lover. com）、做首饰配件批发的广州银河在线（gets. cn），以及 2014 年左右中建材集团上线的一家主营建材批发的专业网站（okorder. com）等。

2. 跨境零售 2C

跨境零售包括跨境电商 B2C（business to consumer，企业对消费者）和跨境电商 C2C（consumer to consumer，消费者对消费者）。

（1）跨境电商 B2C。跨境电商 B2C 是指企业卖家向分属不同关境的消费者开展在线产品或服务销售，在电子商务平台上实现商品交易，并通过跨境物流实现商品从企业送达消费者的一种新型电子商务模式。跨境电商 B2C 分为三种商业模式：

第一种是入驻跨境电商 B2C 平台，典型做法是企业入驻亚马逊、速卖通、Ebay 等平台，遵守平台规则，享受平台流量向境外消费者销售商品或服务，缴纳一定的服务费或交易佣金。

第二种模式是独立站的“铺货模式 B2C”。典型的代表有 2005 年成立的 Deal extreme 和 2007 年成立的兰亭集势。这类模式在 2004～2010 年比较有市场，但当亚马逊等 B2C 平台出现后，这种模式在标准商品的激烈竞争中再无优势。

第三种模式是垂直精品 B2C。这种模式出现在 2010 年前后，是做行业的垂直深耕，需要企业在产品的供应链上进行非常深度的整合，完善用户在线营销设计，比较适合具有供应链比较优势的细分品类。这一模式的典型代表是以服装、珠宝饰品等时尚类产品为主的一些优秀大卖家。比如 2008 年成立的 Shein、2009 年成立的珠宝品牌索菲尔珠宝（Soufeel Jewelry）、2010 年成立的踏浪者（Tidebuy）、2012 年的执御（Jolly Chic）（后转型移动电商平台）、2013 年成立的 Sammydress、成立于 2014 年的母婴电商（Patpat），等等。

随着跨境电商的发展，跨境零售消费者中也会含有一部分碎片化小额买卖的 B 类商家用户，但现实中这类小 B 类商家和 C 类个人消费者很难区分，也很难界定小 B 类商家和 C 类个人消费者之间。所以，这部分针对小 B 类商家的销售也归属于跨境零售 B2C 部分。此外，利用保税区域开展的 B2B2C 模式也归属于跨境零售之列。

（2）跨境电商 C2C。跨境电商 C2C 是指个人卖家向分属不同关境的消费者开展在线销售产品或服务，在电子商务平台上实现商品交易，并通过跨境物流实现商品从卖家送达消费者的一种新型电子商务模式，典型代表是个人卖家入驻

eBay 平台跨关境销售商品或服务给国外个人消费者。

二、跨境电商第三方平台与跨境电商独立站

根据平台运营方分类，跨境电商可分为第三方平台和自建独立站两种商业模式。

1. 第三方平台

跨境电商第三方平台就是平台型电商通过线上搭建商城，整合物流、支付、运营等服务资源，吸引商家入驻，为其提供跨境电商交易服务，并收取商家交易佣金或年费。入驻的商家要根据第三方平台的规则去展示商品，交易并缴纳一定的佣金。对于入驻商家而言，第三方平台主要的优点在于：（1）上手比较简单；（2）平台内有大量的现成的流量，而且都是对于购物意向非常高的流量。第三方平台类的缺点也比较明显：（1）平台卖家间存在比较激烈的同质化竞争；（2）平台卖家无法积累自己消费者的数据和联系信息而很难实现重复的销售；（3）必须遵守平台规则而很难有经营特色等。[①] 第三方平台模式比较适合跨境电商初入行者，有较强标准产品研发能力、有一定的品牌、专利或版权保护的卖家。

跨境电商第三方开放平台分为电脑 C 端平台和移动端平台。电脑端平台典型代表主要有速卖通、亚马逊、eBay、阿里巴巴国际站等；移动端平台典型代表主要有 Wish、2012 年成立面向中东的 Jollychic、2015 年成立面向东南亚、中东和印度地区的 Clubfactory、2017 年成立面向中东的 Fordeal，等等。

2. 独立站

跨境电商独立站是制造工厂或者产品开发团队自建跨境电商站点，直接面对境外消费者的商业模式。跨境电商独立站主要的优点在于：（1）可以采取灵活的营销设计、营销宣传和营销活动，可以完全控制自己的品牌；（2）可以积累自己的用户，从而实现重复销售，还可以根据客户的直接反馈不断完善优化产品。独立站也有其不足：（1）有一定的入门门槛，需要基本的建站和运营能力；（2）没有免费的自然流量，需要商家自己引流，建立营销渠道和做客户运营。

跨境电商独立站又有多种商业模式，如 B2B 或 B2W（wholesale）的模式、铺货模式 B2C、垂直精品 B2C、货到付款模式（cash on delivery，COD）、一件代发模式（dropshipping）、品牌独立站模式等。详见本章末的推荐资料。

三、跨境电商进口与跨境电商出口

跨境电商是一种新型国际贸易形式，从本质上来讲，是一种在线零售业务。

① Chris Chen. 跨境电商独立站模式解析及机会分析．亿邦动力网，2019－1－24，http：//www. ebrun. com/20190124/318236. shtml? eb＝com_chan_lcol_fylb.

无论模式怎样变化，最终还要回归到商业和零售的本质，就是为消费者提供高品质的产品和良好的购物体验。按贸易商品流向，跨境电商可以分为跨境电商进口与跨境电商出口两种模式。

1. 跨境电商进口

跨境电商进口是指分属不同关境的交易主体，通过电子商务的手段将商品陈列、沟通洽谈及交易环节网络化，并最终经过跨境物流方式递送商品、完成交易。包括商品电子贸易、线上数据传递、跨境电子资金支付及电子货运单证和跨境物流等内容。中国国内消费者需求多样化、个性化且不断升级，跨境电商进口也因此呈现出多种模式。

（1）按照海关监管方式或者履约模式。按照海关监管方式或者履约模式区分，跨境电商进口分为网购保税进口和直购进口两种模式。网购保税进口模式（bonded import）是指电子商务企业将整批商品运入海关特殊监管区域或保税物流中心（B型）内并向海关报关，海关实施账册管理。境内个人网购区内商品后，电子商务企业、支付企业和物流企业分别将电子订单、支付凭证、电子运单等传输给海关，电子商务企业或其代理人向海关提交清单办理申报和纳税手续，海关验放出区后账册自动核销。①“直购进口模式”（direct purchase import）是指境内个人跨境购物后，电子商务企业或电子商务平台企业、支付企业、物流企业分别向海关传输交易、支付、物流等电子信息，进出境快件运营人、邮政企业在承诺对数据真实性承担法律责任的前提下，可以代传交易、支付等电子信息。跨境电子商务商品运抵监管场所后，电子商务企业或其代理人向海关提交清单办理申报和纳税手续。②

（2）按照进口主体。按照进口主体区分，根据买家是个人还是企业，跨境电商进口可以分为跨境电商B2B进口和跨境电商零售进口（B2C进口）两种模式。跨境电商零售进口中，跨境购买商品的个人作为纳税义务人，电子商务企业、电子商务交易平台企业或物流企业可作为代收代缴义务人。

（3）按照盈利模式。按照盈利模式分，跨境电商零售进口分为十大类：

第一种：“保税进口＋海外直邮”模式——典型案例：天猫国际。

天猫国际分为官方直供和天猫国际官方直营两种方式。第一种官方直供是通过平台招商，引入海外品牌入驻，设立官方旗舰店实现直供。这种模式中，天猫提供商品服务，收取佣金，优势是轻资产，劣势是国外商品品质难以保证。这种模式的物流是海外直邮。第二种天猫国际官方直营是在美国、澳大利亚、英国、法国、德国、意大利、西班牙、荷兰、韩国、日本及东南亚多国设立海外办事处，自建专业买手团队，精挑细选高品质商品，从源头开始严格把关确保商品

---

① http：//www.customs.gov.cn/customs/xwfb34/302413/302415/sjsjhgkjdsdh/zlzs/1462228/index.html，中华人民共和国海关总署网站。

② http：//www.customs.gov.cn/customs/xwfb34/302413/302415/sjsjhgkjdsdh/zlzs/index.html，中华人民共和国海关总署网站。

100%正品。这种模式的优点是可以根据国内市场需求确定经营品类且商品品质有保障，缺点是占用资金量大。这种模式的物流一般是以保税模式进入国内消费者手中。天猫在跨境这方面通过和自贸区的合作，在各地保税物流中心建立了各自的跨境物流仓，并与宁波、上海、重庆、杭州、郑州、广州6个城市试点跨境电商贸易保税区、产业园签约跨境合作，全面铺设跨境网点。规避了基本法律风险，同时获得了法律保障，压缩了消费者从订单到接货的时间，提高了海外直发服务的便捷性。

第二种："自营+平台"模式——典型案例：京东海外购。

京东海外购一部分自营，一部分允许商家入驻。京东供应链管理能力强，对爆款标品采取自营，非标品可引进商家，SKU丰富，正品真货，与品牌建立稳固关系，打通了产品流通环节，规模效应强，是一种重资产模式。

第三种："线下转型O2O"模式——典型案例：苏宁海外购。

苏宁选择该模式，依托线下门店和资源优势，同时布局线上平台，形成O2O闭环。这种模式的优势是和实体店、富有经验的采购团队与线上平台形成协同效应；劣势是线上引流能力不足，客户黏性需要长时间培养。

第四种："海外商品闪购+直购保税"模式——典型案例：唯品会全球特卖。

2014年9月，唯品会的"全球特卖"频道亮相网站首页，同时开通首个正规海外快件进口的"全球特卖"业务。唯品会"全球特卖"全程采用海关管理模式中级别最高的"三单对接"标准，"三单对接"实现了将消费者下单信息自动生成用于海关核查备案的订单、运单及支付单，并实时同步给电商平台供货方、物流转运方、信用支付系统三方，形成四位一体的闭合全链条管理体系。与海淘的反复跟单、缴税等困扰相比，唯品会的跨境电商模式让产品与服务更加阳光化、透明化。

第五种："自营+保税区"模式——典型案例：聚美海外购。

"自营"模式就是跨境电商企业将直接参与到采购、物流、仓储等海外商品的买卖流程。有自己的物流监控和支付体系。2014年9月，聚美优品和河南保税物流中心对接，在河南保税物流区有上万平方米的自理仓，进口货物日处理量可达8万包，而且聚美海外购比常规的"海淘商品"购买周期更短，可由15天压缩到3天，并保证物流信息全程跟踪。聚美优品借助保税区破解了仓储物流难题，供应链管理效率大大提高。

第六种："自营跨境B2C平台"模式——典型案例：1号海购、顺丰海淘等。

1号店是通过上海自贸区的保税进口模式或海外直邮模式入境，可以提前将海外商品进口至上海自贸区备货。此外，1号店因有沃尔玛的战略投资，有国际市场的零售和采购资源整合优势。

2015年1月9日，顺丰主导的跨境B2C电商网站"顺丰海淘"正式上线。提供的产品涉及美国、德国、荷兰、澳大利亚、新西兰、日本、韩国等海淘热门国家。"顺丰海淘"提供商品详情汉化、人民币支付、中文客服团队支持等服务，提供一键下单等流畅体验。初期上线的商品锁定在母婴、食品、生活用品等品类。货物可在5个工作日左右送达。保税进口模式在备货时占用的资金量大，对组织货源的要求高，对用户需求判断的要求高。

第七种："直销、直购、直邮"的"三直"模式——典型案例：洋码头。

洋码头是一家面向中国消费者的跨境电商第三方交易平台。该平台上的卖家可以分为两类：一类是个人买手，模式是C2C；另一类是商户，模式就是M2C。它帮助国外的零售产业跟中国消费者对接，就是海外零售商直销给中国消费者，中国消费者直购，中间的物流是直邮，实现三个直："直销、直购、直邮"。洋码头作为跨境电商的先行者，向第三方卖家开放，因此也面临着与亚马逊、京东、苏宁等电商的正面较量。洋码头想要立足，还是要在海外供应商、产品体验、用户体验以及物流方面下足功夫。

第八种："垂直型自营跨境B2C平台"模式——典型案例：蜜芽宝贝。

垂直自营跨境B2C平台指平台会集中于某个特定的品类，如美妆、服装、化妆品、母婴等。蜜芽宝贝主导"母婴品牌限时特卖"，每天在网站推荐热门的进口母婴品牌，以低于市场价的折扣力度，在72小时内限量出售，致力于打开跨境电商业务。据中国母婴电商网（www.100ec.cn/zt/muying）监测数据显示，2014年10月，蜜芽成交总额超过1亿元，月复购率达到了70%左右。蜜芽宝贝的供应链分为四种模式：①从品牌方的国内总代理采购体系采购；②从国外订货直接采购，经过各口岸走一般贸易形式进口；③从国外订货，走宁波和广州的跨境电商试点模式；④蜜芽的海外公司从国外订货，以直邮的模式报关入境。

这类跨境的电商平台因其自营性，供应链管理能力相对比较强，从采购到用户的整个流程比较好自己把控，但是前期需要比较大的资金支持。

第九种："导购返利平台"模式——典型案例：55海淘。

海淘网是针对国消费者进行海外网购的返利网站，其返利商家主要是美国、英国、德国等B2C、C2C网站，如亚马逊、eBay等，返利比例在2%～10%不等，商品覆盖母婴、美妆、服饰、食品等综合品类。

导购返利模式是一种比较轻的电子商务模式，技术门槛相对较低。这种模式可以分为引流和商品交易两部分，要求企业在B端与境外电商建立合作关系，在C端从用户中获取流量。

第十种："跨境C2C平台"模式——典型案例：淘宝全球购、美国购物网。

全球购是淘宝网奢侈品牌的时尚中心，帮助会员实现"足不出户，淘遍全球"的目标，2007年成立。全球购期望通过严格审核每一位卖家，精挑细选每一件商品，为淘宝网的高端用户服务。

美国购物网是专注代购美国本土品牌商品，涵盖服饰、箱包、运动鞋、保健品、化妆品、名表首饰、户外装备、家具母婴用品、家庭影院等。该网站批发零售兼顾，主打直邮代购。代购的商品均由美国分公司采用统一的物流配送——纽约全一快递，由美国发货直接寄至客户手中，无须经过国内转运。

淘宝全球购和美国购物网是国内第一批代购网站，走跨境 C2C 平台路线。与之类似的还有易趣全球集市等。这类网站因较浅涉入供应链和欠缺消费者信任度，收到 B2C 电商大佬的巨大冲击。①

2. 跨境电商出口

从海关监管和统计的角度，跨境电商出口可以分为“一般出口”模式和“特殊区域出口”模式两种。

“一般出口”（general export）是指境外个人跨境网购后，电子商务企业或其代理人、物流企业分别向海关传输交易、收款、物流等电子信息。电子商务企业或其代理人向海关提交清单办理申报手续，跨境电子商务综试区海关采取“简化申报，清单核放，汇总统计”方式通关，其他海关采取“清单核放，汇总申报”方式通关。

“特殊区域出口”（special supervision zone export），也是保税集货出口或 B2B2C 出口，是指电子商务企业把整批商品按一般贸易报关进入海关特殊监管区域，企业实现退税。对于已入区退税的商品，境外个人跨境网购后，电子商务企业或其代理人、物流企业分别向海关传输交易、收款、物流等电子信息，电子商务企业或其代理人向海关提交清单办理申报手续。海关验放出区离境后，电子商务企业定期将放行清单归并形成出口报关单，凭此办理结汇手续。

直邮 B2C 出口模式中，物流公司先把电商的出口清单、产品名称、数量、价格以及收货人等相关信息推送给海关，海关审核后自动放行货物。在此过程中，海关可抽检该批次货物中的货物。直邮 B2C 出口模式通关效率更高，且可以实现出口退税操作。

从出口电商商业模式的角度，跨境电商出口可以分为批发、零售和一件代发三种模式。

批发模式（wholesale），可以选择跨境电商出口平台，也可以选择独自站的模式。选择跨境电商出口平台，如阿里巴巴、中国制造网等平台有很多国外小批量批发商家。虽然是小批量采购，但是一般订单金额也会有几百到上千美元。相比零售，批发的单笔订单利润会高不少。但是这种模式的缺点也比较明显，即批发偏向外贸 B2B，要求出口电商具有非常高的专业度、沟通服务能力、开发客户能力，还需要很好的产品供应链从而具备价格优势。选择独立站模式批发出口的电商，可以自建品牌独立站。自建品牌独立站就是品牌商建设的具有销售功能的官方网站。这种模式网站的门槛在于产品的设计开发，产品是核心竞争力，配合品牌营销推广的能力，以及用户的沟通运营能力。在品牌营销推广方面，核心在于广告的内容和创意，需要有比较丰富的素材、图片、视频。在文案方面，需要本地化的文案。品牌独立站模式，比较适合有自己的产品研发能力的创客团队或

---

① 中国电子商务研究中心，2014 年中国电子商务市场数据监测报告、2017 年中国电子商务市场数据监测报告。

者工厂转型的商家。对于科技品类来说，新品众筹首发+品牌独立站销售的路径是一条实践证明可以成功走通的路径。对于时尚品类的产品来说，社交媒体和红人营销则是其中可以依靠的重要营销支点。

跨境电商零售（retail）出口最常见的做法是借助平台，如亚马逊、eBay、速卖通、Wish、Lazada、Shopee、Tophatter 等，注册申请店铺。这种模式可以享受这些平台非常大的流量客户，但目前的跨境电商零售行业竞争相当厉害，产品同质化也很严重，导致价格战非常激烈。如果出口电商有一个好的供应链保证价格优势和产品质量，这种模式还是不错的选择。跨境电商零售出口也可以选择自建品牌独立站或海外微商模式。

一件代发模式（drop shipping 或 drop shipper）。这种模式是指出口电商在平台上或自建的独立站上传供应商店铺的产品到自己的店铺，在收到国外买家在自己店铺的订单后，直接以买家身份在供应商店铺购买产品，直接从产品供应商发货送到客户手中。一件代发模式的出口电商主要做流量，不存货。这种模式几乎毫无成本。通常是出口电商在国外本土电商平台申请店铺，如 fancy、storenvy 等，货源可以选择速卖通、阿里巴巴或者其他采购平台自己采购发货。速卖通经过 2016 年改革后，平台商家的服务、产品质量等更有保障，大部分商家都可以保证 2 天之内发货物流信息上网。另外，速卖通有一种付款方式 webmoney，方便大部分 drop shipper，使用比较适合初入门者。

四、信息服务平台与在线交易平台

根据线上是否完成交易、支付和物流等环节，跨境电商平台还可以分为信息服务平台和在线交易平台两种商业模式。

1. 信息服务平台

早期的跨境电商 B2B 信息服务平台主要是为中小企业提供信息发布和撮合交易服务，建立买卖双方之间的桥梁，然而物流、支付等交易环节仍然在线下沟通解决。如从 1998 年开始，以阿里巴巴 B2B、中国制造网等为代表的早一批网站。

2. 在线交易平台

在线交易平台不仅提供企业、产品、服务等多方面信息展示，而且可以通过平台完成搜索、咨询、对比、下单、支付、物流、评价等全购物链服务。典型代表就是 B2C 交易平台。2013 年开始，B2B 交易平台所提供的服务向交易中后环节拓展，服务更加综合化、深入化，开始设计物流仓储、融资等多方面环节。在线交易平台模式逐渐成为跨境电商中的主流模式。代表企业有速卖通、大龙网、敦煌网、亚马逊等。

案例：跨境电商平台知名度冠亚军——天猫和网易考拉的2017

2017年，天猫国际以58.2%的知名度位列各跨境电商平台之首，网易考拉海购以53.7%的知名度紧随其后。天猫国际作为综合电商平台跨境购物频道，具有先天的知名度优势，而网易考拉海购作为独立电商平台，更容易实现对商品品质的把控，商品质量保障程度较高，在消费者中建立良好口碑，因此也具有较高的知名度。

依托阿里系固有的大流量、大用户的优势，天猫和淘宝用户都可以转化为天猫国际用户。2017年7月15日，天猫国际正式公布了与英国第二大连锁超市Sainsbury's战略合作细则。主要包括三个方面：在阿里体系内建立B2B、B2C分销体系、基于阿里大数据中国线下渠道拓展优势进口品类的引进。这意味着天猫国际将逐渐在阿里体系内建立起一个完整的可支持零售、分销、全渠道、量贩快消、大宗批发的全球供货中心，从而能为国内消费者更便捷购买到丰富多样的全球同价进口商品。

2017年8月，天猫国际全面启动全球溯源计划——将利用区块链技术以及大数据跟踪进口商品全链路，合并生产、运输、通关、报检、第三方检验等信息，给每个跨境进口商品打上“身份证”，提高用户消费信心。

天猫国际制定了一系列入驻条件，对符合入驻条件的品牌进行邀约，同时对其进行严格的审核。根据商家海外商品信息以及海外售卖是否安全，天猫国际提出两个百分之百的要求：百分之百海外原产、百分之百海外市场同步。

2017年，网易考拉海购以38.8%的正品信任度领跑各跨境电商平台。在“新消费”时代的大背景下，消费者越来越追求高品质的商品和服务，注重品牌成为大趋势，正品信任逐渐成为海淘用户考虑的重要因素，网易考拉海购注重打造“高质”电商平台，开创的“考拉模式”是其稳步壮大的重要筹码。

2017年，网易考拉海购举措不断。4月10日，在德国法兰克福举办欧洲招商会，宣布30亿欧元采购计划。6月14日，在澳大利亚悉尼举办澳新招商会。9月，网易考拉海购品牌欧洲行，走访西班牙、意大利、荷兰、丹麦、德国、瑞士等多个国家。10月13日，在日本东京举办招商会，宣布5000亿日元采购计划。10月，网易考拉海购品牌美国行，宣布30亿美元采购计划。11月7日，在法国巴黎举办招商会，等等。

全球供应链作为跨境电商的核心竞争力，成为行业各平台竞逐的焦点。凭借自营模式优势、更好的付款条件，以及背后强大的网易系资源优势，网易考拉海购得以在全球供应链的建设上领先对手。在网易考拉海购全球供应链优势的背后，有其全球仓储物流优势作后盾。网易考拉海购超过20个海外仓布点（含在建），与康捷空、乔达、德铁、德迅和中外运等全球物流巨头的深度合作，进一步扩大了网易考拉海购在用户物流体验方面的优势。上述的种种努力，目的只有一个，网易考拉海购打造自己的“考拉模式”和优势，即“竞选+极致质价比+

用户忠诚度”。

资料来源：艾瑞咨询，2017～2018年中国跨境电商市场研究报告。

第三节　跨境电商发展历程

一、跨境电商进出口发展历程

自从1999年阿里巴巴首次实现用互联网连接中国供应商与海外买家后，互联网化的中国对外贸易就此出现。目前，中国跨境电商共经历了三个发展阶段，即信息服务、在线交易、全产业链服务在线化，见图1－1。

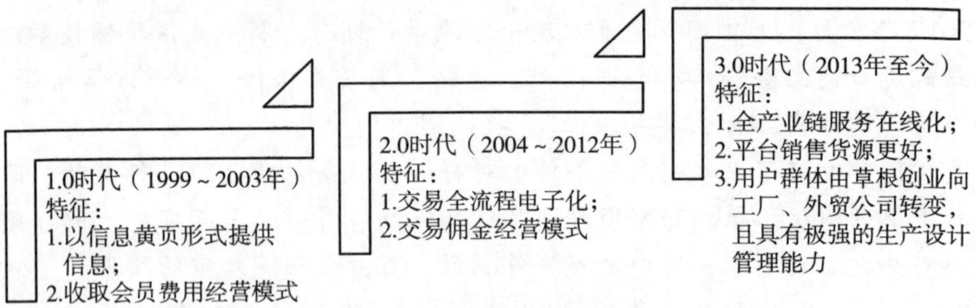

图1－1　中国跨境电商发展阶段

资料来源：2013～2014年中国跨境电商产业研究报告，雨果网。

1. 第一阶段：跨境电子商务1.0阶段（1999～2003年）

1999～2003年，是中国跨境电商发展的第一阶段，即跨境电子商务发展起步阶段，其主要商业模式是网上展示、线下交易的外贸信息服务模式。跨境电子商务平台在这个发展阶段中，主要是为企业信息以及产品提供网络展示平台，并没有网上交易的环节。这一时期的平台通过向信息展示的企业收取会员费来盈利。典型代表是阿里巴巴，中国供应商只是互联网上的黄页，将中国企业的产品信息向全球客户展示，定位于B2B大宗贸易。买方通过阿里巴巴平台了解到卖方的产品信息，然后双方通过线下洽谈成交。2000年前后，少量中国人开始在eBay和Amazon等国外平台尝试跨境电商，但并没有形成规模。

2. 第二阶段：跨境电子商务2.0阶段（2004～2012年）

2004年，中国跨境电商2.0阶段来临。这个阶段，跨境电商平台开始摆脱纯信息黄页的展示行为，将线下交易、支付、物流等流程实现电子化，逐步实现在线平台交易。相比较1.0阶段，跨境电商2.0阶段更能体现电子商务的本质，借助于电子商务平台，通过服务、资源整合有效打通上下游供应链，包括B2B平台模式和B2C平台模式两种模式。跨境电商2.0阶段，B2B平台模式为跨境电商主流模式，通过直接对接中小企业商户实现产业链的进一步缩短，提升商品销售利润空间。

这一阶段的典型事件主要有：2004 年，敦煌网在北京成立。区别于阿里巴巴中国供应商网上黄页的定位，敦煌网侧重于买卖双方在线完成交易，在敦煌网上发生的交易多数是小额 B2B 贸易。2007 年，兰亭集势成立。兰亭集势是整合国内供应链，以兰亭集势名义向国外销售的 B2C 平台。2009 年，阿里速卖通成立。速卖通以 B2C 和 C2C 为主要跨境贸易模式。随着速卖通的发展，国内的跨境电商开始兴起，很多中小型卖家都开始加入到平台，速卖通迅速赶超其他平台成为国内卖家最集中的跨境电商平台。

3. 第三阶段：跨境电子商务 3.0 阶段（2013 年至今）

2013 年成为跨境电商重要转型年，跨境电商全产业链都出现了商业模式的变化。随着跨境电商的转型，跨境电商 3.0“大时代”随之到来。这一阶段，跨境电商全产业链都出现了商业模式的变化，即全产业链服务在线化。同时，用户群体由草根创业向工厂、外贸公司转变，且具有极强的生产设计管理能力；平台的销售产品也发生了转变，由网商、二手货源向一手货源好产品转变。

二、跨境电商出口发展历程

中国的跨境电商出口主要经历了 1.0 阶段的小货时代、2.0 阶段的大货时代以及以全球零售为特征的 3.0 阶段。

1. 跨境电商出口 1.0 阶段：“小货时代”（2002 ~ 2012 年）

中国的跨境电商出口企业从 2002 年左右开始，以香港、深圳及东部口岸城市的小企业和个人创业者为主，主要依托当时全球最大的第三方电子商务平台 eBay 将中国的产品销往欧美发达国家。

这一阶段的出口电商，受物流方式和电商企业规模所限，以经营 2 千克以下的产品为主，甚至很多产品都在 400 克以下。由于物流以邮政和航空小包为代表这个特点，这个阶段也被称为跨境电商出口的“小货时代”。

这一阶段中国跨境电商出口呈现三个特点：（1）出口商品品类受到限制。由于物流以邮政和航空小包为主，存在重量和体积限制，出口品类以服装、鞋帽、电子产品、装饰品为主。（2）产品投递时间长，往往需要半个月甚至更长的时间货物才能送达客户，存在较高的丢失风险。（3）市场大、竞争少，电商企业生存容易、利润率高。这一阶段诞生了中国最早的一批直接从事跨境零售的企业和为跨境电商提供各种服务的企业，包括物流、培训，产生了跨境电商生态圈，聚集了最早的一批跨境电商人才，发展非常迅速。

2. 跨境电商出口 2.0 阶段：“大货时代”（2013 ~ 2017 年）

跨境电商出口 2.0 阶段起始于 2013 年左右。这个阶段最突出的特点是海外仓的大规模采用，因为产品重量不再受到限制，因此也被称为跨境电商出口的

“大货时代”。

这一阶段，海外仓的采用为中国跨境电商出口带来两个直接的改变和优势：(1) 极大地改变了中国跨境电商出口产品的客户体验。将产品通过传统的大宗海运或空运的方式运到目的地国家的仓库，在接到订单后从当地的仓库发货，可以让派送时间大幅缩短，客户满意度大幅提高。(2) 极大增加了电商产品品类。卖家可以通过海运备货，突破了传统电商在货物重量和体积方面的限制，中国出口电商增长最快的品类是家具、户外用品、大型电子产品，甚至汽车零部件等针对小 B 类客户的产品。

同时，海外仓的采用，卖家企业的规模逐渐壮大，出现了上市公司。企业分布范围逐渐从沿海向内地扩散，同时，大量电商企业走出国门，在海外设立分支机构逐渐形成了一批小微跨国企业。这一阶段企业的竞争和资金压力也大幅提高。

3. 跨境电商出口 3.0 阶段：“全球零售时代”（2018 年至今）

随着全球跨境电商呈现出市场规模不断扩大、地区差异逐渐缩小，跨境电商间的竞争日趋激烈，平台和海外仓的红利已逐渐释放，已占据市场优势地位的企业会面临更多来自中小企业的压力，企业并购也趋于频繁。在这样的背景下，中国跨境电商出口进入 3.0 阶段。这个阶段的中国跨境电商出口呈现出三个特征：(1) 电商企业在继续发挥小微跨国公司的优势之外，将不得不在市场、人才和品牌建设方面投入更大的力量，从拼价格向拼产品、拼品牌转变，电商企业将依托自己的优势迅速建立全球化的品牌，把自己打造成真正的“全球零售”企业。(2) 商业模式发生变化。传统的国际化大平台由于存在流量高、资金周转快、经营成本相对较低的特点，依然是电商企业的主要依托，但同时，电商企业将投入更多成本开始进入细分的地区性或垂直型的平台，甚至开始走线上和线下结合的道路。(3) 各国对跨境电商的监管也逐渐严格，跨境电商出口风险加大，如跨境支付风险、贸易壁垒、侵犯知识产权风险等。

三、跨境电商进口发展历程

中国跨境电商进口发展主要经历了三个阶段：

1. 跨境电商进口 1.0 时代：代购时代（2005 ~ 2006 年）

2005 ~ 2006 年，中国跨境电商进口呈现出消费者集中、小众、普及度不高、以海外留学生代购为主体的特征。这一时期可以称为跨境进口电商 1.0 时代。消费者主要通过海外买手、职业代购购买进口产品。这一消费模式周期长，价格高，而且产品的真伪以及质量难以保障。

2. 跨境电商进口 2.0 时代：海淘时代（2007 ~ 2013 年）

2007 年中国跨境电商进口开始进入 2.0 时代，即海淘时代。在这一时期，形成了常规的买方市场和卖方市场。跨境电商进口市场开始形成，消费群体也开始扩大，商品的品类丰富多样起来，不断开始有跨境进口电商平台成立。如2009年底洋码头进口电商平台成立，2011年10月蜜芽进口电商平台成立、2013年6月小红书进口电商平台成立。这一阶段，逐渐开始有消费者选择通过跨境进口电商平台购买进口产品。跨境网购用户的消费渠道逐渐从海淘代购转向跨境进口电商平台。

3. 跨境电商进口3.0时代：跨境进口时代（2014年至今）

2014年前后，随着跨境进口电商的合法化以及税收政策频繁出台，2014～2015年这一时间段成为跨境进口电商平台成立的高峰期。2014年，唯品国际、宝宝树美国妈妈、天猫国际、聚美海外购、亚马逊海外购、宝贝格子（B&G）等密集成立。2015年，拼多多海淘、网易考拉海购、京东全球购、丰趣海淘等紧随成立。

2015年，随着政策变更以及社会经济的发展，跨境进口电商加速发展，跨境购物开始走向规范化，跨境电商进口进入3.0时代，呈现出平台模式多样化、跨境网购常态化的特征。随着跨境进口电商的合法化，越来越多的消费者选择在跨境进口电商平台购买海外产品。随着消费者跨境网购的需求愈发旺盛，各类跨境模式平台出现，满足了消费者需求，跨境网购走向常态化。

中国跨境电商进口从个人代购到海淘再到规范化的跨境网购，是消费者消费习惯的转变，也是消费者对商品品质、品类追求的提升。

第四节　跨境电商发展现状

一、跨境电商交易规模及增速

2010年以来，我国跨境电商发展迅猛，成为不可忽视的国际贸易形式。我国跨境电商规模从2010年的1.1万亿元逐步上升到2017年的8.06万亿元，其占我国货物贸易进出口规模也从2010年的5.45%上升到2017年的28.98%。在中国对外贸易增速放缓背景下，跨境电商业务在快速发展，逐渐成为驱动对外贸易发展的新动力。2011年以后，中国货物贸易进出口增速大幅下降至个位数，2012年、2013年和2014年分别为3.28%、5.74%和2.35%，2015年和2016年甚至出现了负增长。在这样的背景下，2011年和2013年，中国跨境电商交易规模增速高达54.55%和50.00%，2013年以后增速逐渐放缓，但2017年仍保持20.30%的高速增长，见图1-2。

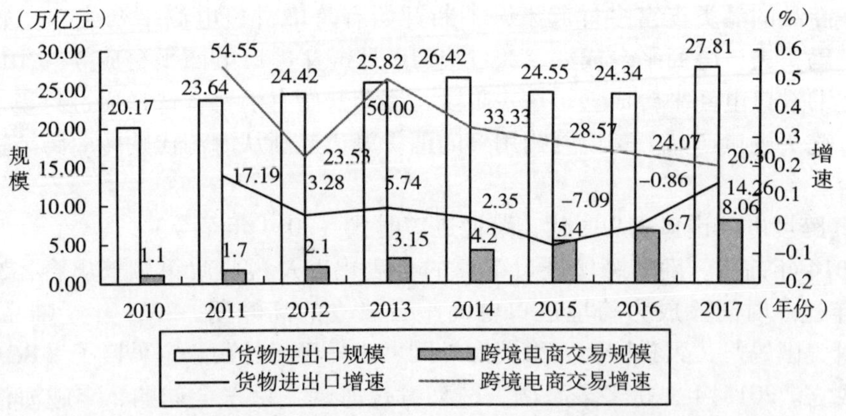

图 1-2　2010～2017 年中国货物进出口与跨境电商交易规模及增速

资料来源：《中国统计年鉴》（2018）、《2014 年度中国电子商务市场数据监测报告》《2015 年度中国电子商务市场数据监测报告》《2016 年度中国电子商务市场数据监测报告》《2017 年度中国电子商务市场数据监测报告》。

中国跨境电商进口规模从 2011 年的 0.15 万亿元增加到 2017 年的 1.76 万亿元。中国跨境电商进口始终保持着比同期出口更快的高增速，2013 年增速高达 87.50%，随后有所下降，但 2017 年增速仍高达 47%。中国跨境电商出口规模从 2011 年的 1.55 万亿元增加到 2017 年的 6.3 万亿元，其增速在 2013 年达到最高为 45.16%，随后增速逐步降低，2017 年增速为 14.55%，见图 1-3。

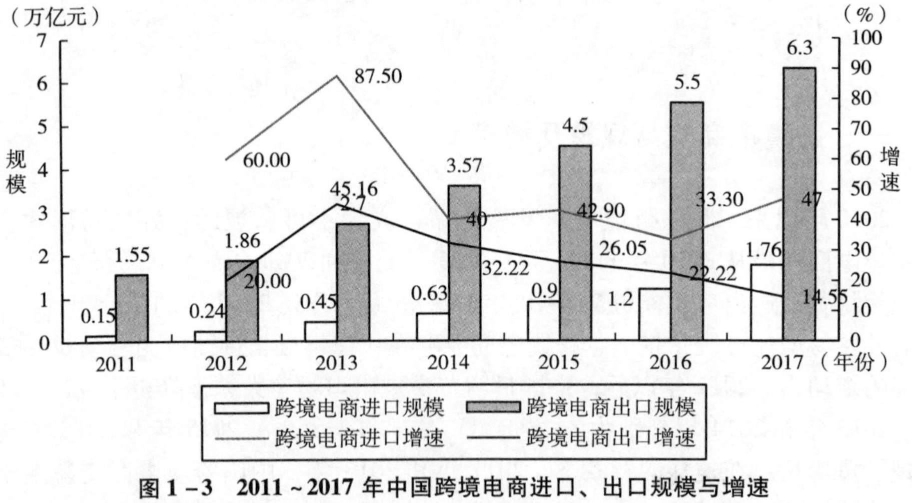

图 1-3　2011～2017 年中国跨境电商进口、出口规模与增速

资料来源：中国电子商务研究中心，《2014 年度中国电子商务市场数据监测报告》《2015 年度中国电子商务市场数据监测报告》《2016 年度中国电子商务市场数据监测报告》《2017 年度中国电子商务市场数据监测报告》。

无论是跨境电商进口还是跨境电商出口的增速，都分别远远高于当年中国货物贸易进口、出口增速。虽然跨境电商进口、出口规模占中国货物贸易进口、出口规模的比重还微乎其微，但其快速发展势头不容小觑。2012～2017 年，中国跨境电商进口增速高达 60%、87.50%、40%、42.90%、33.30% 和 47%，远远高于同年中国货物进口增速 1.45%、5.43% ～0.56%、－13.31%、0.60% 和 18.88%。中国跨境电商出口增速高达 20.00%、45.16%、32.22%、26.05%、22.22% 和 14.55%，均高于同期中国货物出口增速的 4.96%、6.01%、4.92%、－1.89%、－1.95% 和 10.76%。

二、跨境电商进出口结构

从中国跨境电商净出口结构看，仍以出口为主，进口为辅，但出口占比持续下降，进口占比持续增加。中国跨境电商出口占比从 2010 年的 92.70% 持续下降到 2017 年的 78.20%；而中国跨境电商进口占比则从 2010 年的 7.30% 持续增加到 2017 年的 21.80%，见图 1－4。

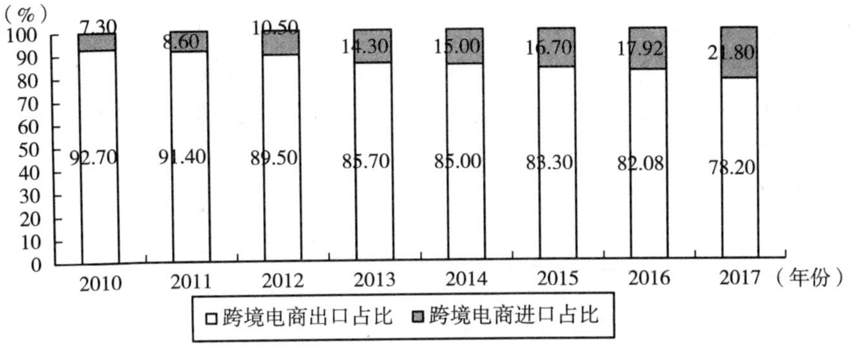

图 1－4　2010～2017 年中国跨境电商进出口结构

资料来源：中国电子商务研究中心，《2014 年度中国电子商务市场数据监测报告》《2015 年度中国电子商务市场数据监测报告》《2016 年度中国电子商务市场数据监测报告》《2017 年度中国电子商务市场数据监测报告》。

三、跨境电商交易模式结构

中国跨境电商交易模式始终以 B2B 为主，占比一直在 85% 以上，但占比呈现出逐渐下降趋势，从 2010 年的 97.80% 逐渐下降到 2017 年的 85.20%。B2B 模式成为中小外贸企业的首选模式，跨境 B2B 平台正逐步从信息服务平台向在线交易平台转变，B2B 的线上化是全球范围内不可逆的趋势。相反，中国国内消费升级带动跨境电商零售火爆、海外新兴市场等的崛起也助推了跨境电商 B2C 模式的逐步增长。跨境电商 B2C 交易模式占比逐年增加，从 2010 年的 2.20% 逐步增加到 2017 年的 14.80%，见图 1－5。

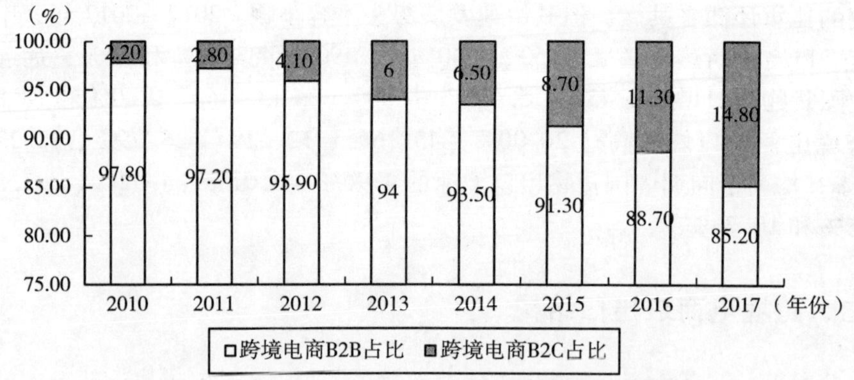

图 1－5　2010～2017 年中国跨境电商交易模式结构

资料来源：中国电子商务研究中心，《2014 年度中国电子商务市场数据监测报告》《2015 年度中国电子商务市场数据监测报告》《2016 年度中国电子商务市场数据监测报告》《2017 年度中国电子商务市场数据监测报告》。

中国出口跨境电商的主导模式是 B2B。随着互联网、电子商务的发展以及产品质量和服务的不断提升，国外消费者对中国国内品牌的认可度逐步提高，中国跨境出口电商 B2B 模式占比将逐渐下降，B2C 将呈现爆发式增长，迎来发展的黄金期。如图 1－6 所示，中国跨境电商出口 B2B 占比从 2012 年的 88.30% 逐步下降到 2017 年的 80.90%；而中国跨境电商出口 B2C 占比则从 2012 年的 11.70% 逐步上升到 2017 年的 19.10%。

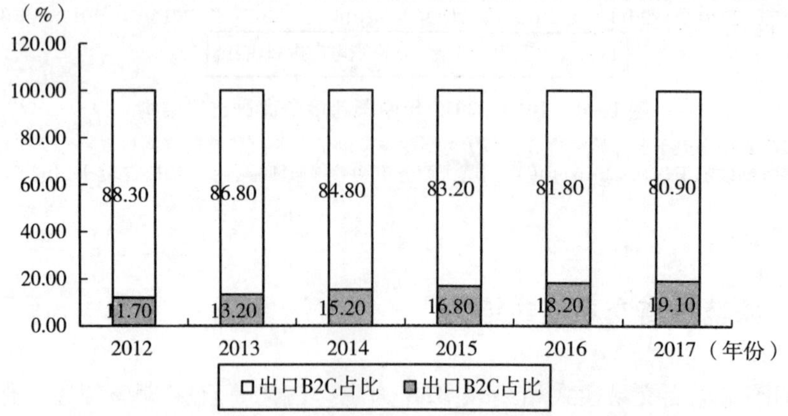

图 1－6　2012～2017 年中国出口跨境电商交易模式结构

资料来源：中国电子商务研究中心，《2017 年度中国出口跨境电商发展报告》。

四、中国跨境网购用户规模及分布

1. 中国跨境网购用户规模

随着跨境电商进口平台运营发展得越来越好、跨境物流速度大幅提升，以及中国国内消费不断升级，中国跨境网购用户规模快速增长，从 2013 年的 1000 万人，快速增长到 2018 年 6 月底的 7500 万人，年均增速在 50% 以上，见图 1 -7。

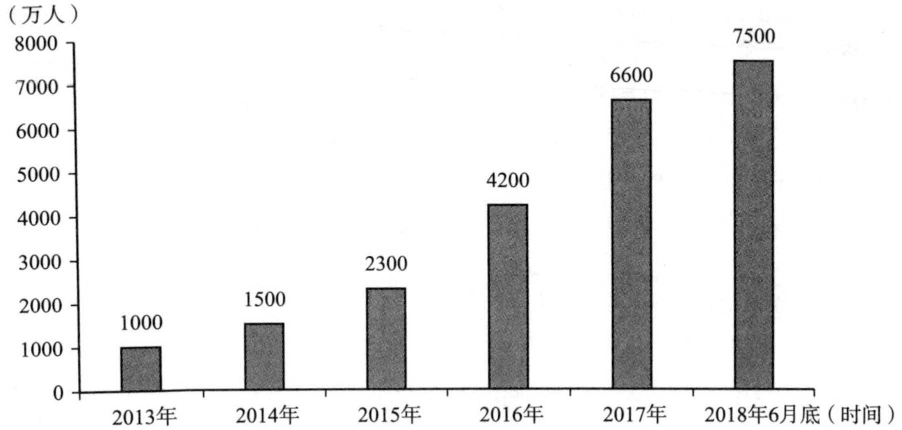

图 1 -7 中国跨境网购用户规模

资料来源：中国电子商务研究中心，《2018 年（上）中国电子商务市场数据监测报告》。

2. 中国跨境网购用户分布

根据中国电子商务研究中心监测数据，2018 年上半年，中国跨境网购的主力集中在 25 ~35 周岁的青年群体，占比 59. 6% ，19 ~24 周岁的跨境网购用户占比 14. 3% ，36 ~40 周岁跨境网购用户占比 26. 4% ，18 周岁以下和 41 周岁以上的跨境网购用户占比仅为 5. 7% 。跨境电商网购用户主要分布在东部地区，东部地区较早受到国家政策的支持，经济较发达，跨境进口电商起步早，条件优越，消费能力强，消费者更追求品质生活。2016 年，中国跨境网购用户中，广东、上海、北京、江苏、山东、浙江、福建等地区用户占比分别为 14. 1% 、13. 2% 、12. 2% 、9. 2% 、7. 2% 、5. 2% 和 4. 0% ，占到全国跨境网购用户总数量的 65. 1% 。

五、中国跨境电商出口结构

1. 中国跨境电商出口卖家地域分布

2017 年，中国跨境电商出口卖家主要集中在广东、浙江、江苏、北京、上海、福建、山东和河南几个省市，占比分别为 24. 8% 、16. 8% 、11. 3% 、8. 6% 、6. 5% 、5. 4% 、3. 6% 和 3. 2% 。其中，广东、浙江和江苏前三个省份跨境电商卖家贡献的收入占全国的 52. 9% ；广东省 3C 电子品类优势明显，浙江家具用品优势突出、江苏和福建服装鞋帽等产业已经成为特色产业。

2. 中国跨境电商出口商品结构

中国跨境电商出口商品主要以 3C 电子产品、服装服饰、家具园艺、户外用品、健康美容、鞋帽箱包、母婴玩具、汽车配件、灯光照明、安全监控等为主，

2017 年上述品类商品出口占比分别为 20.8%、9.5%、6.5%、5.4%、5%、4.7%、3.3%、3.1%、2.8%、2.2%。同时，新品类不断涌现，爆品不断更新，如指尖陀螺、嘻哈裤、电动平衡车等。

3. 中国跨境电商出口国别和地区分布

中国跨境电商出口目的国主要是美国、俄罗斯、法国、英国、巴西、加拿大、德国、日本、韩国和印度，2017 年中国对上述各国跨境出口份额分别为 15%、12.5%、11.4%、8.7%、6.5%、4.7%、3.4%、3.1%、2.8%、1.6%。随着东南亚、南美、非洲、拉美、中东欧、中亚、中东等新兴市场互联网的逐渐普及、人民网购习惯的逐渐形成，中国跨境电商出口市场将更为广阔。

六、跨境电商市场结构

中国跨境电商平台呈现出明显的寡头特征。2016 年，网易考拉市场份额 21.6%，天猫国际市场份额 18.5%，唯品国际、京东全球购、极速免税店的市场份额分别为 16.3%、15.2% 和 12.4%，见图 1－8。2017 年，网易考拉凭借其精耕细作的运营模式在行业中份额由 21.6% 上升至 25.8%，天猫国际全球购背靠自由大流量平台，市场份额由 15.8% 上升至 21.9%。而唯品国际、京东全球购、小红书和洋码头的市场份额都有所下降。2017 年行业前五的市场份额占比由 2016 年的 84% 下降为 78.8%，仍呈现出明显的寡头特征。2018 年，跨境电商平台前 5 家分别为网易考拉、天猫国际、海囤全球、唯品国际、小红书，市场份额分别为 27.1%、24.0%、13.2%、12.3% 和 7.3%，行业前五占比为 83.9%，依然呈现出寡头特征。其中海囤全球前身是京东全球购。

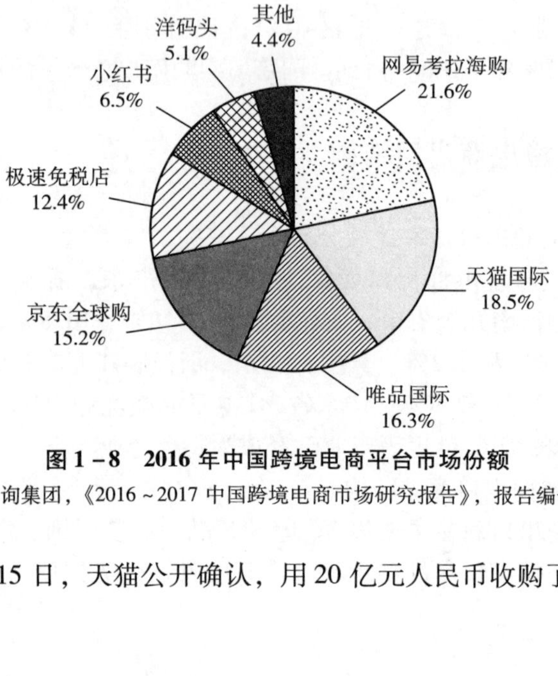

图 1－8　2016 年中国跨境电商平台市场份额

资料来源：艾瑞咨询集团，《2016～2017 中国跨境电商市场研究报告》，报告编号 160109。

2019 年 8 月 15 日，天猫公开确认，用 20 亿元人民币收购了网易考拉，其在激烈的市场竞争中的优势和份额将进一步扩大。

七、跨境电商综合试验区城市发展

目前，国内进行跨境电商试点的分国务院牵头的“跨境电商综合试验区”和海关总署牵头的“跨境电商试点城市”。两者都是选择对外贸易发展较好的地区进行先试先行，在选择城市方面有重叠，但前者是后者的升级版，在具体工作落实上更为规范和成熟。海关总署牵头的跨境电商试点城市自2012年12月启动以来，已经拓展至37个城市。“跨境电商综合试验区”自2015年3月启动，截至2018年8月共有35个城市获批。

2015年3月，首个综试区——中国（杭州）跨境电子商务综合试验区设立。2016年1月，国务院新设12个跨境电子商务综合试验区，分别为：宁波、郑州、天津、上海、重庆、合肥、广州、深圳、成都、大连、青岛、苏州。2018年7月13日，国务院常务会议决定推动跨境电商在更大范围发展，择优选择电商基础条件好、进出口发展潜力大的地方，并向中西部和东北地区倾斜。2018年8月7日，国务院发布《关于同意在北京等22个城市设立跨境电子商务综合试验区的批复》，同意在北京、呼和浩特、沈阳、长春、哈尔滨、南京、南昌、武汉、长沙、南宁、海口、贵阳、昆明、西安、兰州、厦门、唐山、无锡、威海、珠海、东莞、义乌等22个城市新设一批跨境电商综合试验区。2019年12月24日，《国务院关于同意在石家庄等24个城市设立跨境电子商务综合试验区的批复》，对外发布，同意在石家庄、太原等24个城市设立跨境电子商务综合试验区。截至2019年底，我国已经分4批在59个城市设立跨境电子商务综合试验区，试点地区发展也更为均衡。

全国跨境电商综合试验区城市都在借政策优势快速发展本地跨境电商，在政府政策的加持下，各地跨境电商交易规模也呈现快速发展的态势。

1. 跨境电商综试区交易规模及增速

根据电子商务研究中心的数据显示，跨境电商综试区发展不平衡。2017年，前两批获批的全国13个跨境电商综合试验区城市总交易额超4345.32亿元。其中，深圳跨境电商交易额达3319.59亿元，同比增长21.84%；其次为杭州，跨境电商进出口总额670.86亿元，增长22.50%。第三为广州，跨境电商进出口贸易额达227.7亿元，增长55.10%，见图1－9。

2017年，上海海关共监管跨境电商进口36亿元，同比增长66.3%。青岛和天津业务量暴增，2017年，青岛跨境电商进出口8.9亿元，同比增长13.4倍，天津跨境电商进口申报货值11.92亿元，同比增长23.4倍。

2. 跨境电商综合试验区城市排名

2018年，电子商务研究中心根据交易规模、成长空间、产业渗透、支撑环境、平台集聚5个指标对13个跨境电子商务综合试验区城市进行总体排名。根据综合各项指标数据，排名前三的城市依次为：深圳95.99分排名第一、广州和杭州分别排名第二和第三，分值各为92.26分、90.77分，见表1-1。

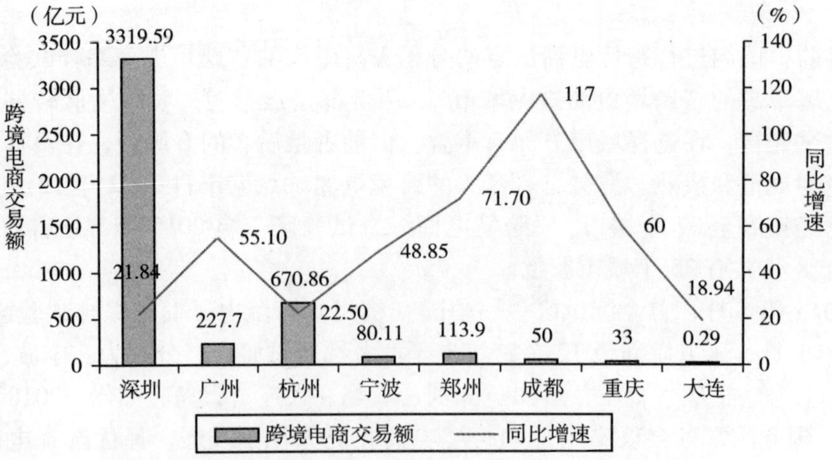

图1-9　2017年部分跨境电商综合试验区交易规模及增速

注：深圳、杭州的交易额是用2017年人民币兑美元平均汇率6.7518换算。

资料来源：《2017年度中国城市跨境电商发展报告》，2018年7月，中国电子商务研究中心。

表1-1　　中国前两批13个跨境电商综合实验区城市排名

排名	城市	交易规模	成长空间	产业渗透	支撑环境	平台聚焦	总分
1	深圳	19.25	18.98	18.87	19.21	19.68	95.99
2	广州	18.63	17.89	18.21	18.57	18.96	92.26
3	杭州	17.21	18.71	17.42	18.86	18.57	90.77
4	宁波	14.43	17.63	17.21	17.97	16.52	83.76
5	郑州	15.28	16.59	15.74	15.42	16.41	79.44
6	上海	14.47	15.69	14.57	15.89	16.87	77.49
7	成都	13.05	15.28	14.92	15.28	14.26	72.79
8	苏州	13.26	15.57	14.32	13.58	13.87	70.6
9	重庆	12.45	14.26	13.86	14.76	12.78	68.11
10	青岛	10.87	15.96	14.57	13.67	12.23	67.3
11	合肥	11.93	14.65	12.69	13.47	13.98	66.72
12	天津	12.83	14.28	12.74	11.65	11.82	63.32
13	大连	11.42	13.81	12.27	12.51	11.85	61.86

资料来源：电子商务研究中心，《2017年度中国城市跨境电商发展报告》，2018年7月。

该综合能力排行榜采用具体五个指标，每个指标20分，总分为100分。

交易规模：指各大试点城市跨境电商发展的市场规模，包括：跨境电商平台、商家等产生的交易额，分值越高表明该地区跨境电商的市场规模越大。

成长空间：指跨境电商试点城市在未来的发展潜力，发展潜力受传统外贸企业基础、产业发展环境等影响，分值越高表明该地区跨境电商成长潜力越大。

产业渗透：指跨境电商在传统产业的影响程度，线上交易额占传统产业的占比分值体现渗透率，分值越高表明该地区贸易活动中跨境电商渗透程度越高。

支撑环境：指跨境电商发展相关的支撑环境，如政策环境、人才环境、监管环境、支付环境、金融环境、消费环境等，分值越高表明该地区跨境电商的发展环境越好。

平台聚集：指跨境电商平台在该地区的集聚程度，包括：平台型企业数量、平台上卖家聚集情况、产业园区集聚情况等，分值越高表明该地区跨境电商平台集聚程度越高。

第五节 跨境电商的重要意义

跨境电商的发展具有以下几个非常重要的意义：

一、助推中小企业开拓国际市场

跨境电商将传统商务流程电子化、数字化，突破时间和国界限制，能有效降低成本，提高效率，创造更多贸易机会，有利于广大中小企业开展对外贸易，开拓国际市场。

二、促进外贸发展方式转变

跨境电商作为新兴的跨国销售渠道和贸易形式，突破了展览、展销、现场洽谈等传统外贸营销模式所受的制约，有利于企业缩短贸易链条，建立自主营销渠道，开展研发设计，形成新的外贸增长点，推动外贸发展方式转变。

三、提升我国商务事业整体发展水平

支持跨境电商平台建设，鼓励企业利用电子商务开展进出口贸易，有利于促进内外贸融合，推动内外贸共同发展，提高我国商务事业整体发展水平，夯实我贸易大国地位的同时，增加国民的消费水平和福祉。

推荐资料：跨境电商的未来

在以“开放共享，携手共建跨境电商命运共同体”为主题的“2018 中国跨

境电商出口高峰论坛”上，eBay 大中华区首席执行官林奕彰讲述了他眼中跨境电商的未来趋势。

现在是做电商最激动人心的时代，因为最近两年爆发了很多科技创新，带动了电商的发展。人工智能、VR、AR……在科技大趋势下，买家的消费习惯已经被完全改变。那么，对于中国跨境电商来说，这些新变化会带来什么趋势呢？

趋势 1：越来越多企业会依靠跨境电商平台“走出去”

要解决全球的零售标准、关税、物流，还要实现国外消费者的引流问题，对于国内一个工厂或者一个贸易商企业是很困难的，所以依靠平台是最简单的选择。在平台给卖家带来流量后，卖家要做的就是产品标准化，让产品目录标准化。

趋势 2：跨境电商会颠覆传统供应链

传统供应链中间有层层贸易商、分销商和零售商，然后层层加价。而跨境电商做的是从制造商直接到消费者的模式，这中间有巨大的利润空间。因此，跨境电商可以颠覆过去传统贸易价值链。

趋势 3：跨境电商的生态链会越来越大

跨境电商会涉及很多商品、科技、引流、物流电子化跟踪、支付高风险、终端报税、知识产权、风险管理、退款、保障、客服甚至融资、抵押和担保等新的场景，让跨境电商的生态链越来越丰富、越来越发达了。而且，现在的供应链还可以根据买家的需求定制，自建品牌。所以，跨境电商慢慢已经变成一个生态链的概念，生态链的每一个环节都已经变成一个产业，并开始颠覆传统的工业链。

趋势 4：资本力量在改变跨境电商的产业形态

以前的很多跨境电商其实是夫妻店，现在是资本介入。为什么中国的电商在全世界发展得这么快？是因为中国的资本市场越来越有效率。资本市场很喜欢电商这个概念。资本的运作可以让跨境电商有更多的资金来做更多的创新扩展。

趋势 5：数字原生代崛起

数字是电商最重要的资产，商家的客户是谁，商家有黏性的客户是谁，什么样的客户成长最快，都需要数字告知商家。从小成长在数字媒体环境中的原生代现在变成了消费的主力军。数字原生代的好处是，你可以分析他们，可以跟踪他们，而且你可以为他们定制。

趋势 6：跨境电商未来一定要做品牌

代工利润微薄，所有做供应端的企业最终的目标就是建立品牌。但是，建立品牌不是一件容易的事情。品牌要有文化的底蕴，要有长期与买家的沟通。但靠电商、靠数字原生代，就能抓住品牌建立的契机。因为建立品牌就是从这些媒体来实现的。

趋势 7：传统品牌零售商也在做电商

因为越来越多的电商品牌建立，传统品牌压力变得非常大。他们建立品牌的传统做法已不适用于新一代消费者了。因此，很多传统品牌开始做线上，做跨境电商。

趋势8：跨境电商开始需要互联网思维

电商跟传统商业模式最大的区别就是，卖家可以知道其顾客的很多信息。你如果开一家传统的店，有很多顾客进来，他们是谁，他们干什么，他们喜欢什么，他们在你的店外面还做了些什么，你完全不知道。可是透过电商平台，你可以知道，他以前搜索过什么，他喜欢什么，他跟你买什么，他退了什么货。因此，企业需要拿大数据，返回来设计自己的产品，升级开发消费者喜欢和需要的产品。尤其现在大数据如此普及，卖家完全可以靠顾客大数据来开发和推广自己的产品。

趋势9：当业务规模化后，跨境电商需要推营运自动化。

要自动化、规模化，这个是电商最基本的DNA。要自动化，要善用IT，要善用你的数据。有一个误区总是说跨境电商赚的就是价差，价差的时代已经过去了。现在中国电商最厉害的价差是在营运自动化。在创新和营运的效率上，资本给予商户很大的支持。成熟的跨境电商最大的营运成本应该是营运IT系统、物流系统、管理系统。所以这个所谓的创新让跨境电商变成不能依靠价差的企业，因为汇率一改商品的价差优势可能就没有了。

趋势10：要做海外仓

现在国内仓都是机器人、人工智能在操作，从进货到出货，揽货到分销，还有拿货，非常自动化。这个仓储里面的人工智能系统等发展水平远超国外。而这种系统是可以输出的，把这些系统和技术带到国外，顺便把这些系统卖给当地的电商是一个好选择。实际上，除了物流，包括IT系统等，中国电商都是走在前端的，这本身就是一个非常大的产业。

趋势11：人才

在跨境电商最热门的几个省份，懂跨境电商的人才奇货可居。因为你如果懂得怎么操作，像eBay、亚马逊这些平台的人才，大家都要挖你，大家都要来找你，因为一个人才可能创造的价值非常非常大。除了操作还得有懂物流、懂技术、懂供应链、懂管理、懂语言的各式各样的人才。现在电商最大最大的瓶颈就是懂这样的人才不够。

随着跨境电商的发展，有品牌、有供应链优势的企业不仅可以依靠跨境电商平台“走出去”，还可以自建独立站，自行引流，积累自己的客户资源。同时，是否做海外仓，因不同产品品类、企业不同实力和发展模式决定。

资料来源：硅谷动力 & 互联网周刊，2018年1月26日。

课后练习

1. 深入了解按照盈利模式划分的跨境电商零售进口十大模式及其优劣势。

2. 选择一个典型跨境电商进口企业或平台，了解其自2014年以来的跨境进口模式的演变。

3. 跨境电商独立站和平台站各自的特点是什么？

4. 跨境电商 B2B、B2C 是什么？列举出典型的跨境电商 B2B、B2C 平台。

5. 中国跨境电商进出口现状与特点是什么？

参考资料：

1. 世界海关组织．WCO Study Report on Cross – Border E – Commerce. 2017 – 3.

2. 中国跨境电商发展年鉴编委会．2018 中国跨境电商发展年鉴．中国海关出版社，2018.

3. 中国电子商务研究中心，2014 年度、2015 年度、2016 年度、2017 年度中国电子商务市场数据监测报告。

4. 中国电子商务研究中心．2017 年度中国城市跨境电商发展报告．2018 – 7.

5. 马述忠，卢传胜，丁红朝，张夏恒等主编．跨境电商理论与实务．浙江大学出版社，2018.

6. 柯丽敏，王怀周编著．跨境电商基础、策略与实战．电子工业出版社，2016.

7. 曲维玺，张莉主编．中国企业跨境电商出口指南．中国商务出版社，2017.

8. Chris Chen. 跨境电商独立站模式解析及机会分析．陈述出海公众号，2019.

9. 网经社，www. 100EC. CN。

10. 百家号：外贸每一贴。

第二章

跨境电商政策

教学目标：

1. 学生掌握跨境电商零售进口税收政策并能够计算跨境电商零售进口商品应缴纳的相关税额。

2. 学生熟悉个人物品进境税收政策并能够合理规划进境个人物品。

3. 学生熟悉跨境电商进口数据传输责任相关政策。

4. 学生熟悉中国跨境电商综合试验区相关政策沿革。

引导案例：

4.8 跨境电商零售进口税收新政，被洗牌的宁波跨境电商?

中国电商商务研究中心监测数据显示，2016 年中国跨境电商市场交易规模达到 6.7 万亿元，并保持高速增长。然而，在这些庞大数字的背后，部分跨境电商进口企业的日子并不好过。

浙江宁波是我国首批 5 个跨境电商试点城市之一，港口优势明显、对外贸易高度发达。宁波跨境电商企业主要集中在宁波保税区，进口贸易额接近全市的 80%。

2016 年 4 月 8 日，我国实施跨境电商新政，取消了行邮税，改征“跨境电商综合税”。后来新政设置了一年的过渡期，随后过渡期又延长至 2017 年底。新政对进口量较大的食品、保健品、奶粉、纸尿裤等影响最大。新政实施之前，上述大多数商品可以通过拆包的方式规避行邮税，实际上承担的行邮税为零。但新政实施后，综合税率达到 11.9%。由于跨境零售进口商品报税价格是在到岸价格（CIF）的基础上，再加上商家的利润、入境后的仓储、物流等费用，导致税收成本大幅上升，甚至与一般贸易持平。由此，带来了跨境电商进口企业新一轮的市场洗牌。在这个过程中，很多电商企业或倒闭，或转型成为供应链企业替平台“打工”。

宁兴优贝是宁波数一数二的本土跨境电商企业，2016 年的销售额是 10 亿元，其中自营商品约占一半。新政实施后，该企业交了 1 亿元的税，负担陡增。2017 年，企业负责人施伟表示，要继续降低自营商品的比重，预计 2017 年自营商品销售收入占比不会超过三成，大多数的收入来自为电商平台提供采购、仓储、物流等供应链服务。税收是压垮电商企业的最后一根稻草。

宁波丫丫趣购电子商务有限公司是宁波第一批拥有销售进口奶粉、保健品、化妆品及3C产品资质，拥有跨境自营保税仓库的电商企业。2016年，公司一度成为在宁波地区自营销售第一、进口跨境行业综合排名前三的企业。4.8新政后，企业已经拆分成“丫丫趣购”和“丫丫乐购”两家独立的公司。“丫丫乐购”的经营已经不涉足跨境电商自营业务。“丫丫趣购”还在艰难地支撑着，许多技术人员解聘的解聘，离职的离职。

负责人黄辉坦言，2016年丫丫趣购轻松实现了2亿元的销售目标，其实冲击3亿元、4亿元销售额也没问题，但因为2016年下半年没有利润，所以主动选择不参加促销。

黄辉算了一笔账：对于宁波做得最多的纸尿裤而言，“4.8新政”之前税是全免的，进货100元，卖120元，除去物流、管理、仓储，可能还有几元赚。新政后，卖120元，要收取12%的税，价格提到130元、140元，就卖不出去了。

税收红利消失的同时，电商平台之间、电商与电商之间的流量争夺愈演愈烈，让资金实力较弱的电商企业提前退出“游戏”。

一个不愿透露姓名的跨境电商负责人说，“烧钱”模式小企业根本玩不起。像花王纸尿裤，“6·18”时京东自营、天猫自营、网易考拉都在搞价格战。考拉的纸尿裤60多元一包，低得一塌糊涂。这个价格连CIF（到港价）成本价都买不到。

在新三板上市的跨境电商企业淘淘羊的负责人徐杉说，疯狂的低价竞争让他不得不调整经营模式。从2017年开始，只要是公司不能控制价格的商品，他都尽量不进货。

宁波保税区正正电商副总经理赵高松说，天猫国际、京东全球购等平台不断增加自营商品的比重，都是为了掌握竞争的主动权。

截至2017年到7月初，在宁波保税区注册的518家跨境电商企业中，有线上业绩的仅75家。宁波保税区经贸服务中心副主任林云说，“这75家企业中，业绩排名前20的企业贡献了90%以上的贸易额，但这90%的量绝大多数都是靠国内几家巨头——京东、天猫国际、网易。说白了，宁波大多数本土电商企业已经名存实亡。”

跨境电商市场的瞬息万变让不少盲目涉足的企业尝尽苦头。但是，不少尚存实力、有能力转身的企业不愿意放弃已经建立起来的海外采购渠道、仓储物流链条等。在这些企业眼里，跨境进口业务，更像是食之无味，弃之可惜的“鸡肋”。于是他们纷纷转型成为提供采购、仓储物流、报关报检服务的供应链公司。

宁波保税区经贸服务中心副主任林云认为，这是正常的市场洗牌过程。宁波市电子商务研究院提供的一份调查报告认为，从长期来看，国家跨境电商政策很可能进行第二次甚至第三次“收紧”，跨境电商的竞争力最终会只剩下渠道扁平化的优势，跨境电商进口市场洗牌不可避免。

资料来源：4.8新政调查．被洗牌的跨境电商．搜狐财经，2017－7－18，https：//www.sohu.com/a/157986893_617335.

近年来，庞大的市场需求为我国跨境电商带来前所未有的发展机遇。国内各大电商巨头依托其已有优势在跨境电商领域快速崛起。据电子商务研究中心监测数据显示，2018 年，中国跨境电商交易规模 9.01 万亿元，同比增长 11.79%；2017 年中国跨境电商交易规模 8.06 万亿元，同比增长 20.30%。跨境电商行业的高速发展离不开政策的支持，从 2012 年 8 月商务部颁布《关于利用电子商务平台开展对外贸易的若干意见》到 2019 年，国家多个重要部门相继颁布相应政策支持跨境电商的发展。跨境电商行业因涉及国家多个部门的业务范畴，除海关总署外，商务部、质检总局、外汇管理局等政府主管部门也纷纷出台或参与出台相关跨境电商政策，涉及的国家相关部门包括：国家发改委、财政部、工信部、农业部、商务部、国家税务总局、国家质检总局、食品药品监督管理总局、交通运输部、国家工商总局、国家邮政局、国家外汇管理局、中国人民银行、银监会、中央网信办、濒管办、密码局等多达 17 个部门。各个部门从自身所属的业务角度出发，给跨境电商行业单独出台或参与出台扶持或监管的相关政策措施。这些政策深入跨境电商的方方面面，大到总体制度、环境建设，例如开展跨境电子商务综合试验区试点，小到跨境电商的具体环节，例如税收、支付、通关、海外仓等方面。这些政策措施的出台为跨境电商的发展扫除障碍，给跨境电商行业带来了极大的促进作用。监管的政策也从行业长远发展的角度出发，更好地规范行业出现的问题。2018 年 8 月 31 日，十三届全国人大常委会第五次会议表决通过《电子商务法》，自 2019 年 1 月 1 日起施行，从法律层面规范中国电子商务产业，也包括规范跨境电商的发展，使之成为全球最具发展潜力、最有国际竞争力的产业之一。

第一节　中国跨境电商进口政策

中国跨境电商进口是中国进出口贸易的重要组成部分。2014 年以来，政府针对跨境电商进口出台的政策越趋密集，而政府出台的大多数政策基本上都是为了规范跨境电商进口在发展中所存在的一些问题，比如进口电子数据传输共享、网购保税进口模式管理试验、个人物品进境管理等问题。政府力求跨境电商进口在满足人民消费需求升级、加强税费征管的情况下，为跨境电商进口营造一个良好的发展环境，兼顾线上线下商业模式的协调发展。

跨境电商进口政策涉及方方面面，本节主要从关于个人行李物品进境税收政策、关于降低部分日用消费品进口关税税率的政策、关于跨境电商零售进口税收的政策、关于网购保税进口模式监管及延期的政策，以及跨境电商进口数据传输政策五个方面介绍中国跨境电商进口政策。

一、关于个人行李物品进境税收的政策

随着跨境代购和跨境电商零售进口的不断发展，国务院关税税则委员会和海关总署针对个人行李物品进境的相关政策也在不断调整。

1994 年 11 月 14 日，海关总署发布给广东分署和各直属海关《关于调整进出境邮件中个人物品的限值和免税额的通知》，1994 年 11 月 21 日对外发布实施。该公告调整了进出境邮件中个人物品每次允许邮寄的限值和免税额：寄自或寄往港、澳地区的个人物品，每次限值为 800 元人民币，免税额为 400 元；寄自或寄往上述地区以外的个人物品，每次限值为 1000 元，免税额为 500 元，超出的，仅征超出部分。这就是俗称的“400～500 政策”。同时，对单件不可分割的物品，虽超出限值规定，但确属个人正常需要的，可从宽验放。

2010 年 7 月 2 日，海关总署发布《关于调整进出境个人邮递物品管理措施有关事宜》，进一步规范了进出境个人邮递物品的监管。该公告在 1994 年《关于调整进出境邮件中个人物品的限值和免税额的通知》基础上，有两点变化：(1) 个人邮寄进境物品，海关依法征收进口税，但应征进口税税额在人民币 50 元（含 50 元）以下的，海关予以免征。(2) 取消了 400～500 元的免税额度。该公告 2010 年 9 月 1 日开始实施，《关于调整进出境邮件中个人物品的限值和免税额的通知》同时废止。

2011 年 1 月 24 日，国务院关税税则委员会发出《关于调整进境物品税税目税率的通知》，自 2011 年 1 月 27 日起，将《中华人民共和国进境物品进口税率表》中原归入税号 2（见表 2－1）的计算机，视频摄录一体机等信息技术产品和照相机归入税号 1 中，税率相应地从 20% 降低到 10%；将原归入税号 2 中的“摄像机”更名为“电视摄像机”，税率维持不变。调整后的《中华人民共和国进境物品进口税率表》见表 2－1。

表 2－1　中华人民共和国进境物品进口税率（2011 年 1 月 27 日起实施）

税目序号	物品名称	税率（%）
1	书报、刊物、教育专用电影片、幻灯片、原版录音带、录像带、金、银及其制品、计算机，视频摄录一体机，数字照相机等信息技术产品、照相机、食品、饮料、本表税号 2、3、4 税号及备注不包含的其他商品	10
2	纺织品及其制成品、电视摄像机及其他电器用具、自行车、手表、钟表（含配件、附件）	20
3	高尔夫球及球具、高档手表	30
4	烟、酒、化妆品	50

资料来源：财政部网站，http：//gss. mof. gov. cn/zhengwuxinxi/zhengcefabu/201101/t20110126_429432. html。

2014 年 7 月 23 日，海关总署颁布了《关于跨境贸易电子商务进出境货物、物品有关监管事宜的公告》，从 2014 年 8 月 1 日起，明确区分“货物”和“物品”，货物的监管将被纳入一般贸易的体系，个人跨境购物以《物品清单》（全称《中华人民共和国海关跨境贸易电子商务进出境物品申报清单》）方式办理电子商务进出境物品报关。个人购买的物品将按行邮税[①]征税，大大增加国内代购的成本。同时，海关加强了个人携带物品通关核查，“灰色代购”被大大抑制。由于该公告监管范围划在“经营主体在国内的商家”，此监管范围不覆盖海外商家，也就是说直接影响的是国内代购商。

2016 年 3 月 16 日，国务院关税税则委员会发出《关于调整进境物品进口税有关问题的通知》，调整《中华人民共和国进境物品进口税率表》见表 2 – 2，自 2016 年 4 月 8 日起实施，同时废止《国务院关税税则委员会关于调整进境物品进口税税目税率的通知》。本次对进境物品进口税的调整产生的影响非常大，抑制了个人代购的空间，引起了跨境进口电商产业链的重组。

表 2 – 2　中华人民共和国进境物品进口税率（2016 年 4 月 8 日起实施）

税目序号	物品名称	税率（%）
1	书报、刊物、教育用影视资料；计算机、视频摄录一体机、数字照相机等信息技术产品；食品、饮料；金银；家具；玩具，游戏品、节日或其他娱乐用品	15
2	运动用品（不含高尔夫球及球具）、钓鱼用品；纺织品及其制成品；电视摄像机及其他电器用具；自行车；税目 1、3 中未包含的其他商品	30
3	烟、酒；贵重首饰及珠宝玉石；高尔夫球及球具；高档手表；化妆品	60

注：税目 3 所列商品的具体范围与消费税征收范围一致。
资料来源：财政部网站，http：//gss. mof. gov. cn/zhengwuxinxi/zhengcefabu/201603/t20160324_1922971. html。

2016 年 9 月 30 日，国务院关税税则委员会《关于调整进境物品进口税部分商品范围的通知》规定，从 2016 年 10 月 1 日起，将《中华人民共和国进境物品进口税率表》税目 3 中“化妆品”的名称调整为“高档化妆品”，征税商品范围与征收消费税的高档化妆品的商品范围一致。

2018 年 9 月 30 日，国务院关税税则委员会《关于调整进境物品进口税有关问题的通知》又一次调整了进境物品进口税税目税率。从 2018 年 11 月 1 日起，将药品列入进境物品进口税税目 1，适用 15% 的税率。其中，对按国家规定减按 3% 征收进口环节增值税的进口抗癌药品，按货物税率征税。将进境物品进口税

① 行邮税是行李和邮递物品进口税的简称，是海关对入境旅客行李物品和个人邮递物品征收的进口税。其中包含了进口环节的增值税和消费税，故也是对个人非贸易性入境物品征收的进口关税和进口工商税收的总称。

税目2、税目3的税率分别调整为25%、50%，见表2-3。

表2-3　中华人民共和国进境物品进口税率（2018年11月1日起实施）

税目序号	物品名称	税率（%）
1	书报、刊物、教育用影视资料；计算机、视频摄录一体机、数字照相机等信息技术产品；食品、饮料；金银；家具；玩具，游戏品、节日或其他娱乐用品；药（注1）	15
2	运动用品（不含高尔夫球及球具）、钓鱼用品；纺织品及其制成品；电视摄像机及其他电器用具；自行车；税目1、3中未包含的其他商品	25
3（注2）	烟、酒；贵重首饰及珠宝玉石；高尔夫球及球具；高档手表；高档化妆品	50

注1：对国家规定减按3%征收进口环节增值税的进口抗癌药品，按照货物税率征税。
注2：税目3所列商品的具体范围与消费税征收范围一致。

二、关于降低部分日用消费品进口关税税率的政策

2015年以来，国务院关税税则委员会多次下调日用消费品的进口关税税率，一定程度上促进了中国跨境电商进口的快速增长。

2015年5月31日，国务院关税税则委员会发布公告《降低部分日用消费品进口关税》，自2015年7月1日起，中国将降低部分服装、鞋靴、护肤品、纸尿裤等日用消费品的进口关税税率，平均降幅超过50%。其中，西装、毛皮服装等的进口关税将由14%～23%降低到7%～10%，短统靴、运动鞋等的进口关税由22%～24%降低到12%，纸尿裤的进口关税由7.5%降低到2%，护肤品的进口关税由5%降低到2%。此次降税涉及的商品种类远远少于跨境电商B2C平台的商品种类，而且，由于进口商品的高价除了有税收、物流成本等因素外，渠道成本和品牌溢价也是重要原因，对于渠道商或品牌溢价较为强势的进口商品而言，降低关税对终端价格的影响微乎其微。

2017年11月22日，国务院关税税则委员会发出《关于调整部分消费品进口关税的通知》，自2017年12月1日起，以暂定税率方式降低部分消费品进口关税。

2018年5月31日，国务院关税税则委员会《关于降低日用消费品进口关税的公告》，自2018年7月1日起，降低部分进口日用消费品的最惠国税率，涉及1449个税目。因最惠国税率调整，自2018年7月1日起，取消210项进口商品最惠国暂定税率，其余商品最惠国暂定税率继续实施。

2018年9月30日，国务院关税税则委员会发布《关于降低部分商品进口关税的公告》，自2018年11月1日起，降低部分商品的最惠国税率，涉及1585个税目，同时取消39项进口商品最惠国暂定税率，其余商品最惠国暂定税率继续

实施。本次降税主要涉及纺织品；石材、陶瓷、玻璃制品；部分钢铁及贱金属制品；机电设备及零部件，如金属加工机械、纺织机械、工程机械、输变电设备、电工器材、仪器仪表等；资源性商品及初级加工品，如非金属矿、无机化学品、木材及纸制品、宝玉石等。降税商品共1585个税目，约占我国税目总数的19%，平均税率由10.5%降至7.8%，平均降幅为26%。同时，随着关税总水平尤其是药品、日用消费品进口关税的下调，相应下调进境物品进口税（俗称行邮税）的税目税率。

三、关于跨境电商零售进口税收的政策

在中国跨境电商进口税收政策中，最具影响力的是2016年3月24日财政部、海关总署和国家税务总局发布的《关于跨境电子商务零售进口税收政策的通知》。该通知规定，我国将自4月8日起实施跨境电子商务零售进口税收新政策并调整行邮税政策。跨境电子商务零售进口商品将不再按邮递物品征收行邮税，而是按货物征收关税和进口环节增值税、消费税。自2016年4月8日起，跨境电子商务零售进口商品的单次交易限值为人民币2000元，个人年度交易限值为人民币20000元。在限值以内进口的跨境电子商务零售进口商品，关税税率暂设为0；进口环节增值税、消费税取消免征税额，暂按法定应纳税额的70%征收。超过单次限值、累加后超过个人年度限值的单次交易，以及完税价格超过2000元限值的单个不可分割商品，均按照一般贸易方式全额征税。此次通知被称为“4.8跨境电商零售进口税收新政”，简称“4.8新政”。

“4.8新政”的核心为调整关税、正面清单、通关单三项内容：即在税收层面，实施跨境电子商务零售进口税收政策；在通关层面，参照进口商品正面清单，需按货物验核通关单，并对化妆品、婴幼儿配方奶粉等商品提出了首次进口许可批件等要求。

“4.8新政”出台的初衷是维护全国税收政策、法律法规执行中的统一性，并尽最大可能减少国家进口税款流失；降低线上线下进口消费品的价差，维护传统进口贸易、商品流通渠道的合法利益，减少因政策不到位引起的对当下实体零售业的冲击；规范过去几年一直“野蛮生长”的跨境进口电商行业，尤其是个人“海淘”代购行为。随着“4.8新政”的出台，扩大了征税范围并提高征税力度，对跨境电商行业格局、主体结构、商品结构、仓储物流模式、跨境业务完善和消费者行为产生较大的影响，给跨境电商企业和平台企业带来一定的压力，要求企业探索有利的经营模式和适宜的产业链定位。

2016年4月7日，财政部、发展改革委、工业和信息化部、农业部、商务部、海关总署、国家税务总局、质检总局、食品药品监管总局、濒管办、密码局联合公布第一批《跨境电子商务零售进口商品清单》公告（2016年第40号），共包括1142个8位税号商品，涵盖了部分食品饮料、服装鞋帽、家用电器以及

部分化妆品、纸尿裤、儿童玩具、保温杯等。国家食品药品监督管理总局就《跨境电子商务零售进口商品清单》有关商品备注加以说明：（1）关于“配方奶粉”备注中“按照食品安全法应当注册而未注册的除外”；（2）关于化妆品备注中“首次进口的化妆品除外”。

2016年4月15日，财政部、发展改革委、工业和信息化部、环境保护部、农业部、商务部、中国人民银行、海关总署、国家税务总局、质检总局、新闻出版广电总局、食品药品监管总局濒管办联合公布第二批《跨境电子商务零售进口商品清单》公告，共包括151个8位税号商品，是相关主管部门在4月7日公布清单的基础上，根据国家有关法律法规，从支持跨境电商新业态发展、有利于电商企业平稳过渡的角度研究制定的。食品药品监管总局对“依法需要经过注册或备案的医疗器械、特殊食品（包括保健食品、特殊医学用途配方食品等），按照国家相关法律法规的规定执行”进行了说明。该公告自2016年4月16日起实施。第二批清单与《财政部等11个部门关于公布跨境电子商务零售进口商品清单的公告》中《跨境电子商务零售进口商品清单》税则号列相同的商品，其“备注”以第二批清单为准。

为完善跨境电子商务零售进口税收政策，2018年11月29日，财政部、海关总署、税务总局发出《关于完善跨境电子商务零售进口税收政策的通知》，从2019年1月1日起，（1）将跨境电子商务零售进口商品的单次交易限值由人民币2000元提高至5000元，年度交易限值由人民币20000元提高至26000元。（2）完税价格超过5000元单次交易限值但低于26000元年度交易限值，且订单下仅一件商品时，可以自跨境电商零售渠道进口，按照货物税率全额征收关税和进口环节增值税、消费税，交易额计入年度交易总额，但年度交易总额超过年度交易限值的，应按一般贸易管理。（3）已经购买的电商进口商品属于消费者个人使用的最终商品，不得进入国内市场再次销售；原则上不允许网购保税进口商品在海关特殊监管区域外开展“网购保税+线下自提”模式。

2018年11月20日，财政部等13个部门公布了《关于调整跨境电商零售进口商品清单的公告》。《跨境电子商务零售进口商品清单（2018年版）》自2019年1月1日起实施，2016年出台的《财政部等11个部门关于公布跨境电子商务零售进口商品清单的公告》和《财政部等13个部门关于公布跨境电子商务零售进口商品清单（第二批）的公告》所附的两批清单同时废止。

四、关于网购保税进口模式监管及延期的政策

随着中国消费者个人收入增加引起的消费升级，对国外高品质商品的需求急剧增加，跨境电商交易规模高速增长。为了更好地规范、管理跨境电商进口，中国采取了在对外贸易条件优越的地区试点的办法，国务院牵头试行“跨境电商综合试验区”，海关总署牵头试行“跨境电商试点城市”，试点网购保税进口模式，

并出台了相应的政策。

1. “4.8 新政”前仅 6 城市试行“保税进口”模式

2015 年 3 月 21 日，海关总署以加急文件的形式向上海、杭州、宁波、郑州、广州、重庆六个城市的海关下发了《海关总署关于跨境贸易电子商务服务试点网购保税进口模式有关问题的通知》，进一步对“保税进口”模式进行了规范。该通知首先强调：第一，只有上述六个城市拥有跨境电商进口试点的资格，也就是把“保税区＋行邮税”模式控制在一定范围内。第二，强调开展网购保税进口的区域（中心）应具备电子商务通关服务平台，设置专用仓库对跨境保税进口商品实施集中管理，并配备符合海关跨境商品监管要求的 X 光机查验分拣线、视频监控等设施。开展网购保税进口的区域（中心）内企业应当按照规定通过电子商务通关服务平台及时向通关管理平台传送交易、物流、支付和仓储等数据，并于每月 10 日前向海关传送上月跨境保税进口商品进、出、转、存电子数据。第三，强调进口税起征点不变；明确规定完税价格征收标准为“电子订单的实际销售价格”，电子订单的实际销售价格包括国外采购价格和跨境物流费用两部分。2015 年 9 月 9 日，海关总署发布加急文件《关于加强跨境电子商务网购保税进口监管工作的函》，进一步规范网购保税进口监管工作，具体要求如下：

（1）要求各海关应严格按照《海关总署关于跨境贸易电子商务进出境货物、物品有关监管事宜的公告》《海关总署关于增列海关监管方式代码的公告》《海关总署关于跨境贸易电子商务服务试点网购保税进口模式有关问题的通知》等相关文件要求，制定监管办法，规范操作，严密监管，不得随意将政策规定扩大化。

（2）网购保税进口应当在经批准开展跨境贸易电子商务服务试点城市的海关特殊监管区域或保税物流中心（B 型）（以下简称“区域（中心）”）开展。非跨境贸易电子商务服务试点城市不得开展网购保税进口业务。任何海关不得在保税仓库内开展网购保税进口业务。

（3）开展网购保税进口的区域（中心）应具备电子商务通关服务平台，设置专用仓库对跨境保税进口商品实施集中管理，并配备符合海关跨境商品监管要求的 X 光机查验分拣线、视频监控等设施。开展网购保税进口的区域（中心）内企业应当按照规定通过电子商务通关服务平台及时向通关管理平台传送交易、物流、支付和仓储等数据，并于每月 10 日前向海关传送上月跨境保税进口商品进、出、转、存电子数据。

此加急函重申了跨境保税进口必须限定在跨境电商试点城市的海关特色监管区域或保税物流中心展开，打击了网购保税试点中的不规范行为，带来的影响是个人包裹查验率提升，已备案的电商平台订单灰色清关情况的减少。

2. “4.8 新政”后第一次延长过渡期，进口试点城市增至 10 个

2016 年“4.8 新政”为快速发展的进口电商带来了一个“急刹车”，并引发较大争议。随后，为了确保跨境电商平稳发展，给跨境电商企业留出充足调整时

间，避免造成较大冲击，同时，也为了逐渐摸索出针对跨境电商零售进口的统一的监管政策，2016 年 11 月 15 日，商务部发言人发表《关于延长跨境电商零售进口监管过渡期的谈话》，经国务院批准，2016 年 5 月 11 日起，我国对跨境电商零售进口有关监管要求给予一年的过渡期，即继续按照试点模式进行监管，对天津、上海、杭州、宁波、郑州、广州、深圳、重庆、福州、平潭 10 个试点城市经营的网购保税商品"一线"进区时暂不核验通关单，暂不执行化妆品、婴幼儿配方奶粉、医疗器械、特殊食品（包括保健食品、特殊医学用途配方食品等）的首次进口许可批件、注册或备案要求；对所有地区的直购模式也暂不执行上述商品的首次进口许可批件、注册或备案要求。

3."4.8 新政"后第二次延长过渡期，进口试点城市增至 15 个

2016 年"4.8 新政"宣布之后，主要基于三点考虑，出台了第二次延期的政策。第一，很多跨境电商企业退出或转行，跨境电商进口企业压力陡增；第二，政府已在反思外贸监管政策，在跨境电商所引发的全球贸易新趋势下要进行监管创新，仍需时间继续推行试点，以总结经验，研究出一套更符合全球贸易发展趋势的跨境电商监管制度；第三，跨境新政的全球蝴蝶效应。"4.8 新政"发布后，台湾地区也援引大陆的跨境进口政策，对台进口也采取了限制性条件；2017 年，英国政府账目委员会对 VAT 在线销售提出要求，俄罗斯拟对跨境电商征税 15.25%等，都在中国跨境出口电商圈里产生巨大反应。中国跨境进口新政如果是一个从严收紧的走向，势必会引起全球其他国家实行保护性的跨境进口措施。通过延长过渡期争取时间探索和完善适应跨境电商行业特点的新的监管模式，再次出台政策时将更完善和成熟。

因此，2017 年 9 月 20 日，国务院总理李克强主持召开的国务院常务会议要求①，一要在全国复制推广跨境电商综合试验区形成的线上综合服务和线下产业园区"两平台"及信息共享、金融服务、智能物流等"六体系"的成熟做法。二要再选择一批具备条件的城市建设新的综合试验区。三要围绕推动"一带一路"建设，打造互联互通外贸基础设施，鼓励建设覆盖重要国别、重点市场的海外仓。四要按照包容审慎有效的要求加大监管创新，建立跨境电商风险防范和消费者权益保障机制，打击假冒伪劣等行为。会议还决定，将跨境电商零售进口监管过渡期政策再延长一年至 2018 年底。在此之前，按照新政之前的模式进行监管。

2017 年 11 月 22 日，国家质检总局发布《关于进口婴幼儿配方乳粉产品配方注册执行日期的公告》，根据婴幼儿配方乳粉产品配方注册过渡期工作安排，规定：第一，以一般贸易方式进口的婴幼儿配方乳粉，其境外生产企业应当依法获得质检总局注册；第二，境外生产企业 2018 年 1 月 1 日（含）后生产的输华婴幼儿配方乳粉应当依法取得食品药品监管总局产品配方注册，并在产品销售包装

---

① http://www.100ec.cn/detail-6416522.html.

的标签上注明注册号；第三，境外生产企业 2018 年 1 月 1 日前生产的婴幼儿配方乳粉，可进口并销售至保质期结束。跨境进口电商监管政策再次延迟至 2018 年底，暂时没有获得配方注册的境外奶粉企业也可以通过跨境电商零售进口的方式向中国市场输入奶粉。同时，质检总局公告以“生产日期为准，而不是以报关日期为准”，意味着新政再一次给了一定程度上的宽限，给跨境电商零售进口消费品一个施展的空间。

2017 年 12 月 7 日，根据商务部《2018 年起新增 5 座城市适用跨境电商过渡政策》，自 2018 年 1 月 1 日起，我国将跨境电商过渡期政策适用的范围扩大至合肥、成都、大连、青岛、苏州 5 个城市，进口试点城市增至 15 个。

4. “4.8 新政”后第三次延长过渡期，进口试点城市增至 37 个

2018 年 11 月 21 日，国务院总理李克强主持召开的国务院常务会议决定，延续和完善跨境电子商务零售进口政策并扩大适用范围，将政策适用范围从之前的杭州等 15 个城市，再扩大到北京、沈阳、南京、武汉、西安、厦门等 22 个新设跨境电商综合试验区的城市。非试点城市的直购进口业务可参照执行相关监管政策。至此，适用“网购保税进口”（监管方式代码 1210）进口政策的 37 个城市有：天津、上海、重庆、大连、杭州、宁波、青岛、广州、深圳、成都、苏州、合肥、福州、郑州、平潭、北京、呼和浩特、沈阳、长春、哈尔滨、南京、南昌、武汉、长沙、南宁、海口、贵阳、昆明、西安、兰州、厦门、唐山、无锡、威海、珠海、东莞、义乌。

会议还决定，从 2019 年 1 月 1 日起，延续实施跨境电商零售进口现行监管政策，对跨境电商零售进口商品不执行首次进口许可批件、注册或备案要求，而按个人自用进境物品监管。

“4.8 新政”过渡期三次延长，有利于进一步完善区域布局，促进行业发展，刺激了进口，促进消费升级，也更好地满足居民消费需求，还将促进顺利对接“正式执行期”。

五、跨境电商进口数据传输政策

跨境电商零售进口监管的难点在于网络电子化交易数据没有实现真实共享，包括订单信息、物流信息、支付信息。在这方面，海关不断探索改进针对跨境电商进口的数据传输监管要求。其中，比较重要的几个公告有：2014 年 8 月 1 日开始执行的《关于跨境贸易电子商务进出境货物、物品有关监管事宜的公告》、2016 年 4 月 8 日开始执行的《关于跨境电子商务零售进出口商品有关监管事宜的公告》，以及 2019 年 1 月 1 日开始执行的海关总署《关于跨境电子商务零售进出口商品有关监管事宜的公告》①。

---

① http：//www. customs. gov. cn/lanzhou_customs/553124/553125/2143953/index. html.

在总署公告2018年第194号公告中，第三部分通关管理第六条、第八条、第九条对跨境电子商务零售进口电子数据传输做了明确规定：

（六）跨境电子商务零售进口商品申报前，跨境电子商务平台企业或跨境电子商务企业境内代理人、支付企业、物流企业应当分别通过国际贸易“单一窗口”或跨境电子商务通关服务平台向海关传输交易、支付、物流等电子信息，并对数据真实性承担相应责任。

直购进口模式下，邮政企业、进出境快件运营人可以接受跨境电子商务平台企业或跨境电子商务企业境内代理人、支付企业的委托，在承诺承担相应法律责任的前提下，向海关传输交易、支付等电子信息。

（八）跨境电子商务零售商品进口时，跨境电子商务企业境内代理人或其委托的报关企业应提交《中华人民共和国海关跨境电子商务零售进出口商品申报清单》（以下简称《申报清单》），采取“清单核放”方式办理报关手续。

《申报清单》与《中华人民共和国海关进（出）口货物报关单》具有同等法律效力。

按照上述第（六）至（八）条要求传输、提交的电子信息应施加电子签名。

（九）开展跨境电子商务零售进口业务的跨境电子商务平台企业、跨境电子商务企业境内代理人应对交易真实性和消费者（订购人）身份信息真实性进行审核，并承担相应责任；身份信息未经国家主管部门或其授权的机构认证的，订购人与支付人应当为同一人。

为了完善跨境电子商务零售进口监管有关工作，做好跨境电子商务零售进口（以下简称跨境电商零售进口）监管过渡期后政策衔接，2018年11月28日，商务部、发展改革委、财政部、海关总署、税务总局、市场监管总局6部门发布《关于完善跨境电子商务零售进口监管有关工作的通知》，规定了跨境电商零售进口主要参与主体对相关电子数据的传输责任。

“跨境电商零售进口经营者（或跨境电商企业）应向海关实时传输施加电子签名的跨境电商零售进口交易电子数据，可自行或委托代理人向海关申报清单，并承担相应责任。

跨境电商第三方平台经营者（或称跨境电商平台）应向海关实时传输施加电子签名的跨境电商零售进口交易电子数据，并对交易真实性、消费者身份真实性进行审核，承担相应责任。

境内服务商、支付、物流企业应如实向监管部门实时传输施加电子签名的跨境电商零售进口支付、物流电子信息，并对数据真实性承担相应责任。报关企业应接受跨境电商企业委托向海关申报清单，承担如实申报责任。物流企业应向海关开放物流实时跟踪信息共享接口，严格按照交易环节所制发的物流信息开展跨境电商零售进口商品的国内派送业务。对于发现国内实际派送与通关环节所申报物流信息（包括收件人和地址）不一致的，应终止相关派送业务，并及时向海关报告。”

2018 年 9 月 30 日生效的海关总署《关于修订跨境电子商务统一版信息化系统企业接入报文规范的公告》①对海关总署 2018 年第 56 号公告《关于跨境电子商务统一版信息化系统企业接入事宜的公告》做了 5 处修订，分别是进口清单表体部分的商品规格型号、贸易国 2 处，进口电子订单表头部分的订购人电话 1 处，进口电子订单表体部分的商品规格型号 1 处，以及进口订单表头部分的订单编号 1 处。

海关总署还规定了向海关申报及传输电子数据的企业应承担的法律责任，以及电子单证数据应使用的数字签名技术，见表 2－4。

表 2－4　　进口业务单证责任主体

序号	业务单证	责任主体	数字签名
1	进口清单	电商企业或其代理人	是
2	电子订单	电商企业或电商平台或受委托的快件运营人、邮政企业	是
3	支付单	支付企业或受委托的快件运营人、邮政企业	是
4	运单	物流企业	是
5	运单状态	物流企业	是
6	撤销申请单	电商企业或其代理人	是
7	退货申请单	电商企业或其代理人	是
8	入库明细单	海关监管作业场所经营企业	是

电子商务企业或其代理人可登录“互联网＋海关”一体化网上办事服务平台使用“跨境电子商务”功能进行清单录入、修改、申报、查询等操作。

2018 年 11 月 8 日发布 2019 年 1 月 1 日生效的海关总署《关于实时获取跨境电子商务平台企业支付相关原始数据有关事宜的公告》②规定，参与跨境电子商务零售进口业务的跨境电商平台企业应当向海关开放支付相关原始数据，供海关验核。开放的原始数据包括订单号、商品名称、交易金额、币制、收款人相关信息、商品展示链接地址、支付交易流水号、验核机构、交易成功时间以及海关认为必要的其他数据。这样，就进一步规范了跨境电子商务零售进口业务的监管工作。2018 年 12 月 3 日发布 2019 年 1 月 1 日生效的海关总署公告 2018 年第 179 号《关于实时获取跨境电子商务平台企业支付相关原始数据接入有关事宜的公告》补充规定了支付相关原始数据的接口文档及接入方式，有助于执行海关总署 2018 年 165 号公告，并再次强调跨境电子商务平台使用数字签名技术向海关提供

① http：//www. customs. gov. cn/customs/302249/302266/302267/2032647/index. html，海关总署 2018 年第 56 号公告同时废止。

② http：//www. customs. gov. cn/customs/302249/302266/302267/2134975/index. html.

数据，并对所提供数据承担法律责任。

此外，跨境电子商务零售进口政策还包括很多方面，比如营造更好的营商环境、加强企业管理，再比如总署公告 2018 年第 194 号公告对完税价格为实际交易价格，包括商品零售价格、运费和保险费做出规定，等等。为推动综合保税区发展成为具有全球影响力和竞争力的加工制造中心、研发设计中心、物流分拨中心、检测维修中心、销售服务中心，2019 年 1 月 25 日，国务院印发《关于促进综合保税区高水平开放高质量发展的若干意见》（以下简称《意见》）由商务部、海关总署等有关部门负责促进跨境电商发展，支持综合保税区内企业开展跨境电商进出口业务，逐步实现综合保税区全面适用跨境电商零售进口政策。《意见》指出，海关总署要继续做好牵头工作，进一步优化区域布局，推动符合条件的各类型海关特殊监管区域优化为综合保税区。国务院有关部门要全力支持，积极营造一流的营商环境。

第二节　中国跨境电商出口政策

近年来，我国跨境电商出口取得爆发式增长，增速明显高于传统线下贸易，使得传统线下贸易企业也加快了向电商转型的步伐。发展跨境电子商务对于扩大国际市场份额、拓展外贸营销网络、转变外贸发展方式具有重要而深远的意义。从国务院到各大相关部委，也纷纷出台针对跨境电商行业的配套政策措施。这些政策和措施基本上都是为了消除出口跨境电商在发展当中所存在的一些障碍，比如支付、物流、报关、商检、退税等问题，力求为跨境电商出口提供一个良好的发展环境。

本部分从改善跨境电商出口环境政策、出口数据传输管理政策、出口退税政策以及检验检疫政策四个方面介绍近年来中国出台的促进跨境电商出口政策。

一、改善跨境电商出口环境的政策

围绕发展中国跨境电子商务，近年来中国政府各部门已开展大量工作。早在 2005 年 1 月，国务院办公厅就出台了中国第一个专门指导电子商务发展的政策性文件——《国务院办公厅关于加快电子商务发展的若干意见》。2010 年下半年起，商务部启动了重点推荐和培育开展对外贸易的电子商务平台工作。随后，国务院、各大部委陆续出台了改善跨境电商出口环境的政策。

1. 国务院办公厅关于加快电子商务发展的若干意见

2005 年 1 月 8 日，我国第一个专门指导电子商务发展的政策性文件——《国务院办公厅关于加快电子商务发展的若干意见》（以下简称《意见》）颁布，以政策性文件的形式阐释了国家对我国发展电子商务的若干重要意见，明确了我国发展电子商务的指导思想和原则，确立了我国促进电子商务发展的六大举措。

作为我国电子商务领域第一个全面的政策文件，《意见》的颁布结束了我国长期以来缺乏对电子商务发展明确指引的状况，在我国电子商务发展的历史上具有重要的意义。《意见》第一次从政策、法律法规、财税、投融资、信用、认证、标准、支付、物流、企业信息化、技术与服务体系、宣传教育培训、国际交流与合作等多个层面明确了国家推动电子商务发展的具体措施，极大地促进我国电子商务的发展，并为国际电子商务的进步做出贡献。

《意见》分为8部分内容，共计25条，将按照国务院要求，由有关部门本着积极稳妥推进的原则，加快研究制定电子商务税费优惠的财税政策，加强电子商务税费管理；支持企业面向国际市场在线销售和采购，鼓励企业参与国际市场竞争。此外，今后政府采购将积极应用电子商务。推进在线支付体系建设也是这项政策的一个重要方面。有关部门将加紧制定在线支付业务规范和技术标准，研究风险防范措施；积极研究第三方支付服务的相关法规，引导商业银行、中国银联等机构建设安全、快捷、方便的在线支付平台，推动在线支付业务规范化、标准化并与国际接轨。

在认真贯彻实施《电子签名法》的基础上，有关部门还抓紧研究电子交易、信用管理、安全认证、在线支付、税收、市场准入、隐私权保护、信息资源管理等方面的法律法规问题，尽快提出制定相关法律法规的意见；并加快制定在网上开展相关业务的管理办法，推动网络仲裁、网络公证等法律服务与保障体系建设。

2. 商务部“十二五”电子商务发展指导意见

2011年10月发布的《商务部“十二五”电子商务发展指导意见》（以下简称《意见》）指出，要从七个方面加强建设中国电子商务发展环境：（1）完善电子商务政策支撑体系；（2）建立电子商务法规标准体系；（3）建立电子商务统计监测体系和统计监测网络；（4）建立电子商务信用体系；（5）完善电子商务物流体系；（6）推动企业利用电子商务开展对外贸易、解决报关、结汇、退税等瓶颈问题，支持电子商务运营企业与国际接轨；（7）加强电子商务国际交流合作。《意见》支持跨境电子商务平台建设，鼓励中小企业应用跨境电子商务平台拓展海外市场，减少渠道环节，树立中国品牌形象，开展国际合作，解决跨境电子商务中存在的问题。向外贸企业重点推荐一批运作规范、诚信经营、效益良好、国内外影响力强的对外贸易电子商务平台。

《意见》提出四条发挥电子商务优势，推动对外贸易与经济合作的稳步发展的措施：（1）应用电子商务提高贸易便利化水平，大力推动主要贸易单证的标准化和电子化进程，支持地方建设“单一电子窗口”平台，促进海关、检验检疫、港口、银行、保险、物流服务的电子单证协同，提高对外贸易监管效率，降低企业成本。（2）支持跨境电子商务平台建设，鼓励中小企业应用跨境电子商务平台拓展海外市场，减少渠道环节，树立中国品牌形象，开展国际合作，解决跨境电子商务中存在的问题。（3）积极发展网上展会。鼓励会展企业依托实体展会，积极应用信息技术与互联网举办网上展会，创新服务形式和内容，走线上线下相结合的发展道路。实现网上招商招展，服务贸易洽谈与合作的一站式电子商务功能。大力发展贸易撮合、认证征信、网商供需见面会等电子商务增值服务，建立展会型电子商务平台。通过政策扶持，引导鼓励企业积极参加大型展会的网上展会。（4）充分发挥电子商务在扩大进口中的作用。支持建立服务进口企业的联合采购平台和进口产品分销与直销电子商务平台，进一步增强进口贸易企业的采购和销售能力。

3. 关于促进电子商务健康快速发展有关工作的通知

2012 年 2 月，发展改革委、财政部、商务部等 8 部门办公厅共同下发了《关于促进电子商务健康快速发展有关工作的通知》提出了九项重点工作：一是国家发展改革委办公厅、财政部办公厅、商务部办公厅、中国人民银行办公厅、海关总署办公厅、税务总局办公厅、工商总局办公厅、质检总局办公厅等八部委联合成立国家电子商务示范城市创建工作专家咨询委员会，为国家电子商务示范城市创建工作提供咨询指导。二是国家发展改革委负责促进国家电子商务示范城市各项创建工作任务落实。三是商务部负责推动商贸流通领域电子商务应用的健康快速发展。四是中国人民银行负责规范电子支付，推广金融 IC 卡应用。五是中国人民银行会同国家发展改革委、商务部、税务总局、工商总局、质检总局等有关部门建立电子商务信用服务体系。六是税务总局、财政部负责组织相关部门及各示范城市开展网络（电子）发票应用试点。七是国家工商总局负责加强网络商品交易监管，构建诚信交易环境。八是研究跨境贸易电子商务便利化措施，提高通关管理和服务水平。海关总署牵头，组织利用各示范城市的地方电子口岸平台资源，推动地方电子口岸开展跨境贸易电子商务服务，并在相关示范城市组织开展试点。九是质检总局负责研究、积极推进涵盖电子商务全过程的电子商务标准化。

4. 商务部关于利用电子商务平台开展对外贸易的若干意见

2012 年 3 月发布的《商务部关于利用电子商务平台开展对外贸易的若干意见》指出，要全面增强电子商务平台对外贸易服务功能，着力提升企业利用电子商务平台开展对外贸易的意识和水平，加强对利用电子商务平台开展对外贸易的政策支持，营造有利于电子商务平台开展对外贸易的环境，积极支持电子商务平台提高便利化水平，以及加强对利用电子商务平台开展对外贸易的监督，等等。

5. 关于进一步促进电子商务健康快速发展有关工作的通知

2013 年 4 月，发展改革委、财政部、商务部等 13 部门办公厅（室）共同下发了《关于进一步促进电子商务健康快速发展有关工作的通知》（以下简称《通知》）。《通知》提出，国家发展改革委会同相关部门统筹推进电子商务发展环境建设，财政部会同有关部门推动电子商务企业会计档案电子化试点工作，商务部会同相关部门推进商贸流通领域电子商务创新发展，海关总署会同商务部、税务总局、工商总局、质检总局、邮政局、国家标准委等部门完善跨境贸易电子商务通关服务，财政部、税务总局负责研究加快网络（电子）发票推广与应用，中国国家工商总局负责深入推进电子商务可信交易环境建设工作，国家质检总局会同工商总局等有关部门建立完善电子商务产品质量安全监督机制，中国人民银行负责推动移动电子商务支付创新发展，邮政局负责完善电子商务快递服务制度，国家标准委会同相关部门推进电子商务标准化工作，农业部负责促进农业电子商务发展，林业局负责促进林业电子商务发展，旅游局负责促进旅游电子商务发展，各地区加快支持电子商务发展环境建设，等等。

6. 国务院办公厅关于促进进出口稳增长的若干意见

2013 年 7 月 26 日发布的《国务院办公厅关于促进进出口稳增长、调结构的若干意见》（以下简称《意见》）将发展跨境电子商务作为当前外贸稳增长、调结构的重要手段之一，并提出明确工作要求。《意见》指出，完善多种贸易方式，积极研究以跨境电子商务方式出口货物（B2C、B2B 等方式）所遇到的海关监管、退税、检验、外汇收支、统计等问题，完善相关政策，抓紧在有条件的地方先行试点，推动跨境电子商务的发展；推进市场采购贸易发展，在总结义乌试点经验的基础上，适时扩大试点范围；研究完善边贸发展政策，扩大边境贸易。

2014 年 5 月，《国务院办公厅关于支持外贸稳定增长的若干意见》提出了着力优化外贸结构、进一步改善外贸环境、强化政策保障、增强外贸企业竞争力和加强组织领导等五项意见；要求商务部、发展改革委、财政部、海关总署、税务总局、质检总局、外汇局负责出台跨境电子商务贸易便利化措施；鼓励企业在海外设立批发展示中心、商品市场、专卖店、"海外仓"等各类国际营销网络。

2015 年 7 月，《国务院办公厅关于促进进出口稳定增长的若干意见》提出了七条意见：主要有发展改革委、工业和信息化部、财政部、交通运输部根据各自职责分别牵头，坚决清理和规范进出口环节收费。中国人民银行、外汇局负责保持人民币汇率在合理均衡水平上基本稳定。财政部、商务部、进出口银行、中国出口信用保险公司负责加大出口信用保险支持力度，商务部、发展改革委、财政部、海关总署、税务总局、工商总局、质检总局、外汇局负责加快推进外贸新型商业模式发展，积极推进中国（杭州）跨境电子商务综合试验区建设，继续加强进口工作，进一步提高贸易便利化水平，以及切实改善融资服务，等等。

7. 国务院关于促进信息消费扩大内需的若干意见

2013 年 8 月发布的《国务院关于促进信息消费扩大内需的若干意见》（以下简称《意见》），从加快信息基础设施演进升级、增强信息产品供给能力、培育信息消费需求、提升公共服务信息化水平以及加强信息消费环境建设五个方面提出了促进信息消费的主要努力方向和政策措施。在谈到拓宽电子商务发展空间时，《意见》指出，要完善智能物流基础设施，支持农村、社区、学校的物流快递配送点建设；各级人民政府要出台仓储建设用地、配送车辆管理等方面的鼓励政策；大力发展移动支付等跨行业业务，完善互联网支付体系；加快推进电子商务示范城市建设，实施可信交易、网络电子发票等电子商务政策试点；支持网络零售平台做大做强，鼓励引导金融机构为中小网商提供小额贷款服务，推动中小企业普及应用电子商务；拓展移动电子商务应用，积极培育城市社区、农产品电子商务；建设跨境电子商务通关服务平台和外贸交易平台，实施与跨境电子商务相适应的监管措施，鼓励电子商务"走出去"。

8. 国务院办公厅转发商务部等部门关于实施支持跨境电子商务零售出口有关政策意见的通知

2013 年 8 月，《国务院办公厅转发商务部等部门关于实施支持跨境电子商务零售出口有关政策意见的通知》（以下简称《通知》）提出了 6 项具体措施：

一是建立电子商务出口新型海关监管模式并进行专项统计，海关对经营主体的出口商品进行集中监管，并采取清单核放、汇总申报的方式办理通关手续，降低报关费用。经营主体可在网上提交相关电子文件，并在货物实际出境后，按照外汇和税务部门要求，向海关申请签发报关单证明联。同时，将电子商务出口纳入海关统计，以解决目前零售出口无法办理海关监管统计的问题。

二是建立电子商务出口检验监管模式，将对电子商务出口企业及其产品进行检验检疫备案或准入管理，利用第三方检验鉴定机构进行产品质量安全的合格评定。实行全申报制度，以检疫监管为主，一般工业制成品不再实行法检。实施集中申报、集中办理相关检验检疫手续的便利措施，以解决电子商务出口无法办理检验检疫的问题。

三是支持企业正常收结汇，将允许经营主体申请设立外汇账户，凭海关报关信息办理货物出口收结汇业务。同时，监管部门将加强对银行和经营主体通过跨境电子商务收结汇的监管，以解决企业目前办理出口收汇存在困难的问题。

四是鼓励银行机构和支付机构为跨境电子商务提供支付服务，支付机构办理电子商务外汇资金或人民币资金跨境支付业务，可分别向国家外汇管理局和中国人民银行申请，并按照支付机构有关管理政策执行。同时将进一步完善跨境电子支付、清算、结算服务体系，切实加强对银行机构和支付机构跨境支付业务的监管力度，以解决支付服务配套环节比较薄弱的问题。

五是实施适应电子商务出口的税收政策，对符合条件的电子商务出口货物实行增值税和消费税免税或退税政策，以解决电子商务出口企业无法办理出口退税的问题。

六是建立电子商务出口信用体系，将严肃查处商业欺诈，打击侵犯知识产权和销售假冒伪劣产品等行为，以解决信用体系和市场秩序有待改善的问题。

自 8 月 21 日起，先在已开展跨境贸易电子商务通关服务试点的上海、重庆、杭州、宁波、郑州 5 个城市试行上述政策。自 2013 年 10 月 1 日起，上述政策在全国有条件的地区实施。此外，《通知》还对跨境出口电商各监管主体的职责做出了明确的划分，解决了以往监管职责不明确、监管存在漏洞的问题，进一步从监管层面推动了跨境出口电商有序发展。海关总署会同商务部、税务总局、质检总局、外汇局、发展改革委等部门加快跨境电子商务通关试点建设，加快电子口岸结汇、退税系统与大型电子商务平台的系统对接。商务部、发展改革委、海关总署会同相关部门对政策实施进行指导，定期开展实施效果评估等工作，确保政策平稳实施并不断完善。

《通知》的重要意义还在于：首次从国家层面对我国的跨境电子商务零售出口做出了明确的定义，解决了以往界定不清、监管困难的局面。跨境电子商务零售出口是指我国出口企业通过互联网向境外零售商品，主要以邮寄、快递等形式送达的经营行为，即跨境电子商务企业对消费者的出口。我国出口企业与外国批发商和零售商通过互联网线上进行产品展示和交易，线下按一般贸易等方式完成的货物出口，即跨境电子商务的企业对企业出口，本质上仍属传统贸易，仍按照现行有关贸易政策执行。

9. 商务部关于促进电子商务应用的实施意见

2013 年 10 月 31 日发布的《商务部关于促进电子商务应用的实施意见》提出了 10 项重点任务和完善电子商务政策、法规体系建设等七条保障措施。该意见把“推动跨境电子商务创新应用”作为 10 项重点任务之一，关注需求扩大前景。这是商务部第一次就电子商务作出促进实施意见，主要有以下三点：

第一，各地要积极推进跨境电子商务创新发展，努力提升跨境电子商务对外贸易规模和水平。对生产企业和外贸企业，特别是中小企业利用跨境电子商务开展对外贸易提供必要的政策和资金支持。鼓励多种模式跨境电子商务发展，配合国家有关部门尽快落实《国务院办公厅转发商务部等部门关于实施支持跨境电子商务零售出口有关政策的意见》，探索发展跨境电子商务企业对企业（B2B）进出口和个人从境外企业零售进口（B2C）等模式。加快跨境电子商务物流、支付、监管、诚信等配套体系建设。

第二，鼓励电子商务企业“走出去”。支持境内电子商务服务企业（包括第三方电子商务平台，融资担保、物流配送等各类服务企业）“走出去”，在境外设立服务机构，完善仓储物流、客户服务体系建设，与境外电子商务服务企业实现战略合作等；支持境内电子商务企业建立海外营销渠道，压缩渠道成本，创立自有品牌。

第三，支持区域跨境（边贸）电子商务发展。支持边境地区选取重点贸易领域建立面向周边国家的电子商务贸易服务平台；引导和支持电子商务平台企业在边境地区设立专业平台，服务边境贸易。比如在中俄边境的中转仓，促进了“俄速通”“俄品汇”等一批跨境电商物流公司和平台的发展。

《意见》的发布，充分表明电子商务在中国的发展才刚刚开始，之前大家更多谈到的是竞争，但需求的扩大前景也值得关注。

10. 国务院关于加快培育外贸竞争新优势的若干意见

2015 年 5 月 12 日发布的《国务院关于加快培育外贸竞争新优势的若干意见》（以下简称《意见》）提出了加快培育外贸竞争新优势的六大任务：一是大

力推动外贸结构调整，优化国际市场、国内区域、经营主体、外贸商品结构和贸易方式，发展服务贸易。二是加快提升对外贸易国际竞争力，提升出口产品技术、品牌、质量和服务水平，培育新型贸易方式，加强区域开放载体和贸易平台建设。三是全面提升与“一带一路”沿线国家经贸合作水平，深化贸易合作，大力拓展产业投资，优化周边经贸发展格局。四是努力构建互利共赢的国际合作新格局，加快对外贸易与对外投资有效互动，进一步提升利用外资的质量和水平，加快实施自贸区战略。五是营造法治化国际化营商环境，优化公平竞争的市场环境，提高贸易便利化水平，提升经贸规则话语权，积极应对贸易摩擦。六是完善政策体系，深化外贸体制改革，加强贸易政策与产业政策的协调，完善财税政策和金融政策，提高公共服务能力。《意见》在提出加快对外贸易国际竞争力时指出，要加快培育新型贸易方式。大力推动跨境电子商务发展，积极开展跨境电子商务综合改革试点工作，抓紧研究制定促进跨境电子商务发展的指导意见。培育一批跨境电子商务平台和企业，大力支持企业运用跨境电子商务开拓国际市场。鼓励跨境电子商务企业通过规范的“海外仓”等模式，融入境外零售体系。促进市场采购贸易发展，培育若干个内外贸结合商品市场，推进在内外贸结合商品市场实行市场采购贸易，扩大商品出口。培育一批外贸综合服务企业，加强其通关、物流、退税、金融、保险等综合服务能力。

11. 国务院关于大力发展电子商务加快培育经济新动力的意见

2015 年 5 月 7 日发布的《国务院关于大力发展电子商务加快培育经济新动力的意见》提出了七方面的政策措施：一是营造宽松发展环境，降低准入门槛，合理降税减负，加大金融服务支持，维护公平竞争。二是促进就业创业，鼓励电子商务领域就业创业，加强人才培养培训，保障从业人员劳动权益。三是推动转型升级，创新服务民生方式，推动传统商贸流通企业发展电子商务，积极发展农村电子商务，创新工业生产组织方式，推广金融服务新工具，规范网络化金融服务新产品。四是完善物流基础设施，支持物流配送终端及智慧物流平台建设，规范物流配送车辆管理，合理布局物流仓储设施。五是提升对外开放水平，加强电子商务国际合作，提升跨境电子商务通关效率，推动电子商务“走出去”。六是构筑安全保障防线，保障电子商务网络安全，确保电子商务交易安全，预防和打击电子商务领域违法犯罪。七是健全支撑体系，健全法规标准体系，加强信用体系建设，强化科技与教育支撑，协调推动区域电子商务发展。

《意见》从以下三个方面营造宽松发展环境：一是降低准入门槛。全面清理电子商务领域现有前置审批事项，无法律法规依据的一律取消，严禁违法设定行政许可、增加行政许可条件和程序（国务院审改办，有关部门按职责分工分别负责）；进一步简化注册资本登记，深入推进电子商务领域由“先证后照”改为“先照后证”改革（工商总局、中央编办负责）；落实《注册资本登记制度改革方案》，放宽电子商务市场主体住所（经营场所）登记条件，完善相关管理措施（省级人民政府负责）；推进对快递企业设立非法人快递末端网点实施备案制管理

（邮政局负责）；简化境内电子商务企业海外上市审批流程，鼓励电子商务领域的跨境人民币直接投资（发展改革委、商务部、外汇局、证监会、中国人民银行负责）；放开外商投资电子商务业务的外方持股比例限制（工业和信息化部、发展改革委、商务部负责）；探索建立能源、铁路、公共事业等行业电子商务服务的市场化机制（有关部门按职责分工分别负责）。二是合理降税减负。从事电子商务活动的企业，经认定为高新技术企业的，依法享受高新技术企业相关优惠政策，小微企业依法享受税收优惠政策（科技部、财政部、税务总局负责）；加快推进“营改增”，逐步将旅游电子商务、生活服务类电子商务等相关行业纳入“营改增”范围（财政部、税务总局负责）。三是加大金融服务支持。建立健全适应电子商务发展的多元化、多渠道投融资机制（有关部门按职责分工分别负责）；研究鼓励符合条件的互联网企业在境内上市等相关政策（证监会负责）；支持商业银行、担保存货管理机构及电子商务企业开展无形资产、动产质押等多种形式的融资服务，鼓励商业银行、商业保理机构、电子商务企业开展供应链金融、商业保理服务，进一步拓展电子商务企业融资渠道（中国人民银行、商务部负责）；引导和推动创业投资基金，加大对电子商务初创企业的支持。

在通过电子商务提升对外开放水平方面，《意见》指出三点：一是加强电子商务国际合作，由商务部和质检总局负责。积极发起或参与多双边或区域关于电子商务规则的谈判和交流合作，研究建立我国与国际认可组织的互认机制，依托我国认证认可制度和体系，完善电子商务企业和商品的合格评定机制，提升国际组织和机构对我国电子商务企业和商品认证结果的认可程度，力争国际电子商务规制制定的主动权和跨境电子商务发展的话语权。二是提升跨境电子商务通关效率。积极推进跨境电子商务通关、检验检疫、结汇、缴进口税等关键环节“单一窗口”综合服务体系建设，简化与完善跨境电子商务货物返修与退运通关流程，提高通关效率（海关总署、财政部、税务总局、质检总局、外汇局负责）；探索建立跨境电子商务货物负面清单、风险监测制度，完善跨境电子商务货物通关与检验检疫监管模式，建立跨境电子商务及相关物流企业诚信分类管理制度，防止疫病疫情传入、外来有害生物入侵和物种资源流失（海关总署、质检总局按职责分工分别负责）大力支持中国（杭州）跨境电子商务综合试验区先行先试，尽快形成可复制、可推广的经验，加快在全国范围推广（商务部、发展改革委负责）。三是推动电子商务“走出去”。抓紧研究制定促进跨境电子商务发展的指导意见（商务部、发展改革委、海关总署、工业和信息化部、财政部、中国人民银行、税务总局、工商总局、质检总局、外汇局负责）；鼓励国家政策性银行在业务范围内加大对电子商务企业境外投资并购的贷款支持，研究制定针对电子商务企业境外上市的规范管理政策（中国人民银行、证监会、商务部、发展改革委、工业和信息化部负责）；简化电子商务企业境外直接投资外汇登记手续，拓宽其境外直接投资外汇登记及变更登记业务办理渠道负责（外汇局负责）；支持电子商务企业建立海外营销渠道，创立自有品牌。各驻外机构应加大对电子商务企业“走出去”的服务力度。进一步开放面向港澳台地区的电子商务市场，推动设立海峡两岸电子商务经济合作实验区。鼓励发展面向“一带一路”沿线国家的电子商务合作，扩大跨境电子商务综合试点，建立政府、企业、专家等各个层面的对话机制，发起和主导电子商务多边合作（有关部门按职责分工分别负责）。

《意见》的可贵之处在于，每提出一个意见，都指出了相应的负责部门。

12. 国务院办公厅关于促进跨境电子商务健康快速发展的指导意见

2015 年 6 月 20 日发布的《国务院办公厅关于促进跨境电子商务健康快速发展的指导意见》（以下简称《意见》）提出 12 条意见：一是支持国内企业更好地利用电子商务开展对外贸易；二是鼓励有实力的企业做大做强；三是优化配套的海关监管措施；四是完善检验检疫监管政策措施；五是明确规范进出口税收政策；六是完善电子商务支付结算管理；七是提供积极财政金融支持；八是建设综合服务体系；九是规范跨境电子商务经营行为；十是充分发挥行业组织作用；十一是加强多双边国际合作；十二是加强组织实施。《意见》为中国跨境电商进出口营造了一个很好的发展环境。

13. 国务院关于印发优化口岸营商环境促进跨境贸易便利化工作方案的通知

2018 年 11 月 19 日，国务院发布《国务院关于印发优化口岸营商环境促进跨境贸易便利化工作方案的通知》，深化“放管服”改革，进一步优化口岸营商环境，实施更高水平跨境贸易便利化措施，一是简政放权，减少进出口环节审批监管事项。取消一批进出口环节监管证件，能退出口岸验核的全部退出。2018 年 11 月 1 日前需在进出口环节验核的监管证件减至 48 种；除安全保密需要等特殊情况外，通过多种形式全部实现联网、在通关环节比对核查。除安全保密需要等特殊情况外，2020 年底前，监管证件全部实现网上申报、网上办理。二是加大改革力度，优化口岸通关流程和作业方式。三是提升通关效率，提高口岸物流服务效能。四是加强科技应用，提升口岸管理信息化智能化水平。加强国际贸易“单一窗口”建设。将“单一窗口”功能覆盖至海关特殊监管区域和跨境电子商务综合试验区等相关区域，对接全国版跨境电商线上综合服务平台。加强“单一窗口”与银行、保险、民航、铁路、港口等相关行业机构合作对接，共同建设跨境贸易大数据平台。推广国际航行船舶“一单多报”，实现进出境通关全流程无纸化。2018 年底前，主要业务（货物、舱单、运输工具申报）应用率达到 80%；2020 年底前，达到 100%；2021 年底前，除安全保密需要等特殊情况外，“单一窗口”功能覆盖国际贸易管理全链条，打造“一站式”贸易服务平台。2019 年 6 月底前，实现内外贸集装箱堆场的电子化海关监管。2019 年底前，在主要远洋航线实现海关与企业间的海运提单、提货单、装箱单等信息电子化流转。2021 年底前，全部实现大型集装箱检查设备联网集中审像。五是完善管理制度，促进口岸营商环境更加公开透明。2020 年底前，与所有已建立 AEO 制度且有意愿的“一带一路”国家海关实现 AEO 互认。加快实施检验检疫证书国际联网核查，重点推进与欧盟签署电子证书合作协议，2021 年底前，与所有已签署电子证书合作协议且建有信息系统的国家实现联网核查。

二、出口数据传输管理政策

2018 年 9 月 30 日生效的海关总署公告 2018 年第 113 号《关于修订跨境电子商务统一版信息化系统企业接入报文规范的公告》规定了向海关所申报及传输电子数据的企业应承担的法律责任，以及电子单证数据应使用的数字签名技术，见表 2 –5。

表 2 –5 出口业务单证责任主体

序号	业务单证	责任主体	数字签名
1	出口清单	电商企业或其代理人	是
2	电子订单	电商企业或电商平台	是
3	收款单	电商企业	是
4	运单	物流企业	是
5	运抵单	海关监管作业场所经营企业	是
6	离境单	物流企业	是
7	清单总分单	电商企业或其代理人	是
8	撤销申请单	电商企业或其代理人	是
9	汇总申请单	电商企业或其代理人	是

电子商务企业或其代理人可登录“互联网 + 海关”一体化网上办事服务平台使用“跨境电子商务”功能进行清单录入、修改、申报、查询等操作。

海关总署公告 2018 年第 194 号《关于跨境电子商务零售进出口商品有关监管事宜的公告》对跨境电子商务零售出口商品的数据传输规定如下：

（七）跨境电子商务零售出口商品申报前，跨境电子商务企业或其代理人、物流企业应当分别通过国际贸易“单一窗口”或跨境电子商务通关服务平台向海关传输交易、收款、物流等电子信息，并对数据真实性承担相应法律责任。

（八）跨境电子商务零售商品出口时，跨境电子商务企业或其代理人应提交《申报清单》，采取“清单核放、汇总申报”方式办理报关手续；跨境电子商务综合试验区内符合条件的跨境电子商务零售商品出口，可采取“清单核放、汇总统计”方式办理报关手续。

《申报清单》与《中华人民共和国海关进（出）口货物报关单》具有同等法律效力。

按照第（七）至（八）条要求传输、提交的电子信息应施加电子签名。

三、跨境电商出口退税政策

为了解决由于海关、检验检疫和收付汇等环节无法正常办理手续，电子商务出口企业无法办理出口退税的问题，进一步降低企业经营成本，提高国际竞争力，2013 年 8 月，《国务院办公厅转发商务部等部门关于实施支持跨境电子商务零售出口有关政策意见的通知》提出要实施适应电子商务出口的税收政策，对符合条件的电子商务出口货物实行增值税和消费税免税或退税政策。具体办法将由财政部和税务总局商有关部门随后制定并公布。

1. 跨境电商出口企业的“有票退税”政策

2013 年 12 月 30 日，财政部、国家税务总局联合发布《关于跨境电子商务零售出口税收政策的通知》（以下简称《通知》），规定了跨境电商零售出口有关的税收优惠政策，2014 年 1 月 1 日生效。《通知》规定：

第一条　电子商务出口企业出口货物（财政部、国家税务总局明确不予出口退（免）税或免税的货物除外，下同）：

1. 电子商务出口企业属于增值税一般纳税人并已向主管税务机关办理出口退（免）税资格认定；

2. 出口货物取得海关出口货物报关单（出口退税专用），且与海关出口货物报关单电子信息一致；

3. 出口货物在退（免）税申报期截止之日内收汇；

4. 电子商务出口企业属于外贸企业的，购进出口货物取得相应的增值税专用发票、消费税专用缴款书（分割单）或海关进口增值税、消费税专用缴款书，且上述凭证有关内容与出口货物报关单（出口退税专用）有关内容相匹配。

第二条　电子商务出口企业出口货物，不符合本通知第一条规定条件，但同时符合下列条件的，适用增值税、消费税免税政策：

1. 电子商务出口企业已办理税务登记；

2. 出口货物取得海关签发的出口货物报关单；

3. 购进出口货物取得合法有效的进货凭证。

《通知》所指的电子商务出口企业是指自建跨境电子商务销售平台的电子商务出口企业和利用第三方跨境电子商务平台开展电子商务出口的企业，不包括跨境电子商务第三方平台企业。对于已经在税务登记，同时能获得出口货物报关单和有效的进货凭证个体户或者小规模纳税人也可以申请退税。

2014 年 7 月 23 日，海关总署公告《关于跨境贸易电子商务进出境货物、物品有关监管事宜的公告》，2014 年 8 月 1 日生效，明确规定：

（十）电子商务企业或其代理人应于每月 10 日前（当月 10 日是法定节假日或者法定休息日的，顺延至其后的第一个工作日，清单汇总应于当月最后一个工作日前完成），将上月结关的《货物清单》依据清单表头同一经营单位、同一运输方式、同一启运国/运抵国、同一进出境口岸，以及清单表体同一10位海关商品编码、同一申报计量单位、同一法定计量单位、同一币制规则进行归并，按照进、出境分别汇总形成《进出口货物报关单》向海关申报。

电子商务企业或其代理人未能按规定将《货物清单》汇总形成《进出口货物报关单》向海关申报的，海关将不再接受相关企业以“清单核放、汇总申报”方式办理电子商务进出境货物报关手续，直至其完成相应汇总申报工作。

（十一）电子商务企业在以《货物清单》方式办理申报手续时，应按照一般进出口货物有关规定办理征免税手续，并提交相关许可证件；在汇总形成《进出口货物报关单》向海关申报时，无须再次办理相关征免税手续及提交许可证件。

2. 跨境电商试点城市和试验区出口“无票免税”政策

2015年开始，国家分3批次批复了35个城市设立跨境电子商务综合试验区，逐步复制、推广杭州跨境电子商务综合化试验区的经验。

中国海关总署牵头的跨境电商试点城市2012年12月启动。2013年8月，《国务院办公厅转发商务部等部门关于实施支持跨境电子商务零售出口有关政策意见的通知》，自2013年8月21日起，在已开展跨境贸易电子商务通关服务试点的上海、重庆、杭州、宁波、郑州5个城市试行上述政策。自2013年10月1日起，上述政策在全国有条件的地区实施。目前，跨境电商试点城市已经拓展至37个城市。

这些城市依托电子口岸建设机制和平台优势，实现跨境电商企业与口岸管理相关部门的业务协同与数据共享；一些重要的运营平台包括重庆的“e点即成”、上海的“跨境通”、宁波的“跨境购”、杭州的“一步达”、郑州的“E贸易”等。从整体上来看，相比进口试点资格，拥有出口试点资格的城市更多，表明海关总署对于出口业务更为放开，对于进口业务较为谨慎，见表2-6。

表2-6　　　　中国部分跨境电商试点城市情况

项目	城市	获批时间	出口试点资格	进口试点资格
试点	重庆、上海、杭州、宁波、郑州	2012年12月	✓	✓
逐步推广	广州	2013年9月	✓	✓
	苏州	2013年11月	✓	×
	长沙、银川	2014年1月	✓	×
	青岛、哈尔滨、牡丹江	2014年2月	✓	×
	烟台、西安	2014年3月	✓	×
	长春	2014年5月	✓	×
	深圳	2014年7月	✓	✓

续表

项目	城市	获批时间	出口试点资格	进口试点资格
逐步推广	绥芬河	2014年8月	✓	×
	张家港	2015年9月	✓	×
	天津	2015年10月	✓	✓
	福州、平潭、合肥	2016年1月	×	✓
	成都、大连	2016年1月	✓	✓

资料来源：电子商务研究中心，www.100EC.CN。

在跨境电子商务实践中，部分从事跨境电子商务企业尤其是小型企业和个体经营户采购货物用于出口，在取得合法有效进货凭证方面存在一定难度，按内销征税，不利于跨境电商企业发展。所谓“无票免税”，是指出口企业只要登记相应的销售方名称、纳税人识别号、货物名称、数量、单价和总金额等进货信息，就可以享受免征增值税的优惠。“无票免税”政策可以大大减轻跨境电商企业的人力、时间成本，加快退税进程，对于跨境电商企业无疑是重大利好。

2015年3月，国务院批准设立中国（杭州）跨境电子商务综合试验区。经过财政部和税务总局批准，杭州市国税部门创新推出一定条件下的“无票免税”。2015年12月，财政部、国家税务总局下发《关于中国（杭州）跨境电子商务综合试验区出口货物有关税收政策的通知》，明确对杭州跨境电商综试区企业出口未取得合法有效进货凭证的货物，符合相关条件的，在2016年12月31日前试行增值税免税政策。

2018年2月26日，浙江省税务局为了解决“无票免税”以来遇到的问题，发布了《浙江省国家税务总局关于中国（杭州）跨境电子商务综合试验区出口企业采购成本税前扣除问题的公告》。公告指出，在《财政部　国家税务总局关于中国（杭州）跨境电子商务综合试验区出口货物有关税收政策的通知》文件规定的增值税免税政策试行期间（2016年1月1日至2017年12月31日），中国（杭州）跨境电子商务综合试验区企业出口未取得合法有效进货凭证的货物，同时符合下列条件的，给予试行企业所得税无票采购成本税前扣除政策。

一、出口企业是指在中国（杭州）跨境电子商务综合试验区“单一窗口”平台登记备案且注册在杭州市的企业；

二、出口企业在“单一窗口”平台如实登记其购进货物的销售方名称、社会统一信用代码或纳税人识别号（身份证号）、销售日期、货物名称、计量单位、数量、单价、总金额等进货信息；

三、出口货物相关信息纳入中国（杭州）跨境电子商务综合试验区“单一窗口”平台监管。

2018年9月28日，财政部、税务总局、商务部、海关总署4部门发布《关于跨境电子商务综合试验区零售出口货物税收政策的通知》，自2018年10月1

日起①，对跨境电商综试区出口企业出口未取得有效进货凭证的货物，同时符合一定条件的，试行增值税、消费税免税政策（以下简称“无票免税”政策）。

一、对综试区电子商务出口企业出口未取得有效进货凭证的货物，同时符合下列条件的，试行增值税、消费税免税政策：

（一）电子商务出口企业在综试区注册，并在注册地跨境电子商务线上综合服务平台登记出口日期、货物名称、计量单位、数量、单价、金额。

（二）出口货物通过综试区所在地海关办理电子商务出口申报手续。

（三）出口货物不属于财政部和税务总局根据国务院决定明确取消出口退（免）税的货物。

二、各综试区建设领导小组办公室和商务主管部门应统筹推进部门之间的沟通协作和相关政策落实，加快建立电子商务出口统计监测体系，促进跨境电子商务健康快速发展。

三、海关总署定期将电子商务出口商品申报清单电子信息传输给税务总局。各综试区税务机关根据税务总局清分的出口商品申报清单电子信息加强出口货物免税管理。具体免税管理办法由省级税务部门商财政、商务部门制定。

随后，各省税务局纷纷出台跨境电商试验区零售出口货物免税管理规定。如，2018年10月22日，天津市税务局关于发布《中国（天津）跨境电子商务综合试验区零售出口货物免税管理办法（试行）》的公告；2018年10月26日，上海市税务局《关于跨境电子商务综合试验区零售出口货物免税管理有关事项的公告》；2018年10月30日，深圳市税务局发布《关于深圳市跨境电子商务综合试验区零售出口货物增值税、消费税免税事项的通知》；2018年12月4日，江苏省税务局发布《跨境电子商务综合试验区零售出口货物免税管理办法（试行）》的公告；2018年12月21日，北京市政府办公厅印发了《中国（北京）跨境电子商务综合试验区实施方案》，北京跨境电商综试区政策落地，部分跨境电商零售出口“无票免税”；2018年12月27日，湖北省税务局发布《关于中国（武汉）跨境电子商务综合试验区零售出口货物免税管理有关事项的公告》；2019年1月10日，湖南省税务局发布并实施《中国（长沙）跨境电子商务综合试验区出口货物免税管理办法》；2019年1月22日，辽宁省税务局、辽宁省财政厅、辽宁省商务厅发布《中国（沈阳）跨境电子商务综合试验区零售出口货物免税管理办法（试行）》的公告，等等。在杭州综试区试点的基础上，进一步扩大政策实施范围，意味着试行三年多的杭州“无票免税”政策走向了全国。

2019年7月初，国务院常务会议提出落实“无票免税”政策，即对跨境电商综合试验区电商零售出口落实“无票免税”政策，出台更加便利企业的所得税核定征收办法。此前“无票免税”政策虽然在深圳、杭州、义乌、郑州等地以诸

---

① 具体日期以出口商品申报清单注明的出口日期为准。

如“9610 不征不退”等方式实施，但毕竟只是地方政策，此次提出落实“无票免税”政策，是对跨境电商税务性质进行了定性，让全国各地的跨境电商从业者享受到公平对等的政策待遇。

3. 跨境电商综合试验区出口简化“有票退税”和“无纸化管理”

作为全国首个跨境电子商务综合试验区，杭州跨境电子商务综合试验区除了推出“无票免税”，还简化“有票退税”和推出出口退税“无纸化管理”等举措。

在实行“无票免税”的同时，杭州国税机关着力简化“有票退税”模式。按现行规定，一般企业申报出口退税时，国税机关需要核实其增值税专用发票上列明的商品名称，但跨境电商企业出口货物类型众多，有时一批货物出口对应上百张进项发票，若仍按此模式申报退税，企业发票用量将非常大，工作量也很大。针对行业特殊性，杭州市国税局及时与浙江省国税局展开研讨论证，积极向国家税务总局反映跨境电商企业申报退税的困难，简化“有票退税”模式。在综合试验区，国税机关允许试点企业在一定期间内用供货企业汇总开具的一张增值税专用发票后附销货清单申报退税，并凭运单号在物流企业官网获得的出口货物流向记录，代替原先需要的相关备案单证，这一举措大大减轻跨境电商企业的人力、时间成本，加快了退税进程。

自 2015 年 8 月 1 日起，杭州综合试验区的试点企业推行出口退税“无纸化管理”，显著减轻跨境电商企业，特别是外贸综合服务企业出口退税申报工作量。以阿里巴巴旗下的浙江一达通企业服务有限公司为例，该公司主要为中小企业提供协助出口报关、通关、商检和出口退税等服务，因客户群体的特殊性，该公司每月申报的报关单金额小、数量大。

2015 年前 6 个月，该公司累计申报出口报关单 9506 份，采购发票 18225 张，报税人员需要将报关单与发票一一对应录入系统，工作十分繁重。实施出口退税“无纸化管理”后，国税机关将采用计算机数据作为申报依据，省去了以往发票审核、数据比对等人工操作环节，预计该公司每年将少申报报关单 12 万张。①

除了推出“无票免税”、简化“有票退税”和推出出口退税“无纸化管理”等举措外，杭州市国税局按照信息互换、监管互认和执法互助的要求，对接工商、外汇管理等部门，努力实现综合试验区“单一窗口”综合监管服务。国税机关充分发挥纳税信用等级信息在跨境电子商务信用体系建设中的重要作用，使其作为分类分级差别化监管的主要依据，促进纳税信用等级较高的纳税人自由化、便利化和规范化发展。

① 资料来源：为杭州综试区点赞！一文看懂跨境电商零售出口“无票免税”政策的由来，2018 年 9 月 30 日，搜狐网，http：//www. sohu. com/a/257210909_207674；跨境电商可以“无票免税”了，2015 年 8 月 4 日，中华会计网校，http：//www. chinaacc. com/shuishou/cszx/zh1508044550. shtml。

四、检验检疫与物流管理

2013 年 8 月，《国务院办公厅转发商务部等部门关于实施支持跨境电子商务零售出口有关政策意见的通知》规定，建立电子商务出口检验监管模式，主要用以解决电子商务出口无法办理检验检疫的问题。按照现行体制，出口企业应在产地对法检商品进行报检，并交纳一定费用。而电子商务出口的商品具有来源地广泛、批次多、批量小、单件金额低等特点，很难按照要求在产地进行报检。检验监管模式建立后，将对电子商务出口企业及其产品进行检验检疫备案或准入管理，利用第三方检验鉴定机构进行产品质量安全的合格评定。实行全申报制度，以检疫监管为主，一般工业制成品不再实行法检。实施集中申报、集中办理相关检验检疫手续的便利措施。

2015 年 7 月 6 日发布的《质检总局关于加强跨境电子商务进出口消费品检验监管工作的指导意见》提出，建立跨境电商进出口消费品监管新模式。出口方面，以跨境电商企业备案信息和全申报信息为基础，以问题为导向，加强事后监管。日常工作中实施基于风险分析的质量安全监督抽查，逐步完善跨境电商消费品线上、线下监督抽查工作机制，加大对第三方检验鉴定结果的采信力度，推动跨境电子商务产品质量的把控，有利于提高国内跨境出口电商企业的转型升级，同时建立自己的品牌质量；建立跨境电商消费品质量安全风险监测机制、建立跨境电商消费品质量安全追溯机制，对跨境电商平台企业实施属地管理，首次明确了跨境电商企业的质量安全主体责任，推动了电商平台企业加强对电商经营企业的监督管理和责任追溯，有利于产品质量的把关；建立跨境电商领域打击假冒伪劣工作机制，以保障我国跨境电商进出口消费品质量安全，维护正常贸易秩序和消费者权益。

2017 年 6 月 13 日发布的《质检总局关于跨境电商零售进出口检验检疫信息化管理系统数据接入规范的公告》规定，免费提供总局版跨电系统清单录入功能、公开总局版跨电系统经营主体（企业）对接报文标准、跨境电商经营主体（企业）、第三方平台对于其向出入境检验检疫局所申报及传输的电子数据承担法律责任。总局版跨电系统可接收经营主体（企业）、第三方平台提供的业务单证信息，主要有备案信息、商品清单、三单等，具体如表 2 –7 所示。

表 2 –7　　业务单证数据传输主体

序号	业务单证信息名称	传输主体	备注
1	经营主体备案	电商企业、物流企业等跨境电商贸易参与企业或其代理人	
2	商品备案	电商企业或电商平台	

续表

序号	业务单证信息名称	传输主体	备注
3	入区清单	电商企业或电商平台	
4	出区清单	电商企业或电商平台	
5	入库单	电商企业或仓储企业	暂缓执行
6	订单	电商企业或电商平台	
7	运单	物流企业	
8	支付单	支付企业	

对于各地已经建成的跨境电子商务公共服务平台或“单一窗口”平台，如果数据标准与接入事宜完全能满足要求的可以直接与总局版跨电系统对接；如果暂不能满足要求的，需通过升级改造与总局版跨电系统对接。

海关总署公告2018年第194号《关于跨境电子商务零售进出口商品有关监管事宜的公告》对跨境电子商务零售进出口商品的检验检疫与物流管理做了五条规定：

（十九）对需在进境口岸实施的检疫及检疫处理工作，应在完成后方可运至跨境电子商务监管作业场所。

（二十）网购保税进口业务：一线入区时以报关单方式进行申报，海关可以采取视频监控、联网核查、实地巡查、库存核对等方式加强对网购保税进口商品的实货监管。

（二十一）海关实施查验时，跨境电子商务企业或其代理人、跨境电子商务监管作业场所经营人、仓储企业应当按照有关规定提供便利，配合海关查验。

（二十二）跨境电子商务零售进出口商品可采用“跨境电商”模式进行转关。其中，跨境电子商务综合试验区所在地海关可将转关商品品名以总运单形式录入“跨境电子商务商品一批”，并需随附转关商品详细电子清单。

（二十三）网购保税进口商品可在海关特殊监管区域或保税物流中心（B型）间流转，按有关规定办理流转手续。以“网购保税进口”（监管方式代码1210）海关监管方式进境的商品，不得转入适用“网购保税进口A”（监管方式代码1239）的城市继续开展跨境电子商务零售进口业务。网购保税进口商品可在同一区域（中心）内的企业间进行流转。

案例：药监局加强化妆品监督管理引发电商“药妆”称谓大面积消失

“药妆”的概念并非“国产”，而是伴随着进口产品进入国内市场才出现的。因此，目前市面上对于“药妆”并没有明确的概念，更多是来自导购们的“民间解释”。“药妆”这个概念在近年来也达到了“热搜”的程度。根据前瞻产业研究院的调查数据显示，20世纪90年代，全球药妆市场年销售额只有几亿美元，而2004年已达27亿美元。2015年全球药妆市场规模为302亿美元，到2020年全球药妆市场规模将达到610亿美元左右。

一位资深日化专家告诉记者，“药妆”在日本是指介于药品和化妆品之间的“医药部外品”，是合法的存在。“drugstore”（药妆店）是在世界各国普遍存在的一种专卖店形式。但是，我国药品监管部门对“药妆”并不认可。此前药监部门已多次强调，不应在化妆品中宣传治疗功效。2010年，原国家食药监办公室发布《关于加强化妆品标识和宣称日常监管工作的通知》中指出，将把标识和宣称“药妆”“医学护肤品”等夸大宣传、使用医疗术语的违规行为作为日常监督检查的重点之一。2011年，《关于进一步加强化妆品违规标识监督检查的通知》中再次指出，重点检查“是否存在小包装或者说明书上标识和宣称‘药妆’‘医学护肤品’等夸大宣传的违法违规行为”。

2019年1月10日，国家药监局化妆品监管司发布《化妆品监督管理常见问题解答》，再次明确我国对于“药妆”“医学护肤品”“药妆品”概念的监管态度——即以化妆品名义注册或备案的产品，宣称“药妆”“医学护肤品”等“药妆品”概念的，均属于违法行为。此举引发线上电商“药妆”称谓大面积消失。

2019年1月26日，记者分别登录淘宝、手机天猫、京东、苏宁易购、唯品会、网易考拉等电商平台，查看药妆销售的情况。当记者在搜索栏键入“药妆”二字后，淘宝、苏宁易购、唯品会、网易考拉均给出了类似“非常抱歉，没有相关的宝贝”的提示，对“药妆”一词进行了屏蔽。

虽然多数电商平台对“药妆”搜索进行了技术处理，但仍有部分平台可以搜索到。记者登录手机天猫，键入“药妆”后搜索发现，除显示注册商标为“森田药妆”的商品外，还有部分商品在标题上出现了“药妆”字样。例如，天猫国际一家店铺销售的“日本松本清 Curel 珂润药妆敏感肌卸妆啫喱”商品，在其产品介绍中出现了“无添加药妆”的内容。此外，还有店铺销售“星期四农庄茶树精油祛痘凝胶消除痘印粉刺膏啫喱25g×2支澳洲药妆”“美国药妆 CeraVe PM 夜间保湿修护乳”等名称中包含“药妆”字样的产品。

曾被宣传为药妆的国外品牌“理肤泉”，已经将官网的“理肤泉医学护肤俱乐部”更名为“理肤泉泉粉俱乐部”，其官网中也找不到“药妆”字样。至于另一国外知名药妆品牌“薇姿”，在其官网上也无“药妆”字样。至于号称“专注敏感肌肤护理”的中国品牌“薇诺娜”，此前曾一度在百度搜索的介绍中宣称“打造良心国货药妆护肤品品牌”，然而2019年1月26日北青报记者发现这句宣传语也已经进行了更改，“药妆”被隐去。

资料来源：王薇，张小妹，李佳．一纸禁令带来市场震动：线上电商“药妆”称谓大面积消失．北京青年报，2019-1-31.

综上所述，中国为促进跨境电商进出口发展，逐步出台了诸多政策，主要政策清单见表2-8。

表 2-8　　中国跨境电商进出口政策汇总

序号	发布时间	生效日期	发布部门	政策名称
1	1994-11-14	1994-11-21	海关总署	《关于调整进出境邮件中个人物品的限值和免税额的通知》
2	2005-1-8		国务院办公厅	《关于加快电子商务发展的若干意见》
3	2010-7-2	2010-9-1	海关总署	《关于调整进出境个人邮递物品管理措施有关事宜》
4	2011-1-24	2011-1-27	国务院关税税则委员会	《关于调整进境物品税税目税率的通知》
5	2011-10		商务部	《商务部"十二五"电子商务发展指导意见》
6	2012-2		发展改革委、财政部、商务部等8部门办公厅	《关于促进电子商务健康快速发展有关工作的通知》
7	2012-3		商务部	《商务部关于利用电子商务平台开展对外贸易的若干意见》
8	2013-4		发展改革委、财政部、商务部等13部门办公厅（室）	《关于进一步促进电子商务健康快速发展有关工作的通知》
9	2013-7-26		国务院办公厅	《国务院办公厅关于促进进出口稳增长、调结构的若干意见》
10	2013-8		国务院	《国务院关于促进信息消费扩大内需的若干意见》
11	2013-8		国务院办公厅	《国务院办公厅转发商务部等部门关于实施支持跨境电子商务零售出口有关政策意见的通知》
12	2013-10-31		商务部	《商务部关于促进电子商务应用的实施意见》
13	2013-12-30		财政部、国家税务总局	《关于跨境电子商务零售出口税收政策的通知》
14	2014-5		国务院办公厅	《国务院办公厅关于支持外贸稳定增长的若干意见》
15	2014-7-23	2014-8-1	海关总署	《关于跨境贸易电子商务进出境货物、物品有关监管事宜的公告》
16	2015-1-29		国家外汇管理局	《关于开展支付机构跨境外汇支付业务试点的通知》
17	2015-3-12		国务院	《国务院关于同意设立中国（杭州）跨境电子商务综合试验区的批复》
18	2015-3-21	—	海关总署	《关于跨境贸易电子商务服务试点网购保税进口模式有关问题的通知》

续表

序号	发布时间	生效日期	发布部门	政策名称
19	2015－5－7		国务院	《国务院关于大力发展电子商务加快培育经济新动力的意见》
20	2015－5－12		国务院	《国务院关于加快培育外贸竞争新优势的若干意见》
21	2015－5－31	2015－7－1	国务院关税税则委员会	《降低部分日用消费品进口关税》
22	2015－6－20		国务院办公厅	《国务院办公厅关于促进跨境电子商务健康快速发展的指导意见》
23	2015－7		国务院办公厅	《国务院办公厅关于促进进出口稳定增长的若干意见》
24	2015－7－6		质检总局	《质检总局关于加强跨境电子商务进出口消费品检验监管工作的指导意见》
25	2016－1－15		国务院	《国务院关于同意在天津等 12 个城市设立跨境电子商务综合试验区的批复》
26	2016－3－24	2016－4－8	财政部、海关总署、国家税务总局	《关于跨境电子商务零售进口税收政策的通知》
27	2016－4－6		财政部等 11 部门	第一批《跨境电子商务零售进口商品清单》
28	2016－4－13	2018－1－1	食品药品监督管理总局	《跨境电子商务零售进口商品清单》有关商品备注的说明
29	2016－4－15	2016－4－16	财政部等 13 部门	第二批《跨境电子商务零售进口商品清单》
30	2016－3－16	2016－4－8	国务院关税税则委员会	《关于调整进境物品进口税有关问题的通知》
31	2016－9－30	2016－10－1		《关于调整进境物品进口税部分商品范围的通知》
32	2016－11－5	2016－5－11	商务部	《关于延长跨境电商零售进口监管过渡期的谈话》
33	2017－6－13		质检总局	《质检总局关于跨境电商零售进出口检验检疫信息化管理系统数据接入规范的公告》
34	2017－9－21		国务院	国务院：将跨境电商监管过渡期政策延长一年
35	2017－11		商务部等 14 部门	《商务部等 14 部门关于复制推广跨境电子商务综合试验区探索形成的成熟经验做法的函》
36	2017－11－22	2017－12－1	国务院关税税则委员会	《关于调整部分消费品进口关税的通知》

续表

序号	发布时间	生效日期	发布部门	政策名称
37	2017－11－22		质检总局	《关于进口婴幼儿配方乳粉产品配方注册执行日期的公告》
38	2017－12－7	2018－1－1	商务部	商务部“2018年起新增5座城市适用跨境电商过渡政策”
39	2018－5－31	2018－7－1	国务院关税税则委员会	《关于降低日用消费品进口关税的公告税委会公告》
40	2018－8－7		国务院	《国务院关于同意在北京等22个城市设立跨境电子商务综合试验区的批复》
41	2018－9－28		财政部、税务总局、商务部、海关总署等4部门	《关于跨境电子商务综合试验区零售出口货物税收政策的通知》
42	2018－9－30	2018－11－1	国务院关税税则委员会	《关于调整进境物品进口税有关问题的通知》
43		2018－9－30	海关总署	《关于修订跨境电子商务统一版信息化系统企业接入报文规范的公告》
44	2018－11－19		国务院	《国务院关于印发优化口岸营商环境促进跨境贸易便利化工作方案的通知》
45	2018－11－20	2019－1－1	财政部等13个部门	《关于调整跨境电商零售进口商品清单的公告》 《跨境电子商务零售进口商品清单（2018年版）》
46	2018－11－21		国务院	国务院常务会议：延续和完善跨境电子商务零售进口政策并扩大适用范围
47	2018－11－28	2019－1－1	商务部等6部门	《关于完善跨境电子商务零售进口监管有关工作的通知》
48	2018－11－29	2019－1－1	财政部、海关总署、税务总局	《关于完善跨境电子商务零售进口税收政策的通知》
49	2018－12－10	2019－1－1	海关总署	《关于跨境电子商务零售进出口商品有关监管事宜的公告》
50	2018－9－4	2018－9－30	海关总署	《关于修订跨境电子商务统一版信息化系统企业接入报文规范的公告》
51	2018－6－14	2018－6－30	海关总署	《关于跨境电子商务统一版信息化系统企业接入事宜的公告》
52	2018－11－8	2019－1－1	海关总署	《关于实时获取跨境电子商务平台企业支付相关原始数据有关事宜的公告》
53	2018－12－3	2019－1－1	海关总署	《关于实时获取跨境电子商务平台企业支付相关原始数据接入有关事宜的公告》

续表

序号	发布时间	生效日期	发布部门	政策名称
54	2019－1－22	2019－2－1	海关总署	修订《中华人民共和国海关进出口货物报关单填制规范》
55	2019－1－25		国务院	《关于促进综合保税区高水平开放高质量发展的若干意见》

课后练习

1. 2016年4月8日开始实施的《关于跨境电子商务零售进口税收政策的通知》，俗称“4.8新政”的主要内容是什么？

2. 2019年1月1日起，财政部跨境电商零售进口税收新政有哪些调整？

3. 关于跨境电子商务综合试验区零售出口货物税收政策，有何新的调整？

4. 中国对于跨境电商综合试验区试行哪些优惠政策？

5. 跨境电商企业有哪些数据传输共享义务？

参考资料：

1. 叶韧．互联网＋电商网商涉税要点精解．北京联合出版公司，2015－10.

2. 电子商务研究中心．2017年度中国跨境电商政策研究报告．2018－3.

3. 跨境电子商务零售进口商品清单（2016版第一批）.pdf，资料来源：财政部网站，http：//gss. mof. gov. cn/zhengwuxinxi/zhengcefabu/201604/t20160401_1934275. html。

4. 跨境电子商务零售进口商品清单（2016版第二批）.pdf，资料来源：财政部网站，http：//gss. mof. gov. cn/zhengwuxinxi/zhengcejiedu/201604/t20160415_1952575. html。

5. 跨境电子商务零售进口商品清单（2018年版）.pdf，资料来源：财政部网站，http：//gss. mof. gov. cn/zhengwuxinxi/zhengcefabu/201811/t20181129_3079063. html。

6. 跨境电子商务零售进口统一版信息化系统原始数据实时获取方案。

7. 中华人民共和国跨境电子商务零售出口商品申报清单数据。

第三章

跨境电商的海关职能

教学目标：

1. 学生能够掌握中国海关的四种跨境电商进出境监管模式及其代码。
2. 学生能够熟悉并绘制跨境电商保税进口模式的相关业务流程。
3. 学生能够了解当前跨境电商统计存在的问题及原因。
4. 学生能够了解海关跨境电商征税的难点。

🕮 引导案例：

义乌跨境电商保税进口（1210）业务首日破万单

2018年8月，国务院批准设立第三批“跨境电子商务综合试验区”，义乌作为唯一一个县级市名列其中。2019年1月1日起实施。

2019年1月1日23时28分，随着最后一辆快递车满载进口货物通过海关放行，义乌跨境电商保税进口（1210）业务在落地第一天就达到了10278单，商品主要以尿不湿、化妆护肤品、奶粉等类型为主，来源地多为韩国、日本、澳大利亚等国。

据义乌市商务局局长王碧荣介绍，“跨境电商保税进口（1210）业务俗称‘备货模式’……与过去相比，备货模式在通关效率、物流成本、客户体验等方面都有优势，现在跨境电商进口一天的业务量是过去的几十倍，企业做跨境电商成本更低了，消费者购买进口商品更加方便了。”

长期以来，义乌跨境电商进出口业务很不平衡。作为世界小商品之都，义乌每天出口到全球各地的邮政包裹达150万个，但跨境电商进口业务量一天只有几百单。目前，通过大力培育进口产业，义乌正在积极打造“买全球、卖全球”的小商品市场，推动义乌市场转型升级。

资料来源：许舜达．义乌跨境电商保税进口（1210）业务首日破万单．中国政府网站，2019-1-2，http：//www.gov.cn/xinwen/2019-01/02/content_5354293.htm.

跨境电商改变了国际贸易的游戏规则，改变了贸易环境，给海关带来通关效率和低货值小包裹通关的巨大压力。跨境电商为一种新型国际贸易形式，对海关进出境监管、编辑统计、征税和查缉走私四项职能都提出了严峻挑战。近年来，中国海关全面落实国家相关政策措施，在跨境电子商务零售进出口方面进行了有益尝试，不断提高便利化水平，有力助推跨境电商快速、有序、可持续发展。本章主要从跨境电商海关监管、统计、征税三个方面，介绍跨境电商的海关职能。

第一节 跨境电商的海关监管

海关是跨境电商监管链条的关键环节。近年来，海关总署已经通过出台多项举措来保证跨境电商快速发展。如海关对跨境电子商务监管实行全年 365 天无休息日，货到海关监管场所 24 小时内办结海关手续，开展跨境电子商务监管业务的海关制定了联动工作作业机制、应急预案和全年无休日跨境电子商务通关总体工作方案等，加大海关便捷措施的宣传力度，全面落实有关要求，确保电商企业充分享受通关便利，等等。本节主要介绍海关对跨境电商企业的管理规定及四种创新监管模式。

一、海关对跨境电商企业管理的变迁

海关总署对于跨境电子商务相关企业的管理经历了一个逐步规范完善的过程。

1. 海关总署公告 2016 年第 26 号（已失效）

2016 年 4 月 6 日发布 4 月 8 日生效的海关总署公告 2016 年第 26 号《关于跨境电子商务零售进出口商品有关监管事宜的公告》规定：

参与跨境电子商务业务的企业应当事先向所在地海关提交以下材料：

1. 企业法人营业执照副本复印件；

2. 组织机构代码证书副本复印件（以统一社会信用代码注册的企业不需要提供）；

3. 企业情况登记表，具体包括企业组织机构代码或统一社会信用代码、中文名称、工商注册地址、营业执照注册号，法定代表人（负责人）、身份证件类型、身份证件号码，海关联系人、移动电话、固定电话，跨境电子商务网站网址等。

企业按照前款规定提交复印件的，应当同时向海关交验原件。

如需向海关办理报关业务，应当按照海关对报关单位注册登记管理的相关规定办理注册登记。

2. 海关总署公告 2018 年第 27 号（已失效）

为了规范海关跨境电子商务支付企业的监管，2018 年 4 月 13 日发布并生效的海关总署公告 2018 年第 27 号《关于规范跨境电子商务支付企业登记管理》

规定：

自本公告发布之日起，跨境电子商务支付企业在向海关办理注册登记或信息登记手续时，应当提交相关资质证书。其中，提供跨境电子商务支付服务的银行机构提交中国银保监会或者原中国银监会颁发的《金融许可证》复印件；非银行支付机构提交中国人民银行颁发的《支付业务许可证》复印件，支付业务范围应当包括“互联网支付”。企业按照前款规定提交复印件的，应当同时向海关交验原件。

向海关办理注册登记手续的跨境电商支付企业，要按照《中华人民共和国海关报关单位注册登记管理规定》，提交相关材料，同时提交相关资质证书。相关材料包括：

（1）《报关单位情况登记表》；

（2）企业法人营业执照副本复印件以及组织机构代码证书副本复印件；

（3）报关服务营业场所所有权证明或者使用权证明；

（4）其他与申请注册登记许可相关的材料。

向海关办理信息登记手续的跨境电商支付企业，要按照海关总署 2016 年第 26 号公告规定提交相关材料，同时提交相关资质证书。

3. 海关总署公告 2018 年第 194 号

2018 年 12 月 10 日发布 2019 年 1 月 1 日生效的海关总署公告 2018 年第 194 号《关于跨境电子商务零售进出口商品有关监管事宜的公告》（海关总署公告 2016 年第 26 号同时废止）规定：

跨境电子商务平台企业、物流企业、支付企业等参与跨境电子商务零售进口业务的企业，应当依据海关报关单位注册登记管理相关规定，向所在地海关办理注册登记；境外跨境电子商务企业应委托境内代理人（以下简称跨境电子商务企业境内代理人）向该代理人所在地海关办理注册登记。

跨境电子商务企业、物流企业等参与跨境电子商务零售出口业务的企业，应当向所在地海关办理信息登记；如需办理报关业务，向所在地海关办理注册登记。

物流企业应获得国家邮政管理部门颁发的《快递业务经营许可证》。直购进口模式下，物流企业应为邮政企业或者已向海关办理代理报关登记手续的进出境快件运营人。

支付企业为银行机构的，应具备银保监会或者原银监会颁发的《金融许可证》；支付企业为非银行支付机构的，应具备中国人民银行颁发的《支付业务许可证》，支付业务范围应当包括“互联网支付”。

参与跨境电子商务零售进出口业务并在海关注册登记的企业，纳入海关信用管理，海关根据信用等级实施差异化的通关管理措施。

4. 海关总署公告 2018 年第 219 号

2018 年 12 月 29 日发布 2019 年 1 月 1 日生效的海关总署公告 2018 年第 219

号《关于跨境电子商务企业海关注册登记管理有关事宜的公告》（海关总署公告2018年第27号同时废止）规定：

跨境电子商务支付企业、物流企业应当按照海关总署2018年第194号公告的规定取得相关资质证书，并按照主管部门相关规定，在办理海关注册登记手续时提交相关资质证书。

在本公告实施之日前，已办理海关注册登记或信息登记的跨境电子商务物流企业，或仅办理海关信息登记的参与跨境电子商务进口业务的平台企业、支付企业，应当于2019年3月31日前按照规定办理海关注册登记或补充提交资质证书等手续。逾期未按规定办理的，其海关跨境电子商务企业信息不再有效。

二、跨境电商的四种创新监管模式

跨境电子商务是创新的产物，要用创新的思路来监管，改革创新是处理跨境电子商务健康发展的内在动力。近年来，中国海关积极落实国家开放型经济发展战略，通过健全法律法规、创新监管模式、优化作业流程、完善改革手段等创新举措，以及推行顺势监管、智慧监管等管理措施，摸索出一系列新模式、新手段、新措施，不断适应跨境电子商务发展需要，积极应对跨境电子商务快速发展给海关监管带来的巨大压力。中国海关创新提出了“直购进口”“网购保税进口”“一般出口”“特殊区域出口”四种新型海关监管模式，契合新业态特征；创新设计了清单申报的通过方式，并推行无纸化监管，方便跨境电子商务通关；创新实行了交易、支付、物流三方数据与申报信息比对管理措施，严密海关监管，提高通关效率，以满足新业态发展的需要。

1. 直购进口模式（direct purchase import）

直购进口模式是指境内个人跨境购物后，电子商务企业或电子商务平台企业、支付企业、物流企业分别向海关传输交易、支付、物流等电子信息，进出境快件运营人、邮政企业在承诺对数据真实性承担法律责任的前提下，可以代传交易、支付等电子信息。跨境电子商务商品运抵监管场所后，电子商务企业或其代理人向海关提交清单办理申报和纳税手续。

跨境电商直购进口模式有着小额多单的碎片化特点，传统跨境电商B2C出口企业，在物流上主要采用航空小包、邮寄、快递邮政小包、快件等方式，报关主体是邮政或快递公司。该模块贸易都没有纳入海关统计。2014年1月24日，海关总署发布《关于增列“9610”海关监管方式代码的公告》，增设“9610”监管方式代码，将跨境电商的监管独立出来，有利于规范和监管。该公告2014年2月10日生效。海关监管方式代码是为了满足对不同监管方式下进出口货物的监管、征税、统计作业要求而设置的。一般来说，这个代码包含四个数字，例如一般贸易为“0110”，其中01是海关内部分类代码，10是海关统计代码。

海关监管方式代码“9610”，全称“跨境贸易电子商务”，简称“电子商务”，适用于境内个人或电子商务企业通过电子商务交易平台实现交易，并采用“清单核放、汇总申报”模式办理通关手续的电子商务零售进出口商品（通过海关特殊监管区域或保税监管场所一线的电子商务零售进出口商品除外）。

以“9610”海关监管方式开展电子商务零售进口业务的电子商务企业、监管场所经营企业、支付企业和物流企业应当按照规定向海关备案，并通过电子商务通关服务平台实时向电子商务通关管理平台传送交易、支付、仓储和物流等数据。“9610”直购进口模式下，商家将多个已售出商品统一打包，通过国际物流运送至国内的保税仓库，电商企业为每件商品办理海关通关手续，经海关查验放行后，按照个人邮递物品征税，走行邮清关模式，由电商企业委托国内快递派送至消费者手中，每个订单附有海关单据。具体流程见图 3－1。

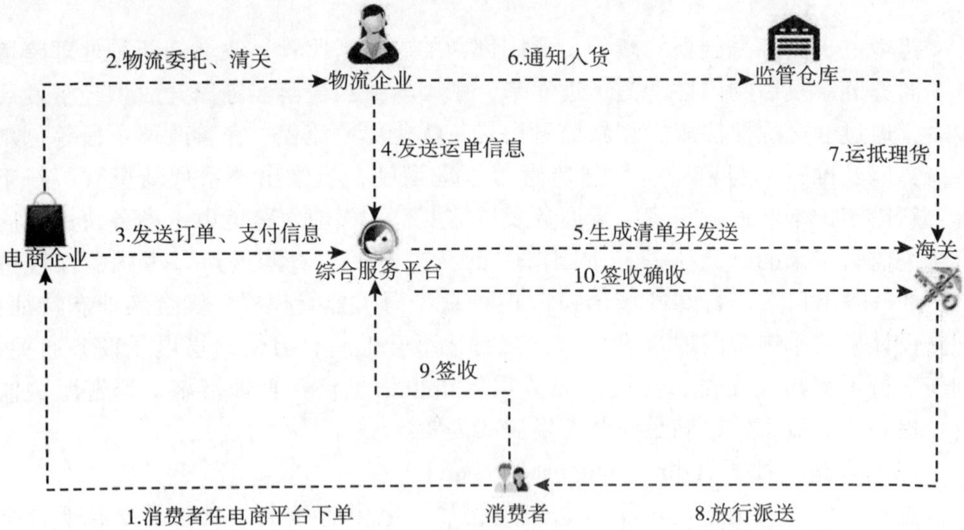

图 3－1　直购进口模式流程

资料来源：全球华品 ChinaBrand。

“9610”直购进口模式的优点是国内消费者在购物网站上直接购买商品，商品直接从境外发货，商品更具多样性，企业没有囤货压力。同时，由于在商品进口前已完成企业及商品海关备案手续，消费者购买商品后，电商企业、物流企业、支付企业分别向海关提交电子订单、电子运单及电子支付凭证，三方信息之间有极高的相互印证性，海关可基于数据来源的真实性给予跨境商品通关便利。

2. 网购保税进口模式（bonded import）

网购保税进口模式是指电子商务企业将整批商品运入海关特殊监管区域或保税物流中心（B 型）内并向海关报关，海关实施账册管理。境内个人网购区内商品后，电子商务企业、支付企业和物流企业分别将电子订单、支付凭证、电子运单等传输给海关，电子商务企业或其代理人向海关提交清单办理申报和纳税手续，海关验放出区后账册自动核销。

保税备货模式又分为“保税跨境贸易电子商务”（监管方式代码“1210”）和“网购保税进口 A”（监管方式代码“1239”）两种。

（1）保税跨境贸易电子商务（海关监管方式代码“1210”）。2014 年 7 月 31 日，海关总署发布《关于增列海关监管方式代码的公告》，增设“1210”监管方式代码。该公告 2014 年 8 月 1 日生效。海关监管方式代码“1210”，全称“保税跨境贸易电子商务”，简称“保税电商”，适用于境内个人或电子商务企业在经海关认可的电子商务平台实现跨境交易，并通过海关特殊监管区域或保税监管场所进出的电子商务零售进出境商品（海关特殊监管区域、保税监管场所与境内区外（场所外）之间通过电子商务平台交易的零售进出口商品不适用该监管方式）。

以“1210”海关监管方式开展跨境贸易电子商务零售进出口业务的电子商务企业、海关特殊监管区域或保税监管场所内跨境贸易电子商务经营企业、支付企业和物流企业应当按照规定向海关备案，并通过电子商务平台实时传送交易、支付、仓储和物流等数据。

“1210”监管方式用于进口时仅限经批准开展跨境贸易电子商务进口试点的海关特殊监管区域和保税物流中心（B 型）[①]。自 1990 年 6 月国务院批准设立第一个海关特殊监管区域——上海外高桥保税区开始，中国的海关特殊监管区域进入了快速发展阶段。截至 2018 年底，我国已拥有海关特殊监管区 140 个，其中综合保税区 96 个。[②]

网购保税进口模式（1210），俗称“备货模式”，就是 B2B2C（business-to-business-to-customer）。该模式下，电商平台可根据市场预测和消费者需求，先从国外集中采购大量的商品，从境外到境内保税区这段运输一般通过海运、空运等方式，运费低，进口并存储在国内海关特殊监管区域和保税物流中心（B 型），随后电商企业根据消费者订单为每件商品办理海关通关手续，在保税仓库完成贴面单和打包，经海关查验放行后，由电商企业委托物流，以个人物品方式出区，配送至消费者手中。

根据海关总署公告 2018 年第 194 号《关于跨境电子商务零售进出口商品有关监管事宜的公告》规定，对跨境电子商务直购进口商品及适用网购保税进口（监管方式代码“1210”）进口政策的商品，按照个人自用进境物品监管，不执

① 保税物流中心（B 型）是指经海关批准，由中国境内一家企业法人经营，多家企业进入并从事保税仓储物流业务的海关集中监管场所。保税物流中心（B 型）要满足仓储面积，东部地区不低于 5 万平方米，中西部地区、东北地区不低于 2 万平方米；建立符合海关监管要求的计算机管理系统，提供供海关查阅数据的终端设备，并按照海关规定的认证方式和数据标准，通过“电子口岸”平台与海关联网，以便海关在统一平台上与国税、外汇管理等部门实现数据交换及信息共享等条件。

② http：//www. ec. com. cn/article/dssz/zhjg/201901/36268_1. html.

行有关商品首次进口许可批件、注册或备案要求。但对相关部门明令暂停进口的疫区商品和对出现重大质量安全风险的商品启动风险应急处置时除外。

（2）网购保税进口 A（监管方式代码“1239”）。网购保税进口 A 全称“保税跨境贸易电子商务 A”，简称“保税电商 A”，也称“市场采购贸易方式”，海关监管方式代码“1239”，适用于境内电子商务企业通过海关特殊监管区域或保税物流中心（B 型）一线进境的跨境电子商务零售进口商品。“1239”监管方式代码是 2016 年 12 月 1 日起生效的海关总署《关于增列海关监管方式代码的公告》增设的。

2016 年跨境电商“新政”后，国内保税进口分化成两种：一是新政前批复的具备保税进口试点的 10 个城市，包括上海、杭州、宁波、郑州、重庆、广州、深圳、天津、福州、平潭；二是新政后开放保税进口业务的其他城市，例如西安、太原等。由于新政后续出现了暂缓延期措施，且暂缓延期措施仅针对此前的 10 个城市，因此，海关在监管时，将二者区分开来：对于新政前批复的上海等 10 个免通关单的保税进口试点城市，继续使用“1210”代码；对于需要提供通关单的其他城市，采用新代码“1239”。

需要注意的是：①通关单是质检总局签发，但涉及海关监管流程；②新代码的前两位数字“12”代表保税，仅和保税业务相关；③根据新政的正面清单，通关单是在一线入境时就要求的，因此，新代码“1239”也是适用于一线进境的保税跨境商品。

在网购保税进口模式下，对于没有能力自建保税仓的平台，需要与区内第三方公共保税仓合作，商品运达境内关区完成商检后，进入第三方保税仓。一般情况下，区内保税仓公司通常均具备代理清关资质，能够完成订单申报、代缴税费等工作，同时，区内保税仓公司通常有合作的境内物流公司。因此，第三方代理清关公司往往承担着仓储、订单作业、清关、物流配送等各项服务能力。

根据海关总署公告 2018 年第 194 号《关于跨境电子商务零售进出口商品有关监管事宜的公告》规定，适用“网购保税进口 A”（监管方式代码“1239”）进口政策的商品，按《跨境电子商务零售进口商品清单（2018 版）》尾注中的监管要求执行，即跨境电子商务零售进口商品清单中商品按《关于完善跨境电子商务零售进口监管有关工作的通知》（以下简称《通知》）中规定的监管要求执行。属于《通知》适用范围以外的[①]，按以下要求执行：①跨境电子商务零售进口商品清单（2018 版）[②] 中商品免于向海关提交许可证件；直购商品按照个人物品监管要求执行，网购保税商品“一线”进区时，需按货物监管要求执行，“二线”

---

① 《关于完善跨境电子商务零售进口监管有关工作的通知》适用于北京、天津、上海、唐山、呼和浩特、沈阳、大连、长春、哈尔滨、南京、苏州、无锡、杭州、宁波、义乌、合肥、福州、厦门、南昌、青岛、威海、郑州、武汉、长沙、广州、深圳、珠海、东莞、南宁、海口、重庆、成都、贵阳、昆明、西安、兰州、平潭 37 个城市（地区）的跨境电商零售进口业务，自 2019 年 1 月 1 日起执行。

② http：//gss. mof. gov. cn/zhengwuxinxi/zhengcefabu/201811/P020181129612836698037. pdf.

出区时参照个人物品监管要求执行。②依法需要执行首次进口许可批件、注册或备案要求的化妆品、婴幼儿配方奶粉、药品、医疗器械、特殊食品（包括保健食品、特殊医学用途配方食品等）等，按照国家相关法律法规的规定执行。

（3）网购保税进口 A 和直购进口两种模式比较。网购保税进口 A 和直购进口两种模式的主要差异在于：下单顺序和清关方式不同，其业务流程也就有所不同。网购保税进口 A 模式是“先备货入境后接单”，平台先将商品批量运输至国内保税仓，待消费者下单后，再从保税仓进行清关出区，交付国内物流配送至消费者，要全部报关；直购进口模式是一种“先下单后发货”的模式，平台将商品存放在海外仓库，待消费者下单后，直接从海关配送，经中国海关清关后，交由国内物流配送至消费者。在入境时即需三单比对清关，海关对其进行抽查，见图 3－2。

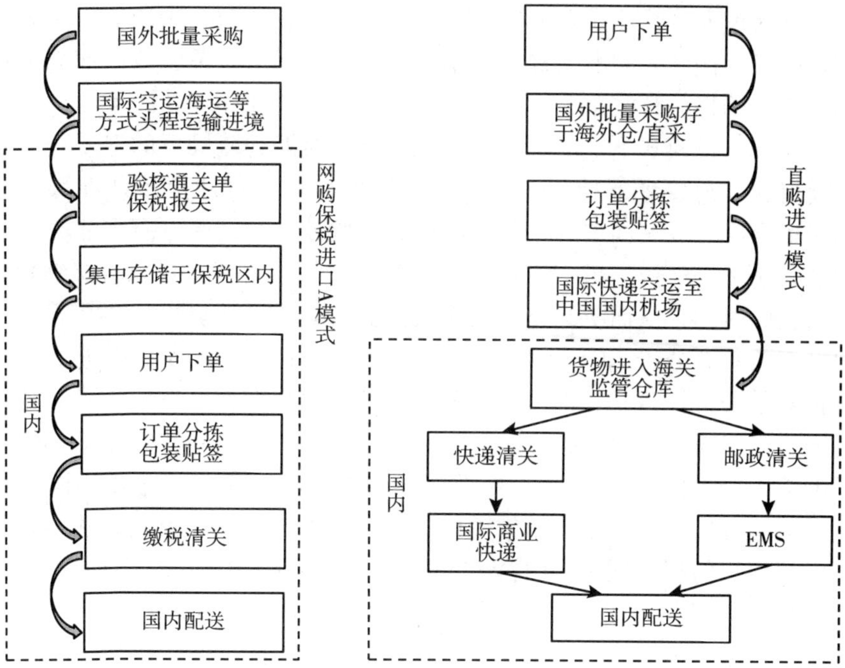

图 3－2　网购保税进口 A 和直购进口业务流程

网购保税进口模式和直购进口模式各有优劣势：网购保税进口 A 模式在价格和时效上具有优势，用户体验好，适用于品类相对专注、备货量大的电商企业，但占压资金，品类扩充有限，存在库存风险；直购进口模式品类全、环节少、运营成本低，可以从海外直接发货、提供完整的国外物流信息从而规避假货风险，对代购类、品类较宽泛的电商平台以及海外电商来说比较适用，但劣势也比较明显：物流时效慢、费用高，海外仓运营成本高。

3. 一般出口模式（general export）

“一般出口”，也称“9610”出口，是指境外个人跨境网购后，电子商务企业或其代理人、物流企业分别向海关传输交易、收款、物流等电子信息。电子商务企业或其代理人向海关提交清单办理申报手续，跨境电子商务综试区海关采取“简化申报，清单核放，汇总统计”方式通关，其他海关采取“清单核放，汇总申报”方式通关。

一般出口模式下，电商出口商品以邮、快件方式分批运送，海关凭清单核放出境，定期把已核放清单数据汇总形成出口报关单，电商企业或平台凭此办理结汇、退税手续。

4. 特殊区域出口模式（special supervision zone export）

特殊区域出口是指电子商务企业把整批商品按一般贸易报关进入海关特殊监管区域，企业实现退税。对于已入区退税的商品，境外个人跨境网购后，电子商务企业或其代理人、物流企业分别向海关传输交易、收款、物流等电子信息，电子商务企业或其代理人向海关提交清单办理申报手续。海关验放出区离境后，电子商务企业定期将放行清单归并形成出口报关单，凭此办理结汇手续。

特殊区域出口模式下，商家将商品批量备货至海关监管下的保税仓库，生产企业提前退税，消费者下单后，电商企业根据订单为每件商品办理海关通关手续，在保税仓库完成贴面单和打包，经海关查验放行后，由电商企业委托物流配送至消费者手中。保税出口“批次进出、集中申报”的模式可以直接缩短国内出口货物通关的时间，从而节约整体物流成本。

根据海关总署公告 2018 年第 194 号《关于跨境电子商务零售进出口商品有关监管事宜的公告》规定，跨境电子商务零售商品出口后，跨境电子商务企业或其代理人应当于每月 15 日前（当月 15 日是法定节假日或者法定休息日的，顺延至其后的第一个工作日），将上月结关的《申报清单》依据清单表头同一收发货人、同一运输方式、同一生产销售单位、同一运抵国、同一出境关别，以及清单表体同一最终目的国、同一 10 位海关商品编码、同一币制的规则进行归并，汇总形成《中华人民共和国海关出口货物报关单》向海关申报。

允许以“清单核放、汇总统计”方式办理报关手续的，不再汇总形成《中华人民共和国海关出口货物报关单》。除特殊情况外，《申报清单》《中华人民共和国海关进（出）口货物报关单》应当采取通关无纸化作业方式进行申报。

第二节　跨境电商的海关统计

统计是海关的另一主要职能。跨境电子商务作为新型贸易业态，具有碎片化、小额化、个人化、高频次、电子化的特征，各国、各界对跨境电子商务没有一个统一的定义边界，数据采集没有统一的口径。目前，跨境电子商务发展规模统计与测量已经成为各国官方统计的一大难题。

一、跨境电商统计现状

1. 已精准统计的跨境电子商务货物

按照海关总署2018年第194号公告的要求，跨境电子商务零售进出口商品申报前，企业应通过跨境电子商务通关服务平台如实向海关传输交易、支付、物流等电子信息，即“三单”信息，通过海关跨境电子商务通关管理平台向海关申报进出口清单，完成通关、验放手续。也就是说，这部分货物已明确作为跨境电商向海关申报，海关掌握了“三单”信息，理论上可以做到精准统计。自2012年海关开展跨境电子商务试点工作以来，先后新增了“9610”“1210”“1239”三种专门监管方式。目前，海关以网购保税进口A、直购进口、一般出口和特殊区域出口四种监管模式为狭义的跨境电子商务统计口径，实现精准提取数据。

2. 已纳入整体贸易统计但尚未单列的跨境电子商务货物

目前，有两类跨境电子商务货物已经纳入现行的贸易统计，但是没有单列出来。一类是以普通货物形式进出口的跨境电子商务货物，通过海关H2010通关系统进行申报和验收；另一类是以快件形式进出口的跨境电子商务货物，通过海关快件管理系统申报和验放时，作为C类低值快件货物纳入贸易统计中。目前，还没有成熟的办法将上述两种货物中的属于跨境电子商务货物的数据分辨、分离出来。

3. 尚未纳入贸易统计的跨境电子商务货物

目前，有两类物品没有纳入跨境电子商务货物贸易统计。一是进出口邮递物品，由于海关对进出口邮递物品监管的手段和辅助工具差异较大，而且与邮政企业的数据没有完全对接，致使这部分数据不能完整获取。二是B类快件物品，即境内收寄件人（自然人）收取或者交寄的个人自用物品（旅客分离运输行李物品除外）①，有的跨境电子商务货物是以B类快件个人物品的形式向海关申报进出口，但也未纳入统计。

二、跨境电商统计难点

跨境电商交易方式电子化以及电子化信息的不共享，造成了跨境电商统计难的现状。目前，跨境电子商务统计主要存在以下几个难点：

1. 跨境电子商务的定义边界不清晰

目前，对于跨境电商还没有权威的定义，没有明确的定义边界。例如，是全程的电子化，还是交易的部分环节电子化就可视为跨境电子商务？是网上直接下单成交，还是展示促成成交也视为跨境电子商务？是在互联网公共平台达成订

---

① 根据《关于启用新快件通关系统相关事宜的公告》。

单，还是在企业自建的面向固定客户开放的内部订单系统下单也视为跨境电子商务？等等。此外，B2B 和 B2C 关于主体的定义也不清晰，从普通货物渠道进出口的跨境电商货物很难区分是 B2B 还是 B2C。

世界海关组织只是在电子商务定义的基础上给出了跨境电商的四个特征。联合国统计司制定的《2010 年国际商品贸易统计：概念和定义》中规定，由于交易完全或者在很大程度上靠电子手段进行而实际越过国界的货物属于《2010 年国际商品贸易统计：概念和定义》规定的出口和进口范畴。但是，联合国没有明确规定跨境电子商务业务标准，没有量化交易电子化程度或限定交易环节范围。目前国际上大多数国家比较接受以交易双方在公开的互联网上产生订单、相关实物跨境运达，作为跨境电子商务进出口货物的统计标准。

中国在电子商务、电子支付等领域的科技应用水平在世界领先，跨境电子商务进出口发展规模居世界前列。中国在跨境电子商务定义边界方面也作出了很多有益的探索。

2013 年 8 月，《国务院办公厅转发商务部等 9 部门关于实施支持跨境电子商务零售出口有关政策意见的通知》指出，本意见所指跨境电子商务零售出口是指我国出口企业通过互联网向境外零售商品，主要以邮寄、快递等形式送达的经营行为，即跨境电子商务的企业对消费者出口。我国出口企业与外国批发商和零售商通过互联网线上进行产品展示和交易，线下按一般贸易等方式完成的货物出口，即跨境电子商务的企业对企业出口，本质上仍属传统贸易，仍按照现行有关贸易政策执行。跨境电子商务进口有关政策另行研究。

目前，海关总署、国家统计局、商务部对跨境电子商务统计标准已达成初步共识，即跨境电子商务是指分属于不同关境的交易主体，通过公共网络交易平台（包括自建网站和第三方平台）取得实物商品订单，并通过跨境运输送达，完成交易的一种商业活动。其支付可以在网上进行，也可以在线下进行。①

2. 统计方法和统计口径不一

目前，发布跨境电商数据的机构主要有中国海关、艾瑞咨询、亿邦动力、电子商务研究中心（www.100EC.cn）、阿里研究院，以及各大电商平台等。各家机构发布跨境电商统计数据口径不一，数据差异很大。

中国海关出版社自 2016 年开始每年出版《中国跨境电商发展年鉴》。其中，跨境电商综述篇所用的数据是根据 42 个直属海关监管部门的业务统计数据汇总而成，按照网购保税进口、直购进口、一般出口和特殊区域出口四个口径统计发布。各城市的跨境电商进出口统计数据，主要由口岸办公室、商务局等部门提供。由于数据来源有差别，各城市所列统计数据的项目内容有所不同。

电子商务研究中心监测数据采用的调查方法包括平台调研、平台测评、供应

---

① 广州海关．互联网新时代下跨境电子商务的统计与应用，中国跨境电商发展年鉴（2018），中国海关出版社，2018：405－410.

商与合作伙伴调研、用户调查、政策研究、桌面研究、律师审查等。其数据来源主要是一手调研数据、中心历史数据、上市公司披露数据、行业公开数据，以及中心合作伙伴、政府部门、科研机构、咨询公司、第三方数据监测工具、相关指数、中心采购数据，等等。

艾瑞咨询发布的《中国跨境进口零售电商行业发展研究报告》中的研究方法、数据口径和数据来源主要有三个：（1）行业数据主要是通过对行业专家、相关企业与进口零售电商平台用户进行深度访谈，了解相关行业主要情况获得。（2）行业规模数据是对部分相关的公开信息（政府数据与信息、行业公开信息、企业年报、季报、行业资深专家公开发表的观点等）进行筛选、对比，参照用户调研数据，最终通过桌面研究获得。（3）艾媒咨询自身数据库、北极星统计分析系统和草莓派调研社区平台（Strawberry Pie）的相关数据。截至 2016 年 11 月底，艾媒北极星采用自主研发技术已经实现对 6.92 亿独立装机覆盖用户行为的监测。

艾瑞咨询的相关市场预测主要是公司研究院采用桌面研究、行业深度访谈、市场调查及其他研究方法，并且结合艾瑞监测产品数据，通过艾瑞统计预测模型估算获得。由于企业数据主要通过访谈获得，调研数据采用样本调研方法，其数据结果受到调研方法及样本的限制。艾瑞咨询的报告只提供给用户作为市场参考资料。

3. 数据采集难以全覆盖

跨境电子商务出口大量采用航空小包、邮寄、快递等方式，其报关主体是邮政或快递公司。因此，这部分出口无法纳入海关货物贸易监管与统计。例如，快件出口报关模式下，出口电商委托物流公司以小邮包、快件形式寄出，并以物流公司名义统一打包报关。这是目前跨境电商零售出口的主流操作模式。根据《关于启用升级新版快件通关管理系统相关事宜的公告》，价值在 5000 元人民币及以下的货物且不涉及许可证件管制的、不需要办理出口退税、出口收汇或者进口付汇、不需要检验检疫的货物才可通过快件报关的方式出口。显然，长期从事出口的电商出口货物价值一般都超出 5000 元人民币，并不符合该类型的适用范围。另外，出口电商因未在报关中体现为货物出口人，因此，无法办理结汇手续以及出口退税，其财务处理一般只能登记为内销。这会影响对该电商从事外贸出口业务的真实财务记录，同时也影响了海关及外汇部门对货物出口量的统计管理，存在被行政处罚的合规风险。

2013 年 8 月，《国务院办公厅转发商务部等部门关于实施支持跨境电子商务零售出口有关政策意见的通知》规定，要建立电子商务出口新型海关监管模式并进行专项统计。海关对经营主体的出口商品进行集中监管，并采取清单核放、汇总申报的方式办理通关手续，降低报关费用。经营主体可在网上提交相关电子文件，并在货物实际出境后，按照外汇和税务部门要求，向海关申请签发报关单证明联，将电子商务出口纳入海关统计。

但是，跨境电子商务企业级用户 B2B 的交易占绝大部分比重，商业运作的电子化决定了数据信息的重要性越来越大。跨境电商的交易数据、支付数据、物流数据、用户信用数据等是电商企业及平台赖以生存和为之竞争的资源。目前，不同环节的电商企业拥有的数据类型不同，即使是同一类型的数据，覆盖面也不同。如跨境电商物流企业拥有物流数据，跨境电商零售交易平台拥有用户交易数据、用户信用数据和支付数据，没有也不可能由企业自发形成数据资源共享互通的局面。因此，数据资源共享互通的事情只能由主管机关来做，以便加强监管和统计。海关总署 2018 年第 113 号《关于修订跨境电子商务统一版信息化系统企业接入报文规范的公告》、海关总署 2018 年第 165 号《关于实时获取跨境电子商务平台企业支付相关原始数据有关事宜的公告》、海关总署 2018 年第 179 号《关于实时获取跨境电子商务平台企业支付相关原始数据接入有关事宜的公告》，以及商务部、发展改革委、财政部、海关总署、税务总局、市场监管总局等 6 部门《关于完善跨境电子商务零售进口监管有关工作的通知》，分别规定了跨境电商零售进口主要参与主体对相关电子数据的传输责任、数据接入规范等。

必须指出，在操作层面由于无法实现所有电商平台都跟海关联网，特别是一些境外电商平台，所以仍无法获取全部交易数据进行准确统计。

今后很长一段时间里，关于跨境电子商务统计问题将是世界各国共同面临的难题。目前，世界海关组织（WCO）正在着手研究跨境电子商务的统计与测量工作。2017 年 10 月，中国海关担任 WCO 跨境电子商务工作组主席，协调成员国海关、电商企业，以及邮政、航空等运输行业协会推动跨境电商发展与治理。其中，中国海关牵头负责“统计与测量”分组工作，牵头组织全球跨境电子商务测量与分析工作，收集和整理国内外海关在跨境电子商务测量与分析方面的相关情况和实践做法，起草跨境电子商务测量与分析初步方案。

2017 年，中国首先在各综试区探索建立统计测量监测体系，具体措施有：(1) 海关总署、商务部、国家统计局在杭州、广州开展统计试点，建立完善跨境电商统计方法；(2) 创新统计方法，部分综试区出台 B2B 出口统计办法，确立订单、物流单、支付单三单认定标准，形成以样本抽取、企业调查为主的统计方法；(3) 加强线上数据整合能力。部分综试区依托跨境电商服务中心抓取数据；(4) 创新统计数据应用。部分综试区建立并发布跨境电商发展指数，对行业景气度、便利化水平等进行综合评估。

第三节　中国跨境电商的海关税收征管

跨境电商零售进出口的海关监管和统计是征税的基础和保障。随着我国跨境电商零售进出口规模的快速增长，海关监管和统计存在的问题也给海关进出口税收征管带来很大的挑战。

一、跨境电商零售进口税收征管难点

目前，中国跨境电商零售进口税收征管面临巨大挑战，主要有以下难点：

1. 征税对象难以确定

跨境电商交易信息具有无纸化、电子化特点，随进口货物提供的技术指导和服务，在传统贸易方式下其价格可作为特许权使用费计入货物价格一并征税，而在跨境电商中，技术指导和服务在独立的合同项下通过网络提供，使征税对象变得不确定。

与跨境电商网购保税进口需要全部报关查验相比，直购进口模式这种“先下单后发货”的模式，在入境时，需三单比对，采取“清单核放”方式办理报关手续，海关对其进行抽查。也就是说，这种模式下存在实际货物与三单上的货物品类不符的可能。

2. C2C 征税主体难以确定

虽然目前我国跨境电商零售进口 B2B2C 和 B2C 模式占绝大多数，而且，随着电子发票制度的执行和推广，跨境电商零售 B2C 进口逃税的可能大大降低，但是，由于国家目前还没有针对跨境电商 C2C 进口征税，部分小企业将 B2C 进口化整为零，以物品方式邮递进口。跨境电子商务交易 C2C 主体具有虚拟性，征税机关很难查实纳税人的真实信息，对纳税人的档案归集、纳税风险评估和其他属地化管理措施很难开展。无论是海关还是工商税务部门都没有这些隐身的小企业的信息，这样的跨境电商业务不被统计，这样就很难确定这部分跨境电商进口货物的征税主体。

3. 征税额度难以如实确定

跨境电商零售进口征税额度难以如实确定。跨境电商零售进口具有贸易碎片化特征，具体体现为单位成交值小、成交单量大，2017 年，中国“网购保税进口”总值 404.8 亿元人民币，清单 3.47 亿份，征收税款 49.4 亿元人民币，平均每单货值约为 116.66 元人民币，每单征收税款 14.24 元；“直购进口”总值 143.2 亿元人民币，清单 0.4 亿份，征收税款 17.8 亿元，平均每单货值约为 358 元人民币，每单征收税款 44.5 元。不仅如此，海关面对的如此海量的通关单量和包裹量往往是集中在某几个商业促销时段发生的，海关难以确定“三单”上的货物描述是否真实准确、商品归类适用税率是否正确、是否存在货物高值低报利用“进口低价值货物免征增值税制度”的情况等，海关面临高昂的监管和税收征管成本，征税额度难以如实确定。

4. 征税所需数据共享仍存在技术瓶颈

海关征税的前提是收到原始的“三单”信息。虽然海关总署 2018 年第 113 号《关于修订跨境电子商务统一版信息化系统企业接入报文规范的公告》和海关总署2018年第165号《关于实时获取跨境电子商务平台企业支付相关原始数据有关事宜的公告》规定，参与跨境电子商务零售进口业务的跨境电商平台企业、物流企业和支付企业应当向海关开放支付相关原始数据，供海关验核，相关企业承担数据传输的法律责任，但是，有些数据接入的技术问题仍未解决。因此，海关总署2018年第179号《关于实时获取跨境电子商务平台企业支付相关原始数据接入有关事宜的公告》，补充规定了支付相关原始数据的接口文档及接入方式。该公告于2019年1月1日生效。尽管如此，国内电商平台的数据接入需要时日，国外电商平台的数据共享还需协商协议解决。

依据2016年海关总署和国家税务总局发布的《关于跨境电子商务零售进口税收政策的通知》和2018年11月发布的《关于完善跨境电子商务零售进口税收政策的通知》，海关对跨境电商零售进口商品按货物征收关税和进口环节增值税、消费税，参见表3－1，征税标准为：（1）单次交易金额限值人民币5000元。（2）年度交易限值人民币26000元。完税价格超过5000元单次交易限值但低于26000元年度交易限值，且订单下仅一件商品时，可以自跨境电商零售渠道进口，按照货物税率全额征收关税和进口环节增值税、消费税，交易额计入年度交易总额，但年度交易总额超过年度交易限值的，应按一般贸易管理。（3）已经购买的电商进口商品属于消费者个人使用的最终商品，不得进入国内市场再次销售；原则上不允许网购保税进口商品在海关特殊监管区域外开展“网购保税＋线下自提”模式。（4）跨境电子商务零售进口商品购买人（订购人）的身份信息应进行认证；未进行认证的，购买人（订购人）身份信息应与付款人一致。

表3－1　　跨境电商零售进口商品征税标准

<table>
<tr><th>时间</th><th colspan="2">不同进口类型</th><th>关税</th><th>增值税消费税</th><th>行邮税</th></tr>
<tr><td>2016年4月8日前</td><td colspan="2">单次交易金额限值人民币1000元</td><td></td><td></td><td>10%、20%、30%、50%四档，50元免征</td></tr>
<tr><td rowspan="4">2016年4月8日～2018年12月31日</td><td rowspan="2">保税模式</td><td>单次交易金额人民币2000元内且年度累计2万元内</td><td>0</td><td>应税额的70%</td><td></td></tr>
<tr><td>单次交易金额人民币2000元内且年度累计2万元以上</td><td>全额</td><td></td><td></td></tr>
<tr><td rowspan="2">直邮模式</td><td>能提供“三单”电子信息</td><td>0</td><td>应税额的70%</td><td></td></tr>
<tr><td>不能提供“三单”电子信息</td><td></td><td></td><td>15%、30%、60%三档，50元免征</td></tr>
</table>

续表

时间	不同进口类型		关税	增值税消费税	行邮税
2019 年 1 月 1 日后	保税模式	单次交易金额人民币 5000 元内且年度累计 2.6 万元内	0	应税额的 70%	
		单次交易金额人民币 5000 元内且年度累计 2.6 万元上	全额		
	直邮模式	能提供“三单”电子信息	0	应税额的 70%	
		不能提供“三单”电子信息			15%、30%、60% 三档，50 元免征

需注意的是，2018 年 11 月 21 日，国务院总理李克强主持召开的国务院常务会议决定，从 2019 年 1 月 1 日起，延续实施跨境电商零售进口现行监管政策，对跨境电商零售进口商品不执行首次进口许可批件、注册或备案要求，而按个人自用进境物品监管。适用“网购保税进口”（监管方式代码 1210）进口政策的有 37 个试点城市（地区）。

此外，2016 年 4 月 8 日后普通化妆品消费税调整为零，完税价格在 10 元/毫升（克）或 15 元/片（张）及以上的高档化妆品，消费税从 30% 调低到 15%。

二、跨境电商零售出口“征三退三”税收征管实践

在落实出口退（免）税政策过程中有一个突出问题：跨境电商很难提供合法有效凭证。按规定，不管是一般纳税人还是小规模纳税人，申报出口退（免）税均需提供合法有效凭证，包括外销税票、货物报关单、出口货物的购进发票等。如果提供不出合法有效凭证，应视同内销缴纳增值税。

事实上，出于种种原因，许多跨境电商企业很难取得增值税购进发票。有的上游小微企业担心交易数据会被税务部门用作征税依据，不愿开具增值税发票。购进发票的缺失使跨境电商征税管理环节呈现断裂状态。为解决该问题，地方在实际操作中采取了过渡性措施，试行企业出口未取得合法有效进货凭证，在过渡期内增值税免税政策。尤其是跨境电商综试区，在这方面积累了很多经验。除了第二章讲到的、2019 年已经在全国范围内广为推广的中国（杭州）跨境电子商务综合试验区的“有票退税、无票免税”税收征管实践外，比较有代表性的还有义乌“征三退三”税收征管实践。

依托国际贸易改革政策优势，义乌已经走通“征三退三”的跨境出口电子商务新通道，借此来解决跨境电商企业出口退税“阳光化”的问题。

跨境电商企业通过市场商户采购商品后，通过该新通道，只需以前端进项为基准征收 3.36% 的税（其中 0.36% 为代征），过后再退回 3% 的税，在这过程中，市场商户就会给该跨境电商企业开具进项发票。

例如，若跨境电商的产品价格为 200 元，里面有 160 元为前端进项（包括购

进货物或应税劳务，包括外购货物或应税劳务、以物易物换入货物、抵偿债务收入货物、接受投资转入的货物、接受捐赠转入的货物以及在购销货物过程当中支付的运费等)。通过义乌新通道，跨境电商企业仅需缴税 5.376 元（160 × 3.36%），过后退税 4.8（160 ×3%），并获取约 160 元的进项发票。

在传统贸易行为中，卖家卖出去的产品，前端环节包括原料供应商、工厂和供货商等，前一个环节会给下一个环节发票，来抵扣进项。最终卖家只需按自己环节的“增值”来缴所得税即可。然而，在目前跨境电商出口模式中，因为大部分跨境电商并无进项税发票，因此，所销售产品均被认为“无成本”来征收所得税（如上述例子就是按 200 元来征收所得税)。这对于跨境电商企业而言必然是额外的“成本”。所以，尽管目前有部分地区已经实现“免征不退”，但免征不退仅是免去了企业贸易行为中的增值税，企业还得面临企业所得税。

义乌“征三退三”的新通道中，跨境电商企业是可以得到市场商户开具的进项发票的，因此，仅需按照销售所得减前端进项来缴纳个人所得税（如上述例子就是按 40 元来征收所得税)。通过新通道让跨境出口变得更加“阳光化”成了该模式的主要特色。

但是，义乌的新通道也有一定的局限性：其必须为跨境电商向市场上商户采购商品，且必须要通过“9610”跨境电商零售出口从“9610”通关方式出来报关单后，通关单品类跟市场商户采购商品品类一致才能开具发票和退税。

值得注意的是，该模式走得通，也跟义乌的特殊性有关。实际上，从通过市场商户开具发票解决进项发票问题的方式上看，义乌的新模式有点类似于“市场采购模式”和“跨境电商零售模式”的混合体。①

必须指出，上述税收征管实践并不是治本之策。解决跨境电商出口退（免）税的根本出路在于完善跨境电商退税机制，如简化办税流程，全国推广中国（杭州）跨境电子商务综合试验区的“有票退税、无票免税”管理模式；试行按商品大类设置综合退税率办法，方便跨境电子商务企业申报退税；探索研究上游供货企业尤其小微企业的临时性税收政策，解决购进发票的缺失问题；落实出口退税全部由中央财政负担政策；完善出口退（免）税企业分类管理办法实行差别化管理制度；打破异地或口岸限制，实施跨境电商企业征、退税一体化管理，推进出口退税的全流程无纸化办理，让跨境电商企业真正实现网上申请、网上流转和网上办结，等等。

第四节　各国跨境电商零售进口税收征管实践

各国跨境电商零售进口税收征管规定对中国跨境电商出口影响很大。因此，

---

① 义乌专设跨境电商出口新通道　解决企业“阳光化”难题．亿邦动力网，2017－6－19.

有必要熟悉中国主要跨境电商伙伴国家的零售进口税收征管规定。

一、欧盟跨境电商零售进口税收征管实践

欧盟增值税是针对消费者支出征收的一个税种。它由增值税注册卖家就其在欧洲国家/地区的销售收取，并通过增值税申报缴纳给国家税务机构。具体方式：如果是增值税注册商家，可以对大多数业务支出（以及商品进口到欧洲时缴纳的进口增值税）追回增值税。卖家向消费者收取的商品增值税必须缴纳给政府，这属于卖家的法律义务。欧盟于 1998 年 2 月发布了关于电子商务税收的三项原则：少数商品的交易视为提供劳务、在欧盟境内购买劳动力要征收增值税，境外不征税等。不主张对电子商务开征新的税种，但要对电子商务贸易的经营者征收增值税，即使是国外的供货商也不例外。1998 年 6 月 8 日，《关于保护增值税收入和促进电子商务发展》报告决定，为防止电子商务增值税损失，要对欧盟企业通过网络购进的商品或劳务征收 20% 增值税，并由购买者负责缴纳；欧盟企业跨境电商 B2B 进口征收增值税，而跨境电商 B2C 零售进口不征收增值税。该报告与美国在免征电子商务关税问题上达成了一致，迫使美国同意把通过因特网销售的数字化产品视为劳务销售而征收增值税，并坚持在欧盟成员国内对电子商务交易征收增值税，保护各成员国的利益。

2000 年 6 月 7 日，欧盟发布了新的电子商务增值税方案。该方案规定，对位于欧盟境外的公司通过互联网向欧盟境内进行增值税纳税登记的顾客销售货物或提供应税劳务，销售额在 10 万元以上的企业，要求其在欧盟境内进行增值税纳税登记，对其征收增值税。2001 年 12 月 13 日，欧盟各国财政部长会议达成协议，决定对欧盟以外地区的供货商，通过互联网向欧盟消费者销售数字产品和服务征收增值税，税率依欧盟各国现行增值税税率而定。2002 年 5 月，欧盟基于《税收框架原则》针对跨境电子商务交易修改有关增值税条例。2003 年 7 月 1 日实施的增值税法修正案将增值税征收范围延伸至诸如网站及网站维护服务，软件销售及下载，网上提供图片、文本、信息以及数据库服务，网上提供音乐、电影及游戏下载服务，网络远程教育等。在欧盟没有常设机构但取得电子商务收入的非欧盟电商必须向至少一个欧盟成员国注册，并按收入来源国的增值税法计算缴纳增值税。注册国负责征管，并将税款移交收入来源国。

2015 年 9 月，欧盟委员会督促成员国加大增值税征收力度并指出，eBay、Amazon 等平台应该对所有未付增值税和违规交易者负连带责任。欧盟针对电商制定"远程交易"管理制度，并在 2016 年 12 月 5 日欧盟委员会公布的针对跨境电商商品贸易 VAT 规范化的新法案提议，立法取消"低值货物进口免税"，即 22 欧元跨境贸易免税额度，以治理 VAT 诈骗，要求跨境电商企业注册一个 VAT 专用码和 EORI（economic operator registration and identification）码，用作缴纳进口税和增值税使用，并要求跨境卖家按季度统一向欧盟结算经济活动注册登记

VAT 税。

二、英国跨境电商零售进口税收征管实践

在英国，如果商家向英国及欧洲销售货物或者提供服务，或将货物从境外进口到英国及欧洲境内，就要被征收增值税。为打击跨境电商逃税行为，英国税务海关总署（Her Majesty's Revenue & Customs，HMRC）主要从跨境电商平台和海外仓两个方面入手，加强 VAT 征管。

1. 加强对跨境电商平台的监管

2018 年 3 月 15 日，《2018 年英国财政法案》生效。该法案要求所有网上商城（包括亚马逊），必须验证站点内卖家的英国增值税税号，确保其有效且属于卖家的企业。因此，亚马逊必须验证卖家上传的税号是否在 VIES（VAT information exchange system，VIES，欧盟税号验证官网）上有效，并且匹配卖家的卖家后台法定名称和 VIES 的税号法定名称是否一致。税号无效或名称不一致的卖家，税号会在后台被拒绝，并且被从前台移除。卖家若在截止日期前（以卖家收到的邮件为准）不能提供有效的增值税号或成功申诉，将被关闭英国站销售权限。因此，商家需要向 HMRC 注册增值税号，按要求进行季度申报，并且缴纳税金。

2018 年，HMRC 与 eBay、亚马逊和 Fruugo（英国电商平台）均已签署了名为 "Tackling on line VAT fraud and error-the role of on line marketplaces in co-operating with HMRC"（打击网上增值税欺诈和错误——在线平台与 HMRC 携手合作）的协议。该协议界定了在线平台与 HMRC 的合作方式和具体细节，包括数据共享、如何即时处理违规行为以及要求在线平台确保非欧盟卖家的增值税号码的有效。

2. 加强对海外仓的监管

英国不仅从跨境电商平台入手，还从海外仓入手，加强增值税征管。政府宣布将从 2018 年 4 月 1 日起开始实施仓储服务商尽职调查方案（fulfillment house due diligence scheme）。该法案适用于为欧盟以外的企业从欧盟以外进口货物并在英国提供存储服务的英国服务提供商。该法案要求符合条件的仓储服务商向英国税务海关总署登记注册，对其海外客户进行严格的尽职调查（例如，客户是否有有效的英国增值税号）；如果发现可能不合规的海外客户，则必须和这些客户停止合作，并且将相关信息告知英国税务海关总署。在 2018 年 4 月 1 日之前已开展上述业务的服务商必须在 2018 年 6 月 30 日之前向英国税务海关总署注册。在 2018 年 4 月 1 日当天或之后开展上述业务的服务商必须在 2018 年 9 月 30 日之前向英国税务海关总署登记注册。

3. 跨境电商进口增值税计算

英国的标准增值税税率（standard rate）是 20%。作为海外卖家，在进口货物到英国仓库的时候需要缴纳进口增值税（进项税），在销售商品给英国买家的

时候向买家收取增值税（销项税），销项税减去进项税的差额就是实际要缴纳给英国税务海关总署 HMRC 的税金。

英国进口环节征税具体计算方法：分成进口和销售两部分。

（1）进口部分。

进口税 = 进口增值税 + 进口关税

进口增值税 =（申报货值 + 头程运费 + 关税）×20%

进口关税 = 申报货值 × 产品税率

（2）销售部分。以英国标准税率 20% 为例：

销售增值税 = 定价（税前价格）×20%

市场销售价格（含税）= 定价（税前价格）+ 销售增值税

= 定价（税前价格）×1.2

销售增值税 = 市场销售价格 ÷1.2 ×20% = 市场销售价格 ×1/6

实际上，上缴的 VAT 是市场销售价格的 1/6。

某款水杯发到英国，数量 200 个，申报价值 20 英镑/个。那么，这批水杯总的申报货值为 4000 英镑，头程运费共 500 英镑，水杯税率 10%。在 eBay 的最终销售价格（含税）为 100 英镑/个。那么，商家当季实际需要缴纳多少 VAT（增值税）？

1）进口 VAT 计算。

关税 = 申报货值 × 商品税率 =4000 ×10% =400（英镑）

进口增值税（IMPORT VAT）=（申报货值 + 头程运费 + 关税）×20%

=（4000 +500 +400）×20% =980（英镑）

2）销售 VAT 计算。

假如这批水杯在当季线上销售，最终销售价格为 100 英镑/个，实际销售可能会出现以下几个情况：

A. 水杯销售数量为 0，销售额为 0，销售增值税为 0，卖家可向英国税务海关总署申请退税（进口增值税）980 英镑。

B. 水杯全部售出，销售额为 20000 英镑，销售增值税为 20000 ÷6 =3333.3（英镑），卖家应缴 VAT 为 3333.3 −980 =2353.3（英镑）。

C. 水杯只售出了 100 个，销售额为 10000 英镑，销售增值税为 10000 ÷6 = 1666.6（英镑），卖家应缴 VAT 为 1666.6 −980 =686.6（英镑）。

D. 水杯只售出 50 个，此时的销售增值税为 50 ×100 ÷6 =833.3（英镑），此时，销售增值税低于进口增值税 980 英镑，卖家应缴 VAT 为 833.3 − 980 = −146.7（英镑）。即，抵扣 VAT 后，英国税务海关总署会退回卖家 146.7 英镑。

资料来源：进口/销售 VAT 增值税如何计算？. eBayCBT，雨果网，https：//www.cifnews.com/article/31889.

在英国，提交增值税表单和缴税的截止日期都是一个会计期间（1 个月或 3

个月）之后的1个月零7天。[①] 如果截止日期正好是周末或银行休息日，那么表单和缴税截止日期就提前到周末或银行休息日之前的最后一个工作日。迟交、少交增值税的，HMRC可以征收应付税费以外的附加费用以及罚款。附加费最高可达该税务周期内应缴费用的15%；罚款可高达应交税费的100%。

英国还有其他的税率计算方案，例如，flat rate scheme，accounting scheme，VAT Cash Accounting Scheme 等。其中，flat rate scheme（统一税率方案，简称FRS）适用于大部分跨境电商的卖家，是旨在帮助中小企业简化报税处理的一种方案。使用该方案将可以用某个固定的税率来进行增值税的申报和缴纳。这个固定的税率不是一样的，不同服务类型适用的统一税率不同，见表3-2。比起正常申报、缴纳增值税，使用统一税率的优点和不足都比较明显：优点是税率低、计算简单、其应申报和缴纳的税为销售额乘以固定税率；不足是使用统一税率方案将不能抵扣进口环节的进项税（input tax）。

表3-2　英国不同服务类型适用的增值税统一税率（部分）

商业服务类型	统一税率（%）
计算机和信息技术咨询以及数据处理服务	14.5
金融服务	13.5
美容美发服务	13
餐饮服务（包括堂食和外卖）	12.5
租赁服务	9.5
包装服务	9
零售食物、甜食、烟草、报纸或儿童衣服	4
零售药物、医疗用品、化妆品或化妆用具	8
未列名的零售服务	7.5
零售车辆或汽油	6.5
批发农产品	8
批发食物	7.5
未列名的批发服务	8.5

资料来源：英国税务局，https：//www.gov.uk/vat-flat-rate-scheme/how-much-you-pay，2019-2-20。

参加统一税率方案有两个条件：一是符合注册英国增值税的条件（或者已经注册增值税）；二是预计接下来12个月的销售额（税前）低于15万英镑。

使用该方案后，一旦销售额超过23万英镑（含税），则不再符合统一税率方案的参加要求，将不能继续使用统一税率方案。12个月的销售额超过23万英镑

① 增值税缴纳截止日期计算器网址：https：//www.gov.uk/vat-payment-deadlines。

但预计未来12个月的销售额不会超过191500英镑的，卖家需向HMRC申请，经批准后，将依然有可能继续使用该方案。

有个特殊情况需要注意：如果销售的物品成本低于销售额的2%，或者物品成本高于销售额的2%但是低于1000英镑/年，就会被裁定为limited cost business的卖家，从2017年4月1日开始，虽然仍然可以用统一税率方案，但是税率将变为16.5%。

案例：低值申报有英国VAT税号也会被封杀

2018年3月15日《2018年英国财政法案》生效。该法案要求所有网上商城（包括亚马逊），必须验证站点内卖家的英国增值税税号，确保其有效且属于卖家的企业。英国税务海关总署（HMRC）与eBay、亚马逊和Fruugo（英国电商平台）均已签署了名为“打击网上增值税欺诈和错误——（在线平台与HMRC携手合作）的协议”。英国政府还宣布，从2018年4月1日起开始实施仓储服务商尽职调查方案（fulfillment house due diligence scheme）。可以说，2018年英国政府针对VAT“烧了三把火”。2019年初，做英国站的跨境电商卖家几乎都人手一个VAT号。这样跨境电商卖家出口英国就安然无事了吗？

最近，有卖家在自己有英国VAT号的情况下，自己的货物还是被英国海关扣留了。

原来，该卖家货物被HMRC查扣的原因是通关低值申报。通关低值申报在跨境电商圈里是常用词汇了，目的自然是为了降低关税和降低入关增值税，是在跨境电商的利润不断被蚕食背景下卖家控制成本的一种做法。

HMRC由不同行业有十年以上从业经验的专业人士组成，执行政策上也丝毫不放松。如果一批货物被查出了有低值申报的情况，那么这批货物所属的VAT下所有的货物都会被扣留。2018年，欧洲各国的海关机构都经历了一次大的内部自查，人员也经历大幅调整，为的就是惩戒低值申报的行为。

资料来源：亚易知识产权，2019－2－11，中国国际电子商务网，http：//www.ec.com.cn/article/kjds/201902/37070_1.html。

三、德国跨境电商零售进口税收征管实践

德国一直努力通过立法规范电子商务平台对卖家的德国增值税合规管理。

2018年8月1日，德国政府通过了一份“防止互联网交易增值税损失和进一步修订税收规定法案”的草案。该草案源于2018年6月25日发表的部长级草案，除了对多项税务规定进行调整，还针对增值税法的修订中引进了电子商务平台运营商第三方责任制的概念，强调电子商务平台运营商的责任。该草案规定电子商务平台运营商需保存相关交易记录。电子商务平台将被定义为可以提供相关信息的网站或工具，通过其平台提供的信息，第三方（平台运营商除外）可以进

行交易。凡增值税纳税人通过电子商务平台进行交易，且货物运输是在德国发出或到达的，电子商务平台运营商便应有义务记录相关的交易细节。该草案第二条新增规定，电子商务平台运营商需要对在其平台进行交易的增值税纳税人（和非增值税纳税人）未缴纳的增值税负有纳税义务。

该草案还规定，增值税纳税人必须办理税务登记证和增值税识别号码。税务登记证必须由销售方向主管税务局进行申请。税务登记证的有效期最多为三年。此外，如果销售方在欧盟/欧洲经济区内没有居住地，则需要在税务登记证的申请环节中指定一名授权代理人。该草案于 2018 年 11 月通过德国议会和联邦议院批准，于 2019 年 1 月 1 日生效。

增值税识别号码（Umsatzsteuer - Identifikationsnummer）是由英文字母“DE”开头，后接 9 位数字。增值税识别号码有别于国家税务号码（Steuernummer）。国家税务号码由 10 到 13 位数字组成，且只含有数字。有的时候，这些数字会被“/”号间隔。在大部分情况下，该税号将用于所有有义务登记的税务中。

在新的法规要求下，eBay 等电商平台将会承担连带责任，在法律要求的范围内向税务机关提供卖家的交易数据等信息，并且有责任要求卖家提供德国增值税证书等相关文件。

2018 年 10 月 23 日，eBay 发布公告：依据德国增值税及欧盟远程销售法规，如果卖家属于需要履行德国增值税义务的卖家，需在 2019 年 1 月 1 日前，在卖家的 eBay 账号中填写德国增值税（VAT）号码，并确保卖家在 eBay 账号中商业卖家信息栏填写的公司名称和德国增值税（VAT）证书上的公司信息一致。从 2019 年 1 月开始，未提供有效德国增值税（VAT）号码及正确公司信息的账号将可能受到限制，包括但不限于：下架物品刊登、账号限制、账号冻结等。

2019 年 2 月 14 日，eBay 又发布了有关上传德国增值税注册证书的通知。对于从 2019 年 1 月 1 日开始生效的德国增值税法规及其相关要求，eBay 将做出以下举措：eBay 将可能对其卖家的未缴增值税承担连带责任；eBay 将必须搜集每一位卖家的德国增值税注册证书。该证书旨在确认卖家已进行税务登记。上传德国增值税注册证书截止日期：对于非欧洲经济区（European Economic Area, EEA）内的卖家，截止日期为 2019 年 3 月 1 日；对于欧洲经济区（European Economic Area，EEA）的卖家，截止日期为 2019 年 10 月 1 日。

如果符合下面任一条件，就必须提供德国增值税号码和公司信息到 eBay 账号：

（1）使用了德国海外仓，有物品所在地为德国的刊登；

（2）使用了欧盟其他国家（非德国，包含英国）的海外仓，比如：捷克、波兰海外仓，向德国消费者销售商品，且年销售额超过 10 万欧元。注意：该限额不是只计算 eBay 的销售额，而是应当包括 eBay、其他销售平台及其他销售渠道使用同一个德国增值税号码的账号的销售额。

亚马逊平台要求更为严格。2018 年 12 月，亚马逊正式警告德国站卖家需要注册德国 VAT 税号，否则将取消其销售权限。如果没有德国 VAT，不能发 FBA 至德国，也不能用其他国家的 FBA 配送货物去德国。同时，德国仓库的货物不能被移除，最严重的是资金会被冻结。此前采用的使用其他国家的 FBA 配送货物去德国不再适用。做德国站的卖家，不管销售额多少，都必须配备德国的 VAT 税号。

德国的增值税税率原则上为 19%。不含税销售价格为增值税计算的税基。

$$含税价格 = 不含税价格 + 不含税价格 \times 19\%$$

$$增值税额 = 含税价格 \div (1 + 19\%) \times 19\%$$

例如，一个商家在德国国内销售一台 MP4 播放器，含税销售价格为 40 欧元，那么增值税额应为 $40 \div (1 + 19\%) \times 19\% = 6.38$（欧元）。

四、美国跨境电商零售进口税收征管实践

美国政府电子商务工作组于 1995 年研究制定了与电子商务有关的税收政策，并成立了电子商务工作组和经济分析局，构建适用电子商务发展、稳健、简单的法律环境，避免不适当的限制，收集信息作为今后征税的依据。1996 年，美国财政部发布《全球电子商务选择性税收政策》白皮书。1996 年 11 月，美国财政部颁布了《全球电子商务税收政策解析》，提出各国制定税收政策及税务管理措施时应遵循税收中性原则，以促进因特网这一新兴技术的运用和发展。对国际税收原则不必作出根本性的修改，明确对电子商务征税应采取属人管辖而非属地管辖原则，避免双重征税。1997 年美国总统签署发布《全球电子商务框架》，建立了税收中性、透明、与现行税制及国际税收一致的原则。1998 年，美国国会通过了《互联网免税法案》，提出连续三年免税，避免多重课税或税收歧视，属地征税等原则，永久性豁免互联网接入方式征税。2000 年、2001 年和 2004 年，美国连续三次延长《互联网免税法案》直至 2013 年年底，以鼓励和支持电子商务的发展。2014 年开始，美国开始执行《市场公平法案》，在简化各州税法法规前提下，对电商企业征收地方销售税。目前，美国海关实行两次申报和税收保全机制，要求跨境电商企业在出货发票上注明美国收货人的税务登记号或联邦税号（TAX ID）或个人税号 FTIN（Federal Tax Identification Number）或雇主识别号 EIN（Employer Identification Number）和美国进口商需要买保证金（Bond）。

五、俄罗斯跨境电商零售进口税收征管实践

2017 年 11 月 24 日，俄罗斯联邦海关总署公布关于商业快递清关最新规定的第 1861 号令，自北京时间 2017 年 12 月 7 日起，到 2018 年 7 月 1 日前，俄罗斯公民网购商品入境，所有邮寄包裹需要提供收货人（俄罗斯公民）的个人纳税号及购物网址链接，否则包裹将退回给发货人。

案例：大量网购包裹被扣留　俄罗斯海关新政影响义乌跨境电商

2017 年以来，俄罗斯已经多次调整跨境电商政策，对我国跨境电商企业产生较大影响。截至 2019 年 1 月初，俄罗斯海关扣留了上千件不符合要求的网购包裹，部分义乌出口企业受到影响。

"2018 年 11 月底，我们发往俄罗斯的包裹，按说早就应该到货了，可一周前，当地客户却发邮件说货物还没收到。查询后发现，货物在俄罗斯海关出不去。"一名义乌跨境电商企业负责人说，近来不少出口俄罗斯的企业都遇到了这样的问题。在速卖通平台销售服饰的义乌项源贸易负责人毛先生表示，2018 年"双十一"期间，他们发往俄罗斯的包裹有 300 多个，有客户反映目前（2019 年 1 月初）还没有收到。"查询发现，这些包裹从 11 月 23 日开始，就没有物流信息了。"毛先生说，目前只能建议客户向平台提起纠纷处理。据介绍，买家提起纠纷处理，对买家和卖家的影响都不大，而滞留的部分快递可能会退给卖家。

中国欧洲经济技术合作协会近日发布消息称，俄罗斯海关部门及航空公司的仓库中堆积了上千件网购包裹，积压的原因是它们不符合俄罗斯联邦海关总署的要求。根据俄罗斯联邦海关总署 2017 年 11 月 24 日公布的第 1861 号令，2017 年 12 月 7 日起，到 2018 年 7 月 1 日前，所有邮寄包裹需要提供收货人（俄罗斯公民）的个人纳税号及购物网址链接，否则包裹将退回给发货人。提供的信息将用于确认购买商品的申报货值及重量，以检查免税进口商品是否超额（俄罗斯公民每人每月购买免税境外商品额度为 1000 欧元、重量 31 千克内）。俄罗斯联邦海关总署此举是为了测试统一自动化信息系统。该系统将保存收件人护照信息、个人税号、货物价值的信息（欧元和卢布）、货物重量和其他数据。根据这些信息，将决定是否需要缴纳关税。

义乌跨境电商企业负责人表示，今后若想在俄罗斯市场获得机会，本土化运营将会是趋势，即在俄罗斯设置或租用"海外仓"，甚至是设立分公司进行本土化运营，可以通过分析当季爆款产品，将这一类货物批量运到俄罗斯，集中存储在"海外仓"内。当地买家购买之后，直接在本地发货，会大大缩短发货时间。通过 B2B 方式，既可以打开更大的市场，也规避了各种 B2C 环节中可能出现的问题。

资料来源：中国义乌网，2018 - 1 - 9，http：//www. yiwu2world. com/news/detail. htm? id = 420.

此外，加拿大采用邮政运营商作为中介机构征收 VAT 模式，出口管辖区的邮政运营商把从发货人处搜集到的信息，包括发货人、收货人、货物描述和价值、目的地等，传递给目的地管辖区的邮政运营商，VAT/GST 的计征义务从出口管辖区的邮政运营商转移至进口管辖区的邮政运营商，采用万国邮政联盟（UPU）关税申报系统（CDS，Customs Declaration System）进行信息传递和申报。日本海关则是凭借电子政务与电子商务相结合的 NACCS 系统实现了提前申报、集中纳税的简化征管方式。

课后练习

1. 针对跨境电商进出口企业，海关有哪些企业管理规定？

2. 海关针对跨境电商进出口有哪几种监管方式？代码分别是什么？

3. 跨境电商海关统计的难点有哪些？你有什么解决这些难点的对策建议？

4. 登陆雨果网，熟悉亚马逊、eBay 卖家自注册 VAT 账号流程，https：//www. cifnews. com/article/28763。

5. 一卖家在当季度将货值 6000 英镑的物品运送到英国海外仓，申报并缴纳了 1200 英镑的进项税（20%）。该卖家将物品通过网上销售平台销售，在当季度不含税销售额为 10000 英镑，并向客户收取了 20% 的增值税也即 2000 英镑，总销售额（含税）为 12000 英镑。适用正常标准税率 20% 申报时，该卖家可抵扣该季度进口环节的进项税（Input Tax）1200 英镑。请计算下述两种情况下该卖家应该缴纳的增值税：（1）使用统一税率 7.5% 申报。（2）正常标准税率 20% 申报。

参考资料：

1. 李鹏博．揭秘跨境电商．电子工业出版社，2015.

2. 李鹏博．进口跨境电商启示录．电子工业出版社，2016.

3. 雨果网，https：//www. cifnews. com。

4. 李平．跨境电商税收需进一步完善．中国财经报，2017 - 11 - 07（006）.

5. 于竞远．促进跨境电子商务发展财税政策建议．财政科学，2016（9）：118 - 123.

6. 李平．跨境电商发展与税收政策的协调与平衡．中国税务报，2016 - 06 - 22（B02）.

7. 丁慧琼，张俊霞．跨境电商进口增值税的抵扣及账务处理．财务与会计，2017（16）：39 - 40.

第四章

跨境电商支付

教学目标：

1. 学生了解中国跨境支付的相关法律法规及政策。
2. 学生熟悉跨境电商出口卖家可选择的收款方式。
3. 学生能够比较主要跨境第三方支付工具的优劣势。
4. 学生能够认识到目前跨境电商支付遇到的问题。

📖 引导案例：

支付"跨"越

无论你出不出国，你与世界的距离早已因为支付变得近在咫尺。

中国支付清算协会发布的《中国支付清算行业运行报告（2018）》显示，2017年中国人的移动支付占比已逾73%，其中互联网支付的跨境发展成为年度亮点，占比已经高达64%。

支付宝和微信已经走出国门，在世界多个地方布局支付场景，逐渐成为人们境外消费的电子钱包。当然，中国跨境电商发展势头也是愈加迅猛，亚马逊2017年新增的一百万卖家里有1/3来自中国。据电子商务研究中心监测数据显示，2017年中国跨境电商交易额达8.2万亿元，其中，出口跨境电商交易规模为6.3万亿元，同比增长21.2%。出口跨境电商已成为带动我国外贸发展的中坚力量。

随着"一带一路"的普及和中国政府对企业"走出去"的鼓励，越来越多的中国企业开始与国际接轨，跨国贸易成为新常态，B2B跨境收付款成为新刚需。出境游人数逐年增长，跨境消费的需求不断提升，市场形势推动越来越多的金融机构也将业务倾向跨境支付方面。

对于中国出口商来说，如何免除开设离岸银行账户的麻烦，并更省时、省力、安全地收取海外买家的付款以及支付海外供货商，成为他们最为关注的方面。因此，中国跨境电商对支付本地化的需求会越来越高；传统电子商务正在向移动电商和社交电商融合的方向演进，互联网原住民越发成为不可忽视的客群；而大数据、云计算、人工智能、区块链等金融科技技术在一定意义上完善了支付基础设施，提高了支付运算技术和运行效率，在支付手段便利化的同时进一步增加了跨境支付结算需求。

另一方面，不可忽视的是，在越来越多的中国客户“走出去”的过程中也会面临缺乏打造跨渠道客户支付体验的经验和管理反欺诈、财务报表、外汇等的复杂性，以及应对全球多元化的支付方式和支付货币等方面的挑战。第三方支付公司也用自身的技术和业务模式在跨境支付的问题上“对症下药”，探索新路。

资料来源：茉莉 . IT 经理世界，2018 – 10 – 20.

跨境电商支付是跨境电商物流引起的资金流，涉及国家对外汇支付的管理。目前，可供跨境电商出口卖家选择的收款收结汇方式和工具很多，每种支付工具优势各异，便捷性和时效性都不同。在众多的支付工具中选择一个合适的工具，是做好跨境电商的重要条件。因此，本章主要介绍跨境电商出口卖家收款收结汇方式、对跨境电商收款收结汇的管理、跨境电商 B2B 支付工具、跨境电商 B2C 支付工具，以及跨境电商支付存在的问题。

第一节　跨境电商出口收款收结汇方式

目前跨境电商出口收款方式主要有境内卖家银行账户直接收款、通过第三方支付机构通道收款以及跨境电商平台全球收款服务三种。

一、直接收款、自行或代理办理收结汇

跨境电商出口境内卖家可以选择通过银行账户实现直接收款。在依法取得对外贸易经营权后，出口境内卖家应在外汇管理部门办理“贸易外汇收支企业名录”的登记手续，然后，到银行开立经常项目外汇账户以办理收结汇手续。如果需要通过境外账户或者离岸账户收款，需事先取得外汇局的批准。然后，卖家在跨境电商平台上绑定网上银行账户，境外买家通过平台对接的境外银行或者支付机构的入口进行支付，货款就直接到达卖家的网上银行账户：在境外银行开立的境外外汇账户、在境内银行开立的经常性外汇账户（电商应该按照不同分类的出口贸易企业对应的要求办理收结汇手续）或是在获得由中国人民银行批准进行人民币跨境支付业务许可的银行开设的人民币账户。

这种模式与最传统的外贸企业收款模式并无本质区别，电商平台需要分别对接不同的境内银行和境外合作银行并取得其网银系统的授权，具体流程可参考图 4 – 1。

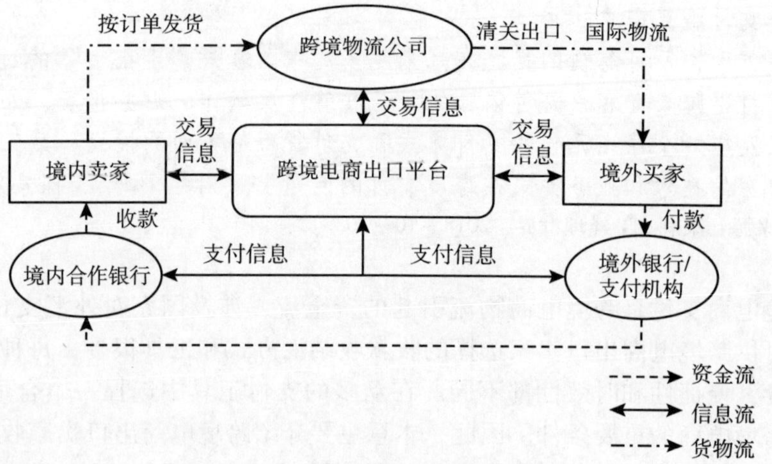

图 4－1　跨境出口卖家直接收款流程

二、通过第三方支付机构通道收款

境内卖家可以通过跨境电商平台绑定的第三方支付机构为通道进行跨境收款。第三方支付机构是指根据中国人民银行《非金融机构支付服务管理办法》的规定取得《支付业务许可证》、在收付款人之间作为中介机构提供全部或部分货币资金转移服务的非银行机构，如支付宝、微信支付等。

第三方支付机构在对应的银行有一个专用的备付金账户，境外买家付款后，货款先到达第三方支付机构的专用备付金账户。买家确认收货之后，第三方支付机构再从备付金账户把款打给境内卖家的账户。例如，阿里巴巴开发的速卖通平台上绑定了第三方支付机构——国际支付宝，见图 4－2。

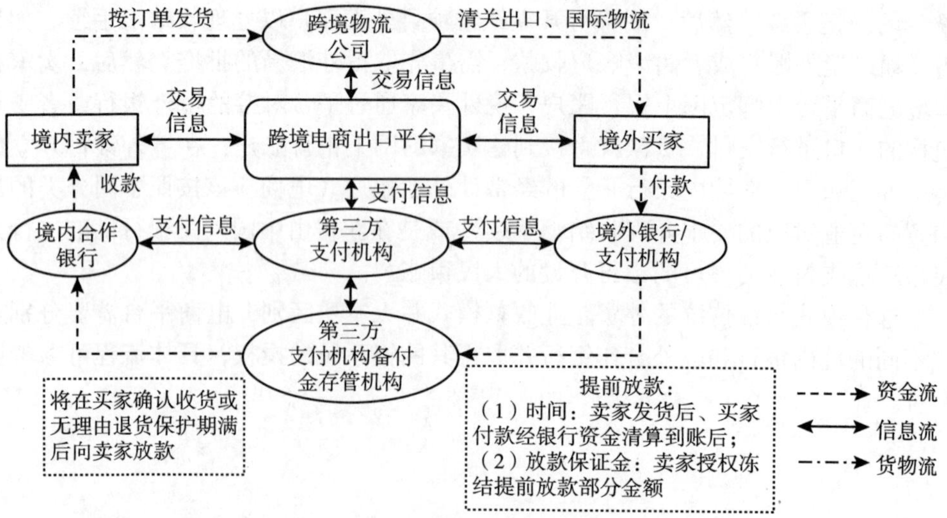

图 4－2　跨境电商出口卖家通过第三方支付机构收款流程

如果跨境电商平台合作的第三方支付机构具有跨境外汇支付资格，则境外买家的付款在进入银行的外汇备付金账户之后，该第三方支付机构根据按照真实合法的货物贸易交易背景、可以根据货物贸易项下的交易信息逐笔还原交易信息的原则，可以集中为出口电商办理结售汇业务。

三、通过跨境电商平台全球收款服务收款

跨境电商出口卖家还可以通过跨境电商平台全球收款服务收款。2018 年，跨境电商平台亚马逊上线了全球收款服务（amazon currency converter for sellers），卖家无须开设外国银行账户或第三方支付机构账户，即可使用卖家自己本地货币接收全球付款，直接存入卖家的国内银行账户。这种模式实际上是跨境电商平台为卖家提供综合的收款和结汇服务，但这项服务收取的平台使用费较高。

第二节　关于出口贸易企业收汇管理

跨境电子商务的发展带来网上跨境支付业务的蓬勃发展以及跨境支付市场的巨大需求。跨境电子商务的资金转移不可避免地会涉及外汇管理。同时，跨境电子商务支付的虚拟化和电子化在一定程度上会带来交易欺诈、资金非法流动和洗钱等风险。因此，要保证和促进跨境电子商务的健康发展，就需要对跨境电商出口贸易企业收汇进行相应的监管。

一、出口贸易企业进行分类外汇管理

外汇主管部门对出口贸易企业进行分类外汇管理，A 类企业是指由海关派员驻厂监管或与主管地海关实行计算机联网监管以及其他经海关评定符合 A 类企业管理标准的加工贸易企业；B 类企业是指依法开展加工贸易、无走私违规行为的企业；C 类企业是指依据外经贸部、海关总署有关规定，经海关认定有违规行为的企业，见表 4 - 1。

表 4 - 1　中国出口贸易企业进行分类外汇管理

分类管理	A 类企业	B 类企业	C 类企业
管理原则	便利化管理	审慎监管	
审核凭证	凭出口报关单、合同或发票等任何一种能够证明交易真实性的单证	审核相应的出口货物报关单和出口合同	

续表

分类管理	A类企业	B类企业	C类企业
银行审核力度	无须联网核查	由银行实施电子数据核查；超过核准额度的须经过外汇局逐笔登记后办理	须经外汇局逐笔登记后办理
可否提交电子单证办理	可以	不可以	
收汇资金是否需要进入待核查账户	不需要，可直接进入经常项目外汇账户或结汇	需要	
出口收入是否可以存放境外	可以	不得存放境外账户，外汇局可要求其回调境外账户资金余额	列入之日起30日内关闭境外账户并调回境外账户资金余额

二、对迟延结汇和将出口外汇收款留存境外的管理

考虑到从事出口贸易企业的经常项目外汇收支频繁，境内机构可根据《关于境内机构自行保留经常项目外汇收入的通知》自行保留其经常项目账户中的外汇收入。银行在为境内机构开立外汇账户和办理外汇收支业务时，停止使用外汇账户管理信息系统的“限额管理”功能。银行应按规定向所在地外汇局报送经常项目外汇账户及外汇收支等信息。国家外汇管理局各分支局、外汇管理部应加强对经常项目外汇账户收支情况的监测、分析，对违反交易真实性原则的虚假、违规外汇收支活动进行查处。

在外汇管理部门同意的情况下，出口电商企业可以根据《货物贸易外汇管理指引实施细则》在境外银行开立用于存放出口收入的境外账户，将具有真实、合法交易背景的出口收入存放境外；可根据自身经营需要确定出口收入存放境外期限，或将存放境外资金调回境内。境外账户的收入范围包括出口收入、账户资金孳息以及经外汇局批准的其他收入；支出范围包括贸易项下支出、佣金、运保费项下费用支出以及符合外汇局规定的其他支出等。必须指出的是，出口电商应当足够重视交易背景真实性以及相关凭证完整性问题，避免外汇回流的合规风险。

三、非现场总量核查管理

企业应当按照“谁出口谁收汇”原则办理贸易外汇收支业务；外汇部门对企业的贸易外汇管理方式由逐笔核销改变为非现场总量核查，即通过货物贸易外汇检测系统采集企业货物进出口和贸易外汇收支逐笔数据，定期比对、评估企业货物流与资金流匹配情况，从而实现非现场核查。

外汇局依托监测系统按月对企业的贸易外汇收支进行非现场核查可根据国际收支形势和外汇管理需要调整核查频率。外汇局根据企业最近 12 个月的进出口数据、企业报告数据和贸易外汇收支数据，结合其贸易信贷报告等信息，设定总量差额、总量差额比率、资金货物比率、贸易信贷报告余额比率等总量核查指标，衡量企业一定期间内资金流与货物流的偏离和贸易信贷余额变化等情况，将总量核查指标超过一定范围的企业列入重点监测范围，并根据实际情况设定调整总量核查指标。

第三节　关于支付机构跨境外汇支付业务的管理

跨境电商出口收款涉及跨境资金流转，所涉及的国家外汇管理的法律法规以及规范性文件非常复杂。目前，跨境出口电商往往因为无收结汇的相关正式材料而只能通过离岸账户、个人分拆、地下钱庄等渠道实现资金收付和结售汇，存在非常大的合规风险。如何解决外汇管理问题一直是一个难点。因此，国家加强了对支付机构跨境外汇支付业务的管理。

国家除了出台《中华人民共和国外汇管理条例》之外，还发布了《国家外汇管理局关于印发货物贸易外汇管理法规有关问题的通知》《支付机构跨境电子商务外汇支付业务试点指导意见》《国家外汇管理局关于开展支付机构跨境外汇支付业务试点的通知》《国家外汇管理局关于规范货物贸易外汇收支电子单证审核的通知》《国家外汇管理局关于便利银行开展贸易单证审核有关工作的通知》《非银行支付机构网络支付业务管理办法》《支付机构外汇业务管理办法》等，都成为规范支付机构跨境外汇支付业务的重要依据。

一、对第三方支付机构准入的管理

中国人民银行、国家外汇管理局以及海关总署等部门对跨境电商第三方支付机构的规定集中在《非金融机构支付服务管理办法》《非银行支付机构网络支付业务管理办法》《海关总署关于规范跨境电子商务支付企业登记管理的公告》等规定中，拥有中国人民银行颁发的支付业务许可证，且业务类型包括互联网支付的第三方支付机构可向国家外汇管理局申请跨境外汇支付业务试点许可。

2015 年出台的《国家外汇管理局关于开展支付机构跨境外汇支付业务试点的通知》规范试点流程，详细地规定了第三方支付机构从事跨境支付业务的准入条件以及管理要求，支付机构要取得试点资格，应先行到注册地外汇局办理“贸易外汇收支企业名录”登记，见表 4－2。

表 4-2　　第三方支付机构从事跨境支付业务的准入条件以及管理要求

项目	跨境第三方支付机构
监管机关	国家外汇管理部门、中国人民银行
市场准入	“贸易外汇收支企业名录”登记、《支付业务许可证》
海关监管要求	从 2018 年 4 月 13 日起，应当向海关办理注册登记或信息登记手续
展业原则	“了解你的客户”“了解你的业务”“尽职审查”原则
办理业务	收付汇、结售汇
业务范围	不得超出经批准的业务经营范围以及明确指定的类别
业务办理原则	（1）真实合法的货物贸易、服务贸易交易； （2）不得为不符合国家进出口管理规定的货物、服务贸易；不具有市场普遍认可对价的商品交易，以及定价机制不清晰、存在风险隐患的无形商品交易；可能危害国家、社会安全，损害社会公共利益的项目或经营活动；法律法规及中国人民银行、外汇局规章制度明确禁止的项目提供跨境外汇支付服务
交易限额	除另有规定外单笔交易金额不得超过等值 5 万美元
账户管理	外汇备付金账户资金与自有外汇资金严格区分
信息留存	留存 5 年备查
国际收支统计申报	对实际首付款数据申报和逐笔还原数据进行申报

《支付机构外汇业务管理办法》明确了支付机构可以凭交易电子信息，通过银行为市场主体跨境交易提供小额、快捷、便民的经常项下电子支付服务，进一步便利跨境电子商务支付结算；明确了支付机构可为境内个人办理跨境购物、留学、旅游等项下外汇业务，进一步满足境内个人合法用汇需求。这也就是明确了第三方支付机构从事外汇支付业务的合法性，监管肯定了支付机构在日益壮大的跨境电商行业中起到贡献作用。但是此前获准开展外汇支付业务试点的 30 家机构（见表 4-1）要按照《支付机构外汇业务管理办法》要求，在 2019 年 7 月 29 日之前，向注册地国家外汇管理局分局、外汇管理部进行名录登记，名录有效期 5 年。除了注册地之外，还会有经营地监管。

《支付机构外汇业务管理办法》规定，支付机构申请办理名录登记，应具有相关支付业务合法资质、开展外汇业务的内部管理制度和相应技术条件、申请外汇业务的必要性和可行性、交易真实性、合法性审核能力和风险控制能力、至少 5 名熟悉外汇业务的人员（其中 1 名为外汇业务负责人）以及与符合要求的银行合作并通过合作银行办理相关外汇业务。支付机构应根据外汇业务规模等因素，原则上选择不超过 2 家银行开展合作。与支付机构合作签约的银行应具有经营结售汇业务资格、审核支付机构外汇业务真实性、合规性的能力、至少 5 名熟悉支付机构外汇业务的人员、已接入个人外汇业务系统并开通相关联机接口。

《支付机构外汇业务管理办法》允许银行在满足交易电子信息采集、真实性审核等条件下，可参照申请凭交易电子信息为市场主体（跨境电子商务经营者、购买商品或服务的消费者）提供结售汇及相关资金收付服务，进一步拓宽跨境电商交易支付结算渠道。也就是说，银行申请办理名录登记后，也可参照支付机构对个人消费者的管理要求直接为个人提供“海淘”支付结算渠道。银行将从幕后走到前台，可以称为跨境支付机构，通过和电商平台的合作取得交易电子信息（物流、信息流），提供资金流服务。由于交易电子信息可以提供个人消费交易背景，所以，银行为本服务项下办理的个人结售汇可以不计入个人年度结售汇便利化额度。

二、对第三方支付机构备付金账户的监管

根据《国家外汇管理局关于开展支付机构跨境外汇支付业务试点的通知》，放宽支付机构开立外汇备付金账户户数的限制。为防止部分支付机构出现违法挪用备付金账户的情形，根据《国务院办公厅关于印发互联网金融风险专项整治工作实施方案的通知》，“非银行支付机构不得挪用、占用客户备付金，客户备付金账户应开立在中国人民银行或符合要求的商业银行。……非银行支付机构不得连接多家银行系统，变相开展跨行清算业务”等要求，中国人民银行从 2017 年起出台一系列规定，要求第三方支付机构在 2019 年 1 月 14 日之前将除了跨境人民币备付金账户、基金销售结算专用账户、预付卡备付金账户和外汇备付金账户之外的其他客户备付金 100% 集中交存到指定机构，逐步落实客户备付金集中存管制度。自 2018 年 6 月 30 日起，网络支付业务从直连模式迁移至“非银行支付机构网络支付清算平台”（网联平台）处理，网联平台将作为全国统一的清算系统，所有支付机构和银行之间的业务实现透明化，支付信息流和资金流都受到中国人民银行监控。

值得注意的是，根据《中国人民银行办公厅关于支付机构客户备付金全部集中交存有关事宜的通知》，跨境人民币备付金和外汇备付金仍然由第三方支付机构存放在原本的备付金银行专用账户中。但可以预见的是，跨境人民币和外汇备付金纳入统一交存的范围是整体趋势。目前，为进一步便利银行开展贸易真实性审核工作，提升贸易便利化水平，国家外汇管理局已向银行开放货物贸易外汇监测系统（银行版）“报关信息核验”模块，因此，未来实现货物贸易外汇监测系统与网联平台对接进行收结汇并管理跨境人民币和外汇备付金账户不会存在障碍。

《支付机构外汇业务管理办法》的通知规定：（1）支付机构应按照外汇账户管理有关规定，在每家合作银行开立一个外汇备付金账户（一家合作银行的多个币种外汇备付金账户视作一个外汇备付金账户），账户名称结尾标注“PIA”（Payment Institute Account）。外汇备付金账户用于收付市场交易主体暂收待付的外汇资金。支付机构为市场交易主体办理的外汇业务均应通过外汇备付金账户进行。同名外汇备付金账户之间可划转外汇资金。（2）支付机构应将外汇备付金账

户资金与自有外汇资金严格区分，不得混用。外汇备付金账户不得提取或存入现钞。此规定改变了“如因经营损益原因，支付机构外汇备付金账户可与其自有外汇账户按规定进行外汇划转”。（3）支付机构和合作银行应建立外汇备付金信息核对机制，逐日核对外汇备付金的存放、使用、划转等信息，并保存核对记录。支付机构外汇备付金账户纳入外汇账户管理信息系统管理，合作银行应及时按照规定将数据报送外汇局。支付机构不得在境外开立外汇备付金账户，或将市场交易主体资金存放境外，另有规定的除外。

三、对支付机构跨境支付限额的管理

根据《国家外汇管理局关于开展支付机构跨境外汇支付业务试点的通知》，支付机构参与跨境外汇支付业务试点，除另有规定外单笔交易金额由等值1万美元提高至不得超过等值5万美元。从这一规定出发，超过5万美元的大宗货物贸易应当走一般货物贸易模式进行报关和收款结汇。《支付机构外汇业务管理办法》的通知规定，支付机构外汇业务的单笔交易金额原则上不得超过等值5万美元。对于有真实、合法超限额需求的，支付机构应按照本办法第十五条向注册地分局提出登记变更申请。

以5万美元作为限额是出于国家外汇管理抓大放小、突出重点、提高外汇管理效率的考虑，符合跨境电商小额量大的交易特点，按笔数计算可覆盖绝大多数的跨境电商交易，一定程度上也满足了销售单价高货品（例如机器人、小型无人机等）的跨境电商结汇需求。

四、对跨境电商资金池的管理

网联平台针对的是第三方支付机构交易信息不受监管的问题。中国人民银行从商业银行接管备付金账户针对的是资金池存在被挪用风险的问题。但是无论是商业银行还是获得中国人民银行批准的第三方支付机构，其对资金的处理本身都属于合法的“一清”。所谓“一清”，就是一次清算，指消费者的付款资金通过银联或者第三方支付平台直接打到商家绑定的账户上，中间不经过其他的账户。

但实践中，因为跨境电商出口收款的特点为“单小量大”的特点，部分电商平台将经过银行或者第三方支付机构通道收到的买家的付款汇总转入电商平台的“平台专用账户”后，再将款项分发至各入驻商家，即通常所称的“大商户结算”模式。这种模式构成事实上平台对资金的归集和处理，相对于银行和第三方支付机构的“一清”，被称为“二清”现象，如图4－3所示。

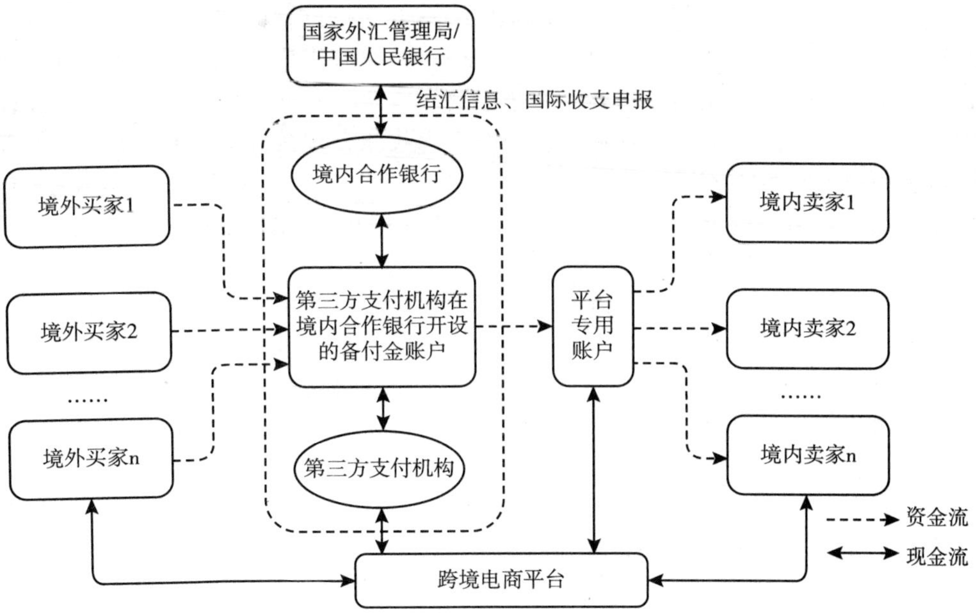

图4-3 "大商户结算"模式

"二清"现象是因为电子商务平台发展到一定规模，客观上出现了一定的资金存留，其基础交易是真实的，而且信息是基于合法的平台服务而获取的。但本质上平台对入驻商家的资金的处理权限并不符合《非金融机构支付服务管理办法》第三条关于"非金融机构提供支付服务，应当依据本办法规定取得《支付业务许可证》"的规定，而且没有相应的监管指标和规章制度对平台的"资金池"作为监管依据，因此存在资金被违规挪用的风险。

根据《中国人民银行办公厅关于进一步加强无证经营支付业务整治工作的通知》，采取平台对接或"大商户"模式，即客户资金先划转至网络平台账户，再由网络平台结算给该平台二级商户的，属于无证经营业务的类型；而且该通知除了要求各地中国人民银行分支机构检查无证机构之外，还要求有证机构不得为无证机构提供相关服务。目前，部分电商平台"二清"风波已经引发了中国人民银行对该问题的关注，平台"二清"存在被中国人民银行整治和查处的法律风险，不排除将有专门的政策法规出台。而监管力度的加强也会影响电商平台、境内卖家与支付机构和商业银行的合作关系，倒逼各方一起设计新的合作模式，以平衡金融风险控制、交易信息保护和电商平台利益等各方面关系。

五、对跨境退款的管理

当跨境出口电商支持境外买家退货退款时，其退款程序因跨境的因素而较国内电商更为复杂，主要分为两种情况：

第一种情况：如果跨境出口电商采用第三方支付机构通道收款，且发生退款时第三方支付机构尚未向卖家放款，则根据《国家外汇管理局关于开展支付机构跨境外汇支付业务试点的通知》第十五条规定："外汇备付金账户的……支出范围为向同名外汇备付金账户划转外汇、向境内收款方划转外汇，结汇转入人民币备付金账户或收款方人民币账户、汇出至境外收款方，以及因交易失败等原因产生的原路、原币种退出的外汇资金"，退款资金可以从第三方支付机构的外汇备付金账户中直接退出境外。

第二种情况：如果跨境出口电商直接用银行账户收款，或者是已经收到第三方支付机构的放款，则退款由卖家从境内的经常项目外汇账户向境外买家支付。根据《货物贸易外汇管理指引实施细则》规定，企业可将具有真实、合法交易背景的出口收入存放在境外账户，支出范围包括贸易项下支出以及符合外汇局规定的其他支出等，因此，卖家也可以直接以境外账户中的外汇向买家退款。

六、对跨境支付风险的管理

《国家外汇管理局关于开展支付机构跨境外汇支付业务试点的通知》严格管控风险。要求支付机构严格履行交易真实性审核职责，留存相关信息 5 年备查，并及时准确报送相关业务数据和信息。外汇局将对试点业务开展非现场核查和现场核查，进行审慎监管。

《支付机构外汇业务管理办法》强调，支付机构应建立有效风控制度和系统，健全主体管理，加强交易真实性、合规性审核；银行应对合作支付机构的相关外汇业务加强审核监督。这也就是说，在跨境支付业务中，银行负有对合作支付机构的审核与监督的责任。如果是银行未进行合理审核而导致违规的，合作银行可能需要承担连带责任。

第四节　跨境电商 B2B 支付工具

2018 年上半年，中国跨境电商的交易模式跨境电商 B2B 交易占比达 84.6%，跨境电商 B2C 交易占比 15.4%，跨境 B2B 模式依然是占据主导地位的模式。由于 B2B 业务整个结算体系十分传统烦琐，即使线上达成订单交易，但是，因金额较大，很难适用电子商务通常"先款后货"的方式，仍须沿用传统国际贸易中的支付方式进行结汇，不能实现国际贸易结算的线上化。因此，跨境电商 B2B 支付工具一般是传统国际贸易支付工具中的电汇、西联、托收和速汇金。

一、电汇 T/T

电汇（telegraphic transfer），电汇是汇款人将一定款项交存汇款银行，汇款银行通过电报或电传给目的地的分行或代理行（汇入行），指示汇入行向收款人支付一定金额的一种汇款方式。

1. 电汇的种类

电汇一般分为前 T/T（先收款后发货）、后 T/T（先发货后收款）以及先订金后余款三类。通常情况下，先订金后余款是指先预付 30% 的货款作为订金，另外 70% 余款见提单复印件支付。

跨境电商卖家在支付方式的选择上，要懂得控制风险。对于前 T/T，风险主要在买方。买方会担心付款后，卖方不发货，对自己造成极大的损失。而对于后 T/T，风险主要在卖方，极可能出现货到不付款的情况。所以，只有买卖双方完全互信时，才使用前 T/T 或者后 T/T。大多数情况下跨境电商出口会选择先订金，后付款的方式，使买卖双方的风险均有比较好的平衡。

2. 电汇的特点

（1）电汇收汇迅速、费用适中。在汇付、托收、信用证的传统支付方式中，虽然收费比票汇高，但比信用证和托收都低。各家银行的收费标准各有不同，以中国银行为例，中国银行的收费是汇款金额的 1‰，另加收电信费（并设置上下限：每笔业务最低 50 元、最高 1000 元）。

（2）电汇的业务流程相对简单。买方作为汇款人，要填写境外汇款申请书同时交款付费给境内的汇出行；汇出行通过 SWIFT[①] 系统发出汇款指示给境外的汇入行；汇入行据此向收款人发出电汇通知书，卖方作为收款人在接到通知后，即去银行兑付，银行向收款人解付；解付完毕之后，汇入行向汇出行发出借记通知书，同时汇出行给汇款人电汇回执。

二、西联

西联，也称西联汇款，是西联国际汇款公司（Western Union）的简称，是世界上领先的特快汇款公司，迄今已有 150 年的历史。它拥有全球最大最先进的电子汇兑金融网络，代理网点遍布全球近 200 个国家和地区，其中在中国的合作网点超过 26000 个，覆盖 31 个省、自治区、直辖市。

使用该支付方式买卖双方需到西联合作网点填写详细信息，线下实地操作完成汇款，相对麻烦。目前，中国光大银行、中国邮政储蓄银行、中国建设银行、浙江稠州商业银行、吉林银行、哈尔滨银行、福建海峡银行、烟台银行、龙江银行、温州银行、徽商银行、浦发银行等多家银行是西联汇款中国合作伙伴。

1. 汇款要求

当海外买家通过西联给卖家汇款的时候，作为收款人的卖家要向汇款人收集

---

① SWIFT 是 society for worldwide interbank financial telecommunications（环球同业银行金融电信协会或环球银行间金融通信协会）的缩写，是国际银行同业间的国际合作组织，也被称为 SWIFT 组织。

first name（名）、last name（姓）、country（国家）以及 city（城市）等信息。这里的城市是指买家现在所在的城市，不是身份证的城市。

2. 西联费用

西联手续费由买家承担。可以先收钱后发货，安全性好，对卖家最有利。但是，由于对买家来说风险极高，并且手续费较高，买家不易接受。主要收费标准如表 4-3 所示。

表 4-3　　西联汇款资费①　　单位：美元

发汇金额	手续费
500.00 以下	15.00
500.01 ~ 1000.00	20.00
1000.01 ~ 2000.00	25.00
2000.01 ~ 5000.00	30.00
5000.01 ~ 10000.00	40.00
超过 10000 美元，每增加 500 美元或其他零数，加收 20.00 美元	

目前，西联汇款美元单笔收汇金额最高为 20000 美元（含），欧元单笔收汇金额最高为 20000 欧元（含）。发往美国部分地区单笔金额最高 9000 美元（含），其他国家单笔金额最高 15000 美元（不含）。

三、托收

托收（collection）是指在进出口贸易中，出口人在货物装运后，开具以进口方为付款人的汇票（随附或不随附货运单据），委托出口地银行通过它在进口地的分行或代理行代出口人收取货款的一种结算方式。包括 D/P（付款交单），与 D/A（承兑交单）。

托收属于商业信用，银行办理托收业务时，既没有检查货运单据正确与否或是否完整的义务，也没有承担付款人必须付款的责任。托收虽然是通过银行办理，但银行只是作为出口人的受托人行事，并没有承担付款的责任，进口人不付款与银行无关。出口人向进口人收取货款靠的仍是进口人的商业信用。如果遭到进口人拒绝付款，除非另外有规定，银行没有代管货物的义务，出口人仍然应该关心货物的安全，直到对方付清货款为止。

托收对出口人的风险较大，D/A 比 D/P 的风险更大。跟单托收方式是出口

① 为中国汇出资费标准，如是国外往中国汇款，每个国家地区都有不同的收费标准，但欧美国家大概都会比同等级的贵 5 ~ 15 美元。这个要看具体是从哪个国家汇款过来。

人先发货，后收取货款，因此对出口人来说风险较大。进口人付款靠的是他的商业信誉，如果进口人破产倒闭，丧失付款能力，或货物发运后进口地货物价格下跌，进口人借故拒不付款，或进口人事先没有领到进口许可证，或没有申请到外汇，被禁止进口或无力支付外汇等，出口人不但无法按时收回货款，还可能造成货款两空的损失。如果货物已经到达进口地，进口人借故不付款，出口人还要承担货物在目的地的提货、存仓、保险费用和可能变质、短量、短重的风险，如果货物转售他地，会产生数量与价格上的损失，如果货物转售不出去，出口人就要承担货物运回本国的费用以及承担可能因为存储时间过长被当地政府贱卖的损失等。虽然，上述损失出口人有权向进口人索赔，但在实践中，在进口人已经破产或逃之夭夭的情况下，出口人即使可以追回一些赔偿，也难以弥补全部损失。尽管如此，在当今国际市场出口竞争日益激烈的情况下，出口人为了推销商品占领市场，有时也不得不采用托收方式。如果对方进口人信誉较好，出口人在国外又有自己的办事机构，则风险可以相对小一些。

托收对进口人比较有利，可以免去开证的手续以及预付押金，还有可以预借货物的便利。当然托收对进口人也不是没有一点风险。例如，进口人付款后才取得货运单据，领取货物，如果发现货物与合同规定不符，或者根本就是假的，也会因此而蒙受损失。

四、速汇金

速汇金汇款（MoneyGram），是 MoneyGram 公司推出的一种快捷、简单、可靠、方便的国际汇款方式，是一种个人之间的环球快速汇款业务，收款人凭汇款人提供的编号即可收款，可在十余分钟内完成由汇款人到收款人的汇款过程。

速汇金就是与西联相似的一家汇款机构。目前，该公司在 197 个国家和地区拥有超过 300000 个网点。速汇金在国内的合作伙伴主要有中国银行、工商银行、交通银行、中信银行、广发银行等。

1. 汇款要求

当海外买家通过速汇金给卖家汇款后，作为收款人的卖家要向汇款人收集汇款密码（reference number）八位数、汇款人名字（sender's first name）以及汇款人姓（sender's surname）等信息。

2. 速汇金费用

单笔速汇金最高汇款金额不得超过 10000 美元（不含），汇款至银行卡的每笔汇款金额上限为 5000 美元。通过速汇金从中国汇出至海外的手续费（除非洲国家地区）见表 4－4。

表 4-4　速汇金中国汇出至海外手续费　单位：美元

汇出金额	手续费
0.01～500.00	13
500.01～1000.00	18
1000.01～2000.00	21
2000.01～5000.00	25
5000.01～9999.99	35

在一定的汇款金额内，速汇金汇款的费用相对较低，无中间行费，无电报费；手续费简单，汇款人无须选择复杂的汇款路径，收款人无须预先开立银行账户，即可实现资金划转。但是，速汇金汇款的汇款人与收款人必须为个人；必须为境外汇款；通过速汇金进行境外汇款必须符合国家外汇管理局对于个人外汇管理的相关规定；客户如持现钞账户汇款，还需缴纳一定的钞变汇的手续费。

第五节　跨境电商 B2C 支付工具

跨境电商 B2C 业务具有量小金额较低的特点，因而，大多数客户会选择方便快捷的信用卡或者跨境第三方支付的方式进行付款。

信用卡兼具支付和信贷功能，持卡人无须事先存款，即可先行刷卡消费，并享有一定期限内的免息还款权利。国际信用卡支付方式主要适用于独立的 B2C 平台和跨境电商的零售商。许多跨境电商平台都支持信用卡这种支付方式，通过与国际信用卡组织合作，或直接与海外银行进行合作，用于外贸中的 1000 美元以下的小额支付。使用信用卡收款通道，需要支付一定的年费和服务费，跨境出口商可以对比不同的信用卡收款通道费用，选取最优方式。

跨境信用卡支付优劣势并存。优势主要体现在：买家付款过程简单方便，付款快捷，仅需 3～5 秒钟；信用卡的用户人群非常庞大，尤其是以习惯于提前消费的欧美地区的客户为主。跨境信用卡支付的劣势主要体现在：国际信用卡需要支付开户费和年服务费，并且每张信用卡都设置了一定的信用额度，甚至部分信用卡还设有单笔限额和日交易限额，超出额度与限额的付款请求将无法完成；信用卡普及率在不同国家间有较大差异，一些国家和地区如中东，信用卡的持卡比率较低。

跨境电商 B2C 支付的两个核心要点——信任和便捷，使得第三方支付加入跨境支付并逐渐成为主要的跨境电商支付方式。本节主要介绍跨境第三方支付工具。

一、跨境第三方支付概述

1. 跨境第三方支付的概念与特点

跨境第三方支付，即第三方支付机构跨境电子商务外汇支付业务，是指第三方支付机构通过银行为电子商务（货物贸易或服务贸易）交易双方提供跨境互联网支付所涉及的外汇资金集中收付及相关结算服务。跨境第三方支付机构作为第三方，与国内外的各大银行签约，为买方和卖方提供信用增强保障。作为商家与消费者之间的一个安全、可信任的中介，对双方进行监督和约束，该中间人的存在可以满足商家与消费者对信誉和安全的需求。

跨境第三方支付对于中小型的创业型跨境电商企业创业初期，是必要助力。第三方支付可以帮助跨境零售的卖家在创业初期，先集中精力和时间用于产品、营销和店铺运营。跨境零售的卖家，尤其是新卖家，虽然通过自己探索跨境支付结算的路径，所花费的资金成本可能更低一些，但是，业内专家的建议是要“先把生意跑起来，然后再去想省钱”。所以，处于创业期的新卖家，应该选择靠谱的、安全的第三方收款服务商，当然必须是能提供多币种银行账户的服务商，帮自己把生意做起来。

跨境第三方支付机构，具有手续费低、快速到账等特点。所以，它所提供的跨境支付服务可能较传统的支付方式会更好。以到账时间为例，一笔传统跨境汇款业务，可能要花 3 个工作日才能最终入账。一般普通国际汇款往往需要 3 ~ 7 天才能到账，而第三方支付只要 10 分钟左右，收款人即可收到汇款。另外，通过传统跨境汇款，汇款人若想向境内汇出行查询进度，一般只能查知款项何时已经汇出，至于是否已汇至对方账户，何时才能汇至对方账户以及是否能全额到账等问题，汇出行则一概无可奉告。其间，既无法查询汇款进程，也不能明确中间行有多少扣费，更没有收款回执。

2. 跨境第三方支付机构盈利模式

不同阶段的决定因素与盈利模式不尽相同，跨境支付的发展大致会经历业务铺展、环节打通、服务延伸三个阶段，目前大型的第三方支付机构跨境业务已经进展到了第三个阶段，其收入主要来自支付的手续费、增值服务和汇兑差异。而大多数的第三方支付机构基本上处在第一阶段或第二阶段，且在为后两个阶段做准备，见表 4 –5。

表 4 –5　　跨境支付发展阶段及核心能力

发展阶段	业务铺展阶段	环节打通阶段	服务延伸阶段
阶段特征	开始从事跨境支付业务，进行业务布局	将运营中的换汇、收付汇渠道等环节打通	基于跨境支付业务提供 B 端增值服务，如跨境电商供应链金融、物流支付一体化服务

续表

发展阶段	业务铺展阶段	环节打通阶段	服务延伸阶段
决定因素	用户基础、跨境牌照、银行合作能力、合作方拓展能力	活跃用户量、运营能力	跨境支付业务能力、数据掌握程度
实现方式	合作方拓展方面，寻找行业巨头合作与自建团队进行推广，齐头并进	自建或收购的方式打通关键环节	大数据技术与相关行业专家结合，推出自动化解决方案
盈利模式	手续费+兑换汇差收入	手续费+兑换汇差收入，盈利空间增大	手续费+兑换汇差收入+增值服务收入

由于各家跨境第三方支付机构竞争逐渐激烈，手续费已经处于较低水平，目前，跨境第三方支付机构的业务核心即如何帮助跨境商家换汇。主要形式有两种，包括进口购付汇（¥→$，见图4-4）和出口收结汇（$→¥，见图4-5）。购付汇主要是消费者通过电商平台购买货品时，第三方支付机构为消费者提供的购汇及跨境付汇业务。收结汇则是第三方支付机构帮助境内卖家收取外汇并兑换人民币、结算人民币。

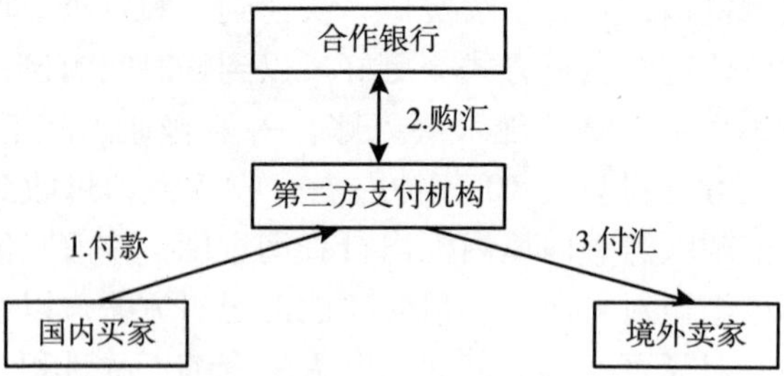

图4-4　进口购付汇流程

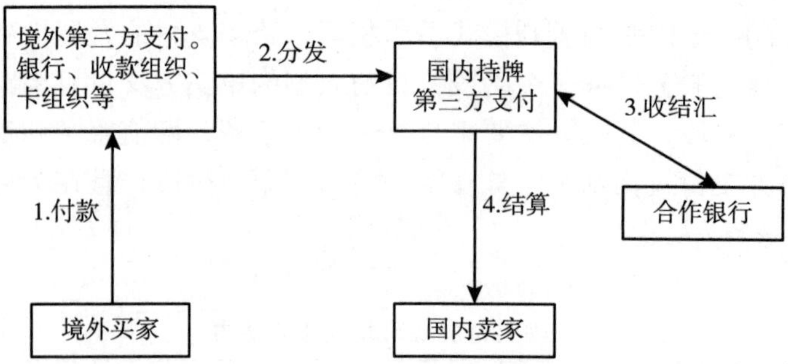

图4-5　出口收结汇流程

另外，与国内扫码支付类似，在跨境支付业务上，第三方支付机构终将在支付体验和场景布局上趋于相同，这使得企业盈利空间减小、能体现出差异的B端解决方案，将会成为未来可盈利点。

3. 国内跨境第三方支付行业格局

根据中国支付清算协会公布的数据显示，2017 年国内第三方支付机构跨境互联网交易达到 12.56 亿笔，比 2016 年增长 114.7%，随着跨境支付需求日益旺盛，到 2020 年，行业规模将超过万亿元。

国内公司想要开展跨境支付业务，首先必须是支付机构，即持有央行颁发的“支付业务许可证”，其次需要外汇管理局准许开展跨境电子商务外汇支付业务试点批复文件。如果不涉及换汇，支付机构持有各地央行分支机构颁发的人民币跨境支付牌照即可，跨境人民币支付业务不需要外管局批复。

截至 2018 年 11 月，持有外管局下发的跨境外汇支付牌照的第三方支付机构数量仍然保持在 30 家，包括 2017 年由国家外汇管理局上海分局颁发牌照的宝付和 2016 年获得牌照的摩宝支付。跨境支付牌照数量趋于稳定。从地域分布来看，北京和上海的机构数依然领先全国。

同时，当前政府对于发展跨境第三方支付的态度十分积极，因此，出台了一系列的利好政策以保证行业的顺利发展。2008 ~2012 年，政府陆续发布政策对跨境第三方支付行业进行引导与组织。2013 年以来，政府已经出台多项利好政策与重大措施，见图 4 -6。

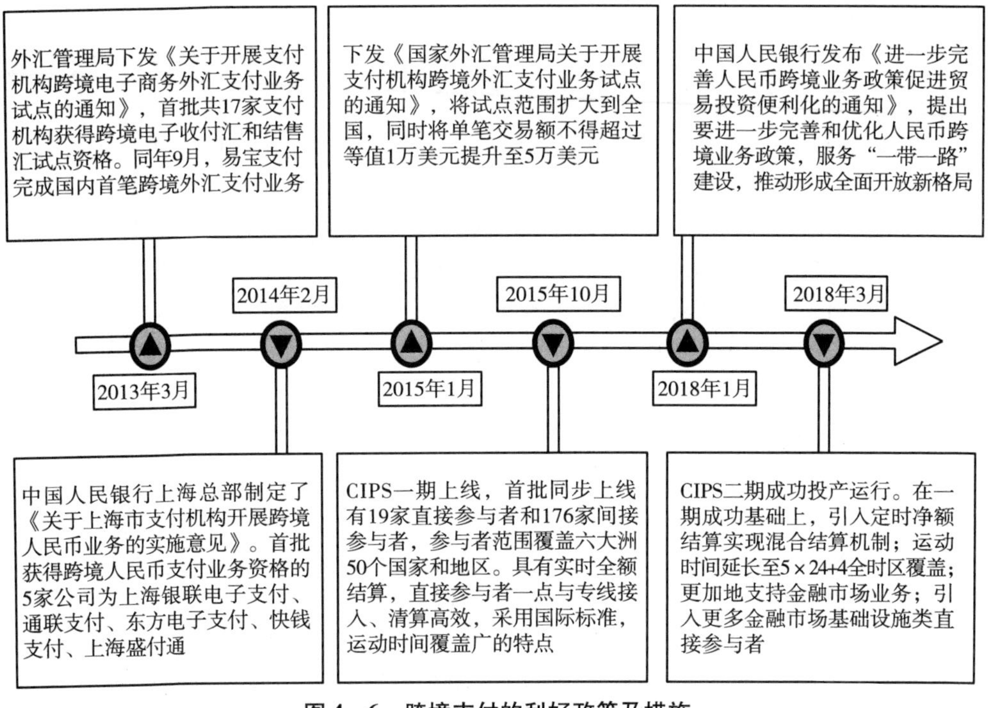

图 4 -6　跨境支付的利好政策及措施

二、典型跨境第三方支付平台

本节主要介绍支付宝、PayPal、连连支付、Payoneer、WIVI Wallet 5 个典型的跨境第三方支付平台。

1. 支付宝

为了解决网购支付的信任问题，2003 年 10 月淘宝网首次推出支付宝服务。2004 年，支付宝从淘宝网分拆独立，并逐步发展成为中国最大的第三方支付平台。2014 年 10 月，以支付宝为主体的蚂蚁金服正式成立。

2013 年，支付宝成为首批获得外汇管理局《跨境电子商务外汇支付业务试点资格》许可的第三方支付企业。从 2014 年开始，支付宝面向 B 端推动差异化服务，例如和全球最大的出口退税服务机构环球蓝联合作，推出覆盖多个国家和地区的出口退税业务，已覆盖法国、德国、英国、韩国等国家。2015 年，支付宝开启大规模海外支付场景拓展，寻找全球合作伙伴共同打造当地的“支付宝”，从印度到泰国、韩国、菲律宾、印度尼西亚、中国香港、马来西亚、印度尼西亚、巴基斯坦，再到孟加拉国，支付宝加全球 9 个本地的数字钱包，开始了服务全球化。2016 年以来，支付宝正在覆盖更多的进出口跨境电商平台，并与海关完成对接，加之自由跨境平台交易规模的持续增长，支付宝跨境支付业务覆盖层次逐渐加深。

（1）支付宝的优势。目前，支付宝优势主要表现在安全、支持币种多、快捷、对卖家有保护、中国国内市场占有率高等方面。

①安全有保障。“支付宝账户”采取对用户实行身份证认证及对其提交的银行卡认证的双重身份认证方式。注册支付宝的个人用户在注册时需要填写个人真实姓名、身份证号码等身份基本信息。信息填写不准确、未通过验证的用户所注册的账户将不能使用收款、查询收支明细等功能。支付宝通过与公安部全国居民身份证号码查询服务中心合作进行对用户的身份证真伪认证，并与各家银行合作验证用户银行卡信息与身份证信息是否一致。这种严格的身份认证制度使支付宝的网络欺诈率仅为万分之二。同时，“支付宝账户”为用户提供两个密码和双重保障服务。用户在使用支付宝的过程中常会使用到的是两个密码，登录密码及支付密码，且密码只允许两次输错，第三次输错时系统将对此账户进行 3 个小时的锁定。支付宝也为用户提供了短信通知功能，有修改密码、使用支付宝账户余额付款、申请提现、取回密码、更新登记的银行账号、修改 E-mail 地址等操作的时候，用户会收到短信通知，这进一步加强了用户的账户安全。

②支持多种支付方式。目前支付宝跨境支持的支付方式有信用卡、T/T 银行汇款、网上银行等多种支付方式。采用不同的付款方式所支持的支付币种见表 4-6。

表 4-6 不同支付方式所支持的币种

支付方式	支持的币种
信用卡	美元、欧元、澳元、加币、英镑、日元、新加坡币
T/T 银行汇款	普通 T/T 账号（1029 和 103 开头的账号）买家付款币种没有限制 本地 T/T 账号（目前支持美国、英国、欧洲、澳洲、加拿大）：只能本地币种支付
网上银行	美元、欧元

③方便快捷：线上支付，直接到账，足不出户即可完成交易。使用支付宝跨境收款无须预存任何款项，只需绑定国内支付宝账号和美金银行账户就可以分别进行人民币和美金的收款。卖家提现无须申请，买家确认收货且物流妥投，支付宝将直接把钱汇到卖家的国内支付宝账户或绑定的银行账户中。

④支付宝有卖家保护政策。当卖家与买家发生纠纷时，如果卖家能够向平台提供货物已经送达给买家并且收到的货物与卖家描述相符的证明时，卖家将得到平台保护，并放款给卖家。

⑤中国市场占有率高。截至 2018 年底，国内第三方支付综合支付市场份额中，支付宝以 39.03% 的市场份额居于首位，见图 4-7。

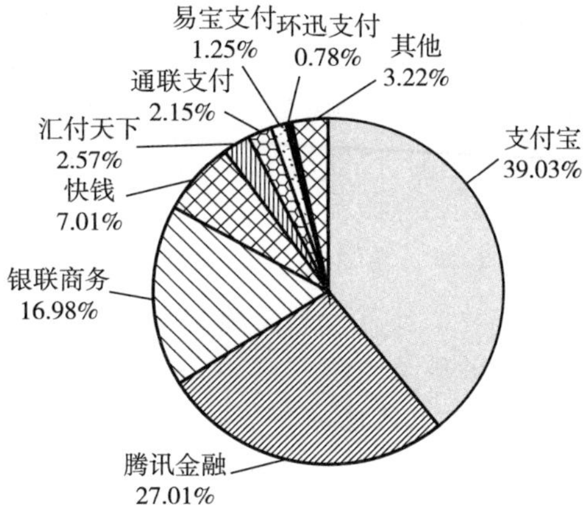

图 4-7 截至 2018 年底国内第三方支付综合市场份额

（2）支付宝的劣势。支付宝的劣势主要表现在国际市场占有率不高、只支持人民币和美元结算、费用较高等方面。

①在国际市场占有率不高。目前，支付宝虽然已经成为全球最大的移动支付公司，但是在欧美市场支付宝的市场占有率依然不高。

②只支持人民币和美元结算。在跨境支付的过程中，国际买家可以采取本币支付，但是卖家只能选择人民币和美元进行结算，承担汇率差额。

③支付宝费用较高。支付宝的收费只针对卖家，对卖家的每笔订单收取 3%（中国供应商会员）或 5%（普通会员）的结算手续费，并且每提现一次收取 20

美元手续费，费用较高。

案例：蚂蚁金服收购英国跨境支付公司 WorldFirst 100%股权

2019 年 1 月 24 日，WorldFirst 在其官方微信公众号宣布，出于商业考虑，已向中国人民银行正式提交撤回其中国主体越蕃商务信息咨询（上海）有限公司的《支付业务许可证》申请。WorldFirst 原本是我国放开非银支付机构的市场准入限制后，首家申请支付牌照的外商投资支付机构。

2019 年 2 月 14 日，总部位于伦敦的英国跨境支付公司万里汇（WorldFirst）已完成所有权变更，正式成为蚂蚁金服集团全资子公司。这笔交易是中国科技公司迄今为止在全球金融科技领域最重要的一次收购，支付宝的全球化决心和行动一如既往。

WorldFirst 创始人兼 CEO 乔纳森·奎因（Jonathan Quin）在公开信中称，WorldFirst 与支付宝在核心优势、国际业务上有着很强的互补性。2004 年，他和尼克·罗宾逊（Nick Robinson）共同创立 WorldFirst，通过创新的支付生态系统向从事国际贸易的用户、小企业和在线商户提供服务。目前拥有 8 万多活跃客户，年交易量超过 100 亿英镑。同时，他强调 WorldFirst 提供给全球用户的产品和服务保持不变，并期待与支付宝的强强携手，更好服务全球小微企业。

蚂蚁金服随后发表声明称："支付宝与 WorldFirst 携手将让我们能够更好地服务小微企业，在全球推进普惠金融服务，促进全球经济可持续发展。"声明中还提到，收购完成后，WorldFirst 将继续在创始人乔纳森·奎因的带领下开展业务。

支付宝与 WorldFirst 的携手，势必会进一步丰富和完善跨境线上支付解决方案，助力整个阿里巴巴经济体共建最好的全球贸易平台，向消费者、中小企业以及在线商户提供快捷而实惠的服务。

例如，WorldFirst 已经与阿里巴巴旗下 Lazada 合作，为印度尼西亚、马来西亚、菲律宾、新加坡和泰国的商户提供国际支付服务。而 WorldFirst 旗下的国际汇款业务，也会成为阿里巴巴推进全球汇的结构性组成部分。此前，受益于区块链技术的成功商用，支付宝在短短一年内，已经陆续打通中国香港到菲律宾、马来西亚到巴基斯坦的区块链跨境汇款链路。WorldFirst 的加入，会成为其全球化新突破的强力助推器。

资料来源：金嘉捷．上证报，2019-2-15.

2. PayPal

PayPal（即贝宝），是美国电商企业 eBay 的全资子公司。由 Peter Thiel 和 Max Levchin 两个人一起在 1998 年 12 月建立的因特网服务商，PayPal 公司的总部设在美国加利福尼亚州圣荷西市，它的主要功能是允许用户用标识自己身份的电子邮件来进行资产转移，有效地减少了使用传统的邮寄支票或者汇款的方式所带来的不安全和不方便。

PayPal 的业务之一就是与网络上的一些电子商务网站合作，成为它们的货款支付方式之一，但是在使用这种支付方式进行款项收付时，PayPal 会从中收取相应数额的手续费。

（1）PayPal 的优势。PayPal 的优势主要表现在资金的周转效率高、品牌效应良好、安全系数高、操作方便、可接受币种多等方面。

①资金的周转效率高。使用 PayPal 支付可以完成即时支付和即时到账，使收款方可以实时收到业务交易的款项。

②品牌效应良好。欧美地区的人使用 PayPal 支付款项的效率极高，它甚至可以说是全球范围内在线支付企业的代表。

③安全系数高。完善的安保体系和丰富的防欺诈经验使得 PayPal 成为在线支付企业中拥有最低的损失率，仅仅只有0.27%，这一数据远远不及使用传统交易方式所带来的损失率的1/6，完全可以确保客户的交易顺利进行。同时 PayPal 的后台监控团队会实施24小时全程监控，快速有效地阻止可疑交易。给客户实施的安全保障计划，能够帮助客户有效地降低欺诈交易所带来的损失，一旦发生欺诈交易了，只要交易符合 PayPal 规定可以获赔的条件，就能得到全额的赔偿。

④操作方便。对于国内跨境卖家来说，PayPal 网页上面全汉字的使用界面，就算不懂英语，也可以轻松操作。

⑤可接受币种多。PayPal 可接受币种：加元、欧元、英镑、美元、日元、澳元、新西兰元、瑞士法郎、港元、新加坡元、瑞典克朗、丹麦克朗、波兰兹罗提、挪威克朗、匈牙利福林、捷克克朗、以色列谢克尔、墨西哥比索等25种。大多数国家的买家都可以使用本币支付，消费者体验较好。

（2）PayPal 的劣势。PayPal 的劣势主要表现在业务限制、买家利益大于卖家利益、收费品类多价格较高、不支持人民币提现。

①业务限制。PayPal 的交易额主要是依靠 eBay 平台支撑的，但是由于近年来电商行业的竞争变得越来越激烈，使得 eBay 原来所拥有的市场份额在被慢慢的稀释，从而导致了其原来拥有的资源优势也在慢慢的弱化。

②PayPal 用户消费者（买家）利益大于 PayPal 用户卖家（商户）的利益，双方权利不平衡。买家对交易中的任何一处有不满意的可以向 PayPal 提出争议，一旦发生这样的事情卖家就有可能会拿不到钱，甚至可能永久关闭账户。

③费用高。PayPal 收费的品类较多且费用较高。主要有结算手续费、货币兑换费和提现费用三种。其中，货币兑换费为基于批发汇率加价2.5%，结算手续费及提现费用的收费标准见表4-7和表4-8。

表 4-7　　PayPal 结算手续费

项目	月销售额（美元）	费率
标准费率	3000 及以下	4.4% +0.30 美元
优惠费率	3000～10000	3.9% +0.30 美元
	10000～100000	3.7% +0.30 美元
	100000 以上	3.4% +0.30 美元

表 4-8　　PayPal 提现手续费

提现方式	出款币种	手续费
电汇至中国大陆地区的银行账户	美元	每笔 35 美元
提现至中国香港地区的银行账户	港元	提现 1000 港元及以上，免费提现 1000 港元以下，每笔 3.5 港元
提现至美国的银行账户	美元	每笔 35 美元
通过支票提现	美元	每笔 5 美元

④不支持人民币提现。目前 PayPal 只支持美元和港元提现，对中国的跨境电商卖家来说非常不方便，并且要承担汇率差，增加了卖家的成本。

3. 连连支付

连连银通电子支付有限公司，即连连支付，是浙江省最大的支付企业，公司致力于通过互联网和移动手机等渠道为广大用户和商户提供第三方支付和结算服务。2017 年，连连支付正式上线跨境收款产品，旨在解决此前跨境收款领域中跨境回款资金链路长、收款价格高昂等痛点，帮助跨境电商卖家安全高效地收回账款。连连在欧洲、美洲、亚洲等多个国家或地区设立海外持牌金融公司，与全球众多知名金融机构及电商平台（主要支持亚马逊平台、eBay 平台、Wish 平台、法国乐天平台、Mercado Libre 平台、Souq 平台收款、京东印度尼西亚平台等平台）达成合作，成功对接国内 11 个电子口岸，支持全球 16 个主流结算币种，全球跨境支付服务网络逐步成型。

（1）连连支付的优势。连连支付的优势主要表现在提现迅速、支持的结算币种多、服务优质、手续费低等方面。

①提现迅速。连连支付是目前市场上唯一可以提供闭环收款服务的支付机构，采用全程直连的产品模式，从用户发起提现到资金到达用户境内银行账户最快只需 67 秒，极大地提高了卖家的资金周转率。

②支持的结算币种多。目前，连连支付支持全 16 个结算币种，除美国、英国、日本、加拿大等主流国际货币外，还支持泰铢、台币等小币种外币结算，有效地解决了国内外商家特别是东南亚一带资金汇兑难题。

③服务优质。7×24 小时全天候在线服务，客户有任何问题都可以在第一时间内得到专业的解答，极大地提高了解决问题的效率。

④手续费低。连连支付目前只收取提现手续费，在亚马逊平台采用连连支付提现的手续费仅为 0.7%，并且无其他费用，极大地节约了跨境卖家的成本。同时，连连支付不收取货币兑换费，以中国银行的实时现汇买入价进行换汇，卖家不需要承担汇损。

（2）连连支付劣势。连连支付的劣势主要表现在市场份额较小、基层员工素质弱等方面。

①市场份额较小。在国内，第三方支付平台的市场份额主要被支付宝与微信支付占据，连连支付的知名度与用户不多。

②基层员工素质弱。虽然连连支付支持 7×24 小时全天候客服，但是在实际使用中，部分客服业务不熟悉，不能准确地回答用户的问题，解决用户遇到的麻烦，对部分用户造成了不好的影响。

4. Payoneer

Payoneer，派安赢，是一家专注于跨境支付的国际金融机构，成立于 2005 年，总部设在美国纽约，是万事达卡组织授权的具有发卡资格的机构。其为支付人群分布广而多的联盟提供简单、安全、快捷的转款服务。数千家联盟以及数百万收款人的加入使得 Payoneer 已成为支付行业的领先者。Payoneer 的全球合作伙伴包括亚马逊、Wish、Google、Airbnb 等，涉及的领域众多并已将服务遍布到全球 210 多个国家。秉承着“不止于支付”的使命，Payoneer 致力于提供卓越的资金收付解决方案，同时还满足多种支付场景，如全球 Payoneer 用户相互免费转账、支付物流费、VAT 费用等，串联跨境生态金融服务。

2012 年 Payoneer 进入中国市场，于 2014 年获得平安创投注资，到 2018 年 Payoneer 全球用户突破 400 万人。

Payoneer 分有卡账户和无卡账户。Payoneer 无卡账户支持公司和个人注册，48 小时内完成 Payoneer 账户审核，随账户自动签发美国支付服务和欧洲支付服务各一个，即刻用于收取欧美公司资金；注册时即可添加当地银行信息，资金入账后即可提款至中国国内的银行卡，无须等待 P 卡邮寄激活；只在提款和入账时按百分比收取费用，无卡片相关费用。需要注意的是，Payoneer 无卡账户里的钱只能通过网银提现到国内银行，无 P 卡不能在国内外网站上购物，也不能在 ATM 机上提现。

Payoneer 的优势表现在便捷、收费低、安全等方面，劣势表现在单笔提现额度小、不能互转资金、提现到账时间长等方面，见表 4－9。

表 4-9　　Payoneer 的优劣势对比

优势	劣势
便捷。中国身份证即可完成 Payoneer 账户在线注册，并自动绑定美国银行账户和欧洲银行账户，并且可以直接电汇到国内银行	单笔提现额度较小。提现额度为 500～9500 美元，大于 9500 美元需要联系客服才可以提现
收费便宜。电汇设置单笔封顶价，人民币结汇最多不超过 2%	Payoneer 账户之间不能互转资金，无法通过银行卡或信用卡充值
安全。对于欧美客户的入账，Payoneer 协助卖家审核并提供全额担保服务，不用担心遇到挑剔型和无理取闹型客户，只要发货，钱就可以入账	提现到账时间长。通常需要 3～7 个工作日到账

5. Qiwi Wallet

Qiwi Wallet 是俄罗斯领先的支付服务提供商，也是俄罗斯最大的第三方支付工具，其服务类似于中国的支付宝。俄罗斯买家可以对 Qiwi Wallet 进行充值，再到对应的商户网站购买产品。

Qiwi Wallet 的优势表现在不存在拒付风险、能很好适应“一带一路”倡议等方面，劣势表现在手续费较高、收款金额有限制等方面，见表 4-10。

表 4-10　　Qiwi Wallet 的优劣势对比

优势	劣势
不存在拒付风险。卖家收到客户的款项后，不需要进行订单审核和风险控制就可以直接安排发货了	手续费较高，一般在 4% 左右
能很好适应“一带一路”倡议。Qiwi Wallet 是俄罗斯最大的第三方支付机构，并且支持美元、俄罗斯卢布、欧元、哈萨克斯坦腾格四种货币付款，方便跨境卖家发展在俄罗斯的业务	收款金额有限制。每笔交易额不能超过 15000 俄罗斯卢布，每日交易额不能超过 2 万美元

第六节　跨境电商支付存在的问题

随着跨境电商的快速发展，跨境电商支付发展也十分迅速，但仍然存在一些问题，主要表现在交易真实性不易确定、支付机构资费标准高、跨境支付资金回笼慢、交易信用风险较大等方面。

一、交易真实性不易确定

跨境电商交易平台、跨境第三方支付机构不易识别资金去向，也难以识别交易双方交易行为的真实性。

首先，现在存在不少虚拟商品，难以衡量其价值。在跨境贸易的过程中，不法分子可以采取虚拟货物交易，通过虚假的交易信息来进行跨境洗钱、在线赌博、贿赂和跨境电信诈骗等行为。

其次，与传统的跨境贸易结算相比，新兴跨境第三方支付的真实性更难保证。主要是客户信息真实性无法保证。银行通常通过辨别客户的身份以及交易的背景来判断客户资金交易是否正常。但是，对于第三方支付机构，通过电子商务平台注册的任何用户都可以成为他们的客户，而无须经过严格的身份审查。因此，有些客户利用这一漏洞，通过非法手段获取他人的身份信息进行注册，隐瞒自己的真实身份，从而进行违法犯罪活动。

二、支付机构资费标准高

跨境支付的收费项目主要有两类：提现手续费与汇损。部分机构还设置了年费、到账费用等项目。其中，提现资费标准存在着较为明显的差异，部分机构甚至设置分级资费标准，用户必须在超过限定额度之后，才能够获取相应的手续费折扣。受传统资金管理思维影响，很多商家并未重视汇率差问题，认为汇率应该是按照市场规律浮动的，自身不具备议价的权利，因而没有给予足够的重视。实际上，商家汇率包含基准汇率与汇损两部分，中国人民银行会定期公示基准汇率，商家能够自行获取，从而与自己的资金流动情况进行对照；汇损主要指基于此种公开的中间价，因汇率差值而产生的损失。部分跨境支付机构并不对外披露平台所选用的汇率基准，旨在获得汇损差额收益。对中小型跨境电商而言，手续费会随着企业经营规模及全年成交总额等因素的变化而变化，一般手续费率在3%～5%的水平，但议价空间相对较窄。高昂的费用为跨境电商企业带来了不小的压力。

三、跨境支付资金回笼慢

货款到账速度慢是跨境商家经常遇到的问题。跨境支付的流程极为烦琐，货款需陆续历经多家金融组织与银行间的流通、交易、合规、结算与风控等中间环节，中间环节越多则周期越长，而周期长则意味着资金的流动性变差。跨境人民币结算大多是利用清算行或代理行的机制进行，在整个过程中，各大银行报文转换的自动化水平、跨境结算业务处理的效率、不同银行对内结算的速度、实时结算甚至不同地方的时差等要素均会对资金回流速度产生极大的影响。由于人民币跨境结算包含资金在银行间的流动过程，银行报文转换的自动化水平以及银行固有的运作效率直接决定着整体的效率，所以银行未必能做到实时清算，再加上不同国家间的时差或海外银行休假等原因，都可能导致结算时间延长，造成资金无法按时到账。对跨境商家而言，时间就是金钱，资金回笼慢，严重阻碍其自身的发展。

四、交易信用风险较大

在跨境交易的过程中，买卖双方属于不同的国家，并且通常没有见过对方，所以难以判断对方的诚信情况，信用风险也更加突出。因此，往往会有货物已经到了而没有收到货款，或者货款已经收到而没有收到货物的情况出现。即使是通过第三方支付机构进行支付，第三方平台也很难对每个客户的身份进行全面检查，并对实际交易进行监督。

1. 卖方违约

跨境交易卖家分为独立站自营商户和入驻平台的商户。欺诈行为大多集中在入驻平台的商户身上。这与平台的进入、审核和监管的薄弱直接相关。入驻平台商户的诚信问题主要包括虚假发货，货物不符描述。卖家提供交易信息和物流信息后，第三方支付平台无法判断信息的真实性。货款可能通过第三方支付平台到达商户（卖方）账户，侵犯消费者权益。

2. 物流方面的违约行为

物流是跨境贸易的重要组成部分。但由于交付时间长、中间环节多、监管落后，极易发生不良事件，影响卖家和消费者对平台乃至整个行业的信任。物流方面的违约行为主要表现为：冒名顶替、恶意索赔、推卸责任、拆包盗窃等。

3. 买方违约

在跨境电商交易中，买方在收到货物后，可以谎称没有收到货物，或者货物是由他人签收的。买方拒绝支付货款，并向第三方支付机构申请冻结资金。此外，买方可能恶意寻找各种理由退货。这使得卖方为不损害其声誉而接受退货，并遭受运费损失。由于跨境物流成本高，很多卖家可能会直接放弃货物，导致钱货两空。

课后练习

1. 跨境支付的过程中，要考虑哪些合规问题？
2. 我国有哪几家跨境第三方支付平台？各自的优、劣势是什么？
3. PayPal 支付在全世界第三方支付市场占有率最高，它的优势在哪儿？
4. B2C 与 B2B 跨境支付的各自特点是什么？
5. 跨境电商出口卖家有哪几种收款结汇方式？

参考资料：

1. 冯晓鹏，邓慧．电商出口，你所关心的“钱”事——跨境电商出口收款合规要览．金杜律师事务所，2018 - 10 - 9.

2. 常广庶．跨境电子商务理论与实务．机械工业出版社，2017.

3. 2018年第三方跨境支付行业研究报告．易宝研究院，2019－1.

4. 中国第三方跨境支付市场专题分析2017. 易观，2018－1－9.

5. 中国跨境支付市场数字化发展专题分析2018. 易观，2019－1－4.

6. 严佩．浅谈PayPal支付平台．时代金融，2016（12）.

7. 梁其钰．我国跨境电子商务支付面临的风险与防范机制．金融实践，2018－11－14.

8. 周莉萍，于品显．跨境电子商务支付现状、风险与监管对策．上海金融，2016－5－15.

9. 龚榆桐，李超建．中国跨境电商支付平台发展现状、问题及应对策略．对外经贸实务，2011－11－10.

10. 阿里巴巴国际站：https：//www. alibaba. com/。

11. 连连支付官网：https：//www. lianlianpay. com/。

12. 贝宝支付官网：https：//www. paypal. com/。

13. 雨果网：https：//www. cifnews. com/。

14. 橙塾教育．跨境电商企业指南．新世界出版社，2016.

附录：第三方跨境支付平台简介

序号	品牌	品牌所属机构	主要业务	特色业务	公司所在地
1	支付宝	支付宝（中国）网络技术有限公司	货物贸易、留学教育、航空机票及酒店住宿	境外汇款、境外流量包、扫码退税	杭州
2	财务通	财务通支付科技有限公司	货物贸易、航空机票及酒店住宿	财付通美国运通国际账号、支持10种类外币	深圳
3	银联支付	银联商务有限公司	货物贸易、留学教育、航空机票及酒店住宿	银联国际卡	上海
4	汇付天下	上海汇付数据服务公司	货物贸易、留学教育、航空机票及酒店住宿	定制化跨境支付方案	上海
5	智付支付	智付电子支付有限公司	货物贸易、国际运输	国际信用卡支付、跨境外汇结算、跨境人民币结算、海关支付单服务、报关报检服务、跨境物流、保税仓、海外仓	深圳
6	通联支付	通联支付网络服务股份有限公司	货物贸易、留学教育、航空机票及酒店住宿	保费跨境支付	上海
7	快钱	快钱支付清算信息有限公司	货物贸易、留学教育、航空机票及酒店住宿	“海淘”阳光快车道	上海
8	盛付通	上海盛付通电子支付有限公司	货物贸易、留学教育、航空机票及酒店住宿	跨境收单	上海
9	连连支付	连连银通电子支付有限公司	货物贸易、留学教育、航空机票、酒店住宿、旅游服务	PayPal 合作伙伴	杭州
10	易宝支付	易宝支付有限公司	货物贸易、留学教育、航空机票、酒店住宿、国际运输、旅游服务、国际展览	提供基于跨境支付和海关三单合一服务	北京
11	网银在线	网银在线（北京）科技有限公司（京东旗下）	货物贸易、留学教育、航空机票及酒店住宿	京东跨境物流	北京
12	拉卡拉	拉卡拉支付股份有限公司	货物贸易、留学教育、航空机票、酒店住宿、旅游服务、国际展览	跨境金融服务平台	北京
13	环迅支付	迅付信息科技有限公司（石基信息旗下）	货物贸易、留学教育、航空机票及酒店住宿	国际卡支付、跨境外汇支付	上海
14	钱袋宝	北京钱袋宝支付技术有限公司	货物贸易、留学教育、航空机票及酒店住宿	跨境旅游服务、跨境电商服务	北京

续表

序号	品牌	品牌所属机构	主要业务	特色业务	公司所在地
15	联动优势	联动优势电子商务有限公司（海立美达旗下）	货物贸易、留学教育、航空机票、酒店住宿、国际运输、旅游服务、国际展览、通信服务	跨境供应链金融、跨境营销服务	北京
16	网易宝	网易宝有限公司	货物贸易、留学教育、航空机票及酒店住宿	跨境支付	杭州
17	易付宝	南京苏宁易付宝网络科技有限公司	货物贸易、留学教育、航空机票及酒店住宿	跨境外汇支付业务	南京
18	新生支付	海南新生信息技术有限公司（海航旗下）	货物贸易、留学教育、航空机票、酒店住宿、旅游服务、国际展览、国际贸易物流	外卡收单、跨境人民币支付、收结汇	海口
19	富友支付	上海富友支付服务有限公司	货物贸易、留学教育、航空机票及酒店住宿	跨境电商收款、结汇	上海
20	易极付	重庆易极付科技有限公司	货物贸易	国际卡收单	重庆
21	爱衣驿站	北京爱衣驿站科技服务有限公司	货物贸易、留学教育、航空机票、酒店住宿、国际会议、国际展览	跨境支付	北京
22	北京银联商务	北京银联商务有限公司	货物贸易、留学教育、酒店住宿	银联国际卡	北京
23	宝付	宝付网络科技（上海）有限公司	货物贸易	国际卡业务、跨境人民币结算、跨境外汇结算	上海
24	东方支付	东方电子支付有限公司	货物贸易	跨境人民币结算、跨境外汇结算	上海
25	钱宝	重庆市钱宝科技服务有限公司	货物贸易	结汇、购汇以及跨境人民币支付	重庆
26	贝付	浙江贝付科技有限公司（唯品会旗下）	货物贸易、留学教育	结汇、购汇以及跨境人民币支付	杭州
27	银盈通	银盈通支付有限公司	货物贸易、航空机票以及酒店住宿	购付汇/结售汇支付、跨境人民币支付	北京
28	摩宝支付	成都摩宝网络科技有限公司	货物贸易	跨境支付	成都
29	首信易支付	北京首信易支付科技有限公司	货物贸易、留学教育、航空机票、酒店住宿、国际会议、国际展览、软件服务	国际信用卡支付	北京
30	资和信	资和信网络支付有限公司	货物贸易、留学教育、航空机票、酒店住宿	暂未开展跨境或境外收单业务	北京

第五章

跨境电商融资

教学目标：

1. 学生能够熟悉企业融资的分类、主要外源融资方式。

2. 学生能够熟悉银行主导的、企业主导的和电商平台主导的供应链融资模式、细分模式及特点。

3. 学生能够掌握一达通金融服务平台的备货融资、超级信用证、网商流水贷、退税融资和 Pay Later 五种产品的内容，并识别其风险。

4. 学生能够熟悉人人贷、宜信旗下的宜人贷、中国平安旗下的陆金所等主要 P2P 网贷平台，并能识别 P2P 网贷融资模式的风险。

5. 学生能够熟悉聚单网众筹融资的流程，识别网络众筹的风险。

6. 学生能够了解中国跨境电商融资历程及现状。

🕮 引导案例：

一达通推出供应链金融平台　缓解外贸企业面临困局

2012 年前后，吃饭、购物、旅游都流行“团购”。这种时尚已经流向了借款领域，中小企业贷款可以团购了。深圳已经有越来越多的中小微外贸企业通过中国银行与阿里巴巴旗下的深圳一达通公司合作的供应链金融平台“团购”获得资金支持。

企业受益供应链金融平台。一达通供应链平台通过全程电子商务为外贸企业提供报关、商检、物流、银行、海关、退税所有外贸中间服务，外贸企业只负责生产货物，其余的都可打包交由平台解决。目前，中国银行与平台进行战略合作，通过集约资源打包的方式，由银行统一授信，为小企业提供信用证融资、出口退税融资、备货融资等，使得外贸企业不用面对银行即可获得资金支持。平台已经聚集了4000 多家外贸企业。他们最低可获得千元资金支持，最高借款可达到数百万元。2011 年通过该平台，数千名中小微企业获得 4 亿元贷款。

“信息不对称”已经成为中小企业融资过程中的一个“老大难”问题。由于一达通平台掌握了贸易的真实性，银行通过这一平台放贷，就解决了中小企业融资难最为核心的“信息不对称”问题。中国银行与深圳一达通公司合作组建供应链金融平台后，银行可以通过这个平台了解到每一笔交易的真实性，企业也能方便地在银行融资。比如，有的企业出口货物将会获得国家的出口退税，有时这笔资金仅一两千元，但所需时间约3～6个月。通过这个平台，企业只要支付一定利率，就可以提前获得出口退税融资。在2011年期间，通过该平台所发放的4亿元贷款没有一笔坏账。

除了解决信息不对称的问题外，一达通公司还帮助银行降低了成本，规避了风险；中行推出的贸易融资产品当中，有三款一般企业无法使用，因为条件达不到，但通过一达通平台，这些产品得到了很好的应用。

一达通公司推出的供应链金融平台还有效缓解了外贸企业面临的困局。很多外贸企业规模不大，平时和商业银行较少打交道。这些企业拿着信用证也很难从商业银行获得贷款。为了加快回收资金，不少外贸企业只愿意接受现金订单。而眼下，国际经济环境不佳，不少海外买家只能采用信用付款下单，由于缺乏融资渠道，深圳不少外贸企业面临有单不敢接的难堪局面。

深圳龙岗一家生产U盘的工厂，近三年来一直向荷兰一家公司供应代工产品，一直采用现金支付方式，款到发货。眼下，由于欧洲金融环境恶化，这位客户资金压力比较大，作为老客户，对方希望改变支付方式——开信用证，代替现金支付。但是该企业不愿意接受信用证，这笔生意“吹”了。然而，过了一段时间，这位代工厂的王老板接待了一位台湾人，来厂里所下的订单与前述荷兰买家要的产品款式型号甚至价格都几乎一样，经打听才发现，原来荷兰买家将订单给了这位台商，而台商回头还是将代工交给了王老板。台湾人仅仅因为接受信用证支付，其供货价格提高了15%。

2012年外贸企业面临巨大资金压力，很多企业并不是缺少订单，而是由于拒绝信用支付流失了大量客户和订单。一达通这样的贸易融资平台促进了贸易融资的发展，改变了我国贸易企业的支付规则，将导致外贸革命性的变革。

事实上，已经有不少企业尝到了甜头。位于坪山新区的深圳市聚纳光电有限公司最近出货量比以前多出5个货柜，原因就是通过一达通平台拿到了240万的融资。国外买家要求货到港后14天付款，由于回款周期比较长，聚纳光电在备货资金方面压力比较大，了解到不需抵押担保就可以拿到资金后，聚纳光电果断拿下了这个订单。

2012年，一达通融资规模有望上20亿元。电子商务平台和银行信贷平台嫁接所产生的网络融资通道，为中小企业提供了新的资金来源。一达通等平台对某一细分市场内的中小企业群量身定制集“贷款融资、电子商务、支付结算、理财规划”为一体的全方位、多层次的金融服务方案，尤其适合于从事商品流通型业务的中小企业和个体工商户渠道商。

一达通创始人魏强表示，“2011年该平台这种融资模式吸引了众多企业参与，发展速度逐渐加快。预计2012年平台融资规模将突破20亿元，将有更多像聚纳光电这样的企业获得融资支持”。

案例来源：朱丽华．一达通推出供应链金融平台　缓解外贸企业面临困局．深圳商报，2012－1－16.

第一节 企业融资

一、企业融资的概念

企业融资是指以企业为主体融通资金，使企业及其内部各环节之间资金供求由不平衡到平衡的运动过程。当资金短缺时，以最小的代价筹措到适当期限，适当额度的资金；当资金盈余时，以最低的风险、适当的期限投放出去，以取得最大的收益，从而实现资金供求的平衡。

二、企业融资分类

按照不同的标准，企业融资方式可以分为以下几种。

1. 内源融资与外源融资

这种分类主要是按照资金是否来自企业内部来进行划分的。内源融资，是企业依靠其内部积累的资金进行的融资方式。具体包括三种形式：资本金、折旧基金转化为重置投资和留存收益转化为新增投资。内源融资具有原始性、自主性、低成本性和抗风险性的特点，是企业生存与发展不可或缺的重要组成部分。内源融资数量的多少主要取决于企业创造利润的数额和企业的利润分配政策。

外源融资，是指企业通过一定方式从外部融入资金用于投资。外源融资是企业吸收其他经济主体的储蓄，使之转化为自己的投资的过程。它具有高效性、灵活性、大量性和集中性的特点。外源融资的规模主要取决于金融市场的发展情况和资金供给的数量。本书主要介绍外源融资。

2. 短期融资与长期融资

这种分类主要是按照资金的使用及归还年限来进行划分的。短期融资一般是指融入资金的使用或归还期限在一年以内的融资方式。它主要用于满足企业所需要的流动资金。包括商业信用、银行短期贷款、票据贴现、应收账款融资、经营租赁等。长期融资一般是指融入资金的使用或归还期限在一年以上的融资方式。它主要满足企业购建固定资产、开展长期投资等活动所需要的资金。长期融资的方式主要有发行股票、发行债券、银行长期贷款、融资租赁等。

3. 股权融资和债权融资

这种分类主要是按照企业融入资金后是否需要归还来进行划分的。股权融资是指企业所融入的资金可供企业长期拥有、自主调配使用、无须归还，如企业发行股票所筹集的资金。债权融资是指企业所融入的资金是企业按约定代价和用途取得的，必须按期偿还，如企业通过银行贷款所取得的资金。

4. 直接融资和间接接融资

这种分类主要是按照企业融资时是否借助于金融中介机构来进行划分的。直接融资是指不经过任何金融中介机构，而由资金短缺的单位直接与资金盈余的单位协商进行借贷，或通过有价证券及合资等方式进行的资金融通，如企业债券、股票、合资合作经营、企业内部融资、借贷等。间接融资是指通过金融机构为媒介进行的融资活动，如银行信贷、非银行金融机构信贷、委托贷款、项目融资贷款等。

三、主要外源融资方式

1. 债务融资

债务融资是指通过银行或非银行金融机构贷款或发行债券等方式融入资金。

企业债务主要包括以下几种类型：银行借款、民间借贷、企业债券、商业信用、租赁等。

（1）银行借款。银行借款是指由银行以贷款形式向企业提供的融资。它具有以下三个特点：第一，基本上不需要发行费用。通常银行根据企业的财务报表、审计报表、银行往来情况、担保或抵押情况及用款计划来审批有关贷款申请。第二，银行贷款的使用期限不稳定。通常在贷款合同里都会规定债权人有权在任何时候收回贷款——只要它认为有必要。第三，银行提供贷款的时候通常需要担保、资产抵押等附带条件，通常企业所拥有的银行信用有一定的限度。此外，国内银行还受银保监会和中国人民银行的一系列规定限制，如企业不能利用银行贷款进行股权投资或者股权收购等。因此，银行贷款通常都无法满足企业所有的资金需要。

（2）民间借贷。随着我国经济发展和民间金融资产的逐步扩张，民间借贷逐渐活跃。民间借贷通常以私下协议方式与私人或非金融机构拟订融资金额、利率、期限等条件。由于这类融资安排往往回避了正常的金融监管，因此常需要承担政策风险甚至法律风险，稍有不慎就碰到“高压线”。同时，由于类似的原因，债权人具有较大风险，作为补偿，债务人需要支出较高的利息，所以民间借贷常常与“高利贷”同名。据了解，目前国内民间借贷利率约在 12% ~15%，比银行贷款高 7% ~10%。就目前国内情况来说，这类民间借贷主要以“地下钱庄”放款或委托理财等形式进行。而规模大的财团则通过控制证券公司、信托公司等非银行金融机构以貌似合法的形式进行。

（3）企业债券。企业债券是指按照法定程序发行的，约定在一定期限内还本付息的债务凭证，它代表债券持有人与企业的一种债权债务关系。债券持有人不能参加企业盈利分配，只能按照规定利率收取利息，因此企业发行债券不影响股东对企业的控制权，它属于一种债务融资。从企业的利益来说，企业债券是一个很理想的融资形式。

债券融资的利息成本要比银行贷款低。债券融资的期限一般都是长期的，可以根据投资项目的回收期来确定，而且具有相当的稳定性。债券持有人不能要求提早偿还。由于投资人可以通过债券市场交易套现，因此也不需要由债务人提前退回投资。在发达国家，企业债券是比银行贷款还重要的企业融资方式。

（4）商业信用。商业信用指企业以赊销方式销售商品时所提供的信用。商业信用是企业短期融资的最主要方式。由于它的形成直接与商品生产及流通相关，手续简便，因此很容易成为企业短期资金来源。商业信用通常表现为“应收账款”“其他应收账款”“预收账款”等。一般来说，当企业融资渠道不多，经济处于紧缩期，市场上资金供应不足时，商业信用的规模会大些，商业信用在短期融资中的比重会高些。当然商业信用也有一定的局限性，主要表现为商业信用规模要受到商品流通及交易规模的限制。企业通过商业信用来筹措资金也有一定的成本，这种成本主要与债权人所提供的信用政策有关。在规范的商业信用中，债权人为了控制应收账款的期限和额度，往往要向债务人提出信用政策，包括信用期限、给买方的购货折扣和折扣期。实际上卖方之所以给予买方一定的购货折扣与折扣期，主要是为了促使买方能够及早付款。卖方是否接受折扣优惠并提前付款，则需要考虑放弃这笔现金折扣所形成的隐含成本的大小，这便是商业信用的成本。要顺利开展商业信用，企业需要有强烈的信用意识，减少企业间相互债务的长期拖欠，否则，企业开出的商业票据不被对方所接受，要通过商业信用来筹措资金就相对困难了。

（5）租赁。租赁是出租人根据与承租人签订的租赁契约，以收取一定的租金为条件，将租赁物在规定的时期内交给承租人使用，其所有权仍属出租人的一种经济行为。租赁将借钱和借物融合在一起，既借钱又借物，还的是钱而不是物。租赁物的所有权和使用权分离，在租赁期间，所有权属于出租人，承租人只有使用权。当企业急需购买某种设备，而购买设备的资金不足时，可以考虑租赁的方式。租赁在那些需要使用昂贵设备的企业中，如航空公司，使用非常普遍。租赁的主要优点之一，就是企业可以减少固定资产开支，降低固定资产在总资产中的比例，改善资产结构。

2. 股权融资

股权融资是指企业的股东愿意让出部分企业所有权，通过企业增资的方式引进新的股东，同时使总股本增加的融资方式。

股票是企业为筹措资金而发行的一种有价证券，它代表了持有者对企业资产享有相应的所有权。按股东承担风险的程度和享有权利的不同，股票可分为普通股与优先股。股权融资即是通过扩大股权规模从而获得更多的公司投资经营资金。

从总体上看，通过发行股票融入的资金是企业的资本金，企业与出资者之间体现的是所有权关系，不体现为企业的债务，所以股票融资能改善企业的财务结构状况，降低企业负债率，使企业财务状况好转，为企业今后负债融资提供更好的基础。但当企业采取股本扩张的方式来扩大资金规模时，会因股权融资增加企业的股份，而使新老股东对企业有同样的决策参与权、收益分配权及净资产所有权等，因此，在做出此决策前，老股东都会慎重考虑这样做对其长远发展是否有利，特别是企业股本扩张后的经营规模、利润能否同步增长。若企业股本扩张后不能带来利润的同步增长，则新股份将摊薄以后的利润及其他权益，老股东就可能反对这样做，此时增资扩股就会无法顺利进行。

（1）股权融资特点。股权融资具有长期性、不可逆性和无负担性三个特点。长期性是指股权融资筹措的资金具有永久性，无到期日，不需归还。不可逆性是指企业采用股权融资无须还本，投资人欲收回本金，需借助于流通市场。无负担性是指股权融资没有固定的股利负担，股利的支付与否和支付多少视公司的经营需要而定。

（2）股权融资渠道。股权融资按融资的渠道来划分，主要有公开市场发售和私募发售两大类：公开市场发售和私募发售。所谓公开市场发售就是通过股票市场向公众投资者发行企业的股票来募集资金，包括我们常说的企业的上市、上市企业的增发和配股都是利用公开市场进行股权融资的具体形式。所谓私募发售，是指企业自行寻找特定的投资人，吸引其通过增资入股企业的融资方式。因为绝大多数股票市场对于申请发行股票的企业都有一定的条件要求，例如《首次公开发行股票并上市管理办法》要求公司上市前股本总额不少于人民币 3000 万元，因此对大多数中小企业来说，较难达到上市发行股票的门槛，私募成为民营中小企业进行股权融资的主要方式。

（3）股权融资优势。股权融资在企业投资与经营方面具有以下三个优势：第一，股权融资需要建立较为完善的公司法人治理结构。公司的法人治理结构一般由股东大会、董事会、监事会、高级经理组成，相互之间形成多重风险约束和权力制衡机制。降低了企业的经营风险。第二，在现代金融理论中，证券市场又称公开市场，它指的是在比较广泛的制度化的交易场所，对标准化的金融产品进行买卖活动，是在一定的市场准入、信息披露、公平竞价交易、市场监督制度下规范进行的。与之相对应的贷款市场，又称协议市场，即在这个市场上，贷款者与借入者的融资活动通过直接协议。在金融交易中，人们更重视的是信息的公开性与可得性。所以证券市场在信息公开性和资金价格的竞争性两方面来讲优于贷款市场。第三，如果借款者在企业股权结构中占有较大份额，那么他运用企业借款从事高风险投资和产生道德风险的可能性就将大大减小。因为如果这样做，借款者自己也会蒙受巨大损失，所以借款者的资产净值越大，借款者按照贷款者的希望和意愿行事的动力就越大，银行债务拖欠和损失的可能性就越小。

3. 我国跨境电商企业主要外源融资方式

我国的跨境电商企业大多数为中小微企业，其具有中小微企业的特点，但又含有互联网特色，主要采用供应链融资、依靠一站式外贸服务平台进行网络借贷、P2P（peer to peer lending）融资以及网络众筹等外源融资方式。

第二节　跨境电商企业供应链融资

我国现在的国际贸易市场已发展为买方市场，其主要表现为单笔贸易额降低、账期延长、赊销贸易增多等特征，再加上我国的进出口企业存在缺少抵押物或者财务报表不规范等问题，很难获得银行贷款，众多企业面临由于资金紧张而引发的生产周期紊乱等诸多问题，导致企业在国际中竞争力下降。如何控制信贷资金风险并揽收资信状况良好的中小跨境电商，这是银行能否扩大其信贷产品市场规模的一个极其重要的方面，同时这也为这些跨境电商企业解决其融资困难的问题提供了可能性，实现这两个目标的最佳途径便是供应链金融。

一、供应链金融

供应链金融是银行或供应链核心企业，通过管理上下游中小企业的资金流和物流信息，把单个企业的不可控风险转变为供应链企业整体的可控风险，通过立体获取各类信息，将风险控制在最低点的金融服务。

跨境贸易供应链金融是供应链金融在国际贸易领域的延伸，是针对整条供应链的资金融通服务，具体来说就是供应链中的上下游进出口企业利用与核心企业之间真实的交易背景获得的以融资为主的金融服务，最终使供应链的各参与方获益。传统的国际贸易融资方式无法解决国内中小企业因信誉低及资产规模小等原因带来的融资难问题，然而，供应链金融弥补了这项不足。银行等金融机构可以凭借供应链中核心企业的信用担保为上下游进出口企业提供融资服务，保证链条中上下游进出口企业顺利发展，从而扩大我国的进出口规模，提升供应链的整体竞争力。

传统的供应链金融是由商业银行主导的基于银行信用的融资方式，根据融资阶段（资金缺口）的不同，分为出口销售阶段的融资、进口采购或承包阶段的融资和经营阶段的融资，分别对应应收账款模式、预付款模式和存货质押模式。在此基础上，又发展出两种新兴的供应链金融形态——物流企业授信和战略关系融资，它们的信用基础是商业信用，前者是指物流企业取代银行直接向融资企业融资，后者是指核心企业基于长期的战略合作关系向融资企业提供融资。

二、银行主导的供应链金融模式

1. 应收账款模式

在跨境 B2B 出口贸易中，处于供应链上游的出口跨境电商向下游进口企业提供原材料时，形成对进口企业的应收账款债权。应收账款都有一定的期限，进口企业一般会在期末对应收账款进行偿付。由于我国廉价的劳动力，国外许多企业都把业务外包给我国企业，然而却要求较长的账期。在这段时间里，出口企业很可能会面临资金周转困难的问题，影响企业的正常运作。因此，也就产生了应收账款融资模式，虽然出口企业不能立即收回应收账款，但是可以通过利用应收账款进行融资的方式，获得资金融通。

应收账款融资模式主要有质押和保理两种，二者都是将对进口企业的应收账款出质给银行从而提前获得贷款，但是质押是有追索权的，保理是无追索权的。严格来说，后者应该叫出售。在应收账款模式下，参与者主要有三个，即银行和进出口双方。目前，在我国应收账款模式下，核心企业主要是指国外的进口企业。

进出口双方签订买卖合同，进口企业一般不会立刻支付现金，而是向出口企业签发应收账款凭证。出口企业在资金紧张的情况下，可以将此凭证抵押或是卖给银行进行不超过应收账款账龄的短期融资，但必须保证在无法还清贷款的时候，进口企业作为核心企业会偿付剩余款项。出口企业获得融资后，可以凭此资金采购原材料，进行下一轮生产。核心企业将进口的货物销售取得销售收入后，直接将资金打到银行指定账户中。在收回资金后，银行应将当初的应收账款凭证注销，此笔供应链融资业务便告完成。

由于进出口企业的贸易对象分布在各个国家，而且有的应收账款金额较小，如果单独进行应收账款融资的话，势必增加了成本，而且银行也不愿意受理。这种情况下，就可以考虑“池融资”，把这些应收账款聚集起来，作为一个整体向银行申请贷款，既节约了成本，又简化了银行操作。但是，风险也会相应增加。

虽然传统的国际贸易融资也有应收账款融资，但是其与供应链金融下的应收账款融资是有差异的。在传统的融资模式下，银行根据企业的应收账款对企业提供融资，主要是考虑该企业的信用以及应收账款的真实性，对核心企业的考察较少。而在供应链金融中，银行主要考察的不是融资企业的信用，而是核心企业的信用，在贸易背景真实的情况下，依据核心企业的信用状况决定是否提供融资。此时，主要的风险来源于进口企业的信用状况，如果最后进口企业拒付甚至破产，那么这笔应收账款将成为一笔坏账。所以，在提供应收账款融资前，银行会加大对核心企业的信用调查。

2. 预付账款模式

在跨境 B2B 进口贸易中，跨境电商在向企业采购原材料时往往需要预付部分货款，这一环节往往会成为企业资金流动的瓶颈，进而影响整个供应链的正常运营。企业可以利用预付账款购买到的商品或权利向银行进行抵押担保，从而获得短期融资。预付款融资实际上是一种未来存货质押融资。

预付账款融资模式允许企业在没有任何现货商品抵押或保证的前提下，利用未来存货作为质押进行融资，极大程度上缓解了资金压力。企业可以利用银行的信贷支持进行大批量采购，从而享受折扣价格；或者可以提前锁定优惠的采购价格，防止涨价风险。这样就使得采购成本大大降低，一定程度上可以减少对资金的占用。同时企业还享有分批付款、分批提货的特权，企业不会再为需要筹集大量资金而发愁，很好地实现了杠杆采购。

与传统的贸易融资不同的是，在供应链金融这种模式里，银行在核心企业提供回购承诺后对融资企业进行融资，由于有核心企业作出的承诺回购作为担保，所以对于银行来说，其授信风险可以大大降低。

3. 存货质押模式

存货质押模式适用于供应链各个环节中，只要是企业有存货，便可以利用存货向金融机构申请融资。在传统的贸易融资方式下，由于固定资产不能多次抵押，因此进出口企业常常因为缺少抵押物而融不到资金；而在存货质押融资模式下，跨境电商可以把存货抵押给银行进行融资。

在存货质押融资模式下，参与方主要有四个：银行、物流机构、跨境电商和核心企业。首先，融资企业应该把要抵押的存货移送至物流企业，通常是银行事先指定的机构，物流机构给融资企业签发一张收据，融资企业可以凭此向银行与核心企业签订协议，以确保在融资企业不能偿付贷款的情况下，核心企业回购融资企业质押给银行的存货，以替融资企业偿付贷款。当融资企业需要提取货物时，需要向银行缴纳一定数额的保证金或者等价物，之后银行才会指示物流机构放货。

存货质押模式有两种融资模式，一种是静态的，一种是动态的，二者的区别在于一个只能用保证金的方式提取货物，而另一个可以以货易货。在静态存货质押融资模式下，企业要想提货，必须向银行缴纳一定数额的保证金，所以在企业资金紧张的情况下，无疑又新增了缺货的风险。而动态存货质押模式则相对灵活，如果企业质押的存货价值超过银行规定的数额，企业就可以随时提货；如果没有达到这一限额，企业则需要交纳一定的保证金或者等价物。因此，即使企业资金紧张，也可以提取到货物。而且，用其他的存货来代替质押存货，还可以节省企业的库存空间，降低库存成本。

传统的融资模式只能用固定资产作抵押，且不能多次抵押，而存货质押模式下，企业可以用存货作为抵押物向银行申请融资，并且，核心企业可以作出回购承诺，使得银行的风险大大降低。该模式的风险主要来自两个方面：第一，融资企业的质押存货是否具有足够的价值，存货是否具有流动性风险；第二，物流企业的信用问题，是否存在物流企业和融资企业相互串通，如开具假的仓单或者提供虚假的质押存货的价值。此外，即便存货价值可靠、仓单真实，在后续的存货监管问题上，对银行来说物流企业的风险较大。

三、企业主导的供应链金融模式

企业主导的供应链金融模式主要有物流企业融资模式和战略关系融资模式。

1. 物流企业融资模式

在物流企业融资模式中，物流企业将完全取代银行，不仅提供仓储和监管功能，还对跨境电商（融资企业）提供融资支持，甚至提供一体化的供应链金融服务。以保税仓模式为例，如果没有银行的参与，由物流企业完全替代银行的作用。当融资企业无法全额支付核心企业的货款时，基于核心企业的信誉，物流企业可以先行垫付货款，然后将货物定期或分批发放给融资企业。

传统的融资方式多是由银行主导的，融资支持来自银行，而在这种模式下，融资支持与物流监管的功能全部由物流企业承担，也就是不需要银行的参与。银行在货物仓储和监管方面并不擅长，而这正是物流企业的优势。而且，物流企业由于对融资企业和所监管的货物比较了解，融资风险比较小，也不会发生物流企业和融资企业联合向银行骗贷的情况。

2. 战略关系融资模式

战略关系融资主要有两种方式，发放贷款和贸易信贷。发放贷款是比较直接的融资方式，主要针对上游供应商。供应商在资金紧张的情况下，可以向下游核心企业申请贷款，核心企业甚至会主动了解供应链的资金情况，发放一定的贷款，满足供应商的资金要求，从而提升整条供应链的质量，增强整体的竞争力。

贸易信贷的主要方式是延期付款，主要针对下游经销商。贸易信贷在缓解经销商资金紧张方面起到了很大的作用，对于核心企业来说，贸易信贷可以使其购买商加大订单量，甚至吸引更多的购买商。因此，贸易信贷对于供应商来说是一种有效的竞争手段。此外，贸易信贷还可以带来积极的外部效应。一般情况下，经销商经销不同的产品，当一个供应商向其提供贸易信贷时，该经销商的资金状况得以缓解，可以继续向其他供应商正常下单甚至增加订单量。

传统的贸易融资下，融资主要是上游企业对下游企业提供延期付款的方式，是一种被动的融资支持。而供应链金融下的融资服务，主要是核心企业主动地对上下游企业提供的资金支持，其出发点是供应链的整体效益。

四、基于电商平台的供应链金融

电商平台供应链融资是以电商平台为中心，通过整合平台交易数据、仓储物流、第三方支付等信息完成对企业的信用评定，继而在能够把控风险的基础下为中小微跨境电商企业提供融资。

电商平台供应链融资是在传统供应链的预付账款、动产质押和应收账款融资模式下进行的拓展，虽然其模式众多，但是针对中小微跨境电商企业主要包括以下几种模式。

1. 电子订单融资

电子订单融资模式比较适合于上游供应商中自有资金缺乏，拥有订单却无法顺利完成的跨境电子商务企业。其基本业务流程如下：跨境电商企业将自身店铺的订单进行收集与整理，向商业银行提出申请授信；电子商务平台服务商通过对批量化卖家的订单进行确认与审批，审批完毕后与商家签订借款承诺合同；电子商务平台服务商对申请贷款的卖家从店铺性质、历史成交量、诚信度等方面进行验证，验证合格后交由商业银行发放贷款；电子商务平台根据卖家对贷款金额需求的差异和销售情况按比例发放贷款。

2. 电子仓单质押

电子仓单质押能够解决跨境电商企业因货物库存占压资金所面临的流动资金需求问题。其基本流程是电商企业把货物放入电商平台自有物流或第三方物流仓库后，由物流仓储方代为监管，用生成的电子仓单进行质押申请。物流仓储方审核后递交银行，银行与电商平台进行充分的信息沟通审核后将款项打入指定的专项账户并通知电商平台进行货物的发放。在电子仓单质押融资中使用了线上授信和双重授信降低了授信的风险，在一定程度上保证了贷款的安全。

3. 信用融资

这种模式一般为电商平台针对中小微跨境电商企业提供小额贷款产品。电子商务平台根据商家的交易信息、客户支付信息以及信用记录等信息，将大数据经过云计算处理，建立自动分析程序，在快速分析借贷资格、违约率后向商家发放贷款。

第三节　一站式外贸服务平台金融服务

一、一站式外贸服务概述

一站式外贸服务是外贸业务模式的创新，指基于互联网平台，以整合通关、收汇、退税、物流、仓储、融资、保险、市场推广等国际贸易供应链各环节服务为基础，为众多的中小外贸企业提供标准化、高效透明的外贸综合服务。国内外大型外贸企业在进行改革转型时都将外贸综合服务平台视作一条重要的转型路径。

外贸综合服务平台具有以下主要特点：

1. 服务一体化带来便利

外贸综合服务平台提供的服务一体化能使双方供应链和数据实现对接，减少反应时间和便利。外贸综合服务平台能为出口商提供外贸出口新渠道，整合所需的服务商资源，在短时间内满足出口商的需要。外贸综合服务平台在线上提供一系列相关服务商的资源，出口商可以根据平台整合的资源按照自己的选择，选择优质的服务商，做到足不出户就能轻轻松松在线上完成这些工作。

2. 快速的融资渠道

外贸综合服务平台掌握了完整的贸易交易流程和应收账款，能够最大限度地降低中小型企业的融资风险，并通过规模化运作的方式提高效率，为银行和需要贷款的企业承载其融资责任，为其提供直接的贸易融资。外贸企业通过外贸综合服务平台进出口之后，其在海关、保险、物流等环节的相关业务数据就会在平台中沉淀下来。这些数据沉淀记录着外贸企业多笔真实交易的明细，成为获取银行融资的有力依据，银行据此给企业贷款。

3. 更快速的退税服务与优惠的退税补贴

中小外贸企业独立完成通关、退税等环节耗时耗力，往往通关效率低、资金回笼较慢，通关2～3天，融资需要10天或更长时间，退税3～6个月。现在外贸订单越来越小，出货频率越来越快，企业没有精力去耗费时间与金钱，有部分企业怕麻烦干脆就不退税了。外贸综合服务平台通过掌握了中小企业的真实信息，可以为海关与银行提供真实可信的交易数据，为出口商提供耗时短的退税服务，最快1～3天能收到退税款项。

4. 平台系统移动化

近年来移动商务已经成为主流商务，移动电子设备对整个交易过程都产生重大影响。国外的外贸综合服务平台已经不单单满足于在线上发展，追求为客户提供更为方便、随时随地都能完成交易的服务。国外的外贸服务企业致力于开发电子商务系统，务求让客户利用身边的最常用的移动手机设备，轻松就能利用平台应用完成一笔全球交易。

一达通是我国知名的外贸综合服务平台之一，本节主要以一达通为例，介绍其平台的金融服务。

二、一达通外贸综合服务平台的介绍

深圳市一达通企业服务有限公司（以下简称“一达通”）成立于2001年，于2014年被阿里巴巴集团全资收购，是我国首家专注于为中小企业服务的外贸综合服务平台。在过去十余年里，一达通通过线上操作和建立有效的信用数据系统，持续推进传统外贸模式的创新。通过整合各项外贸服务和银行资源，一达通已成为国内进出口额排名第一的外贸综合服务平台，为中小企业提供专业化、低成本的通关、外汇、退税及配套的物流和金融服务。一达通能够全程参与到整条供应链的贸易中，掌握真实有效且庞大的贸易数据，基于这些贸易大数据的应用以及与国内多家银行的合作，一达通可根据国内中小供应商在平台沉淀的出口数据为其提供纯信用贷款的金融服务。

一达通服务范围：

（1）基础服务。基础服务包括通关、外汇和退税三个方面。通关方面，以一达通名义完成全国各大口岸海关的申报，通过一达通平台专业的操作，享受绿色通关通道，造就优势通关速度。外汇方面，一达通帮助中小外贸企业完成出口收汇国际结算业务，同时可为客户提供外汇保值服务，为客户提前锁定购汇或者未来结汇的汇率成本，有效防范汇率的波动风险。退税方面，以一达通名义统一帮助中小外贸企业快速办理退税，加快企业资金周转。

（2）金融服务。一达通平台通过掌握了跨境电商企业的交易数据，依托平台优势，为其提供无抵押、免担保、纯信用贷款的融资服务。“信用 = 财富”的金融服务模式在提高客户信用保障的同时，扩大了企业融资渠道，真正实现了信用的融资效益。

（3）物流服务。一达通专为中小外贸企业在配送、仓储、运输的进出口贸易等环节，提供覆盖全国各地的主要港口与全球贸易区之间的“海陆空”三种类型的一站式物流解决服务。海运专线（仓到门）：一达通开通了欧美、东南亚等 28 国的海运专线，包揽目的港海关及配送，简化物流繁杂手续；海运整柜/拼箱：服务范围覆盖全球 52 个国家 114 个港口，提供优惠的价格与充足的舱位保障，收费透明，锁定低廉物流成本；国际快递：一达通与知名国际快递公司 Fedex、DHL、UPS 等合作，提供低至一折的优惠物流价格。

三、一达通外贸综合服务平台金融产品

目前，一达通金融服务平台主要有备货融资、超级信用证、网商流水贷、退税融资和 Pay Later 五种产品。

1. 备货融资

备货融资是阿里巴巴为使用“信用保障服务”的客户定制的短期低息贷款服务，在线生成有效订单并收到买家预付款（或信用证正本）即可申请放款，定向解决企业在进行线上交易过程中的备货资金需求。备货融资申请条件见表 5－1。

表 5－1　备货融资申请条件

主体	具体要求
企业	（1）中国内地注册成立时间满 12 个月的企业； （2）已开通阿里巴巴信用保障服务； （3）无征信不良记录（包括阿里巴巴及其他金融机构）
主申请人	（1）企业法定代表人或个体工商户负责人必须为中国内地公民； （2）年龄为 18～65 周岁； （3）开通个人支付宝账户； （4）无征信不良记录（包括阿里巴巴及其他金融机构）
其他	其他阶段性数据要求

备货融资具有快速申请、灵活支用和超低利率三个特点。快速申请是指申请时无抵押免担保，手续简单。灵活支用是指融资者有订单就能贷，一键支用即刻到账，支持公司账户/个人账户放/还款。超低利率是指日息低至 0.027%，最长 180 天随借随还。

2. 超级信用证（信用证融资）

根据阿里巴巴国际站数据显示，有55%的中小企业认为信用证操作复杂而放弃了该种结算方式，另有40%及31%的企业认为收汇风险和公司缺少相应人才是不接受信用证的核心因素。

“超级信用证”是阿里巴巴提供的信用证业务，提供“一站式”信用证专业代操作服务。一达通投入近百人的信用证专家团队，与外贸企业直接对接，在信用证草稿起草、正本审核、单据准备、银行对接等多重环节亲自操刀，提供增值服务，在提高企业效率的同时，也大大降低了企业结算风险。信用证融资服务是面向一达通客户，基于在一达通操作通关的信用证订单，以借款形式提供资金融通的服务。信用证融资服务类型见表5－2。

表5－2　　信用证融资服务类型

融资服务类型	费用	申请条件	区别	备注
信用证买断	即期、假远期、远期0～20天：买断金额×0.6%～1.5%（具体费率以系统中实际显示的费率为准，根据信用证开证国家的风险等级定价）	1. 收到一达通为第一受益人的信用证正本； 2. 信用证开证银行/开证国家/开证申请人资信满足要求，条款通过一达通审核； 3. 交单单据无不符点；远期信用证不符交单后如开证银行承兑，可补申请承兑后买断产品（阿里一达通定义的黑名单国家和银行除外）	交单后即可申请，买断收汇风险，但不承担汇率波动风险	信用证买断为一次性收费，只能100%支用并且只能支用一次，将在放款金额中直接预扣除买断服务费（利息），即使提前还款，也无法归还/减少买断服务费（利息）
	远期21～180天：0.036%/天×信用证天数（一次性收取）			
信用证融资不买断	0.03%/天（按实际融资天数收取）	1. 信用证开证银行/开证国家/开证申请人的资信满足要求； 2. 条款通过一达通审核； 3. 单据无重大不符点	交单后即可申请，收汇风险及汇率波动风险均由客户承担	在单笔额度内允许多次支用，在额度有效期内允许还款后再次支用
承兑后买断	1. 远期信用证承兑后买断：0.025%/天×天数（一次性收取）； 2. 若开证国家非孟加拉国，天数＝承兑付款日－放款日＋10； 3. 若开证国家为孟加拉国，天数＝承兑付款日－放款日＋35	1. 收到一达通为第一受益人的信用证正本； 2. 信用证开证银行/开证国家/开证申请人资信满足要求，条款通过一达通审核； 3. 收到开证行的承兑电文	远期证承兑后才可申请，买断收汇风险，但不承担汇率波动风险	为一次性收费，只允许100%支用并且只允许支用一次，将在放款金额中直接预扣除承兑后买断服务费（利息），即使提前还款，也无法归还/减少买断服务费（利息）

注：表中申请条件列中所列的规则仅为订单层的申请条件，最终放款还受客户层风控准入及支用条件的限制。

信用证基础服务、信用证买断、信用证融资不买断的区别见表5－3。

表 5-3　　不同信用证服务的区别

	服务内容	风险
信用证基础服务	基于一达通出货的信用证，提供基础的审证、审单、交单、收汇服务	一达通不承担收汇风险
信用证买断服务	基于一达通出货的信用证，达到条件最高垫付100%信用证款项	买断信用证交单金额，承担收汇风险
信用证融资服务	基于一达通出货的信用证，达到条件以借款形式提供信用证交单贷款	提供融资，不承担收汇风险

超级信用证，降低了国内中小企业和海外买家的签约、谈判等成本，也降低了中小企业因对契约（即合同中的赊销或信用证条款）不适应所导致的成本。

3. 网商流水贷（纯信用融资）

网商流水贷是阿里巴巴联合网商银行，针对阿里巴巴国际站及阿里巴巴一达通服务的跨境电商企业，提供的一项基于数据的全线上、纯信用、无抵押零担保融资产品。

国内中小跨境电商企业在享受一达通为其提供的各项基础性外贸服务的同时，在平台上不断积累出口额度，沉淀流水数据。中小企业能够凭借其出口额度积累授信额度，将流水数据转化为企业信用，全程线上申请，即可获得无抵押、纯信用的贷款。流水贷是一达通联合国内多家商业银行共同推出的供应链金融服务产品，真正实现信用等于财富的理念，帮助我国中小外贸企业发展。

网商流水贷分为快速版（自动授信）和标准版（人工授信），两者主要区别见表 5-4。

表 5-4　　流水贷快速版与标准版区别

	快速版（自动授信）	标准版（人工授信）
贷款额度	最高 50 万元	最高 200 万元
申请授信时效	最快 3 分钟	平均 5~7 个工作日
贷款期限	6 个月或 12 个月	
授信有效期	6 个月	3 个月
还款方式	使用期限为 6 个月的，需按月付息到期还本； 使用期限为 12 个月的，需等额本金	
贷款利率	贷款利率是年化平均 14%，最低至年化 10.8%	

网商流水贷具有以下 5 个优势：（1）免费资金备用渠道：申请授信额度全程免费，快速版（自动授信）6 个月授信有效期内有资金需求随时支用，不支用永不收费；（2）成本低：无抵押的纯信用贷款，年化平均 14%，最低年化 10.8%；（3）额度高：通过审批，最高 200 万元人民币；（4）还款活：先息后本/等额本

金（提前还款无须手续费）；（5）放款快：全程在线申请操作，最快 3 分钟放款。

4. 退税融资

一达通为跨境电商企业提供出口通关服务的同时，基于真实的贸易背景且符合国家退税标准的前提下，在收到全额外汇及增值税专用发票原件且验证成功后，3 个工作日内即可向客户提前垫付出口退税款，收取一定的退税融资费用。一达通的退税融资也无须担保和抵押，退回的税款能快速到达客户的账户，大大提高客户利润和资金流转的效率，同时为其节省办理退税的操作成本。

5. Pay Later

Pay Later 是买家在全球速卖通采购时可用的一种全新支付方式，目前已对美国区域的买家开放。买家使用 Pay Later 支付时，第三方金融机构将直接垫付资金给卖家。使用 Pay Later 买家可获得最长 6 个月的贷款期，可使企业安全快速收款。

此外，Pay Later 无须向卖家收费，在向买家仅收取支用后的费用，无其他额外手续费。费用分 6 个月收取，前两个月费率最低为 1.25%，最高为 2.75%，后四个月费率最低为 0.25%，最高为 0.5%。买家通过 Pay Later 支付后，1～2 日即可到达卖家账户。Pay Later 与国内的蚂蚁花呗、京东白条等产品非常相似。

第四节 P2P 网贷融资模式

一、P2P 网贷定义与模式

P2P 网贷（Peer to Peer Lending）即网络借贷，是指个体和个体之间通过互联网平台实现的直接借贷，同时满足了普通大众面临的理财金融服务的需求和小微企业借款的需要。

目前 P2P 网贷融资模式主要有以下两种：第一种是由 P2P 网贷平台管理资金运作，即投资人向 P2P 网贷平台买入理财产品，到期赎回，而有贷款需求的借款人则向 P2P 网贷平台借款，到期还款；第二种是 P2P 网贷平台不直接接触资金，由平台的资金托管银行管理资金，平台仅仅促成交易，收取费用。这两种模式的共同点是投资人和借款人都以小微企业和个人为主，由 P2P 网贷平台作为中介把各自需求对接，收取费用，促成交易。

二、P2P 网贷的优势

P2P 网贷主要具有行业发展逐渐规范化、融资门槛低且速度快以及可选择性强三个优势。

1. 行业发展逐渐规范化

中国 P2P 网贷平台发展至今已有 11 年，从快速扩张期平台跑路事件频发到如今的行业洗牌接受政府监管，2017 年，网贷行业正式进入“合规规范年”，2017 年 12 月，P2P 网络借贷风险专项整治工作领导小组办公室发布的《关于做好 P2P 网络借贷风险专项整治整改验收工作的通知》明确规定各地在 2018 年 6 月底前全部完成 P2P 网贷整改和备案，银行存管已成为 P2P 网贷平台是否合规的硬性指标。据网贷之家数据统计，截至 2018 年 2 月底，共有 723 家正常运营 P2P 网贷平台与银行完成直接存管系统对接并上线经营，占 P2P 网贷行业正常运营平台总数量的 38.25%，P2P 网贷行业正朝着平稳、规范方向发展，这对于需要资金的中小微企业来说无疑是一件好事。

2. 融资门槛低且速度快

P2P 网贷平台融资模式把传统银行信贷所需的有形实物抵押变为无形信用抵押，通过交易量、网上信用评价等数据评价申请贷款的企业信用等级，解决了小微企业可抵押物不足、资金短缺的问题，是基于跨境电商出口的企业融资的重要渠道，而且和银行相比，融资速度快是 P2P 网贷非常突出的优势，这是因为 P2P 网贷的在线借款产品一般无须抵押，对借款人借款申请的审核和放贷速度快，一般在 3 个工作日内对符合要求的借款人放款，有的 P2P 网贷平台甚至在极短时间内放款，比如陆金所的“小额应急”在线借款产品最短可以在 3 分钟内放款，正好契合了小微企业时间急、额度小、频率高的融资需求，已经成为中小微企业重要的融资渠道。

3. 可选择性强

根据网贷之家统计数据，截至 2017 年底，正常运营的 P2P 网贷平台有 1539 家，每家平台有不同的借款产品可供选择，主要体现在借款期限、借款额度、借款利率、对借款人提交的材料要求等方面的差异，一般无须抵押且申请手续简便，有专门为从事电商交易的中小微企业量身打造的借款产品，这就要求企业根据实际需要选择合适的 P2P 网贷平台和产品。

目前，P2P 网贷行业内一些综合实力较强的平台，如人人贷、宜信旗下的宜人贷、中国平安旗下的陆金所推出的适合于小微企业的在线借款产品，见表 5-5。这些借款产品借款额度最高可达 50 万元，借款期限最长可达 60 个月，可以满足跨境电商企业的一般借款需要，其中人人贷在线借款产品“阿商贷”、宜人贷在线借款产品“极速模式”专门为从事电商交易的小微企业量身打造，在线申请资料非常简单。小微企业在选择借款产品时也可以参考网贷之家对 P2P 网贷平台的评级。

表 5－5　P2P 网贷行业综合实力较强的平台在线借款产品比较

产品名称	借款额度	借款期限	利率	在线申请条件
人人贷在线借款产品				
工薪贷	0.3 万～50 万元	3～36 个月	10%～24%/年	身份证、信用报告、劳动合同或在职证明、近 3 个月工资卡银行流水
生意贷	0.3 万～50 万元	3～36 个月	10%～24%/年	身份证、信用报告、经营证明、近 6 个月常用银行卡流水
网商贷	0.3 万～50 万元	3～36 个月	10%～24%/年	身份证、网点地址及阿里旺旺账号、QQ 视频审核
宜人贷在线借款产品				
极速模式	1 万～10 万元	12～36 个月	0.78%～1.8%/月	信用卡账单或信用报告、电商账号、实名制手机号
工资卡模式	1 万～20 万元	12～36 个月	0.78%～1.8%/月	工资信息、信用报告或电商信息、实名制手机号
公积金模式	1 万～20 万元	12～36 个月	0.78%～1.8%/月	公积金信息（连续缴纳）、信用报告或电商信息、实名制手机号
社保模式	1 万～20 万元	12～36 个月	0.78%～1.8%/月	社保信息（连续缴纳）、信用报告、实名制手机号
寿险模式	1 万～20 万元	12～36 个月	0.78%～1.8%/月	寿险保单
陆金所在线借款产品				
小额应急	0.5 万～3 万元	20 个月	0.05%/日起	实名认证→添加银行卡→添加联系人→人脸识别
大额尊享	0.5 万～50 万元	3～60 个月	0.025%～0.045%/日起	实名认证→开启手机定位→添加银行卡→人脸识别
大额普惠	2 万～30 万元	12～36 个月	0.67%～1.47%/月	实名认证→添加银行卡→人脸识别

三、P2P 网贷融资的缺点

P2P 网贷融资具有融资成本高、信誉成本较高以及泄露贷款人信息三个缺点。

1. 融资成本较高

P2P 贷款机构的年利率在 10% 左右，而其他金融机构贷年利率在 5% 左右，所以企业从 P2P 网贷平台借款，需要负担较高的融资成本。

2. 承担较高的信誉成本

信誉是企业非常宝贵的无形资产，如果某企业在某 P2P 网贷平台借款，由于种种原因导致其不能及时还贷或无法还贷造成违约，企业的违约信息会在 P2P 网贷平台公布，由于网络信息的共享性，会导致该企业在其他网贷平台难以融资，甚至影响其自身业务的开展。

3. 泄露贷款人信息

截至 2017 年 12 月底，全国共有 P2P 网贷平台 1931 家，行业进入门槛低，鱼龙混杂，一些不规范的小平台为了牟取不正当收入可能会出售客户信息，抑或网贷平台遭到黑客攻击泄露客户信息，这样都可能导致客户经常遭受电话或邮件骚扰。

第五节　网络众筹融资

一、众筹的定义

众筹是指大众筹集资金，即借助中介或平台的力量，个人或组织发起项目，面向社会大众筹资。众筹具有门槛低、金额小、广泛性和创新性的特点，因此受到中小企业和初创企业的欢迎。首先，众筹具有进入门槛低的特点。与传统金融机构审核的资质要求和烦琐程序不同，资金实力薄弱的中小企业、初创企业、公益机构、艺术创作者甚至个人，都能够利用众筹进行筹资。其次，众筹具有金额小的特点，以往的天使投资或者股权投资，都是机构投资者或者个人投资者以较大金额进行投资，普通个人望尘莫及，但是众筹所筹集的每一份金额都是固定且额度非常小，甚至可以小到 1 元钱，真正实现了人人都可以投资的理念，每个人都可以是投资者，众筹实现了“积少成多”的投资方式。再次，众筹具有广泛性的特点，众筹模式之中除了项目发起人和投资人，还存在中间人即众筹平台，权威而有声望的众筹平台能够汇聚大量的项目和投资者，实现双方的信息沟通，使筹资的范围更加广泛。最后，众筹还具有创新性的特点，众筹是互联网与金融结合的产物，在每一个环节都具有互联网的特点，互联网本身就是不断创新和创造的行业。随着互联网金融的发展，众筹行业的运行模式更是在源源不断的创新，永葆生命力。

二、聚单网众筹平台

聚单网（buyerparty）创建于 2015 年 8 月，是国内首家，也是世界首家服务于跨境贸易的众筹平台网站。本节以聚单网为例，介绍众筹融资模式。

1. 聚单网简介

该网站运营的基本思想在于便利全球供应商和全球采购商，节约资源，以众筹模式促进国际贸易的绿色、环保发展。在跨境贸易众筹中，全球的产品供应商为该网站上的项目发起人，而采购商或本土贸易商则为众筹的投资人。也就是说，跨境贸易众筹平台众筹的是全球的生产与营销。

网站的供应商来自世界各地，产品用美元标价，供应商首先向众筹平台提供产品的设计稿或模型、产品详细描述及众筹目标，网站平台在审核并确认供应商身份之后，将产品的图片、视频及描述放在网站上，其中，产品的描述基本按照国际贸易合同的条款列出了产品名称、产品编号、规格、材质、外形、包装、贸易术语及运输规定，除此之外，有的产品还提供样品的寄送及顾客 LOGO 的印刷服务。该平台上的供应商既可以是具有自主品牌和商标的生产企业，也可以是进行贴牌生产的企业，甚至还可以是进行货物转卖与经销的贸易商。

与一般 B2C 的众筹网站不同的是，聚单网上的产品规定了顾客的起订量，产品的价格也随着顾客起订量的增加而下降，运输的时间也随着起订量的增多而加长。这不仅符合了国际贸易的一般特点，而且结合互联网商务的特点，还起到一定的宣传和营销的作用，以开放透明的价格梯度和大众投资的走向来吸引更多的购买者以及更大的购买量。当然，与一般众筹网站相似的是，在众筹开始之前，供应商必须先制定众筹的数量目标，一般的 B2C 众筹网站往往是以筹资金额为目标。结合国际贸易和生产的实际情况，聚单网把筹集总量设为项目目标，顾客的所有投资资金先保存在网站平台或平台委托的第三方存管机构，若项目到期时未筹满事先规定的产品数量，顾客的所有资金将悉数返还。只有当项目筹集到规定的订单数量时，供应商才能从网站平台获得相应的资金，进行下一步的生产和运输。

另外，一般的 B2C 众筹网站的客户往往都是直接的目标客户，没有明确的购买和投资目标，容易被项目的宣传所吸引，着重于自身需求的满足，并且投资金额较小；而由于规定了相应的起订量，跨境贸易的众筹平台上的投资者一般多为国际贸易的采购方，既是国际贸易的买方，也是该产品的卖方，采购目标明确，并不以自身需求而是更多地以市场需求和产品前景为导向寻求产品，订单数量往往较大，与一般的目标客户不同。由于聚单网的全球贸易平台的性质，聚单网上的所有内容均为英文，产品价格也用美元表示，并且还能按照国家对产品进行分类。

2. 聚单网业务流程

聚单网业务主要有项目筹备、项目展示和项目经营三个步骤。

（1）项目筹备。在项目筹备阶段，项目发起人即全球生产商或供应商向众筹平台提出项目申请，申请的内容必须包括产品的样品和详细描述，众筹目标和回报，以及生产商或供应商的具体信息。

（2）项目展示。在项目展示阶段，通过前期审核的项目在聚单网上得到项目展示，聚单网负责在其网站上对上线项目进行宣传和营销。产品的展示与传统的众筹产品有着很大的不同。首先，产品的众筹目标以数量为单位，并且金额根据数量的多少进行相应的折扣。其次，产品展示内容除了基本的产品描述和资料，还包括货物销售合同的基本条款。最后，项目能否筹集到目标数量的订单，直接决定买卖双方合同关系是否成立。

（3）项目经营。项目经营阶段是聚单网众筹流程的最后一个阶段，是国际贸易最主要的阶段，也是风险最大的阶段。在此阶段，全球供应商或生产商按照合同规定开始进行生产经营，包括对产品的实际生产和运输交货、剩余货款的支付，聚单网在这个阶段中的主要责任是监督生产商进行按时的生产与运输，采购商按照合同要求支付货款，买卖双方在这个阶段存在的争议和纠纷，应按照合同规定自行解决。

三、众筹融资的优势

跨境电商作为互联网与传统国际贸易相结合的模式，在许多方面打破了传统国际贸易的思维，不仅降低了双方交易的成本和风险，增强了规模效应以增加企业利润，同时，还在一定程度上降低了传统国际贸易存在的信息不对称的问题。众筹融资的优势主要有：

1. 降低供应商的渠道成本和生产成本，增强规模效应

传统的国际贸易模式中，供应商的渠道对于其进入一个新的国家和市场的重要性是不言而喻的，渠道成为先进入企业的巨大优势，后进入的厂商要开拓和发展新的渠道的成本是非常高的；对于一个新企业，或者一个新的多国生产者，这种公开的电子贸易平台将大大降低其开拓渠道的成本，特别是在未来如果有一家跨境贸易的众筹平台发展壮大之后，众筹平台将成为初创和新进入企业的重要渠道。

2. 降低采购方的询价成本和销售风险

传统国际贸易的买卖双方往往需经历多次询价才能确定产品的价格与数量，过程漫长而复杂，跨境贸易众筹让商品的价格、数量、包装和运输等条款都事先透明公开在网站上，买方可根据自身需求选择适合的供货商和产品数量，省去了发盘还盘的烦琐过程，降低了询价成本。另外，由于购买者众多，供应商追求的是产品的订单总数，而不是每个购买者所购买的产品数量。因此购买者可根据自身情况选择购买的数量，购买者既可以选择大单批量购买，也可以选择小单尝试性购买，缓解了小企业的库存压力和销售风险。只要是在网站上众筹成功的项目则订单长期有效，购买者可根据市场反应再继续下单购买该产品，项目就能重新启动，这样一来顾客便减少了对大供应商和批发商的依赖。

3. 解决贸易双方信息不对称的问题

国际贸易的买卖双方之间的寻找和沟通往往存在信息不对称的问题，而跨境贸易的众筹模式在一定程度上解决了这个问题。传统的国际贸易模式中，新兴的生产企业因缺少客户来源，往往在寻找客户和询价议价方面花费较长时间和较大成本；而新进入市场的采购商，也因信息限制，对于最优生产商的寻找需要花费巨大人力、物力。众筹平台通过把买卖双方和产品信息集中在一个平台上，使买方和卖方都有了更全面的信息来源、更大的选择范围，以及更加理性的思考空

间。如果平台发展壮大，出现一个跨境贸易的权威平台，那么它也将成为国际贸易信息的重要来源地。

4. 提供企业市场调研和市场营销的途径

对于外贸行业新进入的企业，跨境众筹平台的产品展示能够为企业提供一定的宣传和广告的作用，成为企业市场营销的一种新方式，特别是在国外市场，许多企业难以在当地市场进行产品和企业的广告宣传，跨境贸易众筹不仅为产品提供了营销的空间，平台上的投资者所具有的“跟风”特点，也为产品积累了口碑和用户，有利于企业树立品牌形象。对于外贸企业新推出的产品，跨境贸易众筹在能够解决其部分库存的同时，也为企业进行了一次市场调研，企业能够根据市场对产品的反应决定是否应该投入国际市场，甚至是否进行产品的生产，同时也为产品的后续发布积累了客户基础，扩大了企业和品牌的知名度，降低了产品调研的成本和可能存在的损失。

四、众筹融资的风险

虽然众筹融资具有一定的优势，但是众筹融资也具有较多风险。

1. 相关法律法规还未成形，监管有待完善

中国人民银行等 10 部门在 2015 年 7 月发布了《关于促进互联网金融健康发展的指导意见》（以下简称《意见》），明确要以市场导向鼓励并发展互联网金融，并确立了监管的原则和加大监管力度的方向。虽然这部意见表明我国政府已开始逐步加强对互联网金融的监管，更多的监管细则将在未来出台。但在现有的情况下，《意见》只对股权众筹进行了一些规范，而对于众筹的诸多其他形式，包括本章提到的跨境贸易众筹形式，目前尚处于监管真空的状态，相应的法律法规还未出台，在这种情况下，跨境贸易众筹将存在诸多风险。

2. 国际贸易中的欺诈等诚信问题并不能得到解决

跨境贸易众筹能够有效解决国际贸易实务中的买方拒绝付款的传统问题，但并不能解决货物的品质问题，甚至还衍生出了卖方是否按时交货的问题。货物品质问题不仅是国际贸易实务中的常见问题，更是电子商务中的常见问题，特别是对于食品等一些具有时间限制的产品，卖方的描述、样品与实物品质相差甚大的情况普遍存在，跨境贸易众筹作为国际贸易、电子商务以及众筹的结合，货物品质问题显得更加突出。另外，由于众筹项目筹款成功以后，众筹平台对于供应商的实际生产和销售活动仅限于监督的范围，并没有管理和处罚的权利，因此卖方的生产和交货行为则更容易产生欺诈问题。此外，传统的国际贸易中出口商只有发货之后，海运单据才能随其他单证一起寄到进口方银行，进口商则需根据单据付款提货，而在跨境贸易众筹的模式中，卖方已经在生产销售前取得了货款，在相应的监管法规出台之前，卖方的生产和交货行为完全受自身道德的支配，存在非常大的风险隐患。

第六节　中国跨境电商融资现状

一、中国跨境电商融资现状

2014 年聚美优品、京东、阿里等 IPO 之后，2015 年中国跨境电商领域密集融资。2015 年 1 月，采取“买手 + 直邮”模式的跨境电商网站洋码头正完成 B 轮 1 亿美元融资，由泛海国际集团旗下赛领国际基金领投。2015 年底，“直播 + 电商”模式的波萝蜜获得百度领投的 3000 万美元 B 轮融资，蜜芽宝贝获得了来自百度领投的 D 轮 1.5 亿美元投资。

2016 年跨境电商融资变难，大的融资项目稀缺，跨境电商进入资本寒冬。2016 年上半年中国跨境电子商务共有 49 家创业公司进行了融资，融资金额为 20 亿元人民币。2016 年 5 月，专注于日本市场的跨境电商平台豌豆公主获得 1000 万美元 A + 轮融资。

2017 年出口跨境电商融资需求旺盛，行业发展速度快，资本仍然看好跨境出口电商的广阔发展前景。2017 年，中国出口跨境电商共 32 起融资，金额总计 71.27 亿元。[①] 2017 年中国出口跨境电商十大投融资案例分别为：通拓科技、价之链、萨拉摩尔、有棵树、赛维电商、踏浪者、PingPong、星商、洋葱海外仓、拓拉思等企业上榜（见表 5 – 6）。对于出口电商卖家而言，融资更多是缓解规模扩张带来的资金压力，大部分的资金压在存库的货款上面，要想扩大规模必须借助更多的资金来运转，而融资用途为品牌打造、产业链布局、企业运转等。

表 5 – 6　　2017 年中国出口跨境电商十大融资案例

融资方	地点	时间	轮次	融资金额	投资方
TOMTOP	深圳	2017 年 5 月	并购	29 亿元	华鼎股份
ValueLink价之链	深圳	2017 年 7 月	收购	11 亿元	浔兴股份
SELLMORE 萨拉摩尔	深圳	2017 年 11 月	收购	11 亿元	山鼎设计

① 电子商务研究中心 . 2017 年度中国出口跨境电商发展报告 . 网经社，2018.

续表

融资方	地点	时间	轮次	融资金额	投资方
YKS 有棵树集团	深圳	2017 年 1 月	C + 轮	4 亿元	方正和生、中信金石、华益资本等
赛维网络 SAILVAN NETEORK	深圳	2017 年 8 月	定向增发	2. 22 亿元	鑫瑞集泰
idebuy	北京	2017 年 3 月	B 轮	2 亿元	亚商资本、华睿投资、考拉基金等
pingpong	杭州	2017 年 3 月	B1 轮	数亿元	广发信德、Fidelity 等
StarMerx	深圳	2017 年 12 月	B 轮	1 亿元	海尔投资、盈信国富、四方承宇等
onion MS.ONION DFS	广州	2017 年 3 月	B 轮	N/A	险峰旗云、亦联资本
TOOLOTS	杭州	2017 年 11 月	Pre – A 轮	1240 万美元	香港磐通资本等

注：N/A 表示未公开数据。
资料来源：中国电子商务研究中心，www. 100EC. CN。

2017 年进口跨境电商有 26 起融资案例，涉及金额不低于 18. 5 亿元人民币。融资金额排名前三的分别为：豌豆公主（6800 万美元）、洋码头（数亿元人民币）、淘淘羊（数亿元人民币），如表 5 – 7 所示。其中，融资金额千万元以上的有 20 起。种子轮、天使轮、Pre – A 轮（A 轮的准备轮）众多（共 14 起），行业新生力量比较充足。进口跨境零售电商平台“洋码头”将融资用于重构营销体系、加大二三线城市的渗透开发、对物流体系持续投资优化。①

表 5 – 7　　2017 年中国跨境电商进口融资案例

公司名	时间	轮次	金额	投资方
豌豆公主	2017 年 11 月 22 日	C 轮	6800 万美元	日本 KDDI 电信、SBI 投资（思佰益）
洋码头	2017 年 11 月 14 日	C 轮	数亿元人民币	赛富基金、赛领资本、招商致远资本（招商资本）
嗨企货仓	2017 年 11 月 14 日	Pre – A 轮	数千万元人民币	N/A

① 2017 年度中国网络零售市场数据监测报告．网经社，2018.

续表

公司名	时间	轮次	金额	投资方
达令	2017年11月3日	战略投资	数千万元人民币	苏宁
mikibobo隅田川	2017年8月28日	A轮	数千万元人民币	翊翎资本
55海淘	2017年8月4日	新三板	N/A	N/A
KK馆	2017年7月24日	A轮	数亿元人民币	深创投、璀璨资本
海狐海淘	2017年7月21日	A轮	5000万元人民币	辰海资本
全球猎手	2017年6月29日	天使轮	数千万元人民币	N/A
西狗国际	2017年6月9日	A轮	6000万元人民币	王刚
妃鱼时尚	2017年5月31日	Pre-A轮	数千万元人民币	君联资本
不木科技	2017年5月27日	天使轮	数千万元人民币	韩都衣舍
美翻网	2017年4月13日	Pre-A轮	1000万元人民币	N/A
洋鼹鼠	2017年4月12日	天使轮	2100万元人民币	N/A
洋葱小姐	2017年3月23日	B轮	1亿元人民币	亦联资本（YY多玩）、险峰旗云
内斯塔NESTA	2017年3日21月	种子轮	100万元人民币	ONES Ventures
海狐海淘	2017年3月9日	天使轮	N/A	淘粉吧
卡美啦	2017年3月1日	天使轮	500万元人民币	九合创投、天使湾
淘淘羊	2017年2月24日	新三板	数亿元人民币	N/A

续表

公司名	时间	轮次	金额	投资方
宝妈环球购	2017 年 2 月 14 日	A 轮	3600 万元人民币	N/A
妃鱼时尚	2017 年 1 月 25 日	天使轮	数百万元人民币	N/A
折疯了海淘	2017 年 1 月 18 日	A 轮	2000 万元人民币	浙商创投、初心资本、帮实资本、齐一资本
Super-in	2017 年 1 月 14 日	Pre－A 轮	1000 万元人民币	险峰长青、蓝色光标
跨境翼	2017 年 1 日 12 月	IPO 上市后	2000 万元人民币	N/A
Youhot 洋火	2017 年 1 月 2 日	种子轮	N/A	王雨亭、阎焱
胡罗舶	2017 年 1 月 1 日	种子轮	100 万元人民币	SOS Ventures

注：N/A 表示未公开数据。
资料来源：中国电子商务研究中心，www. 100EC. CN。

2018 年，中国出口跨境电商十大融资案例包括：连连数字、通拓科技、执御、PingPong 金融、斑马物联网、Club Factory、PatPat、启赟金融、空中云汇、卖到非洲网等平台上榜，这十大出口跨境电商融资总金额超 120 亿元。在十大融资中，跨境出口电商自营＋第三方平台的有 5 起、跨境支付融资案例有 4 起、跨境物流 1 起。此外，包括纵腾网络、豆沙包、卖家成长网、翌飞锐特、麦出海、傲基电商等也在 2018 年获得了融资，如表 5－8 所示。

表 5－8　　2018 年中国出口跨境电商十大融资案例

融资方	领域	融资时间	融资轮次	融资金额	投资方
LianLian Pay 连连	支付	9 月 3 日	N/A	近 50 亿元	红杉资本、光大实业等
TOMTOP	自营＋第三方	3 月 21 日	收购	29 亿元	华鼎股份
Jollychic	自营	5 月 28 日	C 轮	数亿美元	红杉资本、君联资本等

续表

融资方	领域	融资时间	融资轮次	融资金额	投资方
pingpong	支付	9月20日	C轮	7亿元	华睿投资
ZEBRA	物流	2月7日	C轮	1亿美元	ZEEMAN、元禾基金等
CLUB FACTORY	自营	2月11日	C轮	1亿美元	IDG资本、贝塔斯曼等
PatPat	自营	4月18日	C轮	3亿元	红杉资本、IDG资本等
iPayLinks	支付	3月27日	B1轮	数亿元	腾讯、君联资本
Airwallex	支付	5月2日	A轮	数千万美元	腾讯、红杉资本等
卖到非洲网	自营	2月2日	A轮	3000万元	远镜创投、春晓资本

注：N/A表示未公开数据。
资料来源：中国电子商务研究中心，www.100EC.CN。

2018年中国进口跨境电商十大融资案例包括：mikibobo隅田川、海拍客、海带、宝妈环球购、全球时刻、别样、小红书、贝莱优品、行云全球汇、KK馆等平台上榜，这十大进口跨境电商融资总金额超30亿元。此外，包括Surprise、因淘优品、魔法灯、嘻呗网等也在2018年获得了融资，如表5-9所示。

表5-9　2018年中国进口跨境电商十大融资案例

融资方	领域	融资时间	融资轮次	融资金额	投资方
隅田川 mikibobo	母婴	1月3日	A+轮	数千万元人民币	宝宝树领投，杭州水木泽华基金参投
海拍客	母婴	2月28日	C轮	5000万美元	顺为资本

续表

融资方	领域	融资时间	融资轮次	融资金额	投资方
海带宝	母婴	4月9日	A+轮	6500万元	“蜜芽”领投，星河互联、梅花创投等资本方跟投
KK馆	零售商	4月9日	B轮	7000万元	经纬领投，上一轮资方堆瑧资本跟投
宝妈环球购	母婴	4月28日	战略投资	千万级	九宣城
100%全球时刻	导购	5月5日	A+轮	N/A	申通快递
别样 Beyond	时尚	5月9日	B轮	2000万美元	由及鹏华盈（简称 PCB）领投，高瓴资本、中国宽带资本、微光创投及美国基金 iFly 资本等中美投资机构参与跟投
小红书	群社	6月1日	D轮	超3亿美元	由阿里领投，金沙江创投、腾讯投资、纪源资本、元生资本、天图投资、真格基金、K11 郑志刚在内的新老投资人全部参与
贝莱优品	母婴	11月15日	Pre-A轮	2500万元	中缔资本投资
行云全球汇 www.xyb2b.com	采购	12月3日	B轮	千万美元	由经纬中国领投，洪泰资本控股、光信资本跟投，老股东钟鼎资本、金沙江联合资本、长泰资本、景栩基金继续跟投

注：N/A 表示未公开数据。

资料来源：中国电子商务研究中心，www.100EC.CN。

2019年上半年中国跨境电商十大融资案例包括：空中云汇（1亿美元）、海豚家（1亿美元）、KK馆（4亿元人民币）、爆款易（数千万美元）、Fordeal（数千万美元）、驼小铃（1亿元人民币）、卖到非洲网（8000万元人民币）、拓拉思（850万美元）、Beepay（数千万元人民币）等平台上榜，融资总金额达21.8亿元，如表5-10所示。

表 5-10　　2019 年上半年跨境电商融资数据榜

序号	融资方	所属行业	融资时间	融资轮次	融资金额	投资方
1	空中云汇	跨境服务商	3 月 26 日	C 轮	1 亿美元	DST Global Solutions；维港投资；高瓴资本
2	海豚家	进口电商	6 月 13 日	C 轮	1 亿美元	未透露
3	KK 馆	进口电商	3 月 12 日	C 轮	4 亿元人民币	洪泰基金；经纬中国；璀璨资本
4	爆款易	出口电商	5 月 28 日	D 轮	数千万美元	启明创投
5	海豚家	进口电商	1 月 17 日	B 轮	数千万美元	DCM 中国；DST
6	Fordeal	出口电商	1 月 19 日	C + 轮	1500 万美元	和玉资本；浅月资本
7	驼小玲	出口电商	4 月 25 日	A 轮	1 亿元人民币	英诺天使基金；臻云创投；上海大学产业园
8	卖到非洲网	出口电商	4 月 16 日	Pre - B 轮	8000 万美元	华创资本
9	拓拉思	出口电商	5 月 13 日	Pre - A 轮	850 万美元	未透露
10	Beepay	跨境服务商	5 月 28 日	Pre - A 轮	数千万元人民币	线性资本

资料来源：中国电子商务研究中心，www.100EC.CN。

以上跨境电商十大融资事件中，A 轮融资 3 起，B 轮融资 1 起，C 轮融资 4 起，D 轮融资 1 起。其融资轮次大多为 B 级及以上融资，其融资金额均为亿元级别。①

二、中国进口零售电商行业投融资情况

相比 2014 年、2015 年、2016 年的 17 笔、44 笔和 36 笔，2017 年跨境电商行业总体投融资数量大幅下降，仅有 5 笔。2017 年的单笔投资金额也不断缩减，亿元以上的投融资数量减少，3 亿元以上的案例仅有 1 笔，5 亿元以上的投融资无案例。②

随着跨境政策的不断出台、变化，2017 年，资本市场对跨境电商行业的态

① 2019 年上半年度中国电子商务投融资市场数据监测报告．网经社，2019.

② 资料来源：艾瑞咨询研究院。

度趋于谨慎。这一方面是资本界对跨境政策不确定性做出的判断；另一方面也是由于互联网巨头不断入局，跨境电商行业大平台、大市场态势已定，资本趋利逐渐远离早期项目。

课后练习

1. 登录聚单网 https：//www. buyerparty. com，熟悉聚单网的众筹融资流程。

2. 电商平台主导的供应链融资模式有哪三种主要模式？每种融资的条件是什么？

3. 一达通金融服务平台有哪五种融资产品？每种产品的特点是什么？

4. 根据人人贷、宜人贷、陆金所的P2P网络平台网贷融资模式的贷款条件及利率，结合大学生自身经济条件，谈谈网贷的成本、风险及选择。

5. 2015年7月，中国人民银行等10部门发布了《关于促进互联网金融健康发展的指导意见》，该意见对股权众筹作出了那些规范性的规定？

参考资料：

1. 鄂立彬等．跨境电子商务前沿与实践．对外经济贸易大学出版社，2016.

2. 李玉志．公司金融．中国铁道出版社，2015.

3. 尹丹莉．我国中小企业融资问题研究．天津财经大学博士学位论文，2009.

4. 陈灏．中国中小企业融资困境与制度创新研究．福建师范大学博士学位论文，2013.

5. 张萍．基于电商平台供应链的融资模式设计——解决中小微企业贷款难新途径．现代营销，2019－2－21.

6. 区凯瑶．基于一达通流水贷的中小企业融资模式分析．企业导报，2016.

7. 钟璐，方华．一站式外贸服务模式研究——以“一达通”为例．电子商务，2018.

8. 常思思．跨境贸易重仓的模式及发展路径研究——以聚单网为例．对外经济贸易大学硕士学位论文，2016.

下　篇

亚马逊平台实操

第六章

亚马逊平台卖家注册

教学目标：

1. 学生能够掌握亚马逊平台的特色、判断亚马逊平台可销售商品类别。
2. 学生能够熟知亚马逊平台卖家禁止行为并有效避免。
3. 学生能够对卖家权限被删除提出申诉并列明申诉要点。
4. 学生能够独立准备好亚马逊平台注册所需的资料。
5. 学生能够熟练操作亚马逊平台的具体注册流程并解决注册中的细节问题。

📖 引导案例：

中国电商出口选择亚马逊平台的理由

中国商品位于美国进口总额 TOP1，2018 年 1 ~6 月美国自中国的进口额为 2497.4 亿美元，增长 8.6%，占美国进口总额的 20.2%。[①] 美国消费者购买过的跨境电商所在地中，中国位居榜首（56%），其次是英国（27%）以及加拿大（20%）；而在打算购买的跨境电商所在地数据中，中国也位居首位（72%）、其次是英国（68%）和澳大利亚（52%）。[②]

美国电子商务继续加速增长，2017 年占美国零售总额 13%；2017 年美国电商销售额增长 16%，高于 2016 年的 14%。亚马逊电商市场份额持续增长，2017 年，亚马逊占据美国电商销售总额的 28%。[③] 亚马逊在美国最受欢迎的 Top10 网站中排名第一。该网站平均每月流量约 17.8 亿，所占流量份额达 54.1%。[④] 截至 2017 年 6 月 30 日，Prime 会员数量超 1 亿，Prime 会员占美国站顾客 50% 以上，且 75% 中产家庭购买 Prime 会员，Prime 客户的平均花销是非会员的 2 倍，蕴含巨大购买潜力。[⑤]

---

① 国别报告—2018 年 1 ~6 月美国货物贸易及中美双边贸易概况。

② Morketing - 2017 - 2018 跨境出口电商互联网营销白皮书。

③ 2018 互联网女皇报告。

④ Similar Web - 2018 年 Q1 最受美国消费者欢迎电商网站。

⑤ 互联网数据中心——美国消费者情报研究合作伙伴（CIRP）。

第一节　亚马逊平台概述

SimilarWeb在2019年6月的统计数据显示，在全球电商平台的网站流量排行榜上，亚马逊、eBay和速卖通依次包揽了冠军、亚军和季军，是当之无愧的电商三巨头。亚马逊能够坐上全球电商平台的头把交椅，是与其经营理念和经营优势密不可分的。

一、亚马逊的“前世今生”

1. 成为“地球上最大的书店”（1995～1997年）

1994年夏天，亚马逊创始人兼首席执行官贝佐斯（Jeff Bezos）从金融服务公司D. E. Shaw辞职。1995年7月，贝佐斯创立的网上书店上线，并以地球上孕育最多种生物的亚马逊河命名。为了和当时线下图书巨头Barnes & Noble、Borders竞争，贝佐斯把亚马逊定位成“地球上最大的书店”（Earth's biggest bookstore）。为实现此目标，亚马逊采取了大规模扩张策略，以巨额亏损换取营业规模，积累了在图书网络零售上的巨大优势。1997年5月，亚马逊完成首次公开募股，其普通股在纳斯达克全球精选市场上市，股票代码为AMZN。

2. 成为“最大的网络零售商”（1998～2001年）

这一阶段，亚马逊的战略是布局商品品类，扩充网站品类，以形成规模效益。1998年6月，亚马逊的音乐商店正式上线。仅一个季度亚马逊音乐商店的销售额就已经超过了CDnow，成为最大的网上音乐产品零售商。此后，亚马逊不断进行品类扩张和国际扩张，2000年，亚马逊的宣传口号改为“最大的网络零售商”（the Internet's No. 1 retailer）。

3. 成为“最以客户为中心的企业”（2001年至今）

2001年开始，亚马逊把“最以客户为中心的公司”（the world's most customer-centric company）确立为公司的使命。2001年，亚马逊开始大规模推广第三方开放平台（marketplace）；2002年，亚马逊推出网络服务（AWS，Amazon Web Service）；2005年，亚马逊推出Prime服务；2007年，亚马逊开始向第三方卖家提供外包物流服务Fulfillment by Amazon（FBA）；2010年，亚马逊推出Kindle出版服务（Kindle Direct Publishing，KDP）的前身自助数字出版平台Digital Text Platform（DTP）。至此，亚马逊不仅是一家全球网络零售商，更是一家大数据公司，也是一家云计算、云解决方案公司，是一家以客户为中心的综合服务提供商。2018年，亚马逊云服务全球市场份额47.8%，远高于第二名微软15.5%和第三名阿里巴巴7.7%的市场份额，见表6－1。

表 6-1 **2017~2018 年全球五大云服务商市场份额及增速**

名称	2017 年	2018 年	2018 年市场份额（%）	年增长率（%）
亚马逊	12221	15495	47.8	26.8
微软	3130	5038	15.5	60.9
阿里巴巴	1298	2499	7.7	92.6
谷歌	820	1314	4.0	60.2
IBM	463	577	1.8	24.7
其他	6768	7519	23.2	11.1
总计	24699	32441	100.0	31.3

注：数据加总可能不等于总计，原因是四舍五入。
资料来源：Gartner（2019 年 7 月）。

亚马逊云服务全球市场主要分布在北美和西欧，见图 6-1。

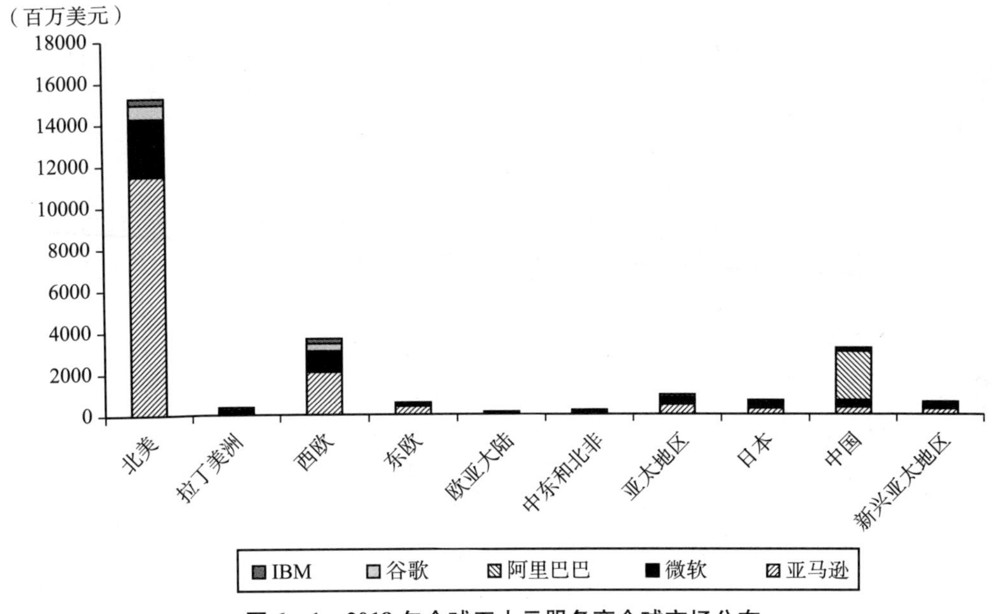

图 6-1 2018 年全球五大云服务商全球市场分布

目前，亚马逊全面开放北美、欧洲、日本、澳大利亚等十二大海外站点，拥有 3 亿活跃付费账户（包括亚马逊 Prime 会员），提供数百万件物品的低价格和快速交付，通过 Prime Video 提供数以千计的电影和电视节目，设计和构建畅销的 Kindle、Fire 和 Echo 设备以及 Alexa 语音识别服务，并为 190 多个国家的公司和政府提供支持通过亚马逊网络服务提供领先云计算基础设施。在全球范围内，亚马逊拥有 175 个运营履行中心和超过 1.5 亿平方英尺的空间，员工每年挑选、包装和运送数以百万计的 Amazon. com 客户订单。2019 年，亚马逊在北美拥有 110 多个运营机构。亚马逊在 1997 年给股东的信中说，亚马逊成功的一个基本衡量标准是其长期创造的股东价值。坚持不懈地专注于客户、基于长期领导考虑而不是短期盈利考虑做投资决策、最大化未来现金流、坚持精益文化、专注于招聘和留住多才多艺的优秀员工，并将其薪酬重视为重要的股票所有权而非现金。

二、亚马逊平台特点

亚马逊平台具有以下四个特点：

1. 重推荐，轻广告

亚马逊不太重视各种收费广告，买家进入网站后看到的一般都是基于后台数据的关联推荐和排行推荐。而这些推荐的依据一般都是用户的购买记录以及买家的好评度和推荐度。这就鼓励卖家优化后台数据，做好商品和服务引导买家留好评等，这样也就契合了亚马逊“重推荐”的特点。

2. 重产品详情，轻客服咨询

亚马逊平台没有设置在线客服，鼓励买家自助购物。没有客服可以咨询，亚马逊鼓励卖家提供尽可能详尽的商品详情页，促使买家尽快做出购物决策，避免买家因产品信息不全而放弃购买。

3. 重产品，轻店铺

亚马逊平台强调以产品为中心，没有店铺的概念。买家搜索关键词的时候，列表里展示的都是产品。很多大卖家只有几个产品，甚至一个产品一年能做出几百万美元的营业额。这样的平台特点，会激励卖家专注产品的研发，将产品做到更好、做到极致。例如，Anker 安克的一款 Portable Charger RAVPower 16750mA 充电宝仅评价数量就有 16046 个（2019 年 8 月底），足可见其销量之大。

4. 重视客户反馈

亚马逊比较重视客户的反馈。亚马逊平台有两套客户评价体系：Review 和 Feedback。商品评论 Review 是对 Listing 本身的评价，亚马逊用户，无论是否购买此产品，都可以对一条 Listing 做出自己的评价。Review 是只能针对这个产品本身，与客服、物流等其他产品除外的因素无关。Review 通常展示在产品详情页面的下方，对 Listing 的曝光、流量、排名和转化率都产生着直接的影响。买家反馈 Feedback 是对具体订单而言，只有在购买行为已产生之后买家才可以对已有订单做出评价，客户对于卖家提供的服务质量进行评级。这个评级会决定卖家是否有资格赢得单一产品页面的购物车按钮及排名。Feedback 可能包括产品质量、客服质量、物流速度等一系列的因素。例如，亚马逊官方要求卖家 24 小时内对买家的邮件进行反馈，如果在和客户进行沟通时能够做到快速及时反馈，买家的好感度会提高，Review 和 Feedback 评价也会有所提升。

第二节 注册前准备工作

在亚马逊平台注册开店前，需要做很多准备工作。不仅要弄清楚所选国际站点的可销售商品类别、允许经营的条件、是否需要审批及审批程序，还要弄清楚需要准备哪些注册材料，了解当地开店相关费用，以确保商品可以在亚马逊平台销售。

一、了解可销售商品类别

亚马逊对卖家开放的品类达20多种，销售这些品类的商品无须获得亚马逊的事先审批。某些品类只允许发布新商品。某些品类对商品质量有附加指南，需要卖家遵守。但是，销售某些品类的商品需要得到亚马逊的事先审批。只有注册专业销售计划的卖家才可以出售这些品类的商品。亚马逊限制这些品类的销售，以确保卖家的商品满足质量要求、上线标准以及品类的其他特殊要求。这些标准有助于提升顾客从Amazon. com购买商品的信心。以亚马逊北美站为例，本部分介绍亚马逊开放品类、需要审批的品类以及审批程序。[①]

1. 对卖家开放的品类

亚马逊平台上，亚马逊设备配件、亚马逊Kindle、相机和摄影、家居与园艺、乐器、办公用品、户外休闲、运动品、工具和家居装修、图书和手机设备、个人电脑12个品类的商品无须审核可直接销售。其中，图书品类的商品中，所有媒体商品卖家必须在收到提交确认订单后两个工作日内发货；手机设备类商品则需要登录卖家平台查看具体审批要求。电子产品（配件）、电子产品（消费类）、软件和电脑游戏、视频游戏机和视频游戏控制台4个品类只有特定产品需要审批。玩具和游戏、婴儿产品（不含服装）2个品类不需要审批，但假日销售可能需要审批，见表6－2。

表6－2　亚马逊对卖家开放的不需要审批的品类

商品分类	商品类型	允许条件	是否需要审批
亚马逊设备配件	亚马逊设备配件	新品、翻新、二手	否
亚马逊 Kindle	Kindle 设备配件	仅二手	否
相机和摄影	照相机、摄像机、望远镜	新品、翻新、二手	否

① https：//gs. amazon. cn.

续表

商品分类	商品类型	允许条件	是否需要审批
家居与园艺	厨房、餐厅、宠物用品、家具、装饰、床上用品、浴室、工艺品、业余爱好、家用电器、存储、天井、草坪、花园、游泳池用品、园林绿化、除雪、发电机	新品、翻新、二手、珍藏	否
乐器	吉他、乐队、录音设备	新品、翻新、二手、珍藏	否
办公用品	用品、家具、打印机、计算器	新品、翻新、二手、珍藏	否
户外休闲	户外装备、户外运动服装、自行车和极限运动用品	新品、翻新、二手	否
运动品	运动与健身、狩猎用品、团队运动、持牌/球迷商店、运动服装、划船和钓鱼、游戏室	新品、翻新、二手、珍藏	否
工具和家居装修	手动及电动工具、水暖、电气、建材、电器配件	全新品、翻新、二手	否
个人电脑	台式机、笔记本电脑、驱动器、存储	新品、翻新、二手	否
图书	书籍、日历、卡片组、乐谱、杂志、期刊、其他刊物	新品、二手	否
手机设备	手机	全新品、二手、翻新、解锁	否
电子产品（配件）	音频、视频、相机、照片、手机、汽车电子、计算机和办公产品	新品、翻新、二手	否，但特定产品需要②
电子产品（消费类）	电视机、CD 播放器、汽车音响、GPS	新品、翻新、二手	否，但特定商品需要②
软件和电脑游戏	商务、传媒教育、实用、安全、儿童软件和电脑游戏	新品、二手	否，但特定产品需要②
视频游戏机和视频游戏控制台	游戏机、配件	全新品、二手、珍藏	否，但特定商品需要②
玩具和游戏	婴幼儿及幼教、学习和探索玩具、骑乘项、动画人物、玩偶、棋类游戏、艺术、工艺、爱好、家具	全新品、珍藏	否，但节假日销售需要①
婴儿产品（不含服装）	育儿、喂养用品、工具等	仅新品	否，但假日销售可能需要①

注：①在冬季节日期间销售玩具及游戏类商品可能需要获得审批（需要登录卖家平台）；②消费电子、电子配件、音乐、软件和计算机游戏、视频游戏和视频游戏机类商品一般开放给所有卖家，特定商品可能需要提前审批（需要登录卖家平台）。

资料来源：亚马逊全球开店，https：//gs. amazon. cn。

2. 需要事先审批的品类

亚马逊平台上，一些品类的商品需要满足相应要求方可销售。某些类别的商品个人销售计划和专业销售计划的卖家均可销售，除非另有说明，见表6－3。

表6－3　亚马逊对卖家开放的需要审批的品类

商品分类	商品类型	允许条件	需要审批
汽车和户外动力设备	零件、工具及设备、配件	新品、翻新、二手、珍藏品	需要审批。仅开放给专业销售计划的卖家。要求（见附录1）
美妆	香水、护肤品、彩妆、护发、沐浴	仅新品	需要审批。仅开放给专业销售计划的卖家。要求（见附录2）
服装和配饰	外套、运动服、内搭、皮带、皮夹	仅新品	需要审批。仅开放给专业销售计划的卖家。要求（见附录3）
Amazon Business项目商品	支持多种面向亚马逊企业及机构买家的商品品类	新品、翻新、二手	仅开放给专业销售计划的卖家
食品杂货	饮料、早餐、罐头食品、日用杂货、点心、肉类、海鲜、巧克力、甜点、礼品篮	仅新品	需要审批。仅开放给专业销售计划的卖家。要求（见附录4）
手工制品	手工制品、手工涂改制品	仅新品	有关详细信息，请参阅手工制品页面
个护健康	急救、营养品。另请参阅美妆	仅新品	需要审批。仅开放给专业销售计划的卖家。要求（见附录5）
工业与科学	实验室设备及用品、工业材料、电力传输、电子元器件、卫生、保洁用品	仅新品	卖方必须进行适当的研究，以确保工业和科学产品符合适用的地方、州、联邦和国际法律法规
珠宝首饰	耳环、项链、戒指、手镯（另请参阅钟表）	仅新品	需要审批。仅开放给专业销售计划的卖家。要求（见附录6）
箱包和旅行用品	行李箱、包、背包、公文包、雨伞、旅行用品	仅新品	需要审批。仅开放给专业销售计划的卖家。要求（见附录7）
鞋履、手提包和太阳镜	鞋、靴子、凉鞋、拖鞋、手袋、太阳镜、眼镜架	仅新品	需要审批。仅开放给专业销售计划的卖家。要求（见附录8）
视频、DVD和蓝光光碟	电影、电视	全新品、二手、珍藏	需要审批。仅开放给专业销售计划的卖家。 要申请此类别销售，请联系我们。所有媒体项目必须在确定订单后，两个工作日内发货
手表	所有手表	仅新品	需要审批。仅开放给专业销售计划的卖家。要求（见附录9）
红酒	美国和国外生产的葡萄酒	全新品、珍藏	需要审批。仅开放给专业销售计划的卖家

资料来源：亚马逊全球开店，https：//gs. amazon. cn，详见本章附录1－9。

3. 不接受新卖家的品类

目前，亚马逊平台对体育收藏品、音乐、历史与广告收藏品、硬币收藏品和艺术品 5 个类目暂不接受新卖家入驻。具体商品类型见表 6－4。

表 6－4　目前亚马逊不接受新卖家的品类

商品分类	商品类型	允许条件	需要审批
体育收藏品	交易卡、游戏—二手和亲笔签名物品	珍藏品	目前不接受新的卖家
音乐	光盘、磁带、黑胶和其他录制品	全新、二手、珍藏品	目前不接受新的卖家
历史和广告收藏品	与历史人物、地点或事件相关的古董收藏，以及与消费品牌相关的宣传材料	珍藏品	目前不接受新的卖家
硬币收藏品	政府铸造的分级收藏钱币、美国造币厂包装产品、金币、银币、铂币、钯币	珍藏品	目前不接受新的卖家
艺术品	油画、素描、混合媒体（二维）、限量版印刷品和照片	珍藏品	目前不接受新的卖家

资料来源：亚马逊全球开店，https：//gs. amazon. cn。

二、了解相关政策及变动

在亚马逊平台开店前，还需要了解开店规则、相关政策及更新，如卖家产品安全新规、增值税新规、产品安全合规、卖家禁止行为等，为日后顺利开店做好充分的准备。①

1. 英国增值税新规

按照英国新的 VAT 法规的要求，如果英国税务及海关总署（HMRC）确认某个卖家不符合增值税（VAT）法规的规定，根据相关法律法规，亚马逊平台需要配合 HMRC 的相关工作，提供可能会承担英国税务责任的卖家的相关信息。如果 HMRC 确认某个卖家违反了 VAT 法规，亚马逊第三方业务会根据相关法律法规的要求，停止其在 Amazon. co. uk 上的销售并关闭账户。

2. 产品安全新规

亚马逊平台会不定期发布产品安全新规，如针对玩具安全、热敏纸限制、食品药品安全新规，最新烟雾报警器检测标准，电动平衡车标准新规等。

（1）美国玩具安全规范 ASTM F963－16 版。2016 年 10 月 20 日，美国材料和试验协会 ASTM 发布了《消费者安全规范——玩具安全》最新版本：ASTM F963－16。根据《消费品安全改进法案》（CPSIA）的规定，如果美国消费者安

① 四步直达北美站点，https：//gs. amazon. cn/north-america/hiw. htm/ref = as_cn_ags_na_subnav_hiw。

全委员会（CPSC）在90天内无反对意见，新标准将在发布180天后（即2017年年中）成为强制要求。在生效日及其后生产的玩具的认证（儿童产品证书）需按照ASTM F963－16的要求，在ASTM F963－16批准的实验室进行测试。

相比旧标准，ASTM F963－16移除了填充材料中的州的要求，并修改测试方法；修改了发声玩具的要求、骑乘玩具的负载和稳定性要求、弹射玩具的要求；增加了玩具中膨胀材料的要求——ASTM F963－16 4.40、带电池玩具的设计指引、磁铁的浸泡测试、玩具柜的要求、电玩具条款增加了新要求；明确了微生物安全及其新要求、玩具基材重金属的相关要求，并增加一个总量筛选测试可选的替代测试方法。

美国玩具安全规范ASTM F963对于进入美国市场的玩具至关重要，特别提醒玩具企业，应密切关注标准最新动向，及时调整应对方案，以避免遭受经济损失。

（2）欧盟下调玩具中BPA限量。2016年11月14日，欧盟玩具安全委员会的会议上，成员国表决通过了欧盟委员会提议的玩具安全指令中双酚A（BPA）的限量调整提案，主要是针对三岁以下的儿童玩具中的BPA，将限量从原来的0.1mg/L调整至0.01mg/L。该提案将对欧盟玩具安全指令2009/48/EC的附件Ⅱ附录C进行修订，并将在欧盟官方公报（OJ）发布18个月后开始实行。

作为欧盟最严格也是最重要玩具标准的安全指令，它规定了欧盟市场上的玩具所必须符合的机械和物理安全要求、化学要求、阻燃要求、卫生要求、电气安全等要求，玩具安全指令的修订将给中国玩具生产企业带来巨大影响，相关企业需重视玩具安全指令的修订动态，做好准备应对。

（3）REACH法规附件XⅦ正式新增热敏纸BPA限制。2016年12月13日，欧盟官方公报（OJ）发布（EU）2016/2235，关于双酚A（BPA）的限制要求正式写入欧盟REACH法规附件XⅦ，2020年1月3日起，热敏纸中的双酚A限量不得超过0.02%。（EU）2016/2235将在OJ发布后第20天生效。在该法规2020年1月3日正式实施之前，生产商和进口商有36个月的时间进行整改或其他相关准备以满足要求。

热敏纸是一种加工纸，其制造原理就是在优质的原纸上涂布一层可能含有BPA在内的多种化学物质构成的“热敏涂料”（热敏变色层），使得纸张可因受热而改变颜色，显示出要展现的字符。BPA的危害作用表现在对女性生殖系统、大脑、行为方式、乳腺、代谢和肥胖的影响，其中尤以对乳腺的损害作用为最。欧盟委员会认为如果热敏纸中的双酚A含量超过0.02%，对经常接触热敏纸的工作人员具有无法接受的不利风险。

（4）欧盟玩具安全指令重金属铝迁移量将被重新评估。2016年11月28日，应欧盟委员会要求，欧盟卫生、环境和新兴技术风险科学委员会（SCHEER）需要审查现有的关于重金属铝的毒理数据，充分考虑2008年欧洲食品安全署EFSA以及2011年JECFA的相关容许摄入量水平；就重金属铝的容许摄入量水平给出建议，以便用于玩具安全指令中铝迁移限量的设置，要求注意除玩具以外的重金属铝的来源。在2017年6月份给出初步意见，并在秋季提供其最终观点。

（5）美国食品药品管理局发布防晒成分的安全和有效性指南。美国食品药品监督管理局（FDA）于2016年11月22日发布了一份防晒产品指南——《非处方防晒药品—安全性和功效性数据—行业指南》（Nonprescription Sunscreen Drug Products - Safety and effectiveness Data - Guidance for Industry）。这份指南中指出了防晒品中活性成分安全有效的标准，并提出要注意到活性成分被吸收到血液中对人体带来的影响。

FDA认为，在柜台销售的防晒霜的制造商需要证明产品中的成分是安全和有效的，而防晒霜新成分的安全性问题，则是一个长期问题。今后，品牌商和制造商如果要在防晒产品中运用新的成分，需要向FDA申请批准，其提供的数据将包括血液对该成分的吸收程度，此项将采用药品标准严格管理。

厂商应承担产品体外渗透实验以及不良药物体验、副作用等大量信息成本。新规实施后，防晒产品生产商检测成本提高，而且防晒品安全性带来的负面市场舆论也让人担忧。但毋庸置疑的是，产品检测法规的严格化最终会增加产品的安全有效性。而我国目前也已经着手防晒产品的监管，越来越严。

卖家需要经常登录亚马逊全球开店规则网站，及时了解安全合规新规。

🕮 推荐阅读：安全合规小知识

美国CPSC与窗帘安全委员会（WCSC）达成一致，倡导家庭、幼儿园，以及其他青少年活动场所应使用无拉绳，或拉绳不易接触的窗帘。

每年10月份是美国的窗帘安全宣传月。在美国，几乎每1个月都会有1个儿童因为窗帘拉绳绕颈窒息而死亡。窗帘拉绳问题已成为家庭重大安全风险之一。卷帘、百叶帘和罗马帘的拉绳通常收于底部或者是侧面，如果没有固定，绳子滑落将正好形成一个吊环，很容易套在儿童的脖子上，引起儿童窒息，严重者甚至会导致死亡。但很多家长仍然没有认识到这个问题，窗帘销售商在销售时也没有相应的提醒。

因此，计划在北美站经营窗帘产品的卖家就需要了解该项安全合规小知识，在商品详情页给出相应的提醒，避免此类事情的发生。

（6）输美儿童用品增塑剂检测有望减负。2016年8月17日，美国消费品安全委员会（CPSC）在《联邦纪事》上发布一项最新的拟实施规则的通告：基于风险评估和数据研究，CPSC拟在联邦法规16CFR章新增第1308节条款。根据新条款，聚丙烯（PP）、聚乙烯（PE）、高抗冲聚苯乙烯（HIPS）以及丙烯腈—丁二烯—苯乙烯（ABS）四种塑料材质的玩具及儿童护理用品中的增塑剂将不再需要进行强制性的第三方测试。通告的意见征求将于10月底截止。据了解，目前美国对于玩具及儿童用品中实施禁令的增塑剂共有8种，要求其含量不得超过

0.1%，该新规实施将有助于输美儿童用品企业降低检测认证成本。

（7）纽约州议会通过《儿童安全产品法案》AB5612。2016年5月4日，纽约州议会通过提案《儿童安全法案》，旨在修订环境保护法，通过物质报告、物质禁令以及零售标志等要求管控儿童产品中的有毒物质。目前，提案已经移交参议院审议。AB 5612 法案主要特点包括：2019年1月起，禁止销售含有优先化学品的儿童产品。

（8）美国婴儿车及儿童手推车安全出新规 ASTMF833－15。美国消费品安全委员会（CPSC）对《16C. F. R. Part1227－婴儿车及儿童手推车的安全标准》法规进行了最新修订。新的法规于2016年10月2日正式实施。

据了解，CPSC童车新规的主要变化在于，法规指定的标准发生变动，由ASTMF833－13b《消费者安全规范——婴儿车及儿童手推车》更改为ASTMF833－15《消费者安全规范——婴儿车及儿童手推车》。这意味着从2016年10月2日起，中国出口美国的婴儿车、儿童手推车要依据新标准下的新检测方法进行检测。新规涉及的中国相关婴儿车及儿童手推车对美出口检测服务的实验室达几十家。

有的亚马逊卖家认为，经过多年经营自己已经比较了解亚马逊的合规要求了。但是，亚马逊也会因为一些情况调整已有的规定或者发布新的要求。例如，2016年7月，因接到当地多个消防局举报销售不合规烟雾报警器造成安全问题，亚马逊美国站对部分烟雾报警器、探测器类产品进行了下架，包括离子感烟报警器、光电烟雾报警器、一氧化碳报警器等。根据美国消防局要求，销售此类商品需要满足UL相关检测标准，如烟雾报警器需满足UL217标准，烟雾探测器需满足UL268标准，一氧化碳报警器需满足UL2034标准。因此，在北美站经营烟雾报警器、探测器类产品的卖家就需要了解该项安全新规，关注美国亚马逊卖家平台Help页面：Fire and Other Safety Products，查看具体规定。

3. 卖家禁止的行为

在亚马逊平台注册之前，卖家需要了解平台对卖家禁止的行为有哪些。亚马逊平台为了维护销售服务对于买家的安全性，以及对于销售商品及服务的卖家的公平性，要求卖家遵守卖家禁止行为政策条款。这些相关政策是对卖家履行卖家协议或其他文件的其他义务的补充，并且不以任何方式对这些义务进行限制。如果卖家不遵守，则亚马逊可能会禁止其发布商品、暂停其对亚马逊工具和报告的使用和/或取消其销售权限。亚马逊平台卖家禁止行为主要包括：①

（1）禁止操作和持有多个卖家平台账户。如果卖家有合法的业务需要申请第二个账户，可申请政策豁免：具体操作：点击【我要开店】，然后依次选择【我的账户】和【其他账户问题】，提交需要第二个账户的合法业务需求的说明。

要获得第二个账户审批需要具备以下四个条件：第一，卖家的每个卖家平台账户必须拥有独立的银行账户。如果多个卖家平台账户使用位于同一区域的相同

① 版本更新至2017年4月6日。

银行账户，则不会得到批准。如果，卖家在不同区域（例如，北美和欧洲）销售商品，那么卖家的多个卖家平台账户只要通过亚马逊全球开店相关联，便可使用同一银行账户。第二，每个账户必须使用独立的电子邮件地址。第三，每个账户中销售的商品和服务必须不同。第四，卖家的绩效指标必须出色。

亚马逊接到申请后，审核卖家是否具备了上述4个条件，在2～3个工作日内会回复卖家的申请。不遵守这些要求可能会导致账户被关闭。

（2）禁止任何试图操纵评分、反馈或评论的行为。在亚马逊商城，卖家可以通过买家评分和反馈功能建立声誉。买家不得发布侮辱性或不恰当的反馈，也不得包含交易合作伙伴的个人信息。卖家不得对自己的账户发布评分或反馈。卖家可以请求买家提供反馈，但不可以利诱买家，使其提供或删除反馈。

评论对亚马逊商城起着至关重要的作用，买家可以在评论这一平台中，提供对商品和服务信息的反馈以及对商品和服务的体验（无论正面评论还是负面评论）。卖家不得对存在经济利益的商品或服务进行评论，包括评论自己或竞争对手销售的商品或服务。此外，不得为评论提供补偿（包括免费或打折的商品）。禁止发出只征求正面评论或有偿的评论请求，不得要求买家修改或删除评论。

（3）禁止任何试图操纵销售排名的行为。畅销排名功能有助于买家评估商品的受欢迎程度。卖家不得征求或故意接受虚假或欺诈性订单，其中包括不得下单购买自己的商品。不得向买家提供补偿以使其购买自己的商品，或为了提升销售排名向买家提供优惠码。此外，不得在商品详情页面信息（包括商品名称和描述）中宣传关于该商品的畅销排名信息。

（4）禁止任何试图操纵搜索和浏览体验的行为。当使用亚马逊的搜索引擎和分类结构时，买家希望找到相关且准确的结果。卖家提供的与商品相关的所有信息（包括关键字和搜索词）必须符合优化商品信息以便搜索和浏览中提供的指南，不得有任何试图操作搜索和浏览体验的行为。

（5）禁止试图转移交易或买家的行为。禁止任何试图规避已制定的亚马逊销售流程或将亚马逊用户转移到其他网站或销售流程的行为。具体讲，禁止使用任何广告、营销信息（特价优惠）或“促销”引导、提示或鼓励亚马逊用户离开亚马逊网站。禁止的方式包括使用电子邮件或者在任何卖家生成的确认电子邮件信息或任何商品、商品信息描述字段中包含超链接、URL或网址。

（6）买家和卖家只能通过平台的“买家与卖家消息服务”互相交流。“买家与卖家消息服务”是唯一一种已获批准的卖家与亚马逊买家进行沟通的方式。

通常情况下，卖家只能在需要完成订单或回复客户服务咨询的情况下才可以联系买家。不能出于营销或促销目的联系买家（包括发送电子邮件、寄信、打电话或其他方式）。在使用“买家与卖家消息服务”页面，卖家可以通过卖家平台和卖家的个人或商务电子邮件与亚马逊商城的买家进行沟通，也可以直接从卖家账户或使用卖家的授权电子邮件账户联系买家（如果卖家有之前通过“买家与卖家消息服务”获得的买家加密电子邮件地址）。无论采用哪种方式，这些往来消息都会显示在“买家与卖家消息服务”页面上。禁止主动向亚马逊买家发送电子邮件（必要时可进行有关订单配送及相关客户服务的电子邮件通信），禁止进行任何类型的与营销相关的电子邮件通信。

此外，卖家可通过点击卖家平台的以下页面上的买家名称或“联系买家”按钮联系买家：管理订单、反馈管理器、管理退货、管理亚马逊商城交易保障索赔、买家与卖家消息、向买家发送重要消息、向买家发送附件、搜索和筛选消息。

（7）禁止滥用买家电话号码。亚马逊会向自行配送其订单的专业卖家提供使用买家电话号码的权限，以便他们能够符合承运人标签要求。如果卖家收到买家电话号码等信息，要遵守亚马逊的买家个人信息政策，确保正确使用买家的电话号码。正确使用的含义包括：把买家电话号码打印在标签上以便符合承运人要求；处理完买家订单后，不得保留任何买家电话号码，不可使用买家电话号码联系买家；监控卖家所有有权限接触买家电话号码的人员正确使用买家号码，不可与外部团体分享买家电话号码，不可传递“买家与卖家消息”之外的任何类型的买家信息（含电话号码），保证买家数据安全。

（8）禁止未经授权和不正确的企业名称。在亚马逊平台上，企业名称必须符合以下三个要求：一是可准确识别卖家企业的身份；不会引起误解；二是卖家有权使用该名称（即名称中不得包含他人的商标，也不得侵犯他人的任何商标或其他知识产权）；三是卖家不得使用包含电子邮件后缀（例如 . com、. net、. biz 等）的企业名称。

（9）禁止滥用亚马逊销售服务。亚马逊平台禁止卖家反复上传大量数据，或以其他方式过度或不合理地使用销售服务。如果卖家反复上传大量数据，或以其他方式过度或不合理地使用该服务，则亚马逊可自行限制或阻止卖家访问商品上传数据或被滥用的任何其他功能，直到卖家停止这种滥用行为为止。

（10）禁止滥用亚马逊商城交易保障。禁止任何滥用亚马逊商城交易保障索赔流程的行为。收到亚马逊商城交易保障索赔的次数或总金额过多的卖家，有可能被终止销售权限。如果买家对商品或服务不满意，可以联系卖家，让其酌情安排退款、退货或更换。如果亚马逊根据亚马逊商城交易保障条款向买家做出了赔偿，亚马逊有权向卖家寻求补偿。

（11）媒介类商品的配送和预售要求。亚马逊平台规定，通过亚马逊提供的媒介类商品（图书、音乐、影视）必须在卖家订单确认后的两个工作日内配送。卖家不得发布亚马逊指定为可预订的媒介类商品（图书、音乐、影视）或与该类商品相竞争。

（12）禁止交易后篡改价格和设置过高的运费。亚马逊平台规定，禁止任何试图在交易完成后提高商品销售价格的行为，卖家不得设置过高的订单配送费用。

（13）禁止商品详情页面信息与实际的商品信息不匹配。亚马逊平台规定，使用现有商品详情页面发布商品以供销售时，所选的商品详情页面必须在各个方面准确描述该商品，包括（但不限于）以下属性：制造商、版次、捆绑组合、版本、格式或播放器兼容性。卖家不得将其商品匹配到具有不同 ISBN、UPC、EAN 或其他外部编码的详情页面。

此条规定有一个例外情况。即使两个版本的 UPC 不同，在符合以下标准的情况下，也应将音频 CD 的俱乐部版本和 DVD 及蓝光光碟的租赁版本发布在 CD、DVD 或蓝光标准版本的详情页面上：

- 俱乐部版次或租赁版次以“二手”状况发布；
- 两个版次的内容完全相同；并且
- 亚马逊的目录中尚不存在包含该俱乐部版次或租赁版次的 UPC 的页面。使用商品信息备注指明商品是俱乐部版次。商品（CD、DVD、蓝光光碟）的格式必须完全相同；
- 使用商品信息备注指明商品是俱乐部版次还是租赁版次。

（14）禁止创建重复的商品详情页面。亚马逊平台上，禁止为已存在于亚马逊目录中的商品创建商品详情页面。卖家也不得为完全相同的同一商品创建另一条商品信息。

（15）禁止商品质量“严重不符”的违规行为。影响商品质量的违规行为可大致分为“严重不符”的违规行为和“知识产权”违规行为。

卖家务必了解亚马逊在商品质量和商品真伪方面的指南。这样做不仅有助于增加卖家在亚马逊上成功开展业务的概率，还有助于卖家避免出现可能导致商品被屏蔽，甚至无法在亚马逊上销售商品的行为。

卖家发布和配送的商品必须与相应商品详情页面上的描述和图片完全一致。发布或配送“严重不符”的商品违规行为包括：

- 配送已残损、存在缺陷、分类错误、描述错误或缺失详情页面上的商品图片中显示的零件的商品；
- 在畅销相关商品的详情页面上发布卖家的商品进行销售，而您的商品却与该页面上的描述不完全一致。

亚马逊会最终确定商品是否严重不符。如果卖家出售了严重不符的商品，则应愿意为买家退款或换货。如果卖家拒不退款或换货，则买家能够通过亚马逊商城交易保障索赔获得退款。

根据商品质量违规行为后果的严重程度，亚马逊可能会对卖家采取以下四种措施：取消商品、限制发布权限、暂停发布权限、取消或冻结发布权限。

要举报涉嫌提供“严重不符”商品的卖家，可以点击【其他问题】，然后点击【举报违规行为】，完整填写表单，然后在完成后点击【发送】。

（16）禁止商品“知识产权”违规行为。卖家必须确保提供的商品合法且已授权，可进行销售或转售，并且这些商品没有侵犯他人的知识产权，例如版权、专利权、商标权以及宣传的权利。“知识产权”违规行为包括：

- 在未经商标所有者授权的情况下出售与热门商标商品相同的商品（也称为“假冒伪劣”）；

- 制造和出售与热门商标商品相同的商品；
- 在未经版权所有者授权的情况下在自己商品的包装上使用其他方的版权内容。

卖家在亚马逊上出售的商品必须是正品。禁止非法复制、复印或制造的任何假冒商品；禁止发布侵犯他人商标的商品和商品信息；禁止发布侵犯他人版权的内容；确保商品未侵犯他人的专利权；所有在亚马逊上供售的商品必须是经商业化生产，授权或批准作为零售商品出售的商品；禁止非法出售未经持权者许可而再复制、配音、汇编或转换的媒介类商品（包括图书、电影、CD、电视节目、软件、视频游戏等）。

卖家有责任确保发布的商品和商品信息未侵犯他人的公开权。例如，卖家必须先获取相关方的适当许可，才能在商品信息或商品中使用名人的图片和姓名。这包括名人产品代言，以及在商品或宣传材料（如海报、鼠标垫、钟表、数字格式的图片集、广告等）上使用名人的肖像。

如果亚马逊认为卖家发布的商品详情页面或商品信息的内容属于违禁、涉嫌违法或者不当内容，侵犯了他人的知识产权，则可能会予以删除或修改而不事先通知。亚马逊保留判定内容是否恰当的权利。亚马逊遵守《数字千年版权法》（英文全称“Digital Millennium Copyright Act”，简称 DMCA）的通知移除流程，并将终止一再侵犯他人知识产权的卖家的销售权限。

📖 资料：

亚马逊平台禁止非法出售未经持权者许可而再复制、配音、汇编或转换的媒介类商品包括：

- 图书：禁止未授权的图书副本。
- 音乐：禁止盗版唱片、未授权的现场音乐会、未授权的响板录音以及未授权的商品等。
- 电影：禁止任何形式的未授权电影副本。禁止未发行/预发行电影、试看录像、预告片、未发布或未授权的电影剧本（无 ISBN 编号），电子新闻资料和未授权的道具。
- 照片：禁止未授权的照片副本。
- 广播节目和音乐会：禁止未经授权翻录或复制广播节目录音。
- 软件：禁止任何形式的翻版软件或软件副本。禁止学术版、OEM 版、备份版、完成版、促销版、测试版（预发行）、未授权的免费软件/共享软件以及 Softlifted 版软件。
- 电视节目：禁止未授权的电视节目录像（包括按观看次数付费的节目）、未发布的节目、未授权的剧本、未授权的道具以及试看录像。
- 视频游戏：在亚马逊上出售的视频游戏必须是完整零售版。禁止再复制和转换的视频游戏。同时还禁止改机芯片、银磁盘、视频游戏模拟器、世嘉启动盘、游戏增强器、未授权的视频游戏合辑、未授权的视频游戏产品包，以及未授权的配件。

亚马逊平台禁止非法出售经格式转换的媒介类商品，禁止将媒介类商品从一种格式转换为另一种格式。这包括但不限于：从NTSC制式转换为Pal制式、从Pal制式转换为NTSC制式、镭射光盘转换为视频、电视节目转换为视频、CD－ROM转换为磁带，以及从网络转换为任何数字式等。

亚马逊平台禁止非法出售促销媒介类商品。禁止媒介类商品的促销版，包括图书（试读副本和未校对样稿）、音乐和视频（试看录像）。这些产品仅用于推广目的，一般不授权零售分销或销售。

资料来源：亚马逊全球开店，https：//gs. amazon. cn。

4. 对卖家权限被删除提出申诉

一般来说，卖家销售权限遭到限制或撤销的原因包括三种：一是绩效较差：卖家指标（订单缺陷率、取消率或迟发率）未达到亚马逊的绩效目标；二是违反了亚马逊的销售政策；三是违反了亚马逊关于受限商品的规定。

如果卖家被限制销售部分或全部卖家自行配送商品，则可将这些商品的配送方式转换为亚马逊物流，然后继续发布这些商品。在“管理库存”页面中，卖家的库存中不允许发布为卖家自行配送的商品将在最左边一列中标以黄色图标。要将商品转换为亚马逊物流配送。

如果卖家的销售权限遭到限制或撤销，则可以通过申诉进行恢复。具体申诉方式如下：

第1步：确定销售权限遭到限制或撤销的原因。阅读亚马逊发来的通知，确定销售权限遭到限制或撤销的原因是绩效较差还是一次或多次违反亚马逊的销售政策和协议。

第2步：评估销售指标和行为。后台查看卖家指标，并确定是否是未达到亚马逊绩效目标的指标。根据那些指标评估可能会导致买家不满意的销售实践，检查库存中是否有商品违反了亚马逊的政策和协议。

第3步：创建行动计划。制订一个行动计划，简要说明将采取哪些措施来解决在第2步中确定的问题，提供能够有效解决问题且清晰明确的行动计划，以提高恢复销售权限的概率。卖家的行动计划应明确两点：一是表明已确定销售或库存管理实践中存在哪些问题；二是说明将如何通过改变做事方式来解决这些问题。在制订计划时，除了上述两点外，还要特别注意，最好不要使答复仅针对特定订单的问题。例如，如果查明销售权限因订单缺陷率较高而被撤销，那么卖家应该检查卖家指标页面，以确定是哪个指标未达到亚马逊的绩效目标，如负面反馈、亚马逊商城交易保障索赔或信用卡拒付等。如果具体是因为卖家的负面反馈百分比未达到目标，卖家评论反映卖家很少回复买家的邮件，那么卖家最好在行动计划中包含每日规划一个时间段来回复所有买家信函。因其他原因遭到权限被取消或限制，卖家可参考表6－5做行动计划，提出应对措施。

表 6－5　　权限遭到限制的原因及对应的行动计划

限制权限	具体原因	行动计划：应对措施
销售权限遭到限制或撤销	订单缺陷率较高：卖家的负面反馈百分比未达到目标：卖家很少回复买家的邮件	每日规划一个时间段来回复所有买家信函
销售权限被撤销	买家提出了假冒商品投诉	提供相关发票，证明库存是从制造商或授权转销商处购买的；证明如何定期检查库存来确定商品真伪，或指出这些商品的采购供应商
	产权所有者通知亚马逊卖家涉嫌侵权	说明将如何确保自己不会重新发布引发侵权投诉的商品；指出将如何确定自己的商品未侵犯他人的知识产权（版权、商标权或专利权）
	商品引发安全事故	说明将如何确定商品或制造缺陷，并解决相关问题；阐明将如何使用相关安全信息（如警告、适龄性、成分和剂量指南）更新商品详情页面
	商品存在安全问题（例如将二手商品作为新品出售、商品与广告描述不一致、已残损商品或有缺陷的商品）	说明将如何整理库存以避免再次配送二手商品或退货商品；阐明如何确定商品与商品详情页面匹配；详细说明如何改善包装以防出现残损或如何对商品的功能进行随机测试
	买家提出了过期商品投诉	说明如何在配送商品前确定商品具有足够长的保质期；阐明将如何定期检查库存中有失效日期的商品
	销售促销版媒介类商品	立即从库存中移除这类商品，然后做出库存和库存入库流程相应整改，以便确保通过定期检查库存来杜绝促销版媒介类商品
卖家自配送销售权限被撤销	卖家自行配送订单的迟发率未达标：设置的配送准备时间可能太短	将配送准备时间设为对更切实可行的时间
	卖家自行配送订单的取消率未达标：发布商品长期缺货	每日监控库存，以确保绝不发布无法立即配送的商品

第 4 步：向亚马逊发送申诉。制订行动计划之后，将该计划与恢复请求一并发送给卖家绩效团队。具体操作步骤：登录卖家账户——点击【绩效】链接上的【业绩通知】——找到收到的有关限制或撤销销售权限的通知，然后点击【申诉】——点击【就决定提出申诉】——在提供的表格内输入行动计划详情——点击【提交申诉】，以将填写完毕的申诉表发送至卖家绩效团队。

第 5 步：注意查收有关亚马逊决定的电子邮件。亚马逊收到卖家的行动计划后，通常会在 48 小时内通过电子邮件告知卖家其决定。

三、亚马逊注册账户类型与费用

亚马逊账户类型有专业销售计划（professional）和个人销售计划（individual）两种。

以公司名义与以个人名义开设的账户在各种权限上（流量、商品上架数量、商品审核要求等）没有任何区别。这两种计划的主要区别在于功能使用权限和费用结构上。以美国为例，图 6－2 给出了两种账户的功能差别。

“个人销售计划”账户和“专业销售计划”账户的费用结构也不同，表 6－6 显示了两种账户的费用结构，如，“个人销售计划”会被按件收费，而“专业销售计划”账户则需要支付月度的订阅费。

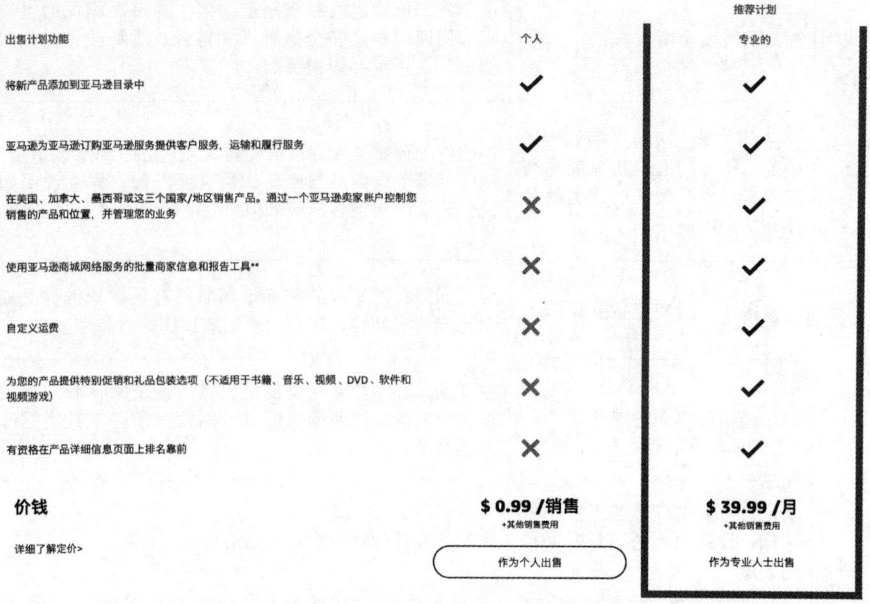

出售计划功能	个人	推荐计划 专业的
将新产品添加到亚马逊目录中	✓	✓
亚马逊为亚马逊订购亚马逊服务提供客户服务，运输和履行服务	✓	✓
在美国、加拿大、墨西哥或这三个国家/地区销售产品。通过一个亚马逊卖家账户控制您销售的产品和位置，并管理您的业务	✕	✓
使用亚马逊商城网络服务的批量商家信息和报告工具**	✕	✓
自定义运费	✕	✓
为您的产品提供特别促销和礼品包装选项（不适用于书籍、音乐、视频、DVD、软件和视频游戏）	✕	✓
有资格在产品详细信息页面上排名靠前	✕	✓
价钱	$ 0.99 /销售 +其他销售费用	$ 39.99 /月 +其他销售费用
详细了解定价>	作为个人出售	作为专业人士出售

图 6－2　亚马逊“个人销售计划”和“专业销售计划”功能差别

表 6－6　亚马逊两种销售计划费用结构对比

账号类型	个人销售计划	专业销售计划
注册主体	个人/公司	个人/公司
月租金	免费	39.99 美元/月
按件收费	0.99 美元/件	免费
销售佣金	根据不同品类，亚马逊收取不同比例的佣金，一般为 8%～15%	
功能区别	单一上传，无数据报告	单一上传/批量上传，可下载数据报告

注：收费标准以亚马逊北美为例。销售佣金：卖家为每件所售商品支付销售佣金。月租金：即亚马逊网站使用费，按月收取。

这两种销售计划之间是可以相互转化的。注册为个人销售计划之后，也可以在后台自助升级为专业销售计划；注册为专业销售计划后，也可以降级为个人销售计划。所以，卖家若想在亚马逊销售，即使没有公司资质，同样也可以在亚马逊上申请专业销售计划。

四、注册需准备的材料

亚马逊平台的销售计划分为个人销售计划和专业销售计划两种。申请不同的销售计划需要准备不同的材料。

1. 注册为公司卖家“Company Seller”需准备的材料

亚马逊平台上，注册为公司卖家“Company Seller”，需要提供以下材料：

（1）身份证。

- 身份证上的姓名必须与营业执照上法定代表人的姓名一致；
- 必须由中国内地、香港或台湾出具；
- 正反两面的彩色照片/扫描件，不接受黑白复印件；
- 图片必须完整清晰可读；
- 身份证应在有效期内。

（2）营业执照。

- 必须由中国内地、香港或台湾出具。中国内地出具营业执照；中国香港出具公司注册证明书和商业登记条例；中国台湾出具有限公司设立登记表/股份有限公司设立登记表/有限公司变更登记表/股份有限公司变更登记表；
- 彩色照片/扫描件，不接受黑白复印件，图片必须完整清晰可读；
- 中国内地营业执照距离过期日期应超过60天，香港商业登记条例距离过期日期应超过45天。

（3）电子邮箱地址。

（4）公司的名称、地址、联系方式。

（5）可以支付美元的双币信用卡（Visa等）。

（6）可以联系到卖家的电话号码。

（7）国内银行账户。

2. 注册为个人卖家“Non－Company Seller”需准备的材料

（1）身份证。

- 必须由中国内地、香港、台湾出具；
- 正反两面的彩色照片/扫描件，不接受黑白复印件；
- 图片必须完整清晰可读；
- 身份证应在有效期内；
- 身份证件上的姓名应与卖家注册的亚马逊账户上的姓名完全匹配。

（2）信用卡对账单、银行对账单或费用账单。

- 账单上的姓名必须和身份证上的姓名一致；
- 信用卡对账单或银行对账单必须为银行出具，账单必须是在过去 90 天内发出的；
- 费用账单必须是公共事业单位出具的水费、电费或燃气账单，账单必须是在过去 90 天内发出的；
- 图片必须清晰可读；
- 可以隐藏货币金额，但文档必须保持完整并且其他信息清晰可见；
- 不接受屏幕截图；
- 如有多个副本，需将它们合并到一个文件中进行上传。

（3）个人电子邮箱地址。

（4）卖家个人地址、联系方式。

（5）可以支付美元的双币信用卡（Visa 等）。

（6）个人电话号码。

（7）个人国内银行账户。

3. 其他注意事项

- 中国香港卖家请在公司所在国家/地区选择“香港”。此信息提交后便无法更改，选择错误可能导致验证失败。
- 公司卖家（拥有营业执照的卖家）务必选择“我是公司卖家”。此信息提交后便无法更改，选择错误可能导致验证失败。
- 卖家输入的信息（如法人姓名、身份证号）务必与提交的文件中的信息相符。
- 多页文件（如身份证正反两面）需要合并到一个文件中进行上传。
- 扫描或照片必须保持所有信息清晰可读。
- 亚马逊不接受截屏、不接受黑白复印件。

此外，卖家需要有一台电脑专门登录亚马逊账号。这对于亚马逊的店铺政策和运营后期都非常重要。一台电脑只能登录一个账号，不然会跟规则有冲突，最好用座机验证新用户注册。

第三节　注册亚马逊卖家的具体操作

登录亚马逊官方网站 gs. amazon. cn，注册亚马逊卖家有很多步骤。其中，身份验证，也称卖家资质审核，是卖家在亚马逊开店时必须进行的一个步骤。目前，亚马逊北美站点将卖家“身份验证”从账户注册完成后，提前到账户注册流程中。下面以注册北美站点为例，详细介绍注册亚马逊卖家的具体流程。

一、创建新用户

在图 6－3 的页面填写姓名、邮箱地址、密码，创建新用户。

二、填写法定卖家

在图 6－4 界面上填写法定卖家名称，勾选卖家协议。

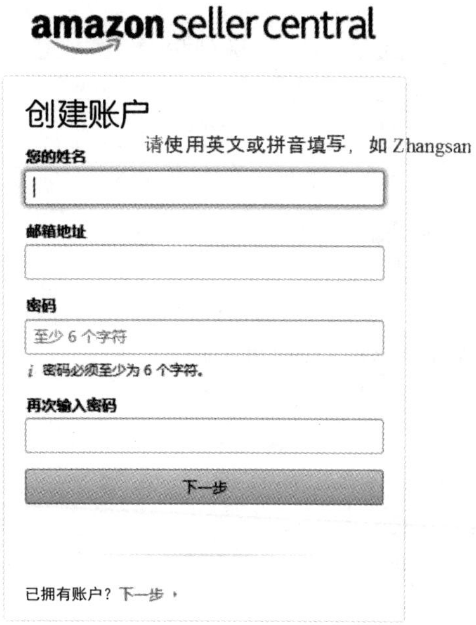

图 6－3 创建亚马逊账户初始界面

图 6－4 填写法定卖家法定名称等信息界面

三、填写卖家详细信息

填写卖家地址、卖家名称、联系方式，电话/短信认证验证，见图6-5。

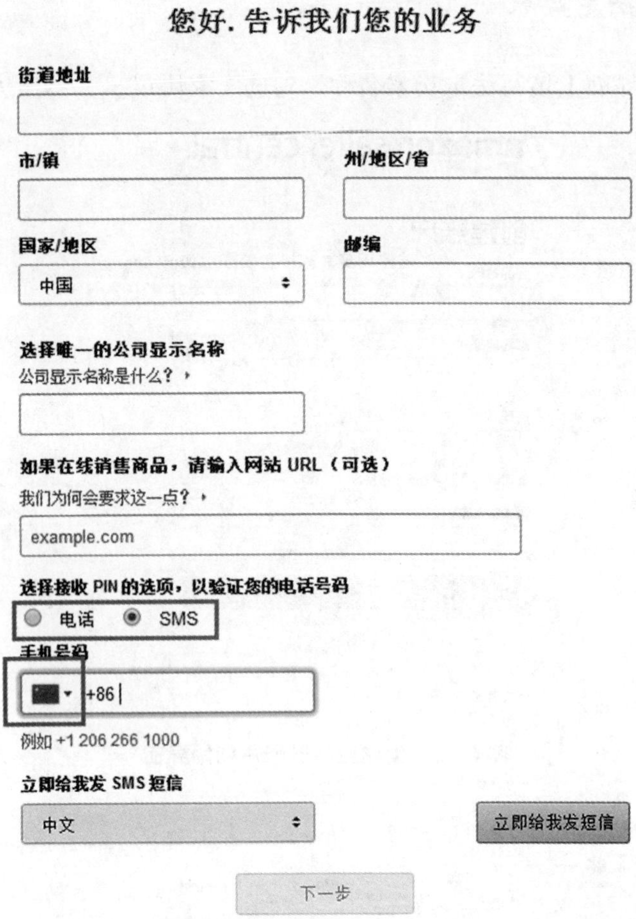

图6-5 填写卖家地址、联系方式等认证验证界面

如果选择电话验证，卖家会接到系统打来的电话。卖家要接起电话，把电脑中显示的4位数字输入手机进行验证，见图6-6，若验证码一致，即认证成功。当系统验证出错时，请尝试用其他语言进行验证或者短信验证。3次不成功则需等候1小时后才可重新验证。如果选择短信验证，卖家输入收到的短信验证码。此处需要注意的是：验证完成后，卖家将无法退回至本步骤修改信息，请务必在验证前仔细检查本页内容。

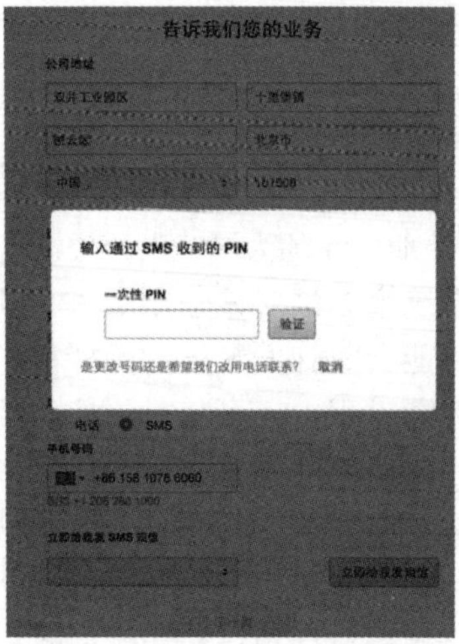

图 6－6　输入短信验证码操作界面

四、设置收款方式

本步骤中，需要填写信用卡卡号、有效期、持卡人姓名、账单地址，设置收款方式，见图 6－7 必要说明如下：

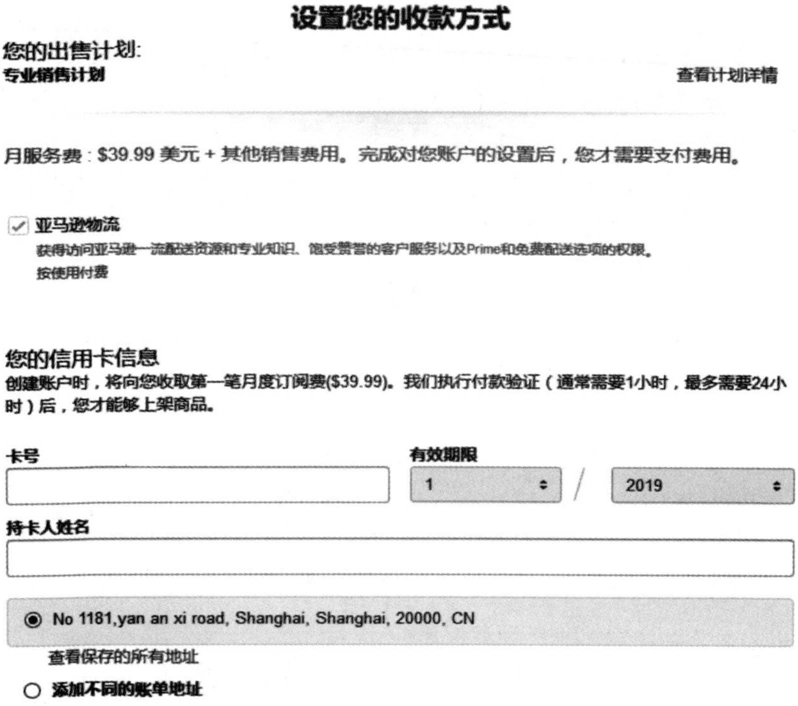

图 6－7　设置卖家收款方式界面

- 卖家使用可以支付美元的中国境内银行双币信用卡（Visa 或 MasterCard 卡均可）。
- 确认默认地址信息是否与信用卡账单地址相同。如果不同，请使用英文或者拼音填写地址。
- 信用卡持卡人与账户注册人无须为同一人；公司账户也可使用个人信用卡。
- 若填写信息正确，系统会尝试对该信用卡进行预授权以验证该信用卡尚有信用额度，持卡人可能会收到发卡行的预授权提醒。
- 在注册完成和账户运营过程中，可随时更换信用卡信息，但频繁更改可能会触发账户审核，建议更换前咨询卖家支持。
- 此信用卡是用于在账户结算时，卖家账户结余不足以抵扣相关款项，系统会从卖家的信用卡中扣除每月的月费或其他销售费用，如 FBA 费用。
- 如果卖家选择的是专业销售计划，创建账户时，将向卖家收取第一笔月度订阅费（$39.99）。亚马逊将执行付款验证。
- 如果卖家收到通知，告知在卖家账户中注册的信用卡信息无效，请检查以下信息：a）账单地址。该地址必须与信用卡对账单中的账单地址完全相同。b）与开户银行核实，确认卖家的信用卡尚未过期，具有充足的信用额度，且对被拒金额的网上扣款无任何限制。

五、设置存款方式

卖家共有三种方式完成亚马逊北美商城存款方式的设置。

方式一：使用美国/中国香港的有效银行账户。如果卖家使用美国或者中国香港的收款账号，用美元/港元接收亚马逊付款，请选择银行地址为“美国”/“中国香港”并填写银行账号信息；或者当卖家使用第三方收款方式时，请选择“美国”，并填入相应信息，见图 6-8。

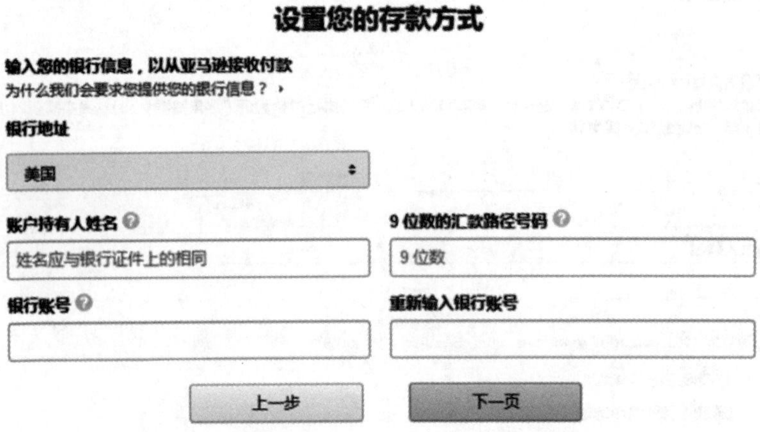

图 6-8　设置卖家美元/港元存款方式操作界面

方式二：卖家可以使用人民币接收全球付款并直接存入自己的国内银行账户，请选择银行地址为“中国”并填写银行账号或借记卡号信息，见图6－9。

图6－9 设置卖家人民币存款方式操作界面

方式三：使用亚马逊接受的第三方存款账户，此种情形下请选择银行地址为“美国”，并填入第三方机构提供的银行账户信息。此处要特别注意：要务必保证存款方式信息的正确性，如果卖家的银行账户有问题，亚马逊就无法对卖家的账户进行结算。

六、纳税审核

美国纳税审核是一个自助的审核过程，目的是确认卖家的账户是否需要缴纳美国相关税费。大部分身份信息会从卖家之前填写的信息中提取出来预先填入，为了尽可能高效地满足美国税务部门的要求，卖家需要在审核过程中确保回答所有问题并输入所需的所有信息。中国卖家也必须完成此审核流程才可完成注册流程。主要有以下几个页面流程：

1. 开始税务身份验证

在图6－10界面中，点击“开始”。

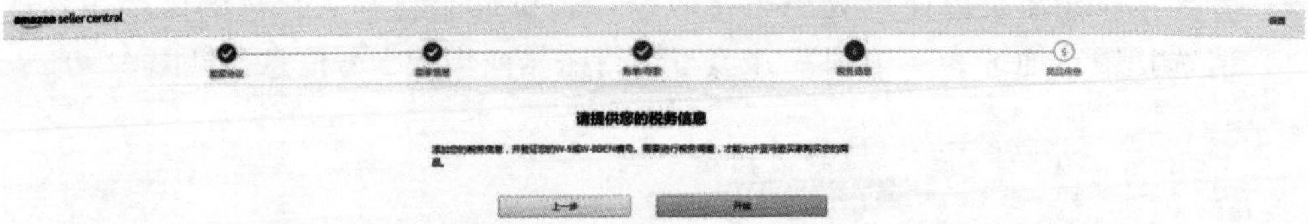

图 6－10　税务身份验证界面

2. 确认公司或个人非美国身份

选择获得收入的类型是个人还是业务，并确认是否为美国人。一般中国卖家都选“否”，见图 6－11。

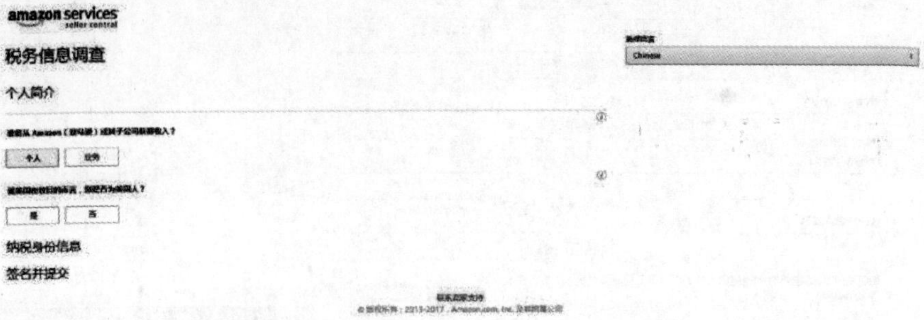

图 6－11　确认公司或个人非美国身份界面

3. 选择受益人性质——公司或个人

选择受益人性质是公司还是个人，并在图 6－12 中填写名称、地址信息。注意所在国家请选择“中国”。如果卖家的账户是公司，需要确认公司的邮寄地址；如果卖家的账户是个人，在确认个人的邮寄地址后，需要确认卖家不符合其中的任何一项。

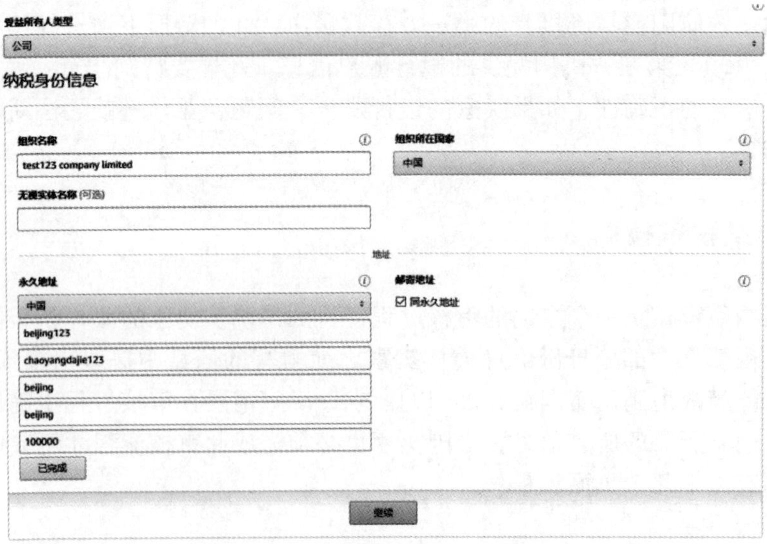

图 6－12　选择受益人性质界面

4. 同意提供电子签名（见图 6－13）

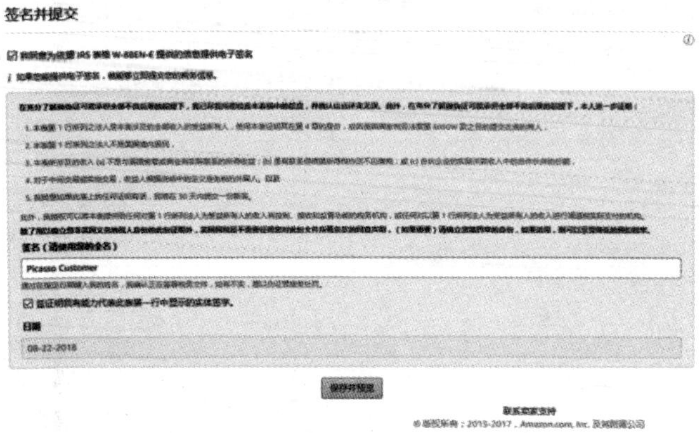

图 6－13　同意提供电子签名界面

5. 确认 Part Ⅰ部分有关账户受益人的信息是否准确

如需修改，需要返回上一页并更新卖家的信息。如信息经检查后无误，请点击“提交表格”，见图 6－14。

图 6－14　Part Ⅰ账户受益人信息页面

6. 结束审核

在图 6－15 页面，直接点击“退出调查”。

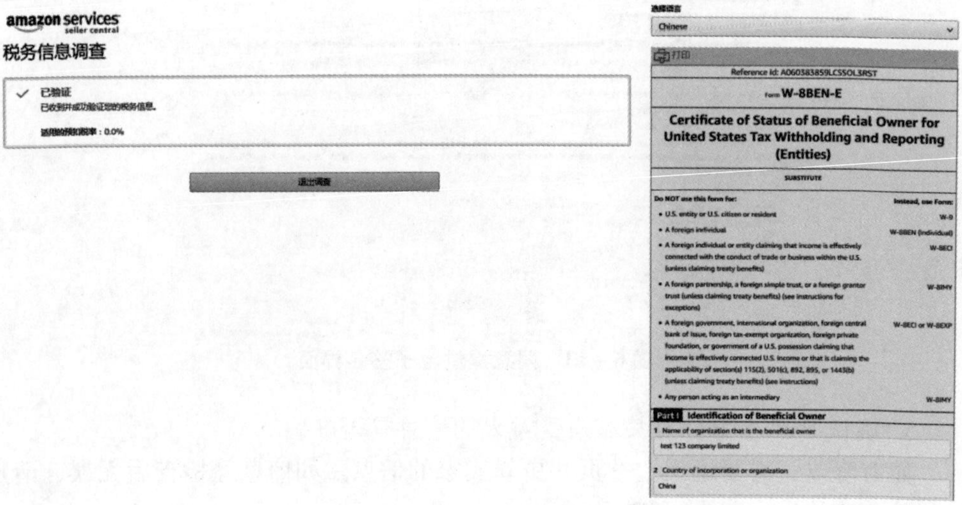

图 6－15　税务信息调查页面

七、勾选商品信息和分类

亚马逊会列举一些问题请卖家回答，借此了解卖家的产品性质和开始销售时计划的数量。如您的商品是否全部都拥有通用商品编码（UPC）？您是否拥有自己的品牌？或者您是否以您要在亚马逊上销售的任何商品的品牌代理、代表或制造商身份提供服务？您是否也想通过启用企业采购商城卖家功能来定位企业买家？您计划发布多少种不同商品？基于这些信息，亚马逊会推荐适合卖家账户的相关工具和信息。此步骤可跳过，待账户注册成功后可在卖家后台继续完善，见图 6－16 和图 6－17。

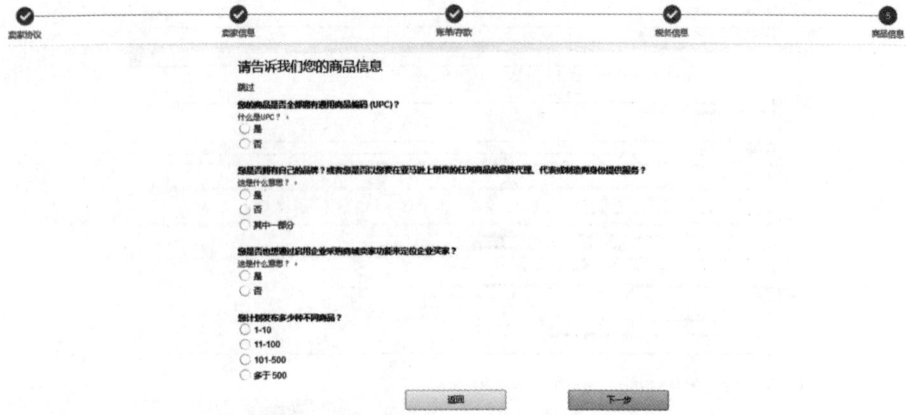

图 6－16　亚马逊对注册卖家了解的一些问题

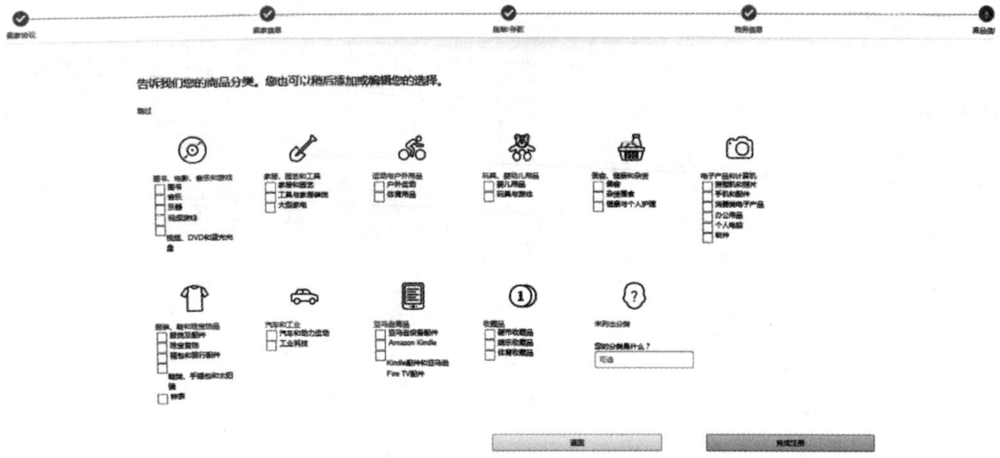

图 6－17　亚马逊了解卖家经营商品的分类界面

八、卖家身份验证

身份验证是卖家在亚马逊开店前必须进行的一个步骤。为提供更好的卖家体验，亚马逊北美站点在 2018 年 12 月份将卖家“身份验证”部分的界面进行升级，并将审核不通过的原因提示发送至卖家的注册邮箱。以北美站点为例，详细介绍身份验证的详细要求及三步流程。

1. 选择公司所在国家及卖家类型

必须注意的是，此页信息提交后无法更改，请务必慎选。

在卖家身份验证的任何一步，都可以点击页面左下角的“获取支持”联系卖家支持，见图 6－18。一般情况下，亚马逊通过邮件方式将审核未通过原因提示发送给卖家。身份验证期间，卖家务必留意注册邮箱，查收来自亚马逊的邮件。

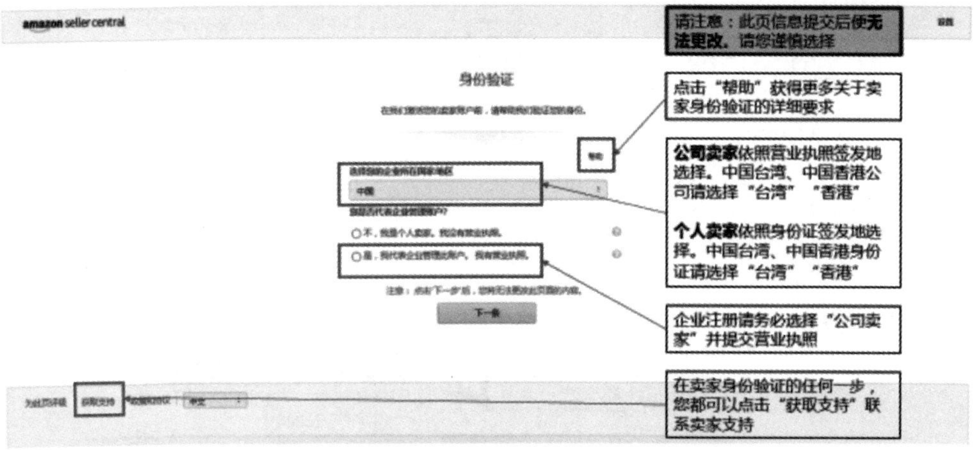

图 6－18　卖家身份验证界面

2. 法人代表人及公司信息

在图 6－19 页面上，提供此页的身份证信息必须与营业执照上的法定代表人信息相符。

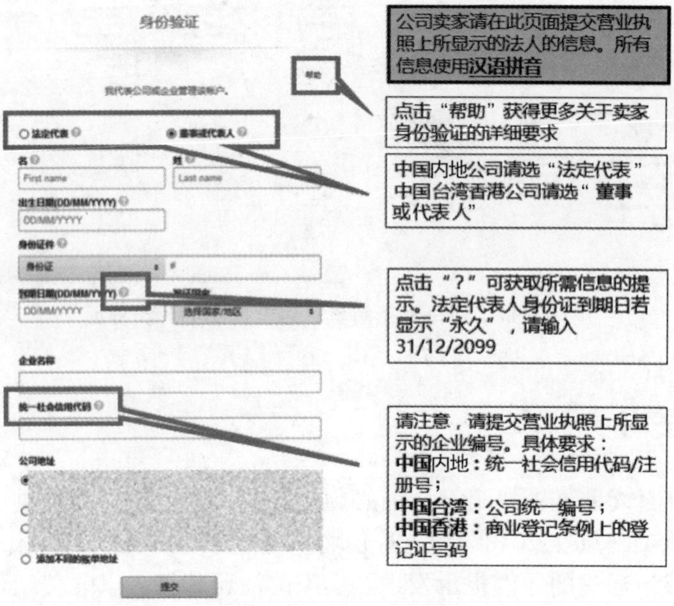

图 6－19　卖家法定代表人及公司信息界面

3. 上传文档

在图 6－20 界面上传文档，提交文件前，务必详细阅读图 6－21 界面上的上传说明，点击提交按钮。

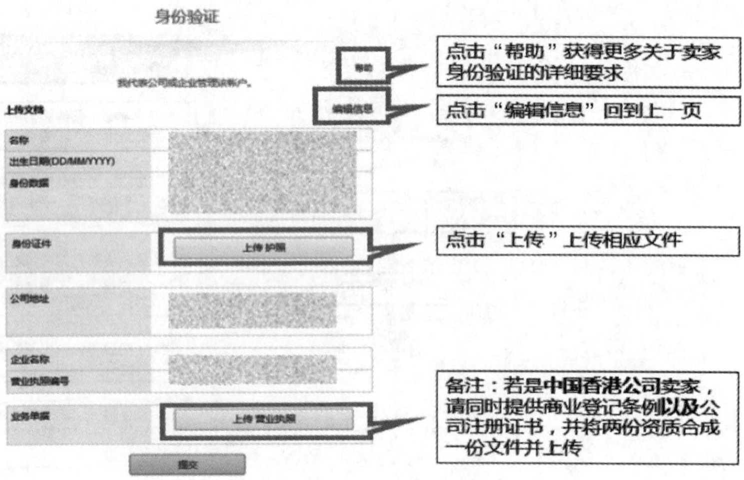

图 6－20　上传文档界面

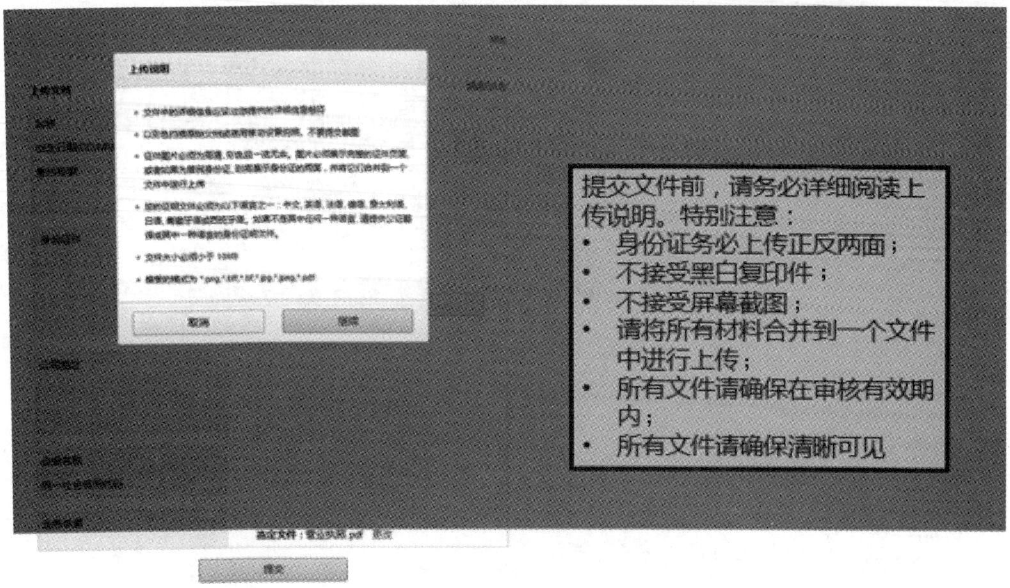

图 6－21　提交文件前的阅读提示界面

提交后页面见图 6－22。

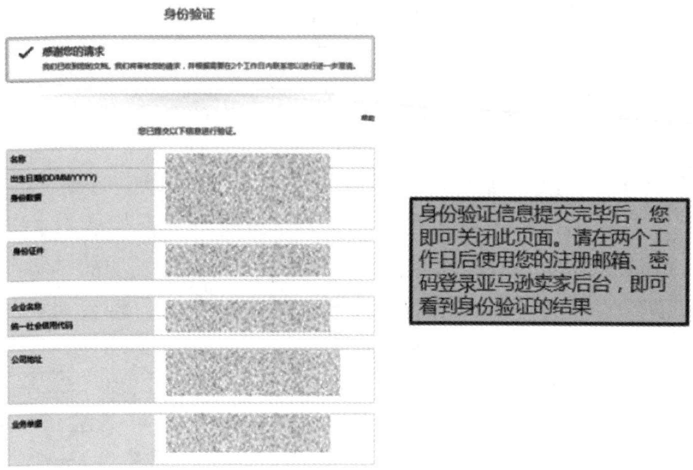

图 6－22　完成提交界面

如果卖家输入的信息无法被验证，就会出现图 6－23 的信息更正提醒界面。在上述注册过程中，卖家常犯错误主要有以下六种：

- 多页文件（例如，中国香港—公司注册证明书和商业登记条例）请合并到一个文件中进行上传；
- 卖家输入的信息（例如，法定代表人姓名、身份证号）务必与提交的文件中的信息相符；

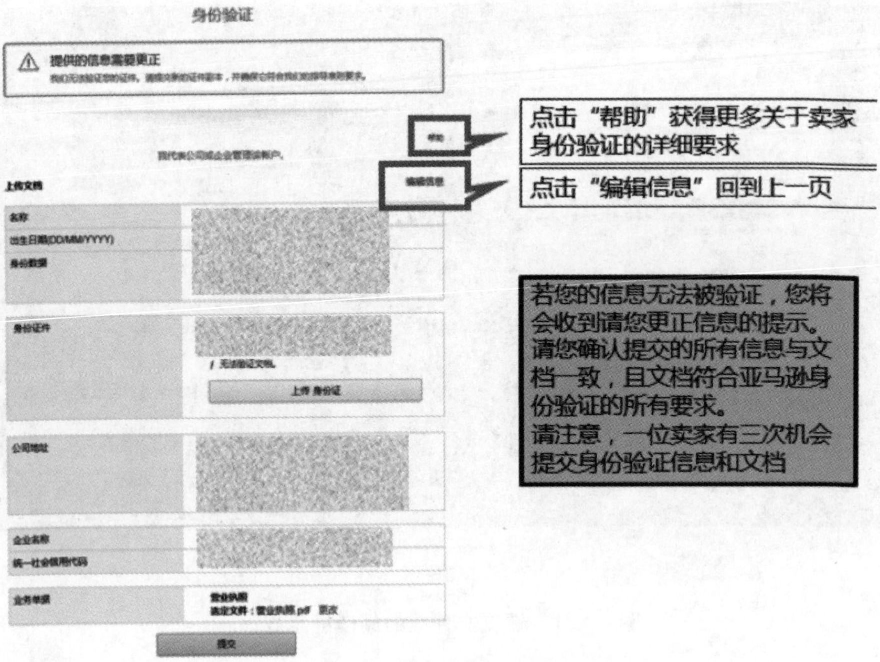

图 6－23　信息更正提醒界面

- 营业执照上的公司名称若是中文，请输入中文字符，请勿自行翻译；
- 扫描或照片必须保持所有信息清晰可读；
- 亚马逊不接受截屏；
- 亚马逊不接受黑白复印件。

完成上述步骤后，卖家账户注册就完成了。卖家可以立即进入卖家后台进行管理。卖家可以点击图 6－24 右上角的搜索/帮助按钮，查找所有关于亚马逊北美站点卖家运营的信息。亚马逊为卖家准备了帮助账户销售成功的培训材料，卖家还可以通过卖家平台的帮助按钮，联系亚马逊卖家支持团队，解答遇到的问题。

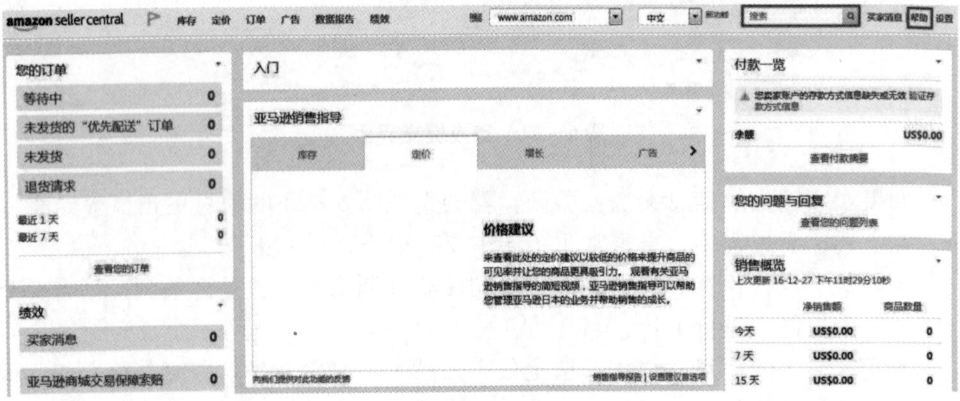

图 6－24　注册成功后卖家后台界面

如果卖家从个人销售计划升级为专业销售计划，也同样需要完成卖家资质审核。为给卖家及买家营造更健康的贸易环境，亚马逊将会对于销售计划升级的申请进行审核，包括收集并审核卖家更多的信息。当亚马逊收到卖家的销售计划升级申请后，卖家将在72小时内收到邮件，用于指导卖家提交相应文件进行审核（卖家资质审核）。审核流程将在卖家提交资质文件后开始，并持续3个工作日。审核期间，卖家现有的商品信息（listing）会被冻结。

课后练习

1. 简述亚马逊平台的四个特点。

2. 亚马逊卖家政策变动频繁。请登录亚马逊网站，查找最新产品安全政策、VAT政策以及产品合规政策。

3. 如果因为下述原因，亚马逊平台撤销了卖家的销售权限，你该如何提出申诉？

（1）买家提出了假冒商品投诉；（2）产权所有者通知亚马逊卖家涉嫌侵权；（3）商品引发安全事故；（4）商品存在安全问题（例如将二手商品作为新品出售、商品与广告描述不一致、已残损商品或有缺陷的商品）。

4. 如果因为下述原因，亚马逊平台撤销了卖家的自配送销售权，你该如何提出申诉？

（1）卖家自行配送订单的迟发率未达标：设置的配送准备时间可能太短；（2）卖家自行配送订单的取消率未达标：发布商品长期缺货。

5. 条件成熟时，尝试自己注册亚马逊北美站点的卖家账号。

附录1：在亚马逊平台销售“汽车和户外动力设备品类”的审批要求

- 卖家必须拥有一个可进行审核的独立网站或是拥有良好信誉账户的现有专业销售计划的卖家。
- 制造商对汽车和户外动力设备商品使用UPC码时，上传商品必须使用该制造商使用的UPC码。
- 卖家必须进行适当的研究，以确保上传的汽车和户外动力设备商品目录符合当地、州、联邦和国际法律和法规要求。
- 所有翻新汽车及机动车商品，必须要求制造商或再制造商提供保修。卖家必须说明他们列出的所有翻新商品的保修类型，指明商品是否由制造商保修或者自己保修。
- 所有上传的内容和图片必须适用所有年龄阶段用户并且适合于公共社区使用。所传内容和图片不得刻画或包含裸露或色情、淫亵或使人反感的物品。
- 图片必须是白色的背景，不能包含嵌入图片、水印或未经授权的内容。

附录2：在亚马逊平台销售“美妆”品类的审批要求

- 卖家必须是专业销售计划卖家。
- 卖家必须向亚马逊提供有关计划销售商品的有效文件，以及亚马逊要求的其他信息；在卖家提交销售美妆类商品的申请后，亚马逊将与卖家联系获取更多信息。
- 所有美妆商品必须是新品；亚马逊不允许销售任何二手商品。

附录3：在亚马逊平台销售“服装和配饰”品类的审批要求

- 卖家必须提供一个网站或图片存储网站，以便审查商品图片，对在亚马逊上销售的商品进行审批。
- 各大品牌的服装和配饰商品必须使用制造商的UPC码。
- 所有服装和配饰商品必须是新品；亚马逊不允许销售任何二手商品。
- 所有商品必须是真品，亚马逊不允许任何假冒、复制或仿制的商品。
- 商品图片必须符合上传标准，要求如下：

  √如有不同颜色，每个颜色必须包括一个显示该颜色的“子SKU主图片”。

  √上传的图片大小单边至少大于1001PX，以支持缩放功能。

  √所有图片都应进行相应裁剪，以优化顾客评估商品的能力。

  √图片不应该可见的水印、色彩或文本。

√图片背景必须是白色的，且是高品质的，真正代表所出售的商品。
√主图片必须是单一的商品，无堆叠或包含多件商品。
√主图和子图片必须是标准或平坦的。
√备用图片可以使用不同的角度或视角、色板等，但必须使用相同的图片质量和尺寸。

- 卖家负责自己全部上传图片的质量，即使卖家从外部获取图片。禁止：

√图片上有品牌标签或包装。
√二手或较新二手商品的图片。
√边框、水印、文字或其他装饰。
√草图或数字描绘的商品图片；仅使用真实图片。
√人体模特图片。
√彩色背景或生活图片。
√不属于商品列表的其他商品、物品或配件；仅包含顾客要购买的商品。
√图片预留位置（如“临时图像”或“无可用的图片”）。
√商品评级的图片。
√宣传文字，如“热销”或“免邮”（可用管理营销工具代替）。
√尺寸图表，送货区域范围地图或任何与商品不相关的图形。
√所有上传的内容和图片必须适用所有年龄阶段用户并且适合于公共社区使用；所传内容和图片不得刻画或包含裸露或色情、淫亵或使人反感的物品。

附录4：在亚马逊平台销售“食品杂货”品类的审批要求

- 卖家必须是专业销售计划卖家。
- 卖家必须向亚马逊提供有关计划销售商品的有效文件，以及亚马逊要求的其他信息。在卖家提交销售食品杂货类商品的申请后，亚马逊将与卖家联系获取更多信息。
- 所有食品杂货商品必须是新品；亚马逊不允许销售任何二手商品。

附录5：在亚马逊平台销售“个护健康”品类的审批要求

- 卖家必须是专业销售计划卖家。
- 卖家必须向亚马逊提供有关计划销售商品的有效文件以及亚马逊要求的其他信息。
- 所有个护健康类商品必须是新品；亚马逊不允许销售任何二手商品。

附录6：在亚马逊平台销售“珠宝首饰”品类的审批要求

- 所有商品必须是新品；禁止销售二手商品。
- 所有商品必须是真品，并且提供保修单。
- 所有非品牌珠宝商品需要使用单独创建的商品详细页面，卖家不得上传珠宝首饰类中的现有非品牌商品，除非该商品提供了制造商UPC码。
- 各大品牌珠宝商品必须使用制造商的UPC码。
- 珠宝首饰类中的所有新商品，必须按照金属类与时尚珠宝首饰类别进行分类，而且还必须符合亚马逊珠宝质量，保证标准及所有适用的法规，包括联邦贸易委员会珠宝指南。
- 所有上传的内容和图片必须适用所有年龄阶段用户并且适合于公共社区使用。所传内容和图片不得刻画或包含裸露或色情、淫亵或使人反感的物品。
- 所有商品图片必须符合亚马逊站点范围的图片标准，以及具体的珠宝首饰标准。
- 亚马逊会定期审查卖家上传的珠宝商品的质量，包括检查商品和内容是否满足所有适用的要求；请注意：亚马逊可能会取消不符合相关要求的珠宝首饰商品的销售权限。

附录7：在亚马逊平台销售“箱包和旅行用品”品类的审批要求

- 各大品牌的箱包和旅行商品必须使用制造商的UPC码。
- 所有箱包和旅行用品商品必须是新品。亚马逊不允许销售任何二手商品。
- 所有商品必须是真实的。亚马逊不允许销售任何假冒、复制或仿制的商品。
- 商品图片必须符合服装店形象标准，要求如下：

√如有不同颜色，每个颜色必须包括一个显示该颜色的“子SKU主图片”。

√上传的图片大小单边至少大于1001PX，以支持缩放功能。

√所有图片都应进行相应裁剪，以优化客户评估商品的能力。

√图片不应该有可见的水印、色彩或文本。

√图片背景必须是白色的，且是高品质的，真正代表了出售的商品。

√主图片必须是单一的商品，无堆叠或包含多件商品。

√备用图片可以使用不同的角度或视角、色板等，但必须使用相同的图片质量和尺寸。

√卖家负责他们全部上传图片的质量，即使卖家从外部获取图片。

禁止：

√图片上有品牌标签或包装。

√二手或较新二手商品的图片。
√边框、水印、文字或其他装饰。
√草图或数字描绘的商品图片；仅使用真实图片。
√彩色背景或生活图片。
√不属于商品列表的其他商品、物品或配件；仅包含客户要购买的商品。
√图片预留位置（如“临时图像”或“无可用的图片”）。
√商品评级的图片。
√宣传文字，如“热销”或“免邮”（可用管理营销工具代替）。
√尺寸图表，送货区域范围地图或任何与商品不相关的图形。

- 所有上传的内容和图片必须适用所有年龄阶段用户并且适合于公共社区使用；所传内容和图片不得刻画或包含裸露或色情、淫亵或使人反感的物品。

附录8：在亚马逊平台销售“鞋履、手提包和太阳镜”品类的审批要求

- 卖家必须提供一个网站或图片存储网站，以便审查商品图片，对在亚马逊上销售的商品进行审批。
- 各大品牌的鞋履、手提包和太阳镜商品必须使用制造商的UPC码。
- 所有鞋履、手提包和太阳镜商品必须是新品。亚马逊不允许销售任何二手商品。
- 所有商品必须是真品，亚马逊不允许销售任何假冒、复制或仿制的商品。
- 商品图片必须符合鞋类、手袋及太阳镜标准，要求：

√图片必须仅显示鞋子，而不是显示在鞋盒中或旁边。
√一张图片仅显示一只鞋子。
√纯白色背景。
√主要图片从上面看来必须是3/4侧视，鞋指头向右或左。
√上传的图片大小单边至少大于1001PX，以支持缩放功能。
√图片必须是彩色，非黑白色。
√图片必须可以显示出整只鞋子，进行相应裁剪，并且鞋子占住了图片区域80%的面积。
√如有不同颜色，每个颜色必须包括一个显示该颜色的“子SKU主图片”。
√图片不应该有明显的水印、色彩或文本。
√备用图片可以使用不同的角度或视角、色板等，但必须符合相同的图片质量和尺寸要求。
√卖家负责他们全部上传图片的质量，即使卖家从外部获取图片。

禁止：

√图片上有品牌标签或包装。

√二手或较新二手商品的图片。
√边框、水印、文字或其他装饰。
√草图或数字描绘的商品图片；仅使用真实图片。
√彩色背景或生活图片。
√人体模特图片。
√不属于商品列表的其他商品、物品或配件；仅包含客户要购买的商品。
√包含多件商品的图像。
√图片预留位置（如“临时图像”或“无可用的图片”）。
√商品评级的图片。
√宣传文字，如“热销”或“免邮”（可用管理营销工具代替）。

- 所有上传的内容和图片必须适用所有年龄阶段用户并且适合于公共社区使用；所传内容和图片不得刻画或包含裸露或色情、淫亵或使人反感的物品。

附录9：在亚马逊平台销售“钟表”品类的审批要求

- 卖家必须提供一个网站或图片存储网站，以便审查商品图片，对在亚马逊上销售的商品进行审批。
- 各大品牌的钟表商品，必须使用制造商的UPC码。
- 所有商品必须是新的；亚马逊不允许销售任何二手商品。
- 所有商品必须是真品，亚马逊不允许销售任何假冒、复制或仿制的商品。
- 卖家必须说明自己的钟表是否提供制造商保修；未提供制造商保修的钟表，将不在Asurion提供的亚马逊钟表保修范围内。
- 图片必须有白色的背景，不能包含嵌入图片、水印或未经授权的内容。
- 所有上传的内容和图片必须适用所有年龄阶段用户并且适合于公共社区使用；所传内容和图片不得刻画或包含裸露或色情、淫亵或使人反感的物品。

第七章

选　　品

教学目标：

1. 学生能够采用 PEST 分析法分析跨境电商出口目标国家（地区）的宏观环境。

2. 学生能够通过亚马逊平台 Best Sellers 类目、竞争对手店铺、细分品类和特色店铺选品。

3. 学生能够熟练使用 Shopping Insights、Google Trends、Market Finder 和谷歌商学院等工具，了解产品销售和需求趋势。

引导案例：

2019 年跨境电商盛行精细化、数据化选品

美国有很多人养宠物，美国宠物产品协会估计，2015 年美国人为宠物花费约 605.9 亿美元，这比五年前激增 25%。养狗的美国家庭最多，养狗通常花费也最大，因为爱犬日益被视为家中成员，主人也很舍得为它们花钱，给予各种现代生活享受，包括高级餐饮、住豪华旅馆，以及配合其生活方式的高科技装置，每只狗每年的基本花费约为 1641 美元。随着美国人越来越宠爱宠物以及宠物产品开发力度的不断加大，这个数字一直在稳步增长。

一位中国跨境电商卖家想在亚马逊平台向美国销售狗窝产品。他查询了解到亚马逊平台上狗窝产品非常畅销，觉得它的市场应该很大，并且能够在亚马逊上卖得很好。

进一步分析检索结果，他发现并分析了下面三组数字。

第一组数字：在亚马逊平台“狗窝”检索前 100 名结果中，亚马逊自营占了 87.5%，只有 12.5% 的卖家来源于第三方。这意味着卖家进入市场是直接与亚马逊进行竞争，造成流量资源的短板。

第二组数字：在亚马逊平台上“狗窝”前 100 名检索结果中，只有 27 个品牌、17 个卖家。这意味着狗窝产品市场已经形成一定的垄断，后来者很难“居上”。

第三组数字：在亚马逊平台“狗窝”检索前 100 名的产品当中，最新的产品是一年前上架的。这意味着该卖家通过一年的努力，才跑到亚马逊前 100 名。历时一年半的产品大概两个，其他的产品则历时两年或三年。这意味着如果卖家要做狗窝产品的话，有可能两年后才能制成爆款，甚至还要跟大卖竞争，制成爆款用时过长。经过深入分析，该卖家放弃了在亚马逊平台向美国经销狗窝产品的想法。

案例分析：在亚马逊平台上，其自营的类目约有500个。如果不能避开这500多个雷区，进去就等于跟亚马逊直面竞争，造成流量资源的短板。除了考虑竞争因素外，卖家选品时还需要考虑商品的重量、体积、是否易碎或变质、是不是危险品、供应链是否具有优势以控制成本，使定价具有竞争性并保证高利润，产品的生命周期、产品的季节性和节日性、产品的购买频次等因素。可以说，选品是卖出跨境电商出口制胜的第一步。①

选择往往比努力更重要，因为选择具有指导方向和思路的作用，只有方向和思路是对的，努力才更可能收到效果。做跨境电商出口更是如此。做跨境电商出口之前，一定要花费一定的时间和精力做目标国家（地区）市场调研、做站内和站外的精细化、数据化选品调研，选择适销对路的产品，才能为后期努力带来收益。本章将从目标国家（地区）市场调研、亚马逊平台站内选品、站外选品等三个方面介绍跨境电商选品。

第一节　目标国家（地区）市场调研

目标国家（地区）市场调研工作主要从市场环境分析框架和市场环境分析工具两方面入手。

一、目标国家（地区）市场环境分析框架

宏观环境又称一般环境，指能影响一切行业和企业的多种宏观力量。在做宏观环境因素分析时，一般都是采用PEST分析法，从政治（politics）、经济（economy）、社会（society）和技术（technology）这四大方面选择影响企业的主要外部环境因素入手，也可以根据不同行业和企业的自身特点和经营需要，具体情况具体分析。跨境电商出口紧密相关的目标国家（地区）宏观环境也主要从政治环境、经济环境、社会环境和技术环境四个方面分析。

1. 政治环境

与跨境电商出口相关的目标国家（地区）政治环境主要是指该国的电子商务法律法规，尤其是跨境电商零售进口的税收政策、跨境电商企业信息数据管理政策、跨

---

① 资料来源：（1）美国人养宠物狗开销大一年要花600多亿美元，2015-7-15，环球网，财经热点；（2）两大选品案例看亚马逊卖家如何精细化选品，2019-3-18，雨果网。

境支付政策等，并分析这些政策对出口到该国的跨境电商企业及运营模式的影响。

虽然德国税法规定，从欧盟以外进口到德国的货物要征收 19% 的增值税，但是，德国政府表示，随着跨境电商的野蛮生长，政府每年因电商偷税漏税损失数亿欧元税收，境外卖家的偷税漏税情况严重。据统计，德国 2/3 的在线零售都是通过亚马逊和 eBay 等第三方网络购物平台实现的。

德国政府于当地时间 2018 年 8 月 1 日表示，已通过一项法律草案，拟对亚马逊和 eBay 等跨境电商平台加强税收监管。该草案规定，电商平台有义务收集卖家数据，包括姓名、地址、税号、送货地址、交易时间和金额等，还有义务检查卖家是否在德国财政部登记并支付销售税。一旦卖家偷税漏税，电商平台须承担所欠税款。德国政府发言人德默尔表示，该草案意在打击跨境电商平台上的偷税漏税行为，保护诚实缴税的商家利益。①

因此，对于做德国站跨境电商出口的卖家来说，2018 年，必须要了解的政策环境之一就是德国跨境电商税收监管政策。

2. 经济环境

经济环境是指国民经济发展的总概况、国际和国内经济形势及经济发展趋势，企业所面临的产业环境和竞争环境等。与跨境电商出口相关的目标国家（地区）具体经济环境分析主要包括人均 GDP、电子商务市场收入规模（如销售额）、电子商务市场结构（如主要跨境电商平台的市场份额）、电子商务用户渗透率、基础设施等。

俄罗斯横跨亚欧大陆，在“一带一路”倡议的实施中占据着重要的国际地位，是“一带一路”地区最大的电商市场之一。2018 年，俄罗斯电子商务市场收入达到 180 亿美元，预计到 2021 年的市场交易量将达到至少 230 亿美元。eShopWorld 数据显示，俄罗斯 2018 年电子商务用户渗透率达到 56.12%，到 2020 年或将达到 61.44%，具有较大的增长空间。也正因此，近年来，已经有众多中国跨境卖家将目光看向俄罗斯电商市场。

3. 社会环境

社会环境是指一定时期整个社会发展的一般状况。社会环境分析主要包括对人口、社会流动性、消费心理、生活方式变化、文化传统、价值观等因素的考量。与跨境电商卖家紧密相关的社会环境主要包括人口与人口结构、互联网用户与互联网渗透率、移动用户、公共节假日、生活习性、信奉的宗教、主要语言、性别观念、对外来文化和产品的包容性、环保观念，等等。例如，研究东南亚消费者特征发现，年轻人高度依赖社交媒体，Facebook 是活跃度最高的社交平台，东南亚网红文化流行，年轻人热衷追星。2018 年 6 月，印度尼西亚、马来西亚、菲律宾、新加坡、泰国和越南网民数量超过 3.5 亿人，比 2015 年增长了 9000 万

---

① 德国严格征收增值税 跨境电商可顺利避税？. 创业家，2018－8－4，http://mini.eastday.com/a/180804102026209.html.

网民，其中超过90%主要使用智能手机上网。同时，东南亚网民也是在线时长最长的，例如泰国网民每天花4小时56分钟访问移动互联网，远超过地球上的其他国家。电子商务是东南亚网络经济增长最快的行业，2018年达到230亿美元，到2025年将超过1000亿美元。东南亚整体电商流量72%来自移动电脑，消费者下单最活跃时段是11～15点、20～22点，下单高峰时间是15点和21点，等等。这些特征为互联网企业带来巨大的市场机遇，有助于电商企业作出合适的运营决策与推广方案。①

Internet World Stats 数据显示，俄罗斯总计约1.43亿人口，截至2017年12月底，互联网用户达到1.1亿人，互联网渗透率高达76.1%。根据《2017年世界互联网电子商务报告》，俄罗斯是目前全球仅有7个互联网用户过亿的国家之一。② 俄罗斯突出的互联网用户数量为电商市场发展提供了强有力的条件。非洲也是我国"一带一路"建设沿线国家集中的地区之一。非洲的互联网普及度从2005年的2.1%增长到2018年的24%。2014年以来，非洲网购人数年增长达到了18%。如果这一数字能提高到50%，非洲电商市场将增加7700万的在线购物者。非洲将很有可能成为下一个电商市场井喷的地区。③

🕮 专栏：英国人爱戴帽子

电影中，穿着圆领短披风、戴着猎鹿帽的福尔摩斯叼着烟斗，解决了一桩又一桩离奇的案件。猎鹿帽象征追逐，就像侦探永远在探索真相。在现实生活中，英国人的帽子也能说明身份。平顶高礼帽属于上流社会，平民阶层即便穿西装也大多只戴圆顶礼帽，而戴着八角帽的小男孩往往是走街串巷卖报纸的。爱德华时代的男性对帽子的搭配讲究得令人咋舌。绅士们在乡间散步或者打门球时，必须穿戴上花呢套装、针织背心、鸭舌帽以及布洛克鞋。划船时则要换上针织套衫，佩戴肉饼帽。出席社交场合时，帽子必须是崭新的，且材质上乘、做工考究。若是参加婚礼，他们戴的帽子大多有丝绸装饰。度假时，帽子颜色可以花哨一些，工作场合戴的帽子帽檐则不能太宽，从事体力劳动的人通常选择贝雷帽。

英国人对帽子的偏爱源于多雨的天气。毕竟出门带雨伞太麻烦，零星飘落雨点时也没必要撑伞，于是帽子是再合适不过的选择。但随着时代发展，帽子的装饰意义慢慢大于实用功能，久而久之也变成了社交礼仪的一部分。去别人家拜访，进门的第一个动作一定是脱帽；在街上见到熟人又距离较远的时候，可以轻轻脱一下帽子，并颔首致意；向陌生女士问好或致歉的时候，只需要稍将帽子抬起。最好玩的是英国议会的规定：议员们不得戴着帽子进入议会，但在发言的时候又必须戴上。于是议会厅会为没有戴帽子来的议员准备了公共"发言帽"，若是讨论激烈，常会看到人们探身去抢帽子，像是小朋友在做游戏。

---

① Google & 淡马锡：2017年东南亚网络经济研究报告、2018年东南亚网络经济研究报告。

② 一带一路背景下的俄罗斯的电商市场．雨果网，2018－9－21.

③ 非洲电商市场距离爆发式增长还有多远？．雨果网，2018－12－20.

帽子对于英国人非凡的意义也反映在语言中。“hat in hand”（手持帽子）就是“十分恭敬”的意思。成语“take one's hat off”，字面意思是“脱下自己的帽子”，引申意思则是“敬仰”。虽然现在英国人不再时刻戴着帽子，但有关帽子的传统在语言里延续了下来。

繁杂有趣的礼帽传统，随着马车在路上消失、电灯代替煤油灯而变得越来越稀有。这是历史发展的必然，对于局外人来说总是有些可惜。这就是为什么我总会觉得，那些穿着三件套西服、戴着礼帽出门只为喝一次下午茶的老先生身上，总带有一点执拗的可爱。他们守护着自己熟悉的东西，他们是历史的印记。

相比之下，女士对帽子的热情倒是不见消退。凯特王妃优秀的衣着品位也包括搭配帽子的眼光；英国女王每次在公众场合佩戴的帽子都既精巧又庄重；老布什夫人出访英国时，甚至因为“帽檐宽了一点儿”而被媒体大肆批评。

资料来源：英国人戴帽子原来还有这个作用．转自环球时报，环球网，2019-1-2，网易首页，旅游频道，http：//travel.163.com/19/0102/11/E4GT0AFS00068AIR.html.

4. 技术环境

技术环境不仅包括革命性的发明，还包括与企业生产有关的新技术、新工艺、新材料的发展水平与应用前景，科技对分销渠道的改变状况，主要包括使用数据库或自动化系统获取数据的水平，大数据、人工智能、搜索引擎等技术因素对跨境电商出口运营模式的影响，如物流信息化和海外仓建设情况、国际支付技术发展水平、大数据运用水平，等等。

技术进步极大促进了移动第三方支付的发展，从而促进了跨境电商的快速发展。由于移动装置的普及和移动技术的提升，移动支付因其便利性、快捷性的优势遍及了用户生活的各个场景。艾瑞统计显示，中国第三方支付在移动端的交易规模已经从2011年的0.1万亿元暴增到2017年的约100万亿元，见图7-1。近年来，移动端第三方支付规模增速远高于电脑端，人的支付习惯向移动端迁移，未来第三方支付大概率会利用移动支付。

企业的本质是在不确定的环境中如何决策。对于企业来说，选品是决策、客户定位是决策、营销策略是决策、供应链选择是决策、交付周期是决策、库存管理是决策、商业模式选择是决策。企业如何面对和适应快速变化的竞争环境并作出反应？首先要认清楚变化的技术和变化的环境。

技术进步引起工具革命，也带来了原始社会、农业社会、工业社会和信息社会经济时代的更替。蒸汽机、内燃机、纺织机等都是工业社会的代表性技术和工具，信息社会在传统工业社会工具和技术的基础上，增加了传感、通信、计算、处理等智能模块技术。目前，一个新时代即将到来，这个时代就是基于复杂经济系统需求牵引的、历时20年的技术架构体系大迁徙的时代。这场基于云计算的技术架构体系大迁徙时代的序幕刚刚拉开，随后的15年左右，商业系统、制造系统变得越来越复杂，见图7-2。

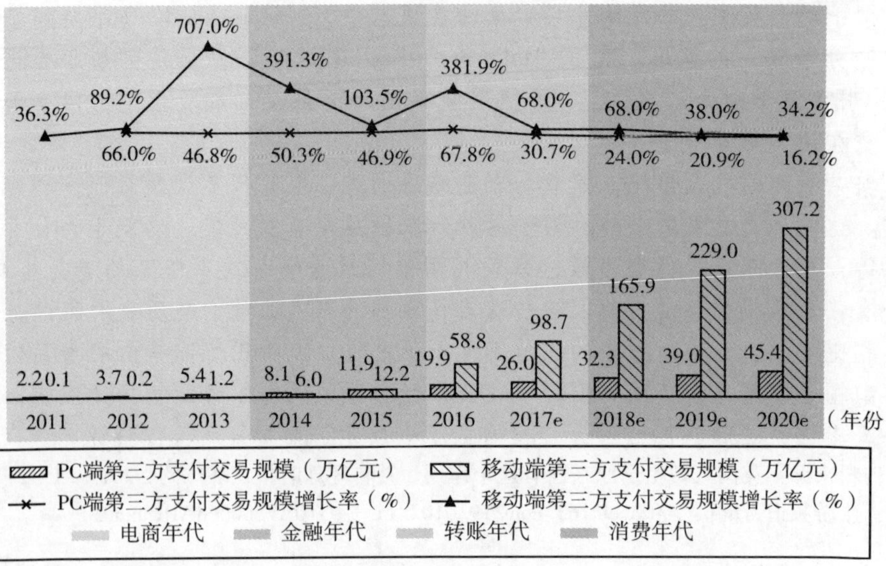

图7－1　2011～2020e年中国互联网、移动第三方支付交易规模及增长率

资料来源：艾瑞咨询研究院。

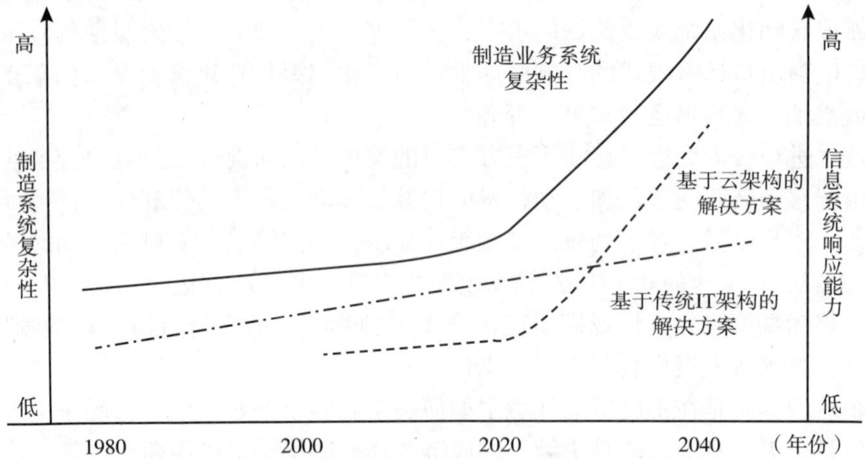

图7－2　智能＋时代技术体系：一场历时20年，基于复杂经济系统牵引的技术架构大迁徙

技术架构体系的迁徙推动了企业的数字化转型从1.0迈向2.0。企业必须从基于经验的决策向基于“数据＋算法”的决策转变，从基于传统IT架构的信息化管理向基于云架构的智能化运营转型，从业务数字化向数据业务化转型，从流程驱动向数字驱动转型，这是企业数字化转型的基本模式。天猫联合玛氏、雀巢等多家一线品牌，联合建立新品创新中心，基于“数据＋算法”驱动新品开发，助力新品数量爆发，上新周期缩短。2016～2018年，天猫平台新品数量从400多万、1200多万大幅提升至5000多万。2015～2018年，天猫平台3C、服装、美装、电器等行业新产品研发周期大幅缩短。3C 行业从一年上新一次到一年上新两次以上，美妆行业从每半年到一年上新一次缩短为每月上新一款旗舰商品，个护行业上新周期从 18 ~24 个月缩短到 9 个月，电器行业从 2 ~3 年上新一次缩短为半年上新一次，服装行业从每季度上新到部分快时尚产品每周上新。[①]

未来，跨境电子商务更需以“数据 + 算法”为依托，提高电商企业运营和推广决策的精确程度和效率，适应万物智联的复杂生态系统，基于数据和生态建立新型商业模式将会是跨境电商出口企业真正的竞争力所在。

二、市场环境分析工具：Google 营销商学院

分析不同类别产品的目标国家（地区）市场环境，有一款非常有用的工具。这个工具是谷歌（Google）营销商学院的全球商机通。

首先，登录网址 https：//ads. google. cn/marketfinder/。

全球商机通页面显示出工商业、服装服饰、电脑和消费电子品、交通工具、婴幼儿、美容和个人护理、食品和生活用品、电器、家居和园艺、节庆与礼品、运动和健身、玩具嗜好和户外活动、乐器、旅游和观光、工展活动演出及文化节以及健康相关 16 个产品大类，见图 7 – 3。

图 7 – 3　Google Ads 全球商机通首页界面

① 2019 年 4 月 28 日，清华大学经管学院举办的高教论坛上，安筱鹏博士围绕“数字化转型 2. 0”进行的“技术架构大迁徙时代来临，10 个关键点读懂数字化转型”主题发言。

其次，点击要了解的行业大类，比如运动和健身，出现如下运动服和健身服、运动迷服饰、划船和水上娱乐、体育用品和健身5个细分产品类别，见图7-4。

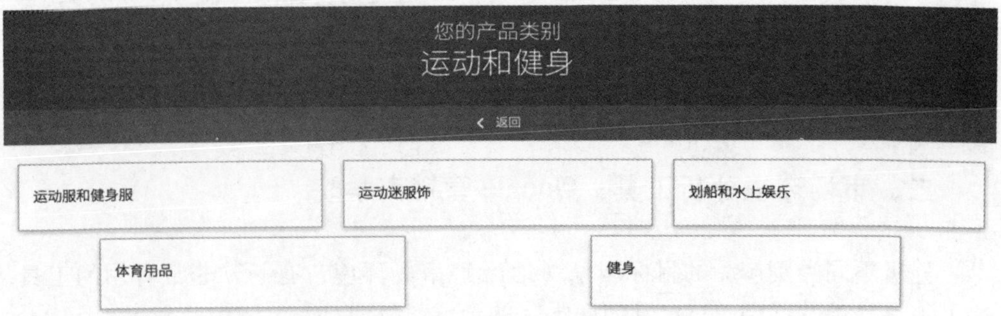

图7-4　运动和健身产品的5个细分行业

再进一步点击运动服和健身服，显示如下跑步用服装、冬季运动服装、骑行服装、体操服饰和滑冰服装5个更细分的产品类别，见图7-5。

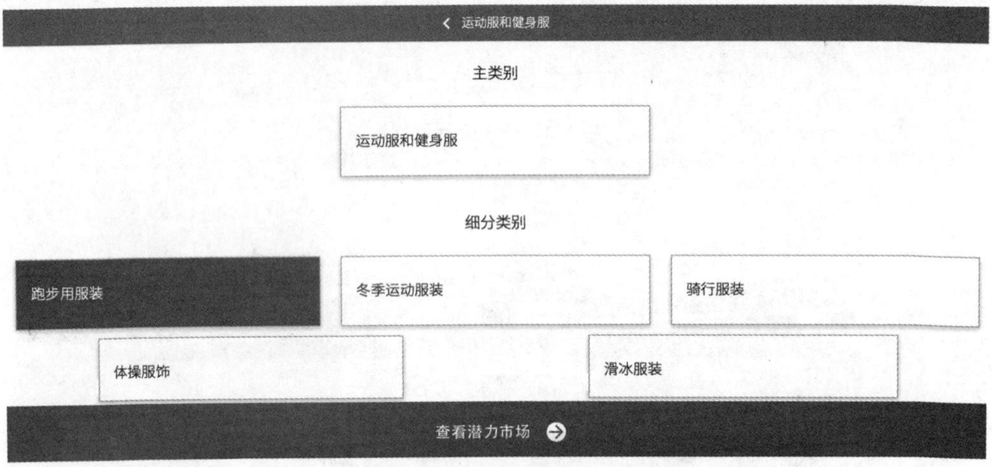

图7-5　运动服和健身服产品的5个细分产品类别

点击查看潜力市场，工具给出最适合跑步服装产品的美国、日本、德国、英国、法国5个目标市场，见图7-6。

进一步点击目标国家，如美国，工具会给出一系列美国跑步服市场环境的详细数据。

第一，(1) 美国有200万人每月在谷歌上搜索与跑步服装类别相关的信息，该指标能够反映出美国对跑步服装的需求和整体商机规模，是出海最重要的指标之一。(2) 0.67美元可以带来一个美国网络访客。Google Ads上建议的出价，依

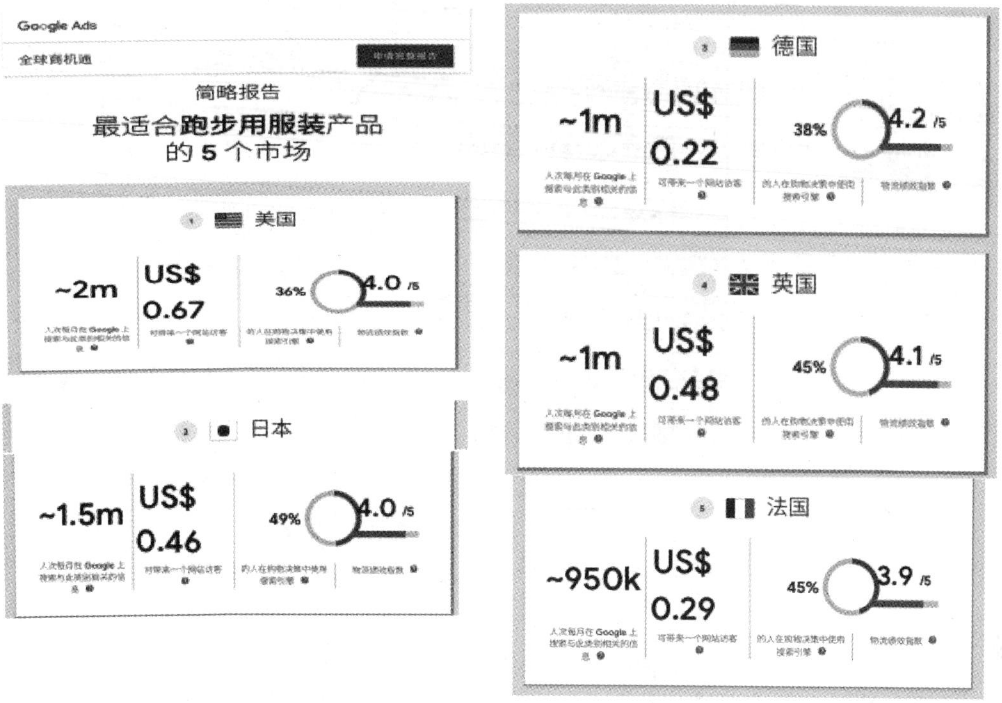

图 7-6　最适合跑步用服装产品的前 5 个国别市场

据是其他广告客户针对同一地区为相关关键词支付的每次点击费用（CPC）。这项数据可以有效地反映这个市场的竞争激烈程度。请注意：达到或者超过这些估算的出价并不能保证一定会赢得相应的展示位置。（3）36% 的人在购物决策中使用各种搜索引擎作为信息来源。这个指标有助于广告主深入了解互联网对购物决策的重要性，制定优秀的在线广告策略。

第二，人口及经济概况。（1）美国人口总数 3.2558 亿，是人口普查结果中所报告的美国人口总数，有助于大体了解市场潜力。（2）人均 GDP6.1 万美元，可以很好地反映美国人们的生活水平。（3）人均购买力 6.1 万美元，有助于比较不同国家的生活水平。（4）家庭可支配净收入 4.65 万美元①，是扣除所得税后的平均家庭收入。通过这项数据可以洞悉美国的消费能力，了解消费者有多少钱可以购买产品和服务。（5）全球竞争力指数 5.7②，用于衡量可推动生产力提高和促进繁荣的因素，例如对国际贸易的开放程度和科技完备度。这项指标有助于判断美国经济体的实力。（6）按年龄划分的人口。见图 7-7③。图中以 10 岁为一个年龄段来划分人口。这有助于大体了解美国的潜在市场。

① 资料来源：世界经济论坛 2017。

② 资料来源：经合组织。

③ 资料来源：联合国数据 2015。

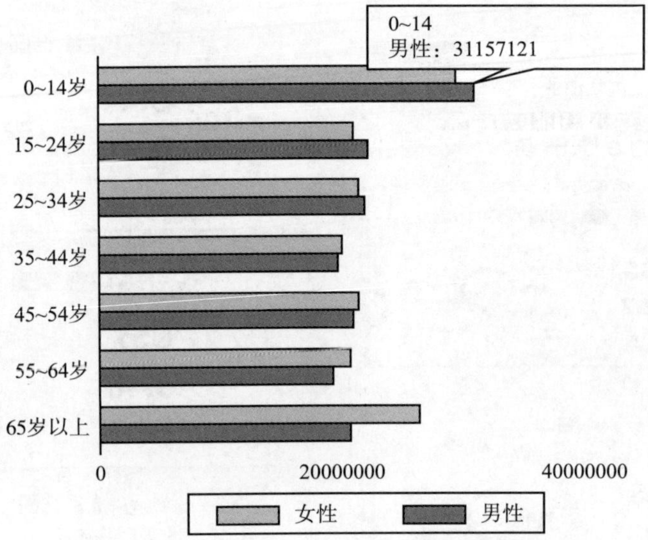

图 7－7　美国不同年龄段男性和女性人口数量

第三，商业概况。（1）经商便利指数第 8 名[①]。该指标衡量的是市场环境有利于营商的程度，排名值的范围为 1～190。排名越高表示监管环境越有利于在当地创办和经营企业。（2）创业便利度排名第 51。根据创业者创办和经营各类企业所需的手续、时间、成本和最低持股投资来排名。排名第一为最便利。（3）缴税便利度排名第 36。根据一家标准化公司在营业第二年旗舰的缴税总次数、缴纳方式、缴纳频率以及需要跟进的税务机关数量进行排名。第一为最便利。（4）税率是收益的 44.0%。该指标用来衡量企业在营业第二年期间支付的税额，以占商业利润的百分比的形式表示。（5）每年缴税 10 次。[②] 该指标显示一家标准化公司在营业第二年期间缴纳各种税费的总次数、缴纳方式、缴纳频率、报税频率，以及需要跟进的税务机关数量。（6）可供供应商选用的付款方式主要有银行卡，占比 65.0%；电子钱包，占比 20.0%，以及银行转账，占比 6.0%；货到付款，占比 4.0%；预付卡，占比 3.0%；其他，占比 1.0%；预付款，占比 1.0%。[③]

第四，购买行为分析。（1）通过在线调研首次发现商品的人群占比为 55%。这个指标有助于广告主如何定位潜在客户。（2）通过广告首次发现商品的人群占比为 10%。这个指标有助于广告主洞悉该市场对广告的易接受程度，决定如何有效地与潜在客户沟通。（3）仅靠在网上调研来寻找本地商家的人群所占的百分比为 38%。该指标有助于广告主了解互联网对购物决策的重要性，制定优秀的在线广告策略。（4）各个购买阶段的互联网使用习惯，见图 7－8。该指标有助

① 资料来源：世界银行 2018。

② 资料来源：世界银行 2017。

③ 资料来源：Worldpay（2018）、PPRO（2018）。

于广告主深入了解互联网对购物决策的重要性，制定优秀的广告策略。(5) 海外线上购物（包括从国外发往国内的货物）的频率显示，31% 的人每年海外购物至少一次，15% 的人海外购物每年不到一次，7% 的人只有一次海外购物经历，见图 7－9。该指标有助于确定此市场中的网民对企业的产品需求的规模，以及企业将面对的来自其他国外商家的竞争可能有多大。(6) 每周线上购物设备使用比例显示，智能手机占比 6%、平板电脑占比 3%、计算机占比 7%，见图 7－10。这项数据可以显示使用不同设备在线购物的情况，有助于商家制定针对移动设备、桌面设备的广告策略。(7) 购物调研设备使用比例显示，77% 的人群使用计算机进行产品或服务资料收集、29% 的人群使用智能手机、15% 的人群使用平板电脑、2% 的人群使用其他能够访问互联网的设备，还有 2% 的人不记得设备类型，见图 7－11。[①] 该指标有助于广告主制定移动版、桌面版网站的设计方案和策略。

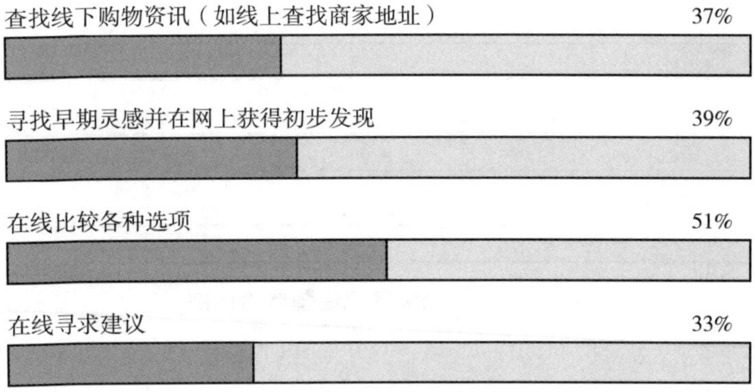

图 7－8　各个购买阶段的互联网使用习惯

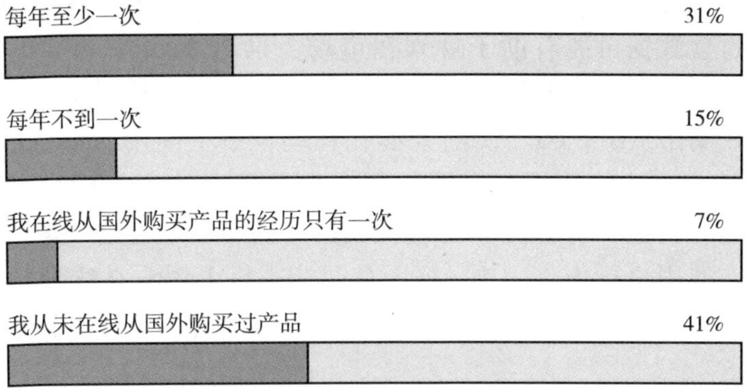

图 7－9　海外线上购物频率

① 资料来源：消费者行为晴雨表（2014～2016 年）。

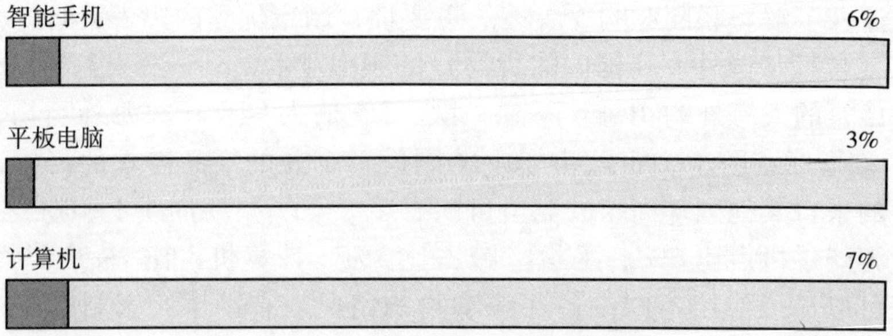

图 7-10　每周线上购物设备使用比例

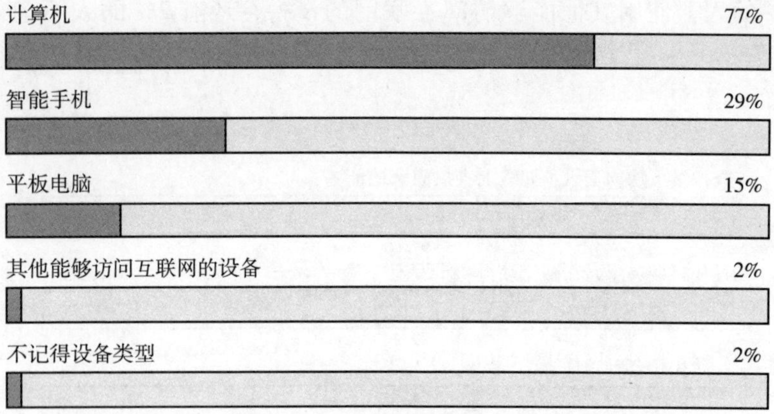

图 7-11　购物调研设备使用比例

第五，互联网使用概况。（1）美国活跃的互联网网民数量占比 76%。该指标是指过去 3 个月内在任何地点使用过互联网的人。这项数据能够反映互联网在该市场中的普及程度。[①]（2）Android 和 iOS 操作系统在各种移动设备上的使用情况。这项数据可能有助于规划在市场上推出 Android 和 iOS 版应用的活动，或规划定位到这些设备的广告系列。数据显示，美国 54% 的人群在移动设备上使用 iOS 操作系统，45.5% 的人群在移动设备上使用 Android 操作系统。[②]（3）美国出于个人目的使用互联网的频率为 78%。这个指标是指用户出于个人原因（非工作目的、非业务）访问互联网的频率。通过这项数据可以洞悉美国市场中的在线用户行为。[③]（4）每天在智能手机上观看在线视频的网民占比 26%。该指标有效反映了以视频接受资讯的普及率，对规划视频广告有所帮助。

第六，物流分析数据。（1）美国跨境贸易便利度排名第 35。该指标是

① 资料来源：国际电信联盟（ITU）（2016）。

② 资料来源：StatCounter（2018）。

③ 资料来源：消费者行为晴雨表（2014～2016 年）。

指统计与进出口商品的物流程序相关的总时间和成本来排名。该指标主要依据文书方面的合规要求、边检方面的合规要求和国内运输三项手续进行评估，不包括关税。排名第一为最便利。（2）物流绩效指数为4.0，表示产品进入、美国的难易程度。这个指标会考虑多种因素，如发运的及时性以及清关程序的效率。此外，物流分析板块还显示多项美国海关进口耗时和成本，见表7－1。

表7－1 美国进出口耗时和成本

指标名称	指标解释	指标值
进口耗时	边检合规（衡量完成目的地经济体海关以外的海关机构要求的清关和边检流程所需要的时间，其中还包括完成港口装卸所需的时间）	2小时
	文书合规（符合目的地经济体和转口经济体（如有）所有政府机构的文书要求而获取、准备、处理、出示和提交相关文件所耗费的时间）	8小时
进口成本	边检合规（衡量完成目的地经济体海关以外的海关机构要求的清关和边检所产生的成本，包括完成港口装卸所产生的费用）	175美元
	文书合规（衡量符合目的地经济体和转口经济体（如有）所有政府机构的文书要求而获取、准备、处理、出示和提交相关文件所产生的费用）	100美元
出口耗时	边检合规（显示完成出口经济体海关以外的海关机构要求的清关和边检流程所需的时间，包括完成港口装卸所需时间）	2小时
	文书合规（显示符合出口地经济体和转口经济体（如有）所有政府机构的文书要求而获取、准备、处理、出示和提交相关文件所耗费的时间）	2小时
出口成本	边检合规（衡量完成出口经济体海关以外的海关机构要求的清关和边检流程所产生的成本，包括完成港口装卸所产生的成本）	175美元
	文书合规（衡量为符合出口地经济体和转口经济体（如有）所有政府机构的文书要求而获取、准备、处理、出示和提交相关文件所产生的费用）	60美元

资料来源：世界银行（2017）。

同时，谷歌全球商机通工具给出了第2名日本、第3名德国、第4名英国、第5名法国，乃至所有可能国家的上述信息，为跨境电商商家提供了分析目标国家（地区）市场环境的翔实数据。

第二节 亚马逊站内选品

选好目标国家（地区）和产品类目后，需要做的就是在这个类目里确定具体要卖的产品。

一、选品原则

跨境电商选品有很多因素需要考虑，主要有供应链优势、利润率、是否侵权、平台销售政策等，有些原则是红线，不能触碰。

1. 确保商品没有侵权

亚马逊对品牌保护程度非常高。卖家选品时必须确保所选产品的品牌和包装都没有侵权，避免 listing 因侵权被下架。亚马逊平台有一个很大的特点，就是那些卖得很火爆而竞争对手又很少的 listing，一般都有专利知识产权的护身符。这种情况下，如果盲目跟风上线产品，很快就会遭到投诉被迫下架。

亚马逊与 Nite Ize（美国创意配件品牌）于 2019 年 6 月 26 日对包括美国、加拿大和中国在内的三个国家的多家假冒产品进口商和销售商提出联合诉讼，要求对被告的利润进行全面核算，以便他们能够追回损失，并下令没收所有仿冒品。诉讼中所收取的任何损害赔偿金将归 Nite Ize 所有。不仅如此，亚马逊与 Nite Ize 还希望法院阻止被告及其相关人员开设新账户在亚马逊上销售商品以及制造其他假冒商品。2018 年 10 月，美国海关和边境保护局在俄勒冈州波特兰市查获了一批假冒产品，在亚马逊上也发现销售 Nite Ize 的假冒产品——其 Steelie 系列免提移动安装系统。目前，亚马逊已经撤下了被指控销售假冒 Nite Ize 产品的卖家。

亚马逊在一份声明中表示："亚马逊将继续在各方面进行投资以打击造假者，包括从开发技术到与品牌、公共部门领导人和执法部门合作，让造假者承担应有的责任。假冒产品在亚马逊没有立足之地，我们将利用一切可用的工具来保护 Nite Ize 等品牌、我们的客户和我们的商店。"①

为避免选品侵权，可登录美国专利商标局官网（https：//www. uspto. gov/）查询专利的详细信息（包括产品设计图）。

2. 确保商品安全

确保选品安全须避开亚马逊平台严禁销售的危险品。亚马逊收集属于受管制危险品或包含可能有害化学品的商品的相关信息，以确保在处理、储存或运输这类商品时避免任何安全事故。

亚马逊物流禁止销售的危险商品见表 7－2。

---

① 亚马逊打假进行时：这次被告还包括中国卖家……，雨果网，https：//www. cifnews. com/article/46039，2019－6－28。

表 7－2　　亚马逊物流禁止销售的危险商品

类别	子类	名称	运输标签	危险品图形符号
1	—	爆炸性物质		
2	2.3	有毒气体		
4	4.2	易自燃物质		
	4.3	遇湿危险的物质		
6	6.2	传染性物质		
7	—	放射性材料	 	

对于发往亚马逊运营中心数量有限的危险品货件，仅可使用以下运输标签，见图 7－12。

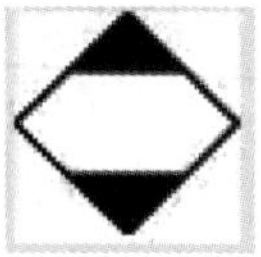

图 7－12　亚马逊运营中心数量有限的危险品货件运输标签

如果卖家销售的商品发生了产品安全事故，例如爆炸、过热起火、人员伤亡等，亚马逊会立即启动对该商品的调查，如果确认事故内容属实，商品会被暂时下架，并要求卖家配合进行相关商品安全性的调查。

因此，卖家首先需要认识“危险品”的含义，它不仅包括通常被认为具有高度腐蚀性或有毒性的商品，实际还包括每天使用的消费品（如笔记本电脑、手机、家庭清洁用品，甚至化妆品等）。在产品开发时期，主动进行商品安全性能的验证，了解目的国市场的产品合规要求，如欧盟的各种 CE 指令，北美市场的安规认证（UL/ETL/CSA），日本市场的电器用品安全法（PES）等都是对商品安全性的要求，卖家应该根据自己商品的特性进行相应的匹配和验证。[①]

同时，选品尽量避开易碎品。这类商品对包装要求高，提高了包装成本和退

① 亚马逊 Prime Day 来临，这 9 条亚马逊政策红线千万不能碰！. 雨果网，https：//www.cifnews.com/article/45407，2019－6－12.

货概率；同时，易碎品的客户体验和客户评价很难保障。

3. 确保商品是正品

在亚马逊上出售的商品必须是正品。严禁销售假冒伪劣商品，包括非法复制、仿造或制造的商品。一旦被发现违反防伪条例，卖家的账户会被暂停销售、商品下架以及资金冻结。因此，不管质量有多好、价格多有优势，没有品牌授权的商品就是假冒商品，在亚马逊平台上销售均视为违规。因此，卖家要自觉遵守亚马逊产品防伪政策，通过自主研发生产的产品，并在自主拥有的品牌下售卖，或者得到品牌授权后销售。

4. 结合供应链优势选品

跨境电商选品首先要选具有垂直供应链优势的产品和产品线。这一点在以“产品为王”为特点的亚马逊平台上尤为重要。卖家最好选择与比较好的供应商合作，供货品质稳定、产品研发能力强。

近年来，多家跨境电商大卖家被上市公司全资并购，并在新三板上市。例如，科沃斯成功登陆A股主板，成为扫地机器人第一股；跨境通按27亿元估值收购帕拓逊10%剩余股份，帕拓逊成为跨境通100%控股的子公司；华鼎股份29亿元100%并购通拓股份获通过；天泽信息34亿元100%并购有棵树获通过；星徽精密15.3亿元100%并购泽宝股份获通过；遨森电商成功在新三板挂牌；阿里巴巴全资并购巴基斯坦电商平台Daraz；兰亭集势8555万美元收购新加坡跨境电商平台Ezbuy；蚂蚁金服并购英国跨境支付机构WorldFirst；沃尔玛完成对加大码服装电商平台Eloquii和内衣电商平台Bare Necessities的收购，等等。

融资后的跨境电商企业，势必会用资本碾压没有实力的卖家。因此，未来的跨境电商竞争的核心是垂直供应链，没有任何产品的中间商公司，如从1688、淘宝等进货、利用谷歌翻译产品信息直接上传平台的公司都将被淘汰出局。

因此，在跨境电商已经从野蛮发展过渡到合规发展时期，跨境电商要深耕垂直供应链，将平台收集的产品反馈给工厂，基于数据开发新产品和产品线，形成垂直供应链优势。

5. 产品利润率最好在50%左右

亚马逊的运营成本主要包括：产品成本（进货成本+国内快递费）+国际头程运费+15%亚马逊推荐费/佣金+FBA费用+后期推广费（CPC广告、刷单、测评等）。一般毛利率在50%左右即为不错的产品，毛利润如果低于20%，不足以支撑运营成本。

预估产品进货成本一般的做法就是去www.1688.com进行搜索，一般以10家左右的供应商为一个基准进行接洽，预估出期望质量的某款产品的最低进货价格，亚马逊有各种各样的费用。

（1）销售佣金。亚马逊平台上卖家需要为售出的每件商品支付销售佣金。2018年2月19日起，亚马逊美国和加拿大站点销售佣金调整包含如下：

- 对于30个分类，亚马逊把每件商品的最低费用从$1降至$0.30；而对于珠宝首饰和钟表分类，每件商品的最低费用从 $2 降至 $0.30；

- 对于总销售价格不超过 $10 的商品，亚马逊把美容化妆、个护健康和母婴商品（母婴服装除外）的销售佣金百分比从 15% 降至 8%。对于总销售价格高于 $10 的商品，亚马逊继续收取 15% 的费用；
- 对于总销售价格不超过 $15 的商品，食品类商品的销售佣金百分比从 15% 降至 8%。对于总销售价格高于 $15 的商品，亚马逊继续收取 15% 的费用；
- 对于总销售价格中超过 $200 的部分，家具商品的销售佣金百分比从 15% 降至 10%。此变更不适用于床垫。

2019 年 4 月 15 日起，对于售价在 $75 及以上的鞋靴、手包和太阳眼镜的佣金费率由 15% 调整为 18%；服饰及配件的佣金费率由 15% 调整为 17%。亚马逊销售佣金因分类而异，如表 7－3 所示，具体商品的销售佣金还需以亚马逊网站实时公布的为准。

表 7－3　　亚马逊平台不同品类商品销售佣金（美国站）

分类	亚马逊将扣除基于适用百分比计算得出的销售佣金或适用的每件商品最低销售佣金（取二者中的较高者）	
	销售佣金百分比	适用的最低销售佣金（除非另有规定，否则按件收费）
亚马逊设备配件	45%	$0.30
母婴（婴儿服装除外）	• 对于总销售价格不超过 $10.00 的商品，收取 8% 的销售佣金； • 对于总销售价格超过 $10.00 的商品，收取 15% 的销售佣金	$0.30
图书	15%	—
摄影摄像[①]	8%	$0.30
手机设备	8%	$0.30
电视/音响	8%	$0.30
电子产品配件	• 对于总销售价格中不超过 $100.00 的部分，收取 15% 的销售佣金； • 对于总销售价格中超过 $100.00 的任何部分，收取 8% 的销售佣金	$0.30
家具和装饰	• 对于总销售价格中不超过 $200.00 的部分，收取 15% 的销售佣金； • 对于总销售价格中超过 $200.00 的部分，收取 10% 的销售佣金 注意：对于床垫商品，无论价格点如何，我们均将收取 15% 的销售佣金	$0.30

续表

分类	亚马逊将扣除基于适用百分比计算得出的销售佣金或适用的每件商品最低销售佣金（取二者中的较高者）	
	销售佣金百分比	适用的最低销售佣金（除非另有规定，否则按件收费）
家居与园艺（包括宠物用品）	15%	$0.30
厨具	15%	$0.30
大家电	• 对于总销售价格中不超过 $300.00 的部分，收取 15% 的销售佣金； • 对于总销售价格中超过 $300.00 的任何部分，收取 8% 的销售佣金	$0.30
音乐	15%	—
乐器	15%	$0.30
办公用品	15%	$0.30
户外	15%	$0.30
电脑	6%	$0.30
软件和电脑/视频游戏	15%	—
体育用品（体育收藏品除外）	15%	$0.30
工具和家居装修	15%，但基础设备电动工具为 12%	$0.30
玩具和游戏②	15%	$0.30
解锁手机	8%	$0.30
视频和 DVD	15%	—
视频游戏机	8%	$0.30
其他③	15%	$0.30
需要批准的分类	销售佣金百分比	$0.30
3D 打印商品	12%	$0.30
汽车用品	12%，但轮胎和车轮商品为 10%	$0.30
美容化妆	• 对于总销售价格中不超过 $10.00 的商品，收取 8% 的销售佣金； • 对于总销售价格超过 $10.00 的商品，收取 15% 的销售佣金	$0.30
服装与配饰	17%	$0.30
收藏类图书	15%	—

续表

分类	亚马逊将扣除基于适用百分比计算得出的销售佣金或适用的每件商品最低销售佣金（取二者中的较高者）	
	销售佣金百分比	适用的最低销售佣金（除非另有规定，否则按件收费）
硬币收藏品	有关销售佣金，请参阅分类要求	$0.30
娱乐收藏品	有关销售佣金，请参阅分类要求	—
艺术品	有关销售佣金，请参阅分类要求	—
礼品卡	20%	—
食品	• 对于总销售价格中不超过 $15.00 的商品，收取 8% 的销售佣金； • 对于总销售价格超过 $15.00 的商品，收取 15% 的销售佣金	—
个护健康（个护用品除外）	• 对于总销售价格不超过 $10.00 的商品，收取 8% 的销售佣金； • 对于总销售价格超过 $10.00 的商品，收取 15% 的销售佣金	$0.30
工业和科学用品（含餐饮服务和清洁与卫生）	12%	$0.30
珠宝首饰	• 对于总销售价格中不超过 $250.00 的部分，收取 20% 的销售佣金； • 对于总销售价格中超过 $250.00 的任何部分，收取 5% 的销售佣金	$0.30
箱包和旅行用品	15%	$0.30
鞋靴、手提包和太阳镜	• 对于总销售价格中不超过 $75.00 的商品，收取 15% 的销售佣金； • 对于总销售价格超过 $75.00 的商品，收取 18% 的销售佣金	$0.30
体育收藏品	有关销售佣金，请参阅分类要求	—
钟表	• 对于总销售价格中不超过 $1500.00 的部分，收取 16% 的销售佣金； • 对于总销售价格中超过 $1500.00 的任何部分，收取 3% 的销售佣金	$0.30
延长保修、保护计划和服务合同	96%	—

注：①配件商品属于电子产品配件分类。自 2018 年 2 月 9 日起，“摄影”分类下的捆绑商品将归入“电子产品配件”分类。

②$0.30 的每件商品最低销售佣金并不适用于“玩具和游戏”分类中的收藏卡商品。

③如果卖家所售商品无法明确归入任意现有分类，可使用“所有其他分类”。如果商品可以对应某个具体分类，则不要将其列入“所有其他分类”。

以钟表商品为例，其销售佣金计算见表 7－4。

表 7－4　　不同价格商品销售佣金示例

销售价格	$8.00 钟表的销售佣金	$1500.00 钟表的销售佣金	$7000.00 钟表的销售佣金
对于总销售价格中不超过 $1500.00 的部分	$2.00	$240.00	$240.00
对于总销售价格中不低于 $1500.01 的部分	$0.00	$0.00	$165.00
销售佣金	$2.00	$240.00	$405.00

（2）亚马逊 FBA 费用。亚马逊 FBA（Fulfillment by Amazon）是亚马逊提供的物流配送业务，具体指卖家把自己在亚马逊上销售的产品库存直接送到亚马逊当地市场的仓库中，亚马逊处理存储，客户下订单，就由亚马逊系统自动完成后续的发货，运送给客户，以及提供客户服务和处理可能的退货。由上述服务产生的费用称为 FBA 费用。FBA 费用根据物品的大小和重量而有所不同。随着尺寸或重量的增加，亚马逊 FBA 费用实际上会变得相当昂贵。表 7－5 给出了亚马逊 6 个产品规模层级，表 7－6 给出了每个层级的物流成本。

表 7－5　　亚马逊物流 6 个产品规模层级的最大重量和尺寸

产品尺寸等级	重量	最长边（英寸）	中边（英寸）	最短边（英寸）	长宽高之和（英寸）
标准小号	12 盎司	15	12	0.75	—
标准大号	20 英镑	18	14	8	—
超小号	70 英镑	60	30	—	130
超中号	150 英镑	108	—	—	130
超大号	150 英镑	108	—	—	165
特大号	>150 英镑	>108	—	—	>165

这些不同层级中的每一层都有不同的成本，如表 7－6 所示。

表 7－6　　亚马逊物流不同层级物流成本

标准尺寸	成本	超大号	成本
标准小号，≤1 英磅	2.41 美元	超小号	首重 2 英镑 8.13 美元，每超出 1 英镑加收 0.38 美元

续表

标准尺寸	成本	超大号	成本
标准大号，≤1 英镑	3.19 美元	超中号	首重 2 英镑 9.44 美元，每超出 1 英镑加收 0.38 美元
标准大号，1~2 英镑	4.71 美元	超大号	首重 90 英镑 73.18 美元，每超出 1 英镑加收 0.79 美元
标准大号，>2 英镑	首重 2 英镑 4.71 美元，每超出 1 英镑加收 0.38 美元	特大号	首重 90 英镑 137.32 美元，每超出 1 英镑加收 0.91 美元

亚马逊 FBA 费用包括履行服务的许多不同部分的费用。这包括：订单处理费、分拣包装费、称重处理费、出入库清点放置服务费、月存储费、入境运输等。该费用依商品的大小和重量而有所不同。

FBA 费用 = Fulfillment Fees（执行费）+ Monthly Storage Fees（月仓储费）
+ Inventory Placement Service Fees（入库清点放置服务费）

Fulfillment Fees（执行费）= Order Handling Fees（订单处理费）
+ Pick & Pack Fees（分拣包装费）
+ Weight Handling Fees（称重处理费）

亚马逊有一个方便的 FBA 计算器工具。这个工具可以计算出对于给定产品使用亚马逊 FBA 所需支出的费用。方法就是先在亚马逊上找一款相同的产品，复制其 ASIN 码，登录亚马逊 FBA 计算器北美站 https：//sellercentral. amazon. com/hz/fba/profitabilitycalculator/index?lang = en_US，显示如图 7 – 13 所示。

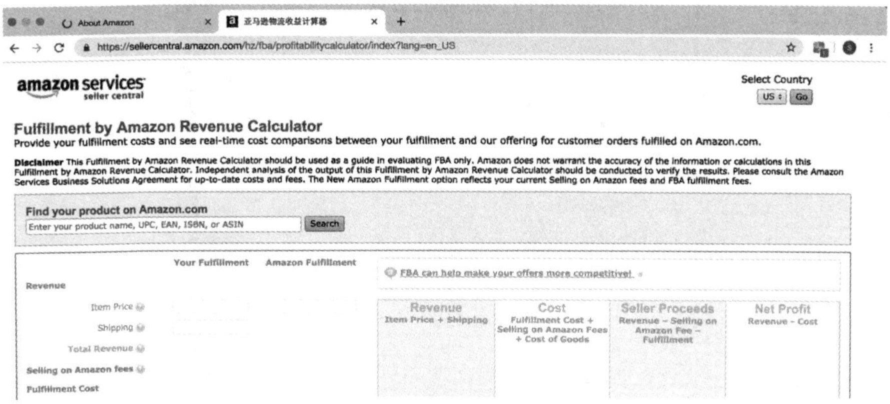

图 7 – 13 亚马逊 FBA 计算器首页

以一款品牌为 Re-call 可带个性化防水照片的宠物墓地纪念石（Re – Call Pet Tombstone Dog or Cat Memorial Stone）为例。在 FBA 计算器输入该产品的 ASIN 码 B07Q4KB9S8，显示如图 7 – 14 所示。

图7－14 亚马逊 FBA 计算器具体操作界面

在 FBA 计算器中，关注右侧列并输入物品价格，将其运送到亚马逊的成本以及每个单位产品的总成本，见图7－15。

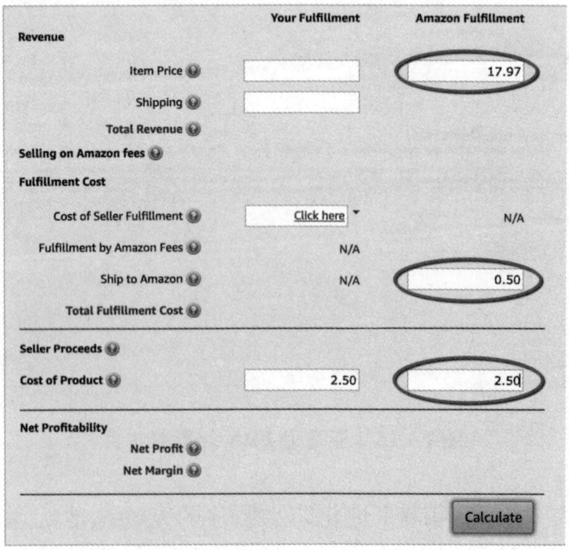

图7－15 亚马逊 FBA 计算器物流费用示例

点击计算，该工具会提供亚马逊履行成本的明细，包括出售免费和 FBA 费用，还有净利润和净保证金，见图 7－16。

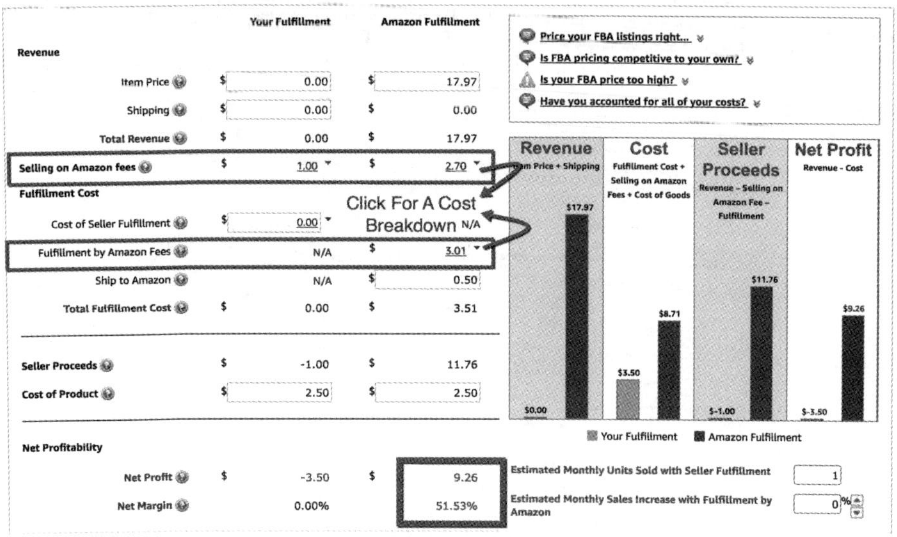

图 7－16　亚马逊 FBA 成本的明细

如果卖家只是在寻找估算值，就可以输入一些粗略的运输成本估算和制造产品的成本，见图 7－17 和图 7－18。[①]

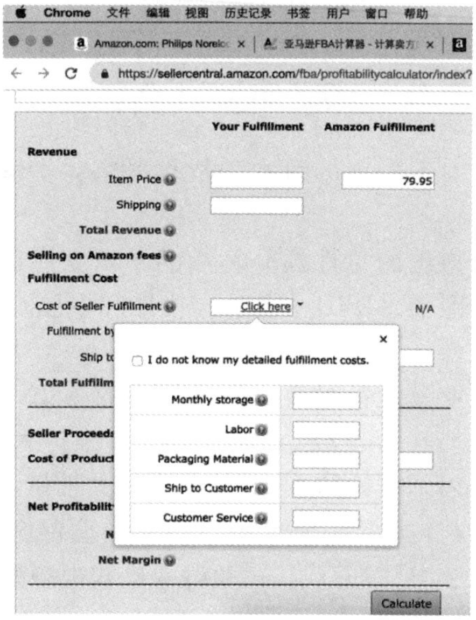

图 7－17　亚马逊 FAB 计算器操作 a

① https：//amzscout. net/fba-fee-calculator/.

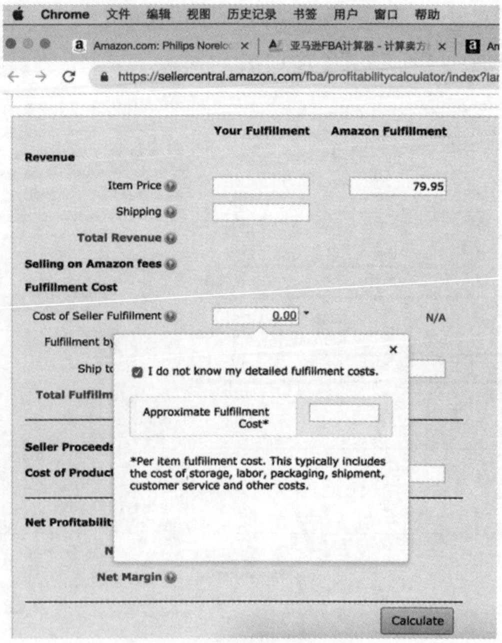

图 7－18　亚马逊 FAB 计算器操作 b

FBA 费用一般以亚马逊官方的计算工具为准。

（3）其他费用。除了亚马逊平台销售佣金、FBA 费用外，根据经营的品类和注册类型，还可能有每件费用、租赁图书服务费、交易手续费、大批量上架费用以及退款管理费用等。①

每件费用。专业卖家无须付每件费用，个人卖家需要为每件所售商品支付亚马逊 0.99 美元。

租赁图书服务费。对于售出的每本租赁教科书，卖家需支付＄5.00 的租赁图书服务费。

交易手续费。对于售出的每件媒介类商品，卖家还需支付＄1.80 的交易手续费。媒介类商品是指图书、DVD、音乐、软件和电脑/视频游戏、视频和视频游戏机以及视频游戏配件。

大批量上架费用。亚马逊针对每个符合条件的 ASIN 收取＄0.005 的月度大批量上架费用，以支付与在 Amazon.com 上编录和维护大量 ASIN 相关的系统成本。在指定月份，符合以下条件的 ASIN 均须支付大批量上架费用：

- ASIN 发布在非媒介类商品分类中。媒介类商品分类包括：图书、DVD、音乐、软件、电脑/视频游戏、视频游戏机和视频游戏配件等；
- ASIN 在当月曾有在售商品；
- ASIN 的创建时间多于 12 个月。创建时间短于 12 个月的 ASIN 无须支付这

① https：//sellercentral. amazon. com/gp/help/external/200336920?language = zh_CN.

项费用；

- ASIN 在过去 12 个月内未售出。

对于符合上述条件的前 100000 个 ASIN，亚马逊不收取大批量上架费用，以便帮助卖家增加在亚马逊上提供的商品种类。对于当月符合条件的 ASIN 超过 100000 的部分，亚马逊会收取这项费用。例如，假设在某个月，卖家有 300000 个符合条件的 ASIN 在售商品，则亚马逊将向卖家收取 $ 1000 的费用，计算公式为：(300000 - 100000) × $ 0. 005 = ¥1000。这项费用每月计算和收取一次，并将显示在下一月的结算单中。要查看符合条件的 ASIN 数量，前往卖家平台的“库存”选项卡，选择“库存报告”，然后从页面上的下拉菜单中选择“大批量商品报告”。

退款管理费用。如果卖家就已收到付款的订单向买家退款，亚马逊会收取卖家退款管理费用（ $5. 00 或适用销售佣金的 20%，取二者中的较低值），将卖家为该商品支付的销售佣金减去退款管理费后的款项退还给卖家。例如，如果卖家向买家退款的商品总销售价格为 $ 10. 00，而该商品所在分类的销售佣金为 15%，则卖家的退款管理费用为 $ 0. 30($ 10. 00 ×15% ×20%)。

退货处理费。为了建立买家的信任，鼓励买家购买，对于在亚马逊上出售且属于亚马逊为其提供免费退货配送的服饰、钟表、珠宝首饰、鞋靴、手提包和太阳镜、箱包等商品，亚马逊为买家提供免费退货服务，相应的买家退货商品的退货处理费用则需卖家支付。但是，根据亚马逊物流丢失和残损库存赔偿政策退货应由亚马逊承担责任的情况除外。

退货处理费相当于单件商品的总配送费用。该费用适用于在亚马逊上出售的属于亚马逊为其提供免费买家退货配送的选定分类，并且实际被退回至某个亚马逊运营中心的商品。由于亚马逊是根据一次只运送一件商品来收取退货处理费的，如果在单个订单中向买家配送了多件商品时，单件商品要支付的退货处理费可能要高于总配送费用。以一件出库配送重量为 1 磅（商品重量 0. 35 磅，尺寸 8. 5 ×5. 8 ×1 英寸的手提包）且这笔交易的亚马逊物流配送费用为 $3. 19 为例，如果买家决定退回该商品，则卖家需要支付 $3. 19 的退货处理费。

6. 确保商品品种“少而精”

亚马逊始终坚持着它所提出的四大商业理念，即重推荐，轻广告；重展示，轻客服；重产品，轻店铺；重客户，轻卖家。“客户体验”是其理念的核心。这也是亚马逊广受消费者喜欢的原因。

在亚马逊进行关键词搜索时一般不会出现店铺，相比于多店铺和多 SKU 模式，不断优化产品来让自己的产品排名靠前更容易成为亚马逊上成功的卖家。很多成功的亚马逊卖家的经营策略都是“少而精”，整个店铺可能只有十几款产品，但是每个月收获的产品好评数量不在少数。这种经营策略能够让卖家更有效地进行库存管理，集中精力做好产品，服务好买家。因此，建议在亚马逊平台的卖家选品策略采用“少做产品，做精产品”，SKU 不宜太多。

此外，选择的商品竞争程度要适中，也是要参考的原则之一。具体讲，要尽量避开红海类目、避开市场已经形成明显垄断的类目，避开亚马逊自营为主的类目。这样，后期卖家可以争取有更多的流量上升空间。

二、亚马逊站内选品操作

亚马逊平台站内资源也可以用来选品。主要有以下三个途径：

1. 通过 Best Sellers（最畅销品）选品

登录亚马逊平台，打开任意一个 Listing，如 Re - Call Pet Tombstone Dog or Cat Memorial Stone，其产品描述的下方会有一个亚马逊最畅销排行榜 Best Sellers Rank（BSR），这里会显示该商品在所属品类中的排名、该商品在细分子类中的排名以及该品类前 100 名最畅销品。如图 7 - 19 所示，该产品在宠物用品 Pet Supplies 类目中排名第 17396 位，在狗纪念石 Dog Memorials 子类中排名第 19。

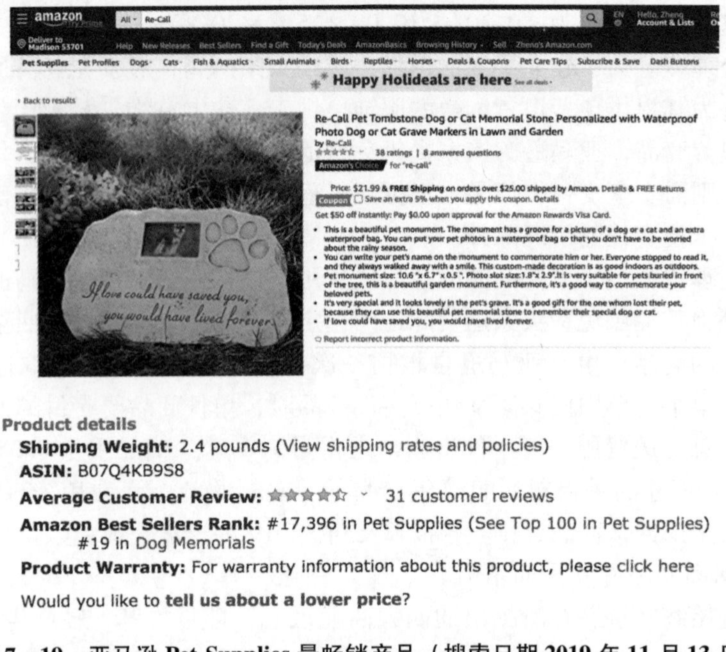

图 7 - 19　亚马逊 Pet Supplies 最畅销产品（搜索日期 2019 年 11 月 13 日）

点击宠物用品前 100 名，可以看到宠物用品大类中的前 100 畅销品。卖家通过认真梳理前 100 最畅销品，结合自己的供应链优势，就可以对在亚马逊平台上运营哪个品类有一个比较清晰的概念了。

在通过类目 Best Sellers 选品的同时，可以辅以关注 New Releases（最新上架的商品中销量最大的商品排行榜，每小时更新一次）、Movers & Shakers（在过去的24小时内排名上升幅度最剧烈的产品排行榜①）、Most Wished For（最佳收藏排行榜）、Gift Ideas（最佳礼品排行榜）四个栏目的产品。卖家持续对上述五个栏目内的产品进行对比、筛选，如果有产品同时出现在五个栏目内，那就应该给予特别的关注，作为候选商品。当然，卖家还要结合自己的供应链优势选品。见图7－20。

图7－20　亚马逊最新上架的商品

2. 通过亚马逊细分品类选品

亚马逊是美国最大的电子商务公司，是全球最大的网络零售商，更是一家大数据公司，也是一家云计算、云解决方案公司。亚马逊平台的每一个分类都是基于买家多年的购物数据，是融合了消费者购物习惯和转化率而设置的。因此，研究亚马逊平台类目，可以按照一级子类目、二级子类目、三级子类目的顺序挑选产品。例如，选择宠物用品pet supplies类目，下面会有包括猫、狗等在内的7个子类目，点击dogs，又出现13个子类目，点击beds & furniture，又出现9个子类目，这样就可以为卖家选品提供一定的思路，见图7－21。

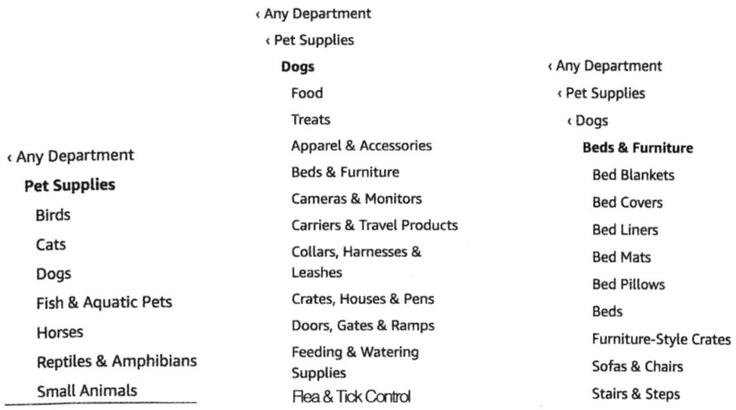

图7－21　亚马逊细分品类

① 资料来源：https：//www. amazon. com/gp/movers-and-shakers。

3. 通过竞争对手选品

通过查询亚马逊目标国市场某种产品的市场竞争情况，可以帮助卖家选品。

首先，登录亚马逊前台，在搜索框中输入 Electric Shavers，显示出的结果数量为 132 个[①]。这个数量为约数，由于 A9 算法是预估匹配，所以，一般的精准数量会比这个数量要少一些。

然后，查看该产品亚马逊平台的竞争情况。一般考察搜索结果前 100 或前 50 或首页的竞争情况。在亚马逊前台主页搜索框输入 Electric Shavers，看 132 个搜索结果中主要竞争对手的 listing 情况。主要看以下几点：

（1）查看在搜索结果的首页，review 超过 1000 的竞争对手个数。对手个数最好不要超过 3 家。如果首页有超过 3 个 1000 + review 的产品，意味着前排 listing 会截留大部分的流量，不建议新手进入。例如，查询 Electric Shavers，首页显示的 48 个结果中，有 29 个 review 数量 1000 +。另外，注意看一下有差评或是差评比较多的产品，看看这些差评具体讲的是什么问题，然后看能否找到一个可以解决这些问题的产品。

（2）查看首页显示的 listing 中品牌分布情况，看是否形成一定程度的垄断。搜索栏输入 Electric Shavers 进行查询，首页显示的 48 个结果中，共有 7 个品牌，分别是飞利浦 Philips、博朗 Braun、Renmington、松下、Wahl、Williams 和 Clearcut。这 7 个品牌在首页显示的 listing 结果数量呈现明显的差异：飞利浦 Philips 和博朗 Braun 这两个品牌分别显示 16 个 listing，Renmington 和松下这两个品牌分别显示 6 个和 5 个 listing，Wahl、Williams 和 Clearcut 品牌只显示 2 个、1 个、1 个 listing，还有一个无品牌的显示 1 个 listing。这个结果说明美国 Electric Shavers 的市场结构呈现明显的双寡头垄断，新手不宜进入。

（3）看首页广告位上的产品，是否有 review 数量很少却长期占据首页广告位的卖家。这样的卖家基本都是在花钱烧广告来进行推广，广告销售成本（ACoS, Advertising Cost of Sale）超高，也就是广告支出占销售收入的百分比超高。如果存在这样的卖家，意味着这个产品的后期竞争会非常激烈，也不建议新手进入。亚马逊首页搜索栏输入 Electric Shavers，显示搜索结果的首页广告位上并无产品，只是亚马逊的 prime day 的生日卡。

（4）查询首页的销量情况。首页的销量情况可以预估该产品的市场容量有多大。如果一个产品在首页的销量都非常一般的话，证明这个产品的市场容量很小，那么新手就没有太大必要进入这个市场。一般来说，自然购买的留评率为 2%，通过将首页卖家的月 review 数量乘以 50[②] 就可以大致估算出其月销量。将推算出来的月销量与 Google Trends 或 Keywords Spy 中查到的市场需求量加以比较，看看该产品是供不应求，还是供过于求。

---

① 2019 年 7 月 9 日亚马逊北美站搜索结果。

② 不同行业不同时期留评比率不同，有时是高达 20∶1，有时也会低至 80∶1。

此外，还要考察前100或首页listing中，亚马逊自营情况。如果亚马逊自营比重过大，与亚马逊自营净流量是不明智的，那么这个类目就不宜进入。

第三节 站外选品工具及方法介绍

跨境电商选品除了依托平台，如亚马逊选品外，还可以运用各种分析工具获取数据，全面掌握销售趋势。本节主要介绍四个选品辅助工具。

一、利用 Google Trends 数据库工具调研

利用 Google Trends 可以搜索到某个国家、某个时间段某种产品的搜索热度趋势、近期热搜词、搜索热度子区域以及年度热搜榜等重要信息。登录 http：//www. google. com/trends，页面显示近期热搜字词和年度热搜榜等信息，见图7－22和图7－23。

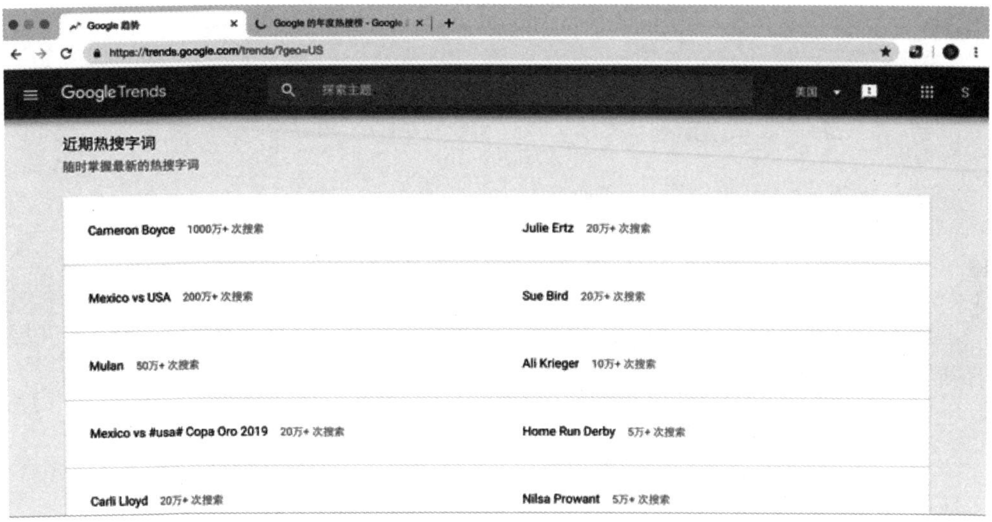

图7－22 亚马逊近期热搜词

输入dog bed关键词，选择美国市场，查询美国市场dog bed的搜索趋势，可以搜索到2004年以来dog bed的搜索情况，见图7－24。

图 7－23　亚马逊年度热搜榜

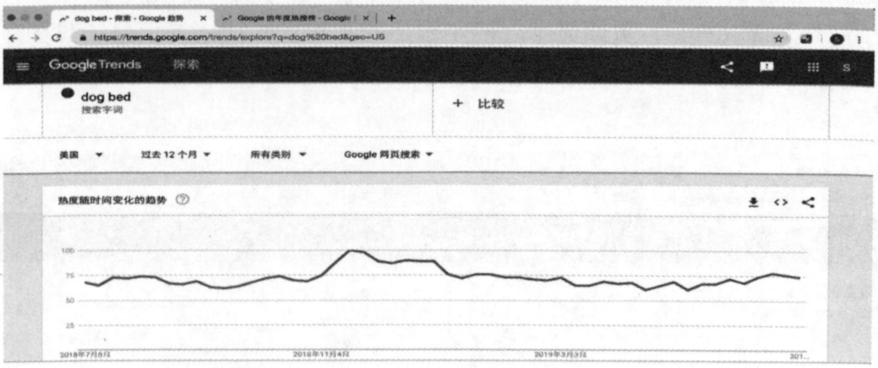

图 7－24　美国近 12 个月 dog bed 搜索趋势

同时，页面中部还会显示近 12 个月美国搜索 dog bed 热度最高的 5 个子区域有新罕布什尔州、莫蒙特州、怀俄明州、缅因州和蒙大纳。

页面底部还会显示搜索量上升的相关关键词，见图 7－25。

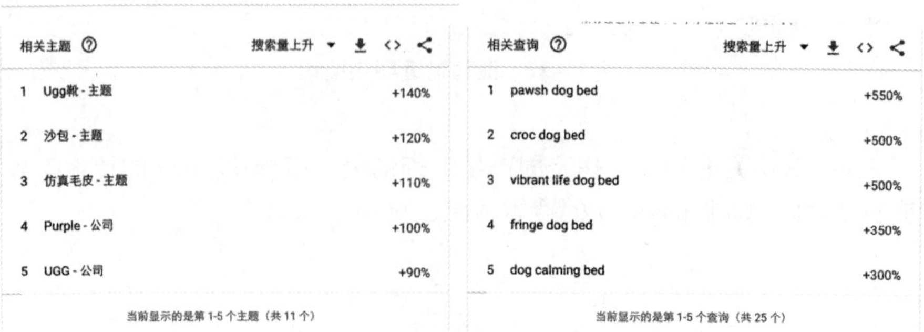

图 7－25　页面底部的相关关键词

Google Trends 还可以比较两种商品的搜索热度。添加比较项 cat bed 关键词，可以看到，近 12 个月 cat bed 的搜索量均低于 dog bed，见图 7 -26。

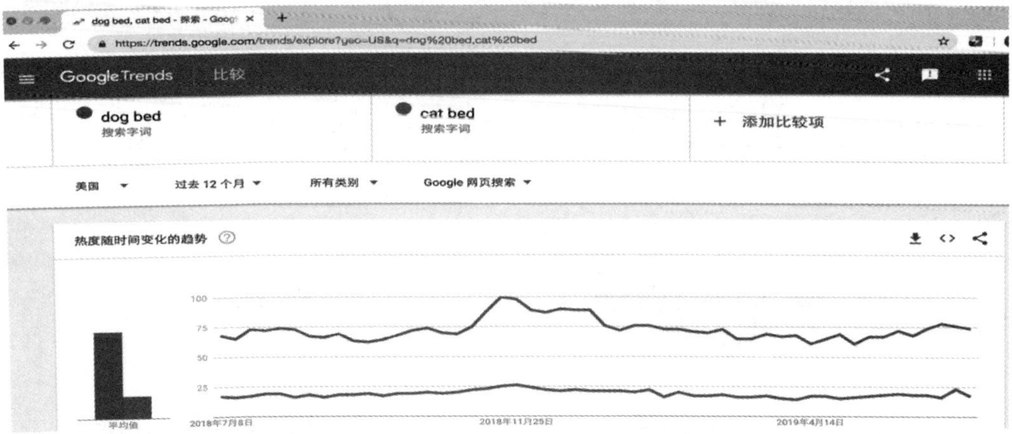

图 7 -26 近 12 个月美国 dog bed 和 cat bed 搜索热度比较

二、利用 Shopping Insights 数据库工具调研

Shopping Insights 主要用于挖掘产品消费趋势和欢迎度等信息，是一款实用的工具，可帮助卖家根据城市、地区和季节等因素，针对涵盖超过 6000 种产品和服务的搜寻量资料进行趋势评估。

与 Google Trends 相比，该工具可以进一步查询到某产品的品牌排行榜、感兴趣的子区域分布以及搜索所使用的客户端比例。登录 https：//shopping. thinkwithgoogle. com，输入 dog bed，页面显示，近一年，美国 dog bed 前 5 个最受欢迎的品牌分别是 Snoozer（100）、K&H（97）、K9 Ballistics（54）、Big Barker（53）和 Kuranda（52），100 表示最受欢迎。页面还会显示消费者搜索 dog bed 所使用的客户端占比，24% 的人使用电脑端，76% 的人使用移动端。此外，页面还会给出美国各个州、各个大城市对 dog bed 感兴趣程度和搜索量，见图 7 -27。

三、利用 Keyword Spy 数据库工具调研

登录 http：//www. keywordspy. com/，可以搜索每个国家某个产品的月搜索量、主要竞争对手网站、广告费用等信息。以 iPhone accessories 为例，选择美国为分析市场，查询条件选择 Keywords。搜索结果见图 7 -28。搜索结果表明：在美国市场，iPhone accessories 月搜索量达到约 3. 01 万次，市场热度一般，其中，搜索量相对较大的几个关键词是 gadgets iphone、gadgets for iphone 和 iphone gadgets。iPhone accessories 的主要竞争对手网站列表中，重点关注原始关键词较多的网站，也就是 amazon. com。

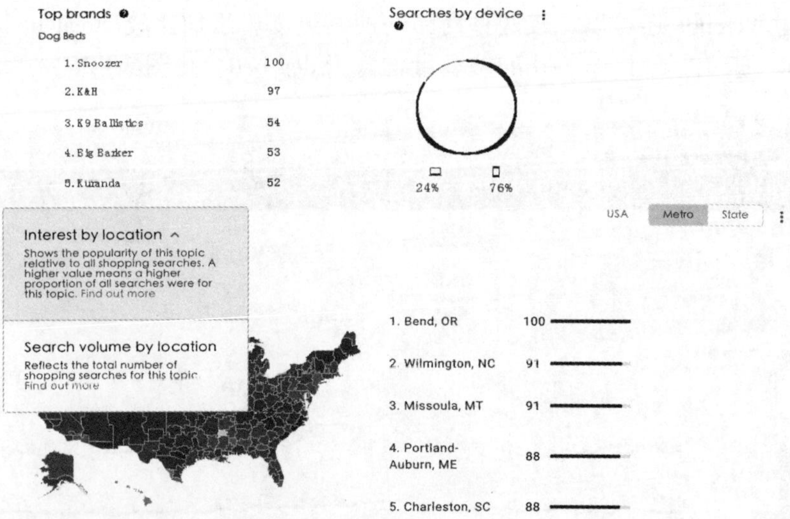

图 7 - 27 Shopping Insights 显示的美国各大城市对 dog bed 的搜索量和感兴趣程度

图 7 - 28 Keyword Spy 工具上 iPhone accessories 搜索热度图

四、利用 Alexa 数据库工具调研

Alexa 工具主要用于网站目标市场及分布分析。以图 7 - 28 中通过 Keyword Spy 搜索 iPhone accessories 发现的 amazon. com 和 bestbuy. com 为例，利用 Alexa 工具对该网站进行进一步分析，以确定是否可以作为适合的参考网站。登录 http://alexa. chinaz. com/，在搜索栏输入 amazon. com，查看分析结果如图 7 - 29 所示。

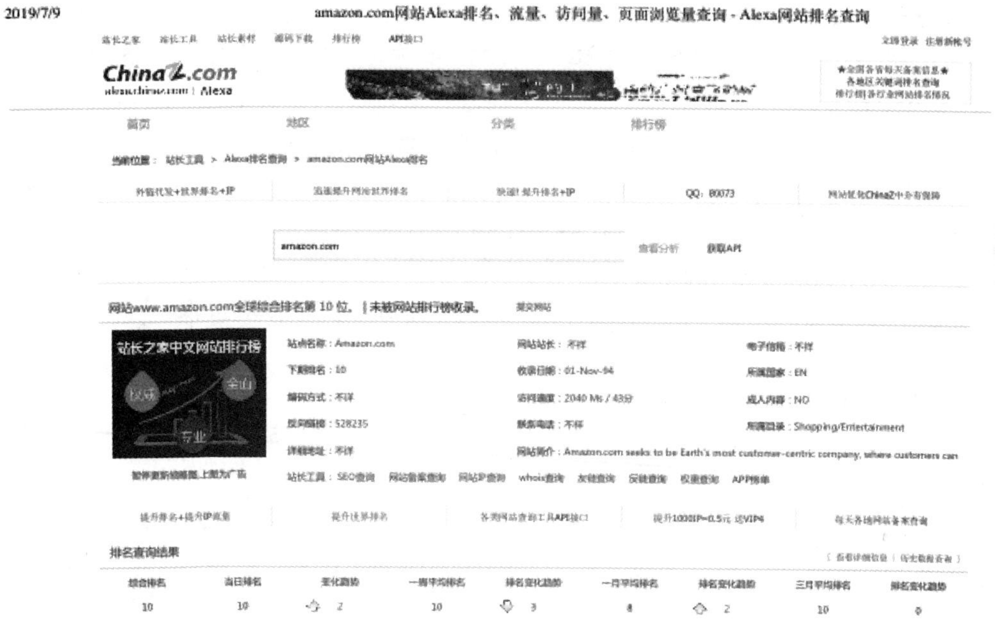

图 7 - 29　Alexa 工具对 amazon. com 网站的搜索结果

亚马逊网站综合排名第 10 位。页面下端显示，该网站在美国排名第 4 位，见图 7 - 30。

国家/地区排名、访问比例

国家/地区名称 [15 个]	国家/地区代码	国家/地区排名	页面浏览比例	网站访问比例
印度	IN	23	1.8%	3.2%
西班牙	ES	52	0.2%	0.6%
美国	US	4	76.8%	69.6%
澳大利亚	AU	21	0.4%	0.8%
英国	GB	31	0.5%	1.4%
法国	FR	78	0.2%	0.6%
韩国	KR	40	0.7%	0.7%

图 7 - 30　亚马逊网站在美国的排名

再输入 bestbuy. com，Keyword Spy 搜索 iPhone accessories 发现的第二个竞争对手，网站综合排名第 292 位，在美国排名第 65 位。对比可以确定，amazon. com 可以作为研究 iPhone accessories 在美国市场的参考网站，参考其商品风格及价格等要素。

课后练习

1. 分组练习，每组2~3 名学生，利用 Google Ads 做你感兴趣的某品类商品的3~5 个目标国家市场分析报告。分析报告内容包括人口及经济概况、商业概况、购买行为分析、互联网使用概况、物流分析等。主要候选商品品类有：(1) 假发和相关用品；(2) 电脑包和包包配件；(3) 银首饰；(4) 调味酱；(5) 足球装备；(6) 吉他；(7) 益智玩具；(8) 女装。

2. 在本章资源推荐中，选取一款免费的关键词选品工具，如 Sonar、卖家精灵、Jungle Scout、Scope Seller Labs、Unicorn Smasher、AMZ Scout、Amachete、AMZ Shark，下载，并能进行软件基本操作。

3. 结合亚马逊站内资源、站外数据库以及站外工具，尝试本章推荐的选品方法，搜索、筛选出具有出口潜力的商品和目标出口国，并给出依据。

参考资料：

1. 中国电子商务研究中心，网经社，网络经济服务平台，http：//www. 100ec. cn。

2. 雨果网，跨境电商智能服务平台，https：//www. cifnews. com。

3. Sonar 是一个亚马逊关键词调查工具。它利用算法，收集消费者搜索的产品并整理成数据库，可以作为选品启发，非常适合那些不知道卖什么产品的卖家使用。这个工具非常有效方便。它还提供优化后台关键词的功能。免费安装，适用于任何设备，还提供用户使用指南。

4. 卖家精灵，亚马逊一站式卖家工具、大数据选品专家；提供亚马逊关键词监控、产品监控、差评监控，以及关键词真实搜索量/销量、listing 真实销量查询。https：//www. sellerspirit. cn/kw。

5. Jungle Scout，是一个 Chrome 扩展程序及 Web App，它让卖家可以轻松快速地搜索数千种产品。除了产品搜索之外，Jungle Scout 还有一系列功能，包括分析产品的利润、搜索利基市场、免费网络研讨会和案例研究，并且有 3 种商业套餐，每种套餐在 29 美元到 69 美元不等。https：//www. junglescout. com/。

6. Scope Seller Labs 是一款免费的亚马逊工具，卖家可以进行关键词研究，做产品研究和分析。Scope 免费版的功能比付费版更基础一些，但对初学者来说这是一个很好的工具，有许多方便的功能，包括特定产品反向 ASIN 查询，以便卖家找出成功产品 listing 使用的特定关键词。

7. Unicorn Smasher 这款免费的产品研究工提供了实时综合数据，以及准确的销售额估算。卖家可以快速找到产品定价、排名、评级以及产品评论数据。卖家还可以将 Unicorn Smasher 与 AMZ Tracker 结合使用。

8. AMZ Scout 因销售估算准确著称，卖家可以免费试用 AMZ Scout 7 天，之后就有三种付费套餐可选：Basic 每月 19.99 美元，Start Package 每月 29.99 美元，Business Package 每月 39.99 美元。所有的付费套餐都包含产品数据库、关键词追踪和竞争对手分析，其中 Basic 套餐追踪 20 种产品，Start Package 追踪 40 种产品，Business Package 追踪 80 种产品。用户还可以登录 AMZ Scout 网站，使用免费估算器和 FBA 计算器。

9. Amachete 是一款便捷的 Chrome 扩展程序，会提供竞争分析、利润估算以及排名和库存跟踪。而且该工具有一个非常有用的功能，那就是劫持监视器，它会不断监控产品 listing，一旦发现劫持者，卖家就可以联系亚马逊，阻止销售额损失。Amachete 提供 14 天免费试用，付费版可以使用直接产品跟踪器选项。

10. Cash Cow Pro 是排名第一的亚马逊工具，它拥有 2000 万款最畅销产品的数据，并包含免费的 Chrome 扩展程序下载。它没有产品 listing 过滤选项，但一些重要的功能还是有过滤器的，卖家可以选择通过关键词搜索，也可以选择按卖家数量搜索。Cash Cow Pro 定价为每月 49.97 美元或每年 997 美元。

11. AMZ Shark，有许多有用的功能，其中包括 Shark Score，对卖家的竞争力进行评分。此外，AMZ Shark 还支持亚马逊日本站和亚马逊中国。AMZ Shark 第一个月免费，之后每个月要交 299 美元。

12. Blast Radius 公司发布用户体验最佳的美国购物网站；美国市场研究公司 Hitwise 发布美国用户量最大的购物搜索引擎。

第八章

商品上架

教学目标：

1. 学生应能够熟知亚马逊平台对商品图片的要求，能够判断图片是否合规，并能够制作出合规、突出卖点的商品图片。

2. 学生应能够掌握商品标题撰写技巧，能够针对给出的商品选择合适的关键词并写出合适的标题。

3. 学生应能够用英文撰写出给定商品的长、短描述。

4. 学生应能够根据不同国际站点定价习惯给商品定价。

5. 学生应掌握亚马逊平台商品上架操作方法，能够独立完成商品上架操作。

引导案例：

Re－Call 带个性化防水照片狗狗纪念石的特色商品详情页

在亚马逊北美站主页搜索栏，输入 Re－Call 品牌词，显示结果的第一位就是 Re－Call 带个性化防水照片狗狗纪念石（见图 8－1）。

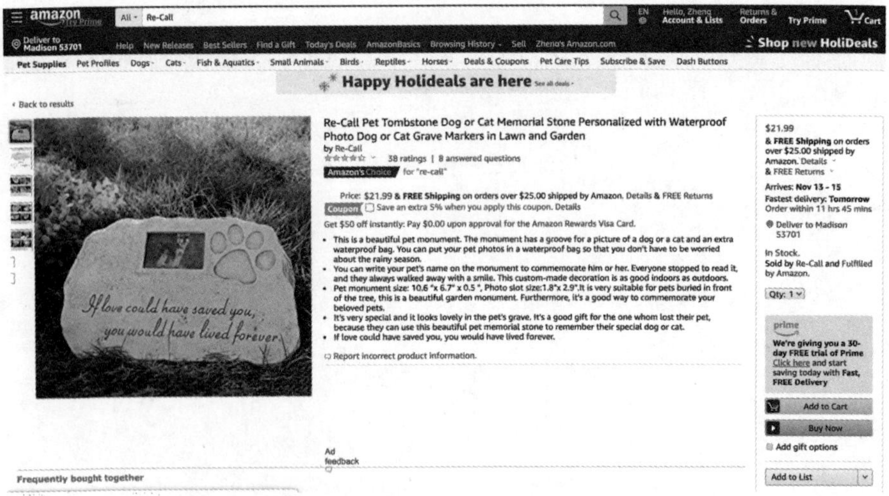

图 8－1 亚马逊北美站 Re－Call 带个性化防水照片狗狗纪念石商品详情页（上部）

该产品在 Dog Memorials 子类产品中排名第 19 位，虽价格为 21.99 美元，却获得了坚固性 5 分、礼品性 4.7 分和工艺性 4.7 分的高顾客评分，38 位顾客留评价（2019 年 11 月 9 日数据）。这样的业绩与卖家为该商品提供的图文并茂的详情页有着密切的关系。

首先，该商品的标题不但包含了几个核心要素：核心关键词 Pet Tombstone，品牌 Re－Call，特性、差异化 Waterproof Photo 的亮点和卖点等，卖家还给了一个的修饰性词语 in Lawn and Garden，给出了该产品使用的环境和地点，让顾客更能了解产品使用的情境，更有针对性地点击、浏览直至下单。

其次，该商品不但有占比大的、立体化的主图，具有较强的冲击力和吸引力，而且，还有 5 张辅图，尽可能全方位展示商品的特性和卖点。

再次，该商品的短描述写满了 5 条，高度凝练了该款宠物墓地纪念石的主要特点。

最后，该商品的长描述部分，更详细地介绍了该商品的卖点，丰富了商品的信息，有效地帮助顾客深入了解该商品，见图 8－2。

Product description

Reviews on Pet Monument stone:

This stone really set my heart at ease after my puppy passed away. I have it laying on top of my baby's grave, at the edge of the woods, and it seems to be doing really well. I just sweep it off when I visit my parents and it looks as good as new. I'm very happy with this product.

We bought this as a gift for family members who had just suddenly lost their dog to cancer. As most pet owners know, their dogs or cats are like family. This was a beautiful and simple garden stone that they will be able to treasure. It was of high quality and was delivered promptly.

It was a perfect gift for my grieving parents that lost their dog after 13 years with her. They loved it and are happy to have the stone in their garden as a reminder of their sweet girl Lizzie. The product is perfect, the company was efficienct and professional. Thank you for a great product and great service.

This was a beautiful stone that I bought as a gift for a sweet friend who lost her furry best friend of nearly 12 years to cancer. She absolutely loved it and was able to engrave her dog's name on it before she placed it out in the garden. I'm thrilled with this purchase and hope it provides happy memories for my friend for years to come.

When Shiloh passed away, I was heartbroken and this garden stone made my day. It is a nice weight and well made. Also, the price was perfect. As I shopped around, I found the same product for twice the price. It was definitely a good buy.

图 8－2 亚马逊平台 Re－Call 带个性化防水照片狗狗纪念石的长描述

商品详情页是跨境电商卖家和顾客直接接触的最重要一环。一条好的上架商品详情页，可以精准地传达和呈现出商品的细节和特质，从而吸引顾客点击和购买。而一条不完善的商品详情页则可能导致卖家搜索排名靠后、顾客无法搜索到该商品，或者搜索到了没有兴趣点击进去浏览，或者浏览了却没有购买欲望等不如人意结果。因此，卖家完成平台注册、选品后，必须高度重视决定商品详情页的重要操作——商品上架 listing。本章主要介绍亚马逊平台的商品详情页各主要要素和如何操作商品上架 listing。

第一节 商品详情页

亚马逊的购物体验建立在商品详情页基础上。商品详情页能够帮助卖家提高商品在展示、排名等方面的竞争力。商品详情页包含的要素主要有：商品图片、商品标题、长短描述、合理有竞争性的定价、商品的 Q&A 问答部分等，见图 8－1。

一、商品图片

在线销售时，提供高质量的图片至关重要。在无法实地查看和触摸实际商品的情况下，买家只能依赖卖家的商品图片进行判断。

在亚马逊平台上架销售不同品类的商品，都需要准备商品照片。什么样的图片才算是优质图片呢？答案是在符合亚马逊平台对图片要求的前提下充分展现商品的卖点。例如，色调的选择上，家居类商品照片的光选择暖黄光而不是白光，营造一种温馨的家庭氛围；电子商品照片选择黑白蓝组合效果最好；儿童玩具类商品选择艳丽的颜色等。

1. 亚马逊对商品图片的要求

在亚马逊平台上，一个在售商品最多能够显示的图片为7张，亚马逊平台对商品图片有几个要求是面向所有品类、是通用的：

（1）图片必须准确展示商品，且仅展示待售商品。

（2）商品及其所有特色都必须清晰可见。

（3）图片必须与商品名称相符。

（4）上传的图片大小单边至少大于1001PX，以支持缩放功能；最长边不超过10000PX。

（5）图片不应该有可见的水印、色彩或文本。

（6）接受JPEG（.jpg）、TIFF（.tif）或GIF（.gif）格式文件，首选JPEG格式，不接受.gif格式的动图。

在7张图中，第一张图片被称为主图。亚马逊对主图有额外的要求如下：

（1）主图应该采用纯白色背（－RGB色值为255、255、255）。

（2）主图必须是实际商品的专业照片，不得是图形、插图、实物模型或占位符，不得展示不出售的配件、可能令卖家产生误解的支撑物、不属于商品一部分的文字或者标志、水印、内嵌图片。

（3）主图中不能包含任何亚马逊标志或商标及其变体、亚马逊商城使用的任何标记及其变体、任何容易让人与亚马逊标志或商标、标记相混淆的相似内容。如，AMAZON、PRIME、ALEXA或Amazon Smile设计的文字或标志，Amazon's Choice、优质的选择、Amazon Alexa、畅销商品、热卖商品、与Alexa合作等。

（4）主图必须清晰，不得有马赛克或者锯齿边缘。

（5）主图最长边放大到最大允许尺寸时，商品须占画面85%。

（6）主图片必须是单一的商品，无堆叠或包含多件商品。

此外，所有上传的内容和图片必须适用所有年龄阶段用户并且适合于公共社区使用。所传内容和图片不得刻画或包含裸露或色情、淫亵或使人反感的物品。即使卖家从外部获取图片，卖家也要负责全部上传图片的质量。

2. 亚马逊对商品图片的要求因品而异

亚马逊对不同品类商品的照片有不同的要求。如服装和服饰、箱包和旅行用品以及鞋履、手提包和太阳镜三个不同品类商品图片的标准不同，见表8－1。

表 8-1　　亚马逊对不同品类商品上传图片的具体要求

商品类别	图片标准	禁止出现
服装和配饰	1）如有不同颜色，每个颜色必须包括一个显示该颜色的“子 SKU 主图片”； 2）上传的图片大小单边至少大于 1001PX，以支持缩放功能； 3）所有图片都应进行相应裁剪，以优化顾客评估商品的能力； 4）图片不应该有可见的水印、色彩或文本； 5）图片背景必须是白色的，且是高品质的，真正代表所出售的商品； 6）主图片必须是单一的商品，无堆叠或包含多件商品； 7）主图和子图片必须是标准或平坦的； 8）备用图片可以使用不同的角度或视角、色板等，但必须使用相同的图片质量和尺寸	1）图片上有品牌标签或包装； 2）二手或较新二手商品的图片； 3）边框、水印、文字或其他装饰； 4）草图或数字描绘的商品图片仅使用真实图片； 5）人体模特图片； 6）彩色背景或生活图片； 7）不属于商品列表的其他商品、物品或配件；仅包含顾客要购买的商品； 8）图片预留位置（如“临时图像”或“无可用的图片”）； 9）商品评级的图片； 10）宣传文字，如“热销”或“免邮”（可用管理营销工具代替）； 11）尺寸图表，送货区域范围地图或任何与商品不相关的图形
箱包和旅行用品	1）如有不同颜色，每个颜色必须包括一个显示该颜色的“子 SKU 主图片”； 2）上传的图片大小单边至少大于 1001PX，以支持缩放功能； 3）所有图片都应进行相应裁剪，以优化客户评估商品的能力； 4）图片不应该有可见的水印、色彩或文本； 5）图片背景必须是白色的，且是高品质的，真正代表了出售的商品； 6）主图片必须是单一的商品，无堆叠或包含多件商品； 7）备用图片可以使用不同的角度或视角、色板等，但必须使用相同的图片质量和尺寸	1）图片上有品牌标签或包装； 2）二手或较新二手商品的图片； 3）边框、水印、文字或其他装饰； 4）草图或数字描绘的商品图片仅使用真实图片； 5）彩色背景或生活图片； 6）不属于商品列表的其他商品、物品或配件；仅包含客户要购买的商品； 7）图片预留位置（如“临时图像”或“无可用的图片”）； 8）商品评级的图片； 9）宣传文字，如“热销”或“免邮”（可用管理营销工具代替）； 10）尺寸图表，送货区域范围地图或任何与商品不相关的图形
鞋履、手提包和太阳镜	1）图片必须仅显示鞋子，而不是显示在鞋盒中或旁边； 2）一张图片仅显示一只鞋子； 3）纯白色背景； 4）主要图片从上面看来必须是 3/4 侧视，鞋指头向右或左； 5）上传的图片大小单边至少大于 1001PX，以支持缩放功能； 6）图片必须是彩色，非黑白色； 7）图片必须可以显示出整只鞋子，进行相应裁剪，并且鞋子占住了图片区域 80% 的面积； 8）如有不同颜色，每个颜色必须包括一个显示该颜色的“子 SKU 主图片”； 9）图片不应该有明显的水印、色彩或文本； 10）备用图片可以使用不同的角度或视角、色板等，但必须符合相同的图片质量和尺寸要求	1）图片上有品牌标签或包装； 2）二手或较新二手商品的图片； 3）边框、水印、文字或其他装饰； 4）草图或数字描绘的商品图片仅使用真实图片； 5）彩色背景或生活图片； 6）人体模特图片； 7）不属于商品列表的其他商品、物品或配件；仅包含客户要购买的商品； 8）包含多件商品的图像； 9）图片预留位置（如“临时图像”或“无可用的图片”）； 10）商品评级的图片； 11）宣传文字，如“热销”或“免邮”（可用管理营销工具代替）

亚马逊商品图片上传的数量因不同品类而不同，有的品类可以只上传 1 张主图，而有的品类要上传 1 张主图，6 张辅图。

卖家可借助第三方图片提供商，了解他们的解决方案来满足卖家的需求，见图 8－3。寻找图片提供商的网址是：https：//sellercentral. amazon. com/gspn/search-page/Imaging?ref_ = sc_gspn_hp_ilst&sellFrom = CN&sellIn = US&localeSelection = en_US。

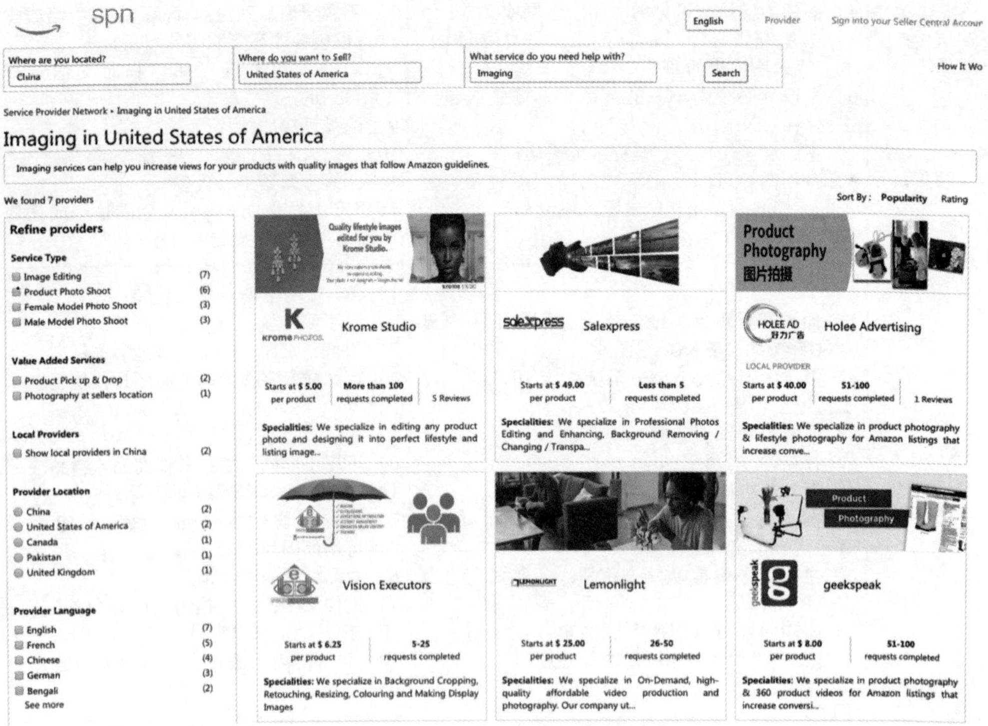

图 8－3　第三方图片提供商网页

二、商品标题

标题由反映商品关键信息，比如品牌、功能、特征等的关键词构成。不同类目商品，其标题长度、标题中应包含的关键信息不同。简单易懂的好标题会影响商品信息的展现率和点击率。

1. 长标题与短标题

2019 年 6 月 18 日，亚马逊发布一项与商品标签有关的新政，要求商品标签必须包含完全相同的商品名称，否则商品很有可能被亚马逊运营中心拒收，并且此政策将会在 2019 年 7 月 22 日生效。此次新政对标题字符数进行了限制，标题中最多的字符数为 50，违反亚马逊标题指南要求的 ASIN 将会从搜索中删除，见图 8－4。

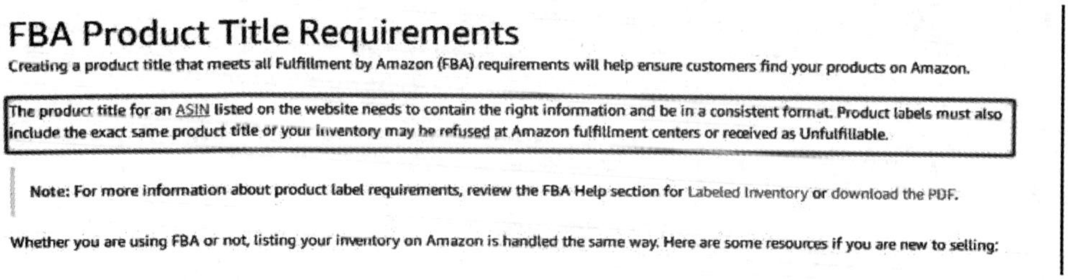

FBA Product Title Requirements

Creating a product title that meets all Fulfillment by Amazon (FBA) requirements will help ensure customers find your products on Amazon.

The product title for an ASIN listed on the website needs to contain the right information and be in a consistent format. Product labels must also include the exact same product title or your inventory may be refused at Amazon fulfillment centers or received as Unfulfillable.

Note: For more information about product label requirements, review the FBA Help section for Labeled Inventory or download the PDF.

Whether you are using FBA or not, listing your inventory on Amazon is handled the same way. Here are some resources if you are new to selling:

图 8－4　2019 年 6 月 18 日公布的亚马逊标题字符数新规

但是，正值亚马逊 Prime Day 前夕，此政策不仅引起众多卖家纷纷更改商品标题，更引起亚马逊系统重新匹配关键词、计算 listing 权重等大量工作。2019 年 7 月，亚马逊又将商品标题的长度限制改回原来的限制 200 个字符以内，见图 8－5。但每个商品所属的类目有所不同，而每个类目下标题的字数限制也有所不同，有些类目的商品标题可以长于 200 个字符，具体以卖家后台某个商品下该类目的标题字数限制为准，也可以筛选出同一类目的商品，再针对该类目随便随一个商品进去看看标题的字符限制。

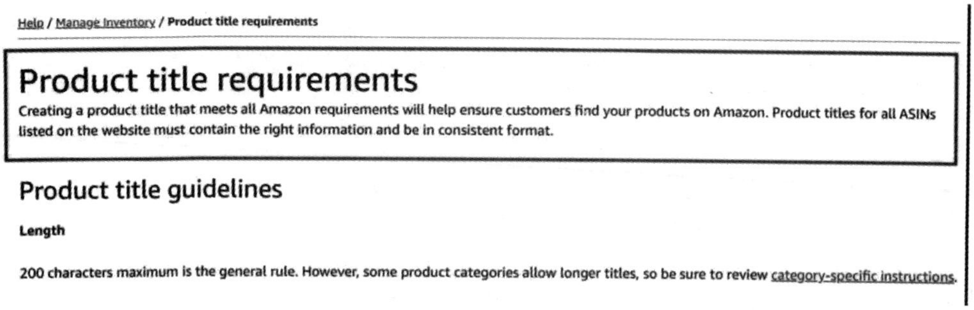

Help / Manage Inventory / Product title requirements

Product title requirements

Creating a product title that meets all Amazon requirements will help ensure customers find your products on Amazon. Product titles for all ASINs listed on the website must contain the right information and be in consistent format.

Product title guidelines

Length

200 characters maximum is the general rule. However, some product categories allow longer titles, so be sure to review category-specific instructions.

图 8－5　2019 年 7 月后亚马逊商品标题字符数新规

尽管亚马逊平台有商品标题不要超过 200 个字符的限制，但是，商品标题并非越长越好。因为亚马逊会从商品标题中随机抓取关键词信息，构成权威链接。这些权威链接可以通过谷歌搜索直接搜出来亚马逊的链接。如果这些关键词抓取得好，有利于提升站外流量。如果标题是经过卖家精心提炼的短标题，关键词个数少且精，那么，亚马逊后台抓取的、列入权威链接里的关键词就是这个短标题里含的全部关键词；如果标题很长，亚马逊后台抓取的关键词则是随机的，标题中的核心关键词未必能列入权威链接里。

在 Newrong Men's Outdoor Fishing Hunting Hat 商品详情页面，点击右键，选择“显示网页源代码”，则在源代码的权威链接中，包括了 Newrong、Mens、Outdoor、Fishing、Hunting 等短标题中的关键词，见图 8－6。

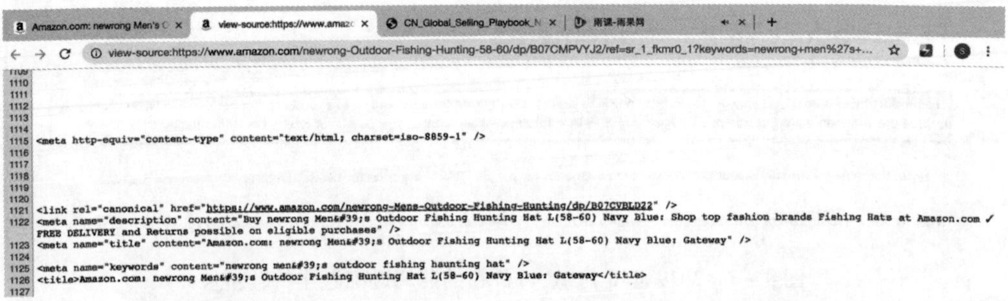

图 8-6 亚马逊平台某款帽子商品的网页源代码中显示的关键词

而在 PetFusion Ultimate Dog Bed，orthopedic Memory Foam.（Multiple Sizes/Colors，medium firmness，Waterproof liner，YKK zippers，more Breathable 35% cotton cover，Cert. Skin Contact Safe）. 2yr Warranty 商品的详情页面，点击右键，选择“显示网页源代码”，其权威链接中显示 Friends、forever、orthopedic、removable、Memory 和 Foam，见图 8-7，关键词是亚马逊后台随机抓取的，并没有把核心关键词都抓取出来。这样，通过谷歌搜索该权威链接，就不能很好地实现站外引流。必须指出，长标题和短标题没有绝对的好与坏。

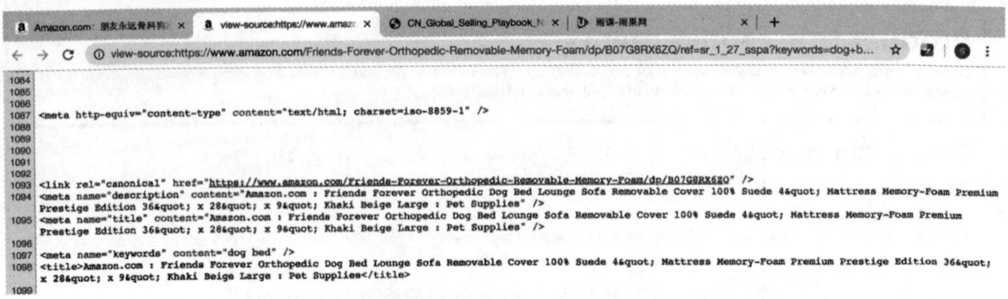

图 8-7 亚马逊平台某款狗床商品的网页源代码中显示的关键词

2. 标题的组成要素

一般来说，商品标题包含关键词、品牌、适用范围、商品特性等信息。

关键词一般包含宽泛、精准、长尾关键词三种。善用关键字，可以创造高浏览量。在标题的设置中，关键词选择要精准，但为了涵盖更多的搜索，标题中不妨加入相关度较高的宽泛关键词和长尾关键词。比如 Hat 是一个宽泛关键词，Men's hat 是一个精准关键词，而 Men's Fishing Hat 则是一个长尾关键词，随词语范围缩小，有进一步精准趋势。收集整理这三类关键词，根据实际筛选最有效词语，布局在 listing 标题中。

品牌 Brand Name 是标题的必填项，并且要将 Brand Name 显示在标题的最前面/最左面，大小写要保持一致。亚马逊越来越注重品牌，很多流量重点倾斜品牌卖家。有品牌的卖家，既可以对自己店铺进行装修和编辑，又可以直接防止被人跟卖。例如，newrong Men's Outdoor Fishing Hunting Hat 就把品牌显示在标题的最前面。

适用范围，能引导客户正确的购买行为。例如，newrong Men's Outdoor Fishing Hunting Hat 中，有 Fishing 和 Hunting 两个应用场景、适用范围词，很好地向买家传达了该款帽子的功能，从而正确引导买家的购买行为。又比如，相对于电子配件商品来说，一般是有支持设备对象的，如苹果手机的手机壳、华为手机的手机壳等，通常要在标题中加上 for 该商品所支持的相关设备。

标题最后一部分基本补充商品相关的材质、尺码或者颜色等商品特性信息。这样做，可以丰富商品信息，从而提高买家对商品的认知度。

3. 官方对标题的要求规范

亚马逊平台还对商品标题的撰写格式规范作出了具体要求，见图 8 - 8。

Capitalization

- Capitalize the first letter of each word.
- Do not use ALL CAPS.
- Conjunctions (and, or, for) and articles (the, a, an) should not be capitalized.
- Don't capitalize prepositions with fewer than five letters (in, on, over, with).

Numbers and symbols

- Use numerals ("2" instead of "two")
- Spell out measurements ("6 inches" not "6"")
- Don't use symbols, such as ~ ! * $? _ ~ { } [ ] # < > | * ; / ^ ¬ ¦
- Don't use Type 1 High ASCII characters (Æ, ©, ô, etc.)

图 8 - 8　亚马逊平台商品标题撰写的部分格式规范

- 每个词的首字母必须大写；
- 标题不能全大写或者全小写；
- 连词 and、or、for 和冠词 the、a、an 不要大写；
- 少于 5 个字母的介词 in、over、with、on 等不要大写；
- 如有数字描述，要用阿拉伯数字，不要使用文字，例如，要用 2 而不是 Two；
- 表示单位时用单词而非符号，如要用 6 ounces，而不是 6oz；
- 不能有任何特殊字符或者标点符号（!, ¥, &, …）；
- 不能在中文输入法状态下输入任何内容；
- 如含批量销售，请在商品名称后面添加 pack of XX；
- 不要出现过多的商品细节（如多型号商品，建议不要超过 3 个型号，可以在描述或者商品特性中补充说明其他型号）；
- 不能有公司、促销、物流、运费或其他任何与商品本身无关的信息，如 best-seller、free shopping、free shipping 等。

三、五点短描述/卖点

商品详情页面价格下面，有五点关于商品主要特点的描述（Key Product Features，也称为短描述，或 Bullet Points），是亚马逊平台的特色之一。下面是关于 Re – Call 带个性化防水照片狗狗纪念石的五点短描述：

- This is a beautiful pet monument. The monument has a groove for a picture of a dog or a cat and an extra waterproof bag. You can put your pet photos in a waterproof bag so that you don't have to be worried about the rainy season.

  本品是一个美丽的宠物纪念碑。纪念碑上有一个刻着狗或猫的图案的凹槽，还另有一个防水袋。您可以把您的宠物照片放在防水袋里，这样就不用担心雨季了。

- You can write your pet's name on the monument to commemorate him or her. Everyone stopped to read it, and they always walked with a smile. This custom-made decoration is as good indoors as outdoors.

  您可以在纪念碑上写您宠物的名字以纪念它。每个人都可以停下来看到它。这种顾客订制的装饰在室内室外都很好。

- Pet monument size：10. 6” ×6. 7” ×0. 5”，Photo slot size：1. 8” ×2. 9”. It is very suitable for pets buried in front of the tree；this is a beautiful garden monument. Furthermore，It's a good way to commemorate your beloved pets.

  宠物纪念碑尺寸：10. 6” × 6. 7” × 0. 5”，照片槽尺寸：1. 8” × 2. 9”。本品是一款美丽的非常适合将宠物埋在树前的花园纪念碑。此外，这也是一个纪念您心爱的宠物的好方法。

- It's very special and it looks lovely in the pet's grave. It's a good gift for the one whom lost their pet because they can use this beautiful pet memotial stone to remember their special dog or cat.

  本品是非常特别的、可爱的宠物纪念石。对于那些失去宠物的人来说，这是一个很好的礼物，因为他们可以用这个美丽的宠物纪念石来纪念他们特别的狗狗或猫猫。

- If love could have saved you，you would have lived forever.

  如果爱能存储，您将与爱永存。

下面的五点是关于某款果汁机的短描述：

- 【Multi – Application】Masticating Juicer can extract all kinds of fibrous fruits and vegetables，such as celery，ginger，leafy greens，carrot，apples，oranges，etc. It is a worth investing for a comfortable family to purchase this masticating juicer extractor.

  【多用途】咀嚼榨汁机可以提取各种纤维的水果和蔬菜汁，如芹菜、姜、绿叶蔬菜、胡萝卜、苹果、橘子等。对于一个舒适的家庭来说，这种咀嚼榨汁机特别值得购买。

- 【Quiet and Convenient】The juicer is less than 60db when working. And it is easy to assemble, operate, and clean, dishwasher-safe parts make clean up a breeze. You will enjoy a quiet environment and healthy life when making juice, thanks to the perfect design.

  【安静且方便】榨汁机工作时噪声小于 60 分贝。而且它易于组装、操作和清洁，洗碗机安全部件使清洁变得轻而易举。完美的设计，让您在制作果汁时享受安静的环境和健康的生活。

- 【Higher Nutritional Value】Compared to centrifugal juicer, the masticating juicer keeps the minerals, enzymes, vitamins, trace minerals and nutrients from being destroyed. It is the best to keep minimal Oxidation, low heat build-up, less foaming and no clogging.

  【更高营养价值】与离心式榨汁机相比，咀嚼榨汁机能保持矿物质、酶、维生素、微量元素和营养成分不被破坏。它能保持果汁最小氧化，低热量积累，少泡沫和不堵塞。

- 【Higher Juicer Yield】Compared to centrifugal juicers, slow juicer is higher juice yield by the auger squeezing and reverse function. You will get really taste, so delicious, flavorful, rich, and concentrated due to the juice extractor.

  【更高出汁量】与离心式榨汁机相比，咀嚼榨汁机缓慢榨汁，凭借螺旋压榨和反向功能，出汁量高更。这款果汁萃取器会让您尝到真正美味、可口、丰富、浓缩的果汁。

- 【What You Get】Slow juicer adopts advanced technology and is made of baby food grade BPA-free materials. Our motor is covered by a 10 years warranty. The remaining parts are covered by a 3 years warranty. ETL, FDA Certification. And we provide lifelong technical consultation and customer service.

  【你能得到什么】慢榨汁机采用先进的技术和制作婴儿食品级无 BPA 材料。我们的马达有 10 年的保修期。其余的零件有三年的保修期。ETL、FDA 认证。我们提供终生的技术咨询和客户服务。

在短描述的撰写中，有很多注意事项，可以概括为“五要五不要”。“五要”包括：

（1）要突出显示商品信息的与众不同的 5 个关键特征，比如尺寸、保修信息、适合年龄。

（2）要把每个短描述的字符数限制在 1000 以内。

（3）要将每个短描述的首字母大写。

（4）出现短语要用分号分隔开。

（5）最好以概括的单词或词组作为每个短描述的开头。以两三个概括性的大写单词或词组开头，有利于更简洁地呈现出商品的特征，使段落之间的间隔更明显，让人更容易浏览。

短描述部分只针对商品的功能，所以，“五不要”包括：

（1）不要写任何未经验证的声明、畅销声明、保修声明或含糊的声明，尽可能具体地描述商品的功能和属性。

（2）结尾处不要出现标点符号。

（3）不要包含促销和定价的相关信息。

（4）不要包含物流和公司的信息。亚马逊的政策中禁止卖家填写有关公司、物流以及卖家的相关信息。

（5）不要包含行业术语或技术术语，要使用通俗的、易于买家理解的术语。例如，用“盘子”而非“用餐套件”。

四、商品描述

商品描述也称长描述，是对于商品题目和短描述/核心卖点的一个补充。商品描述的形式根据是否做过品牌备案而异。

1. 未作品牌备案的商品描述

对于尚未品牌备案的商品来说，主要用于体现卖家服务的售后政策、如何保障买家权益、短描述中写不全的商品更为详细的特点和商品参数、商品包含的额外的赠品或者配件、使用注意事项、包装配件等。

在书写长描述英文文案时，要使用 HTML（超文本标记语言）符号将文字排版；重要的内容可以用黑体字加深；每个描述的长度控制在 500 个字符以内，但要包含关键信息；要与短描述部分参考同样的特点和亮点，但不要逐字照搬；要上传用户手册，便于提升买家购买后的体验；不要包含联系信息，或除商品以外的任何信息。以一款 Dog bed 为例，其 5 点商品描述如下：

- WE LOVE DOGS

  Our mission：to produce beds that pass our Quality of Life Test：beds contributing to your dog's health，happiness，wellbeing & that help your dog to live their best life.

  Quality is the keystone of our brand.

  我们喜爱狗狗。

  我们的使命：生产通过生活质量测试的狗床：床有助于您狗狗的健康、幸福、福利，帮助您的狗狗过上最好的生活。

- To meet our high standards & yours，we use premium materials to produce our bed. Quality is verified by 2 international third-party companies，experts in inspection，testing，verification & certification.

  We also conducted in-use tests with dogs ranging in size from toy breeds to giant breeds to make sure that we were producing a multi-purpose bed that would be easy to use, long-lasting and easy for guardians to maintain.

质量是我们品牌的基石。

为了满足我们和您的高标准，我们生产的狗床使用优质的材料。质量由两家国际第三方公司认证，由检验、检测、验证、认证专家把关质量。

我们还对从小型犬到大型犬进行了狗床使用测试，以确保我们生产的多功能床使用方便、寿命长、易于养护。

- The Dog's Bed Utility has been designed to be long-lasting.

  In normal use your dog will be able to keep this bed for a long time, so we produce replacement covers for it at a fraction of the cost of replacing the whole bed.

  Did we mention that The Dog's Bed Utility is double-sided? Having two abrasion-resistant surfaces for your dog to sleep on means you can rotate it-doubling the lifespan of the cover.

  我们的狗床经久耐用。

  在正常使用情况下，狗床能够使用很长一段时间。我们还生产了替换套，只需一小部分的费用就可更换整个床面。

  我们提到过狗床是双面的吗？有两个耐磨的表面可以让您的狗狗睡觉，这意味着您可以旋转它——将表面的寿命延长 1 倍。

- A bed for dogs who are going places.

  The Dog's Bed Utility has been designed to be lightweight and easy to carry. The perfect bed to accompany you and your best friend on your trip in an SUV or an RV. While you're away you have the peace of mind that you won't need to be near a washing machine if there is an accident. Just wipe clean and enjoy your trip.

  适合旅行的狗床。

  我们设计的狗床很轻，便于携带，是您和您的狗狗乘坐 SUV 或房车旅途中最完美的选择。当您离开的时候会很放心，即使狗床脏了，您也不需要用洗衣机洗。只要擦干净，即可继续享受您的旅程。

- Confinement training? We've got just the thing.

  The Dog's Bed Utility has a cover with a waterproof coating on the underside, so it's a reliable asset when you're house-training your new friend. For accidents that happen close to bed time when you can't wash the cover, simply wipe the soiled surface with an enzyme-based cleaning solution. Then flip the bed over for another clean, dry surface your dog can settle down on and go right back to sleep.

  封闭培训？我们得到了正确的答案。

  狗狗床的底部有防水涂层，所以，您可以放心大胆地在房间里训练您的新朋友（狗狗）。如果在接近睡觉时间、不能清洗狗床盖子时，只需用含酶的清洗液擦拭被污染的表面，然后把床翻过来，换一个干净、干燥的表面，让您的狗狗使用，您就可以马上回去睡觉了。

2. 已完成品牌备案的商品描述

对于已经完成品牌备案的商品，卖家可以利用 A + 页面的形式使商品详情描述更丰富生动。A + 页面图文版商品详情页面有助于转化率的提升，但由于 A + 页面上的内容未编入索引，这意味着 listing 页面的曝光率不会因为多媒体内容而得到任何提升。做过品牌备案的商品，在商品描述 Product Description 部分图片处可以增加视频，并在其部分商品描述中加入图片。

3. 品牌备案

卖家必须通过了品牌备案，才能创建 A + 页面。卖家必须首先在美国专利商标局注册后，才有资格申请品牌备案。品牌备案具体操作步骤如下：

登录品牌备案地址：https：//brandservices. amazon. com/，点击 Get Started，显示如图 8 – 9 页面。

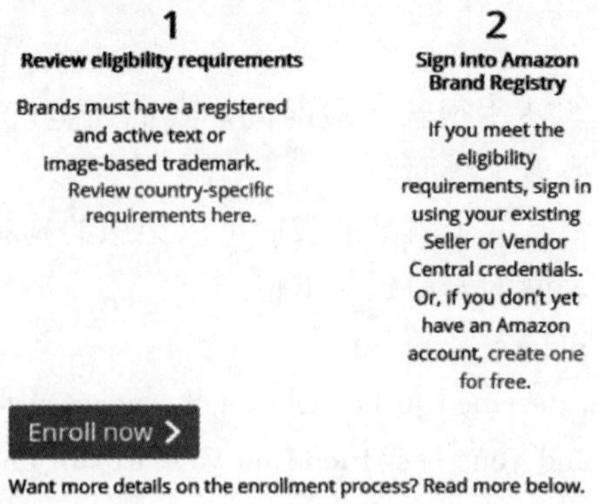

图 8 – 9 亚马逊品牌备案首页

点击 Enroll now 按钮，显示选择国家站点页面，选择国家后，显示创建账户页面，见图 8 – 10 与图 8 – 11。

图 8 – 10 选择目标市场

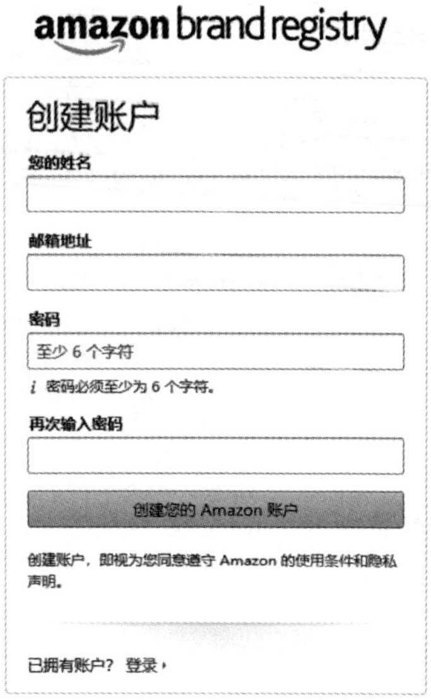

图 8-11 创建账户

填写完创建账户页面信息，页面显示见图 8-12。

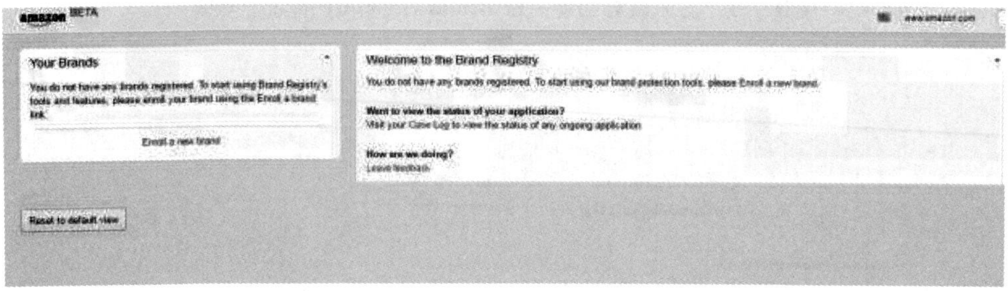

图 8-12 亚马逊卖家输入所申请品牌信息的页面

然后，卖家需要输入关于所申请品牌的信息：已注册标准字符（即文字版）商标、商标注册序列号、商品品牌官网（网站内需有与亚马逊系统内的预留信息一致的品牌相关介绍，公司地址、电话等信息）、后缀必须是企业名称的企业邮箱、带有商标的商品或包装的图片、商品标识（如型号、款式编号等）。

然后，卖家需要回答以下关于 Brand eligibility 的几个问题，见图 8-13。

然后，卖家需要上传标识信息，包括不大于 1.5M 的且带有清晰品牌的商品图片最多 10 张、包括不大于 1.5M 的且带有清晰品牌的包装图片最多 10 张、logo 本身的照片、输入品牌网站链接 Brand website 和社交媒体的首页 Brand social media page，见图 8-14。

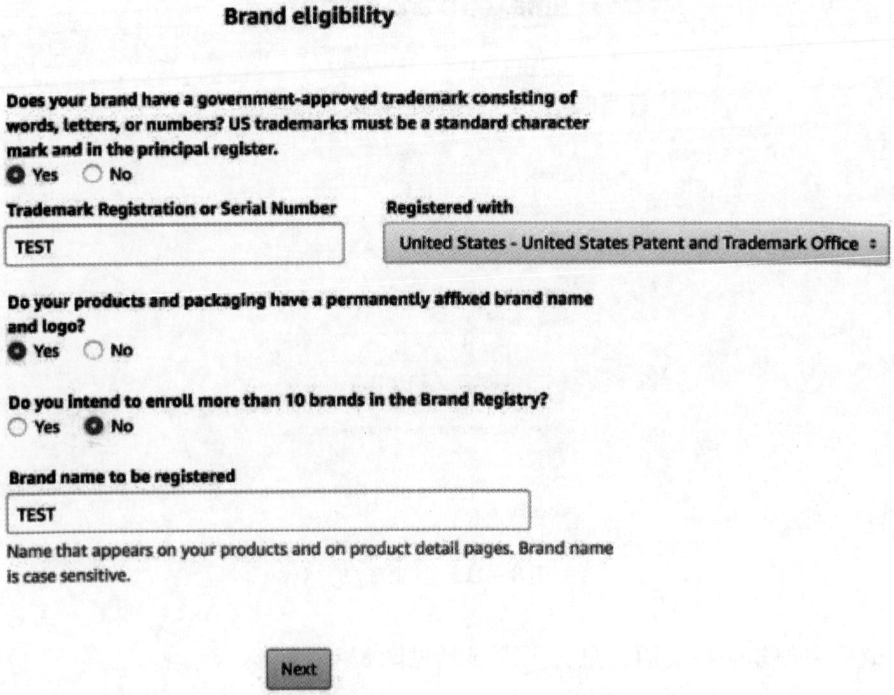

图 8－13　卖家需要回答关于 Brand eligibility 的几个问题

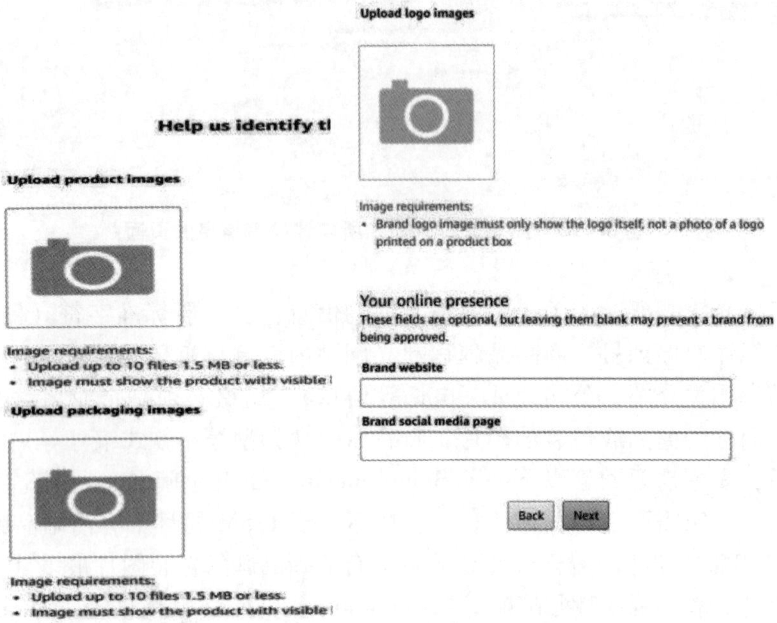

图 8－14　卖家上传商品、包装及品牌照片页面

点击 Next，在显示的页面填入商品编码、卖家销售账号信息、生产商和许可信息等，见图 8－15。确认无误后，点击 Submit application 提交。提交后无法修改相关信息。如需修改，只能重新申请。亚马逊平台会在 1～3 个工作日内在后台以 case 的形式回复。

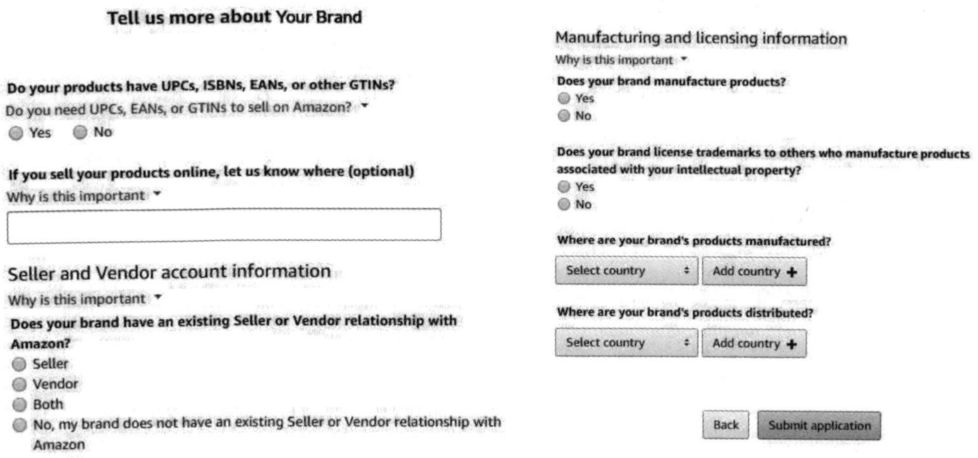

图 8－15　卖家需填入商品编码、卖家销售账号信息、生产商和许可信息页面

4. 创建 A＋页面

创建 A＋页面的操作主要有如下步骤：

首先，登录 Seller Central，点击“广告”菜单下方的“图文版品牌描述”，见图 8－16。

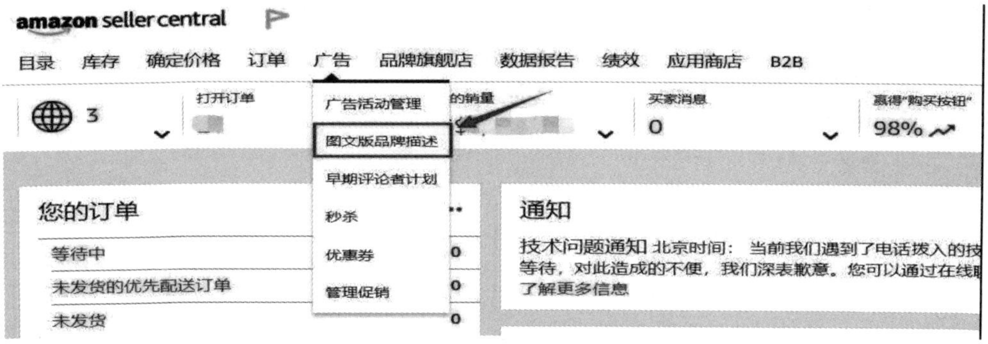

图 8－16　登录图文版品牌描述页面

然后，输入需要创建 A＋页面的 ASIN 码，之后点击搜索按钮，见图 8－17。

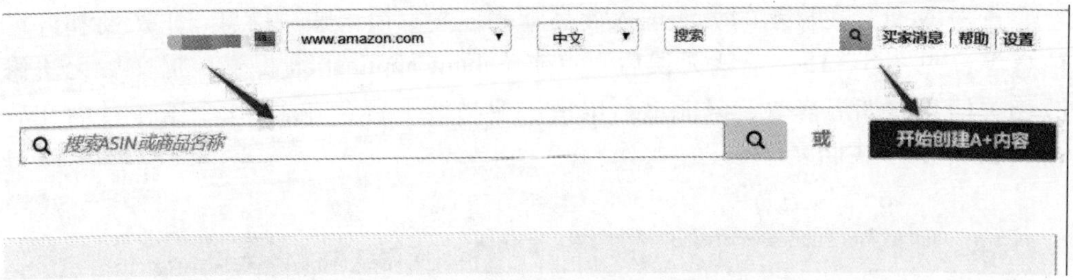

图 8－17　输入创建 A＋页面 ASIN 码界面

搜索出对应商品之后，点击“开始创建 A＋内容”按钮，会显示图 8－18 界面。

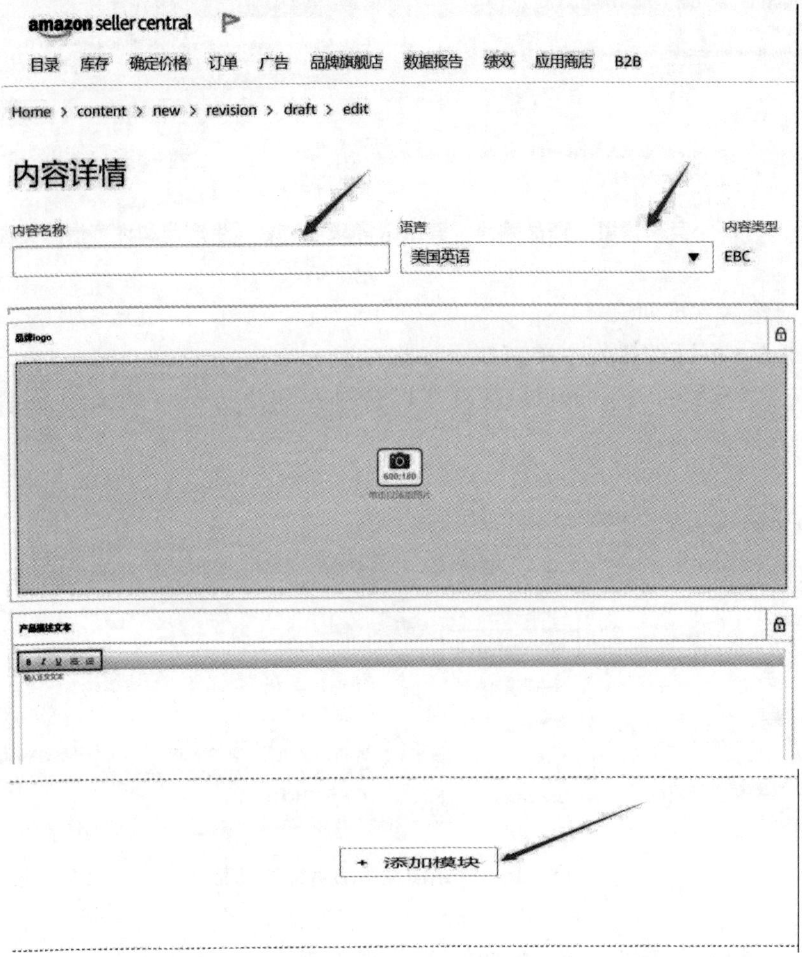

图 8－18　创建 A＋页面输入内容界面

在上面的页面，填写内容名称（自定义即可）、选择语言；上传 A＋页面的主图（这张主图和 listing 主图同等重要，最好是能够充分展现商品外观、带有商品 slogan，尺寸要求为 600×180 像素）；填入“商品描述文本”（尽可能详细介绍品牌理念、概括商品主要功能，并设置字体和设计内容的主次）；添加 5 个不同的模块内容（亚马逊提供了可供选择的模板，卖家可结合自己商品特点选择模块）。

填写完模块中的内容之后，点击图 8-19 中“下一步：应用亚马逊商品编码 ASIN”按钮，显示图 8-20 页面。搜索 ASIN，找到对应的商品。

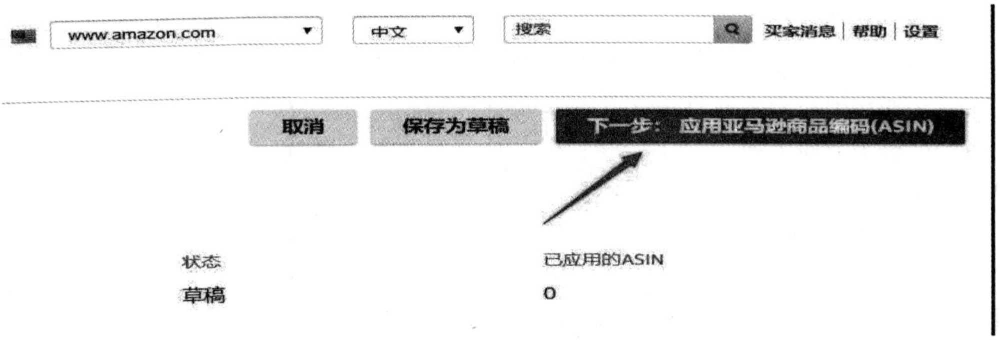

图 8-19 创建 A+页面“应用亚马逊商品编码 ASIN”寻找对应商品

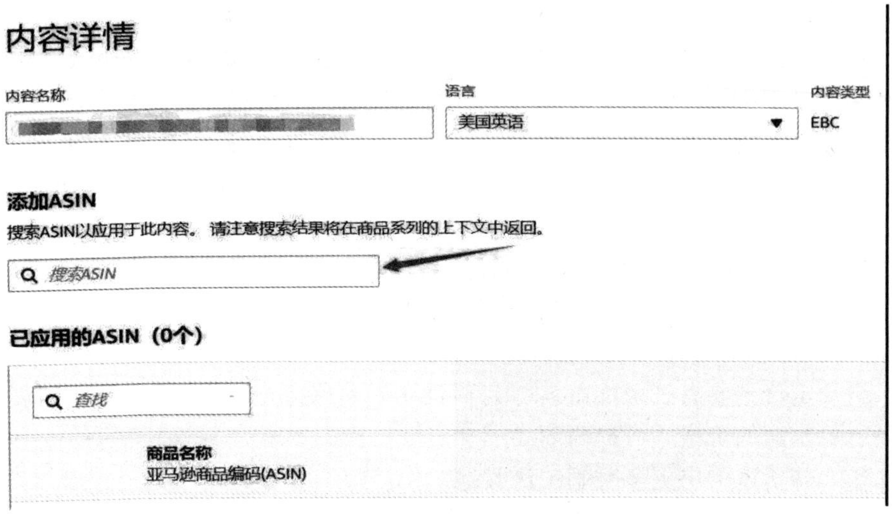

图 8-20 创建 A+页面输入对应商品的 ASIN 码

认真核对图片和文字的正确性，确保没有问题之后，点击“下一步：查看并提交”按钮，见图 8-21。

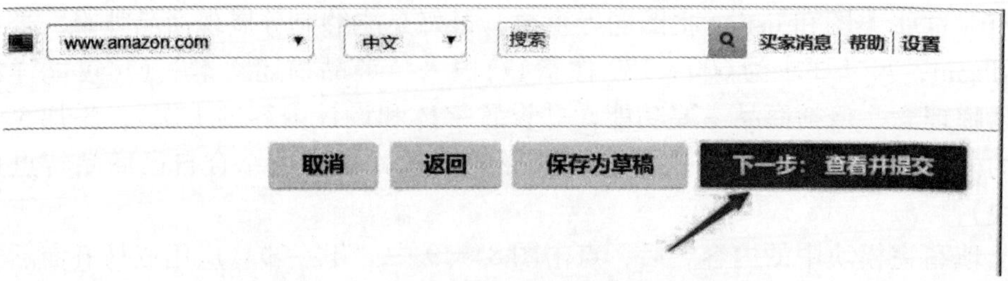

图 8-21　创建 A+页面查看并提交界面

提交成功之后，页面会提示“您正在将您的内容提交亚马逊进行审阅和发布。内容最多可能需要 7 个工作日才能被审阅，如果获得批准，则最多需要 24 小时才能在内容发布后显示在‘详细信息’页上。如果您的内容未获批准，您将收到内容中的原因通知”。

五、价格

不同国际站点的定价有不同的特点，如北美市场商品的定价有一定的特点，如经常采用.99、.59、.95 等小数位，让买家觉得便宜，并且符合北美买家对数字的偏好。而中国站的定价则以 6、8 尾数居多。

1. 自动定价及其优点

自动定价是亚马逊平台上的一种方便快捷的价格更新方式，通过设置自动规则来保持最新价格，确定卖家满意的价格上下限，自动定价将在指定的范围内自动调整价格。卖家可以将自己的价格与购买按钮价格挂钩，购买按钮价格发生更改时，自动定价可在卖家设定的最高和最低价格范围内，确保卖家的价格与购买按钮价格匹配，使卖家的价格按指定的金额和百分比高出或低于购买按钮价格。创建规则后，卖家可以将该规则应用于单个商品或多个商品。如果卖家手动更新的价格或停止自动定价，亚马逊平台将列出卖家上次设置的价格，卖家无须自动化整个目录。

自动定价主要有三个优点：(1) 有助于卖家保持竞争力。自动定价自动确保最新、更实惠的价格，可提高商品的知名度，提高竞争力。(2) 有助于减少卖家工作量，使卖家腾出更多时间关注其他工作。(3) 卖家还可以随时查看启用了自动定价的任何 SKU 的价格历史记录。具体地，卖家可以查看过去 30 天内对重新定价商品进行的所有价格更改，并且可以随时更新、暂停或删除规则。

2. 自动定价的操作

首先，编辑定价规则。创建规则后，在自动定价主页面上查看价格规则，可以暂停或删除现有规则，也可以创建新的规则。要暂停规则，找到暂停的规则，在该行的右侧，点击暂停按钮，将停止对分派给该规则的所有 SKU 重新定价，历史价格保持其当前值。暂停所有 SKU 可能需要长达 1 小时的时间，具体时间取决于规则中有多少个 SKU。点击恢复按钮，则可恢复重新定价，见图 8－22。

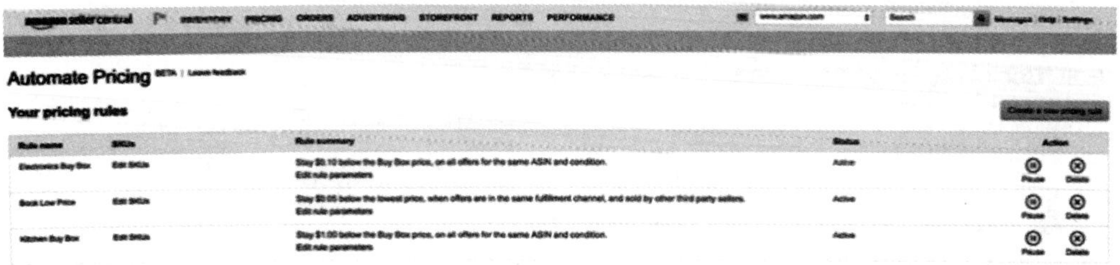

图 8－22 亚马逊卖家后台编辑自动定价操作界面

点击删除按钮，见图 8－23，选择删除定价规则进行确认，系统将停止对规则相关联的所有 SKU 重新定价，并从自动定价中移除此规则。

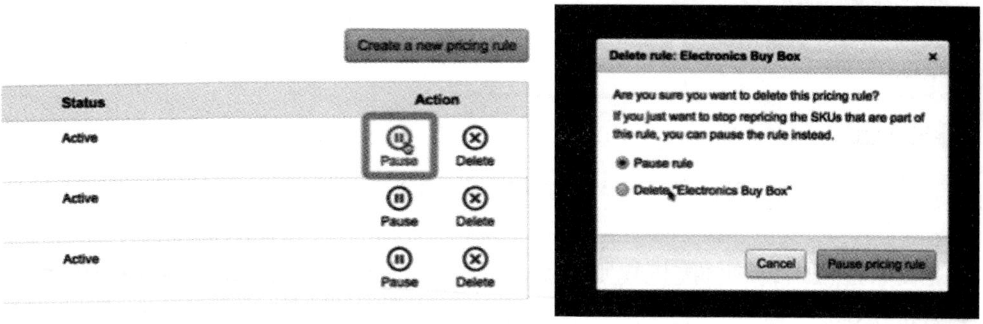

图 8－23 亚马逊卖家后台删除、暂停操作界面

要编辑规则参数，在自动定价主页面上找到要编辑的规则，然后在规则汇总 Rule：summary 下方查找。选择编辑规则参数 Edit rule parameters（操作与首次创建规则是相同），见图 8－24。

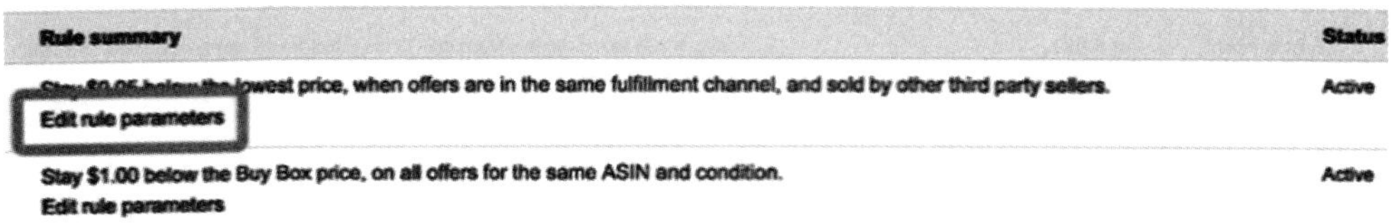

图 8－24 编辑自动定价规则参数

在图 8－25 的界面中，卖家可创建的定价规则有 3 种：匹配购买按钮 match the lowest price、比亚马逊物流商品价格低 ×× 美元 stay below the lowest price by a specified amount、始终比最低价高 ×× 美元 stay above the lowest price by a specified amount。此时，卖家可以在 3 种规则中切换，或者添加或者移除筛选条件，然后

点击保存和选择 SKU。然后，规则将应用新的逻辑来对该规则相关联的所有 SKU 重新定价。

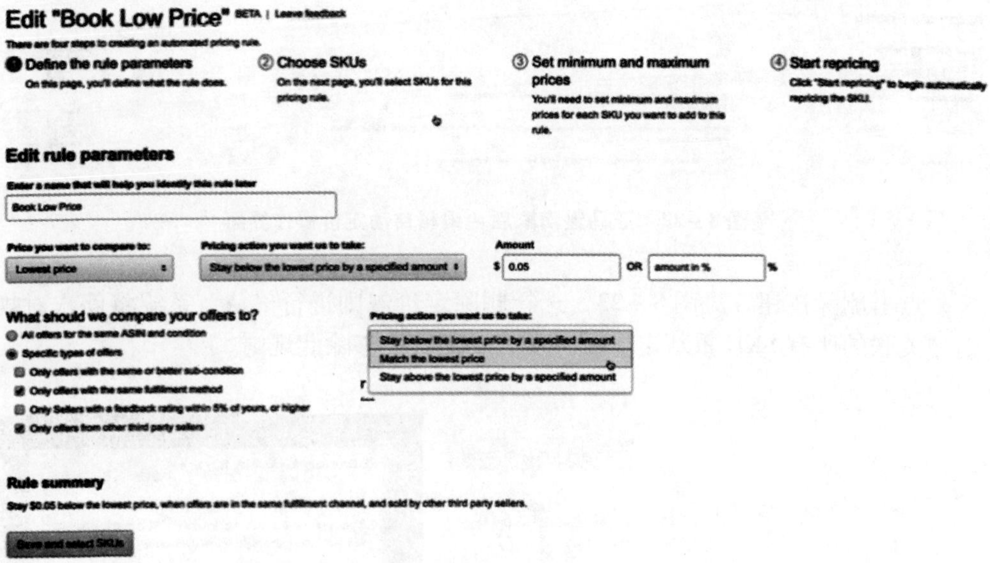

图 8－25　亚马逊卖家可创建的 3 种定价规则界面

卖家还可以编辑分配该规则的 SKU。先打开 Automatic pricing 自动定价主页，见图 8－26。

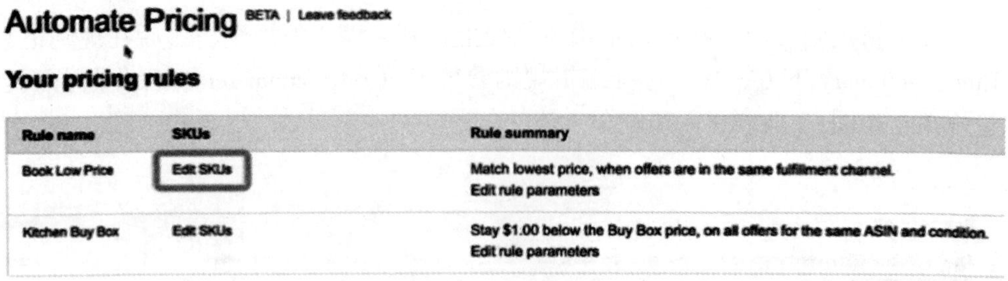

图 8－26　亚马逊卖家后台自动定价主页

点击 Edit SKUs，查找要添加的商品，填写最低和最高商品价格，见图 8－27，然后选择开始重新定价。

点击移动或停止选择，选择要将 SKU 移动到的规则，然后确认，可以从现有规则中移动商品。点击移动或停止，选择停止重新定价，见图 8－28，然后确认，可以停止对商品重新定价。

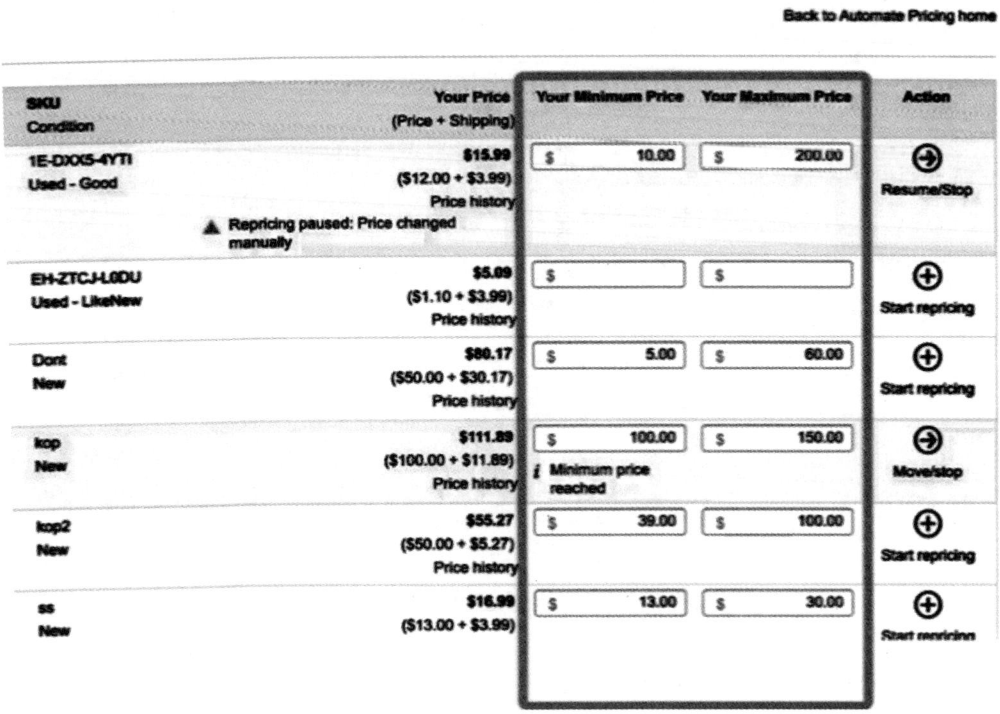

图 8－27 亚马逊卖家编辑 SKU 价格界面

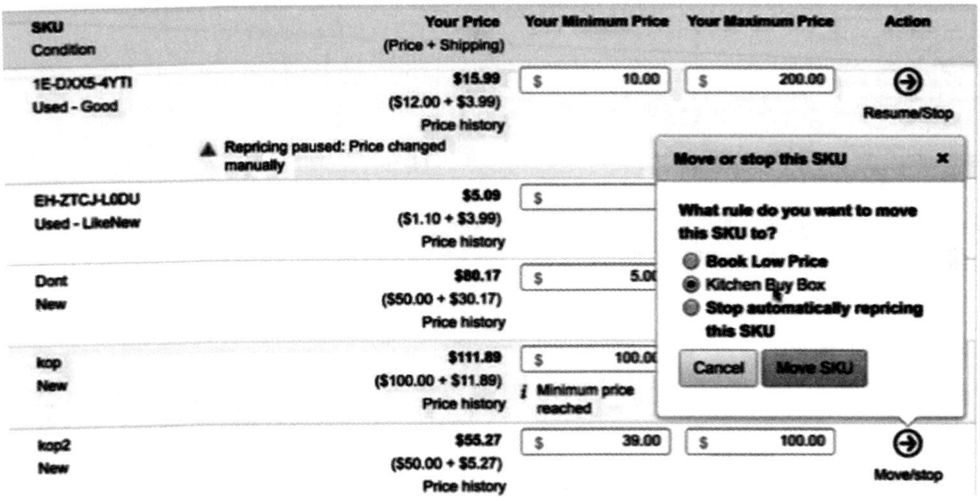

图 8－28 亚马逊卖家移动或停止 SKU 价格界面

在图 8－29 界面中，可以查看重新定价是否因手动更改价格而暂停，或者是否已达到最低或最高价格。卖家可以在商品价格、最低商品价格和最高商品价格列下，看到通知。

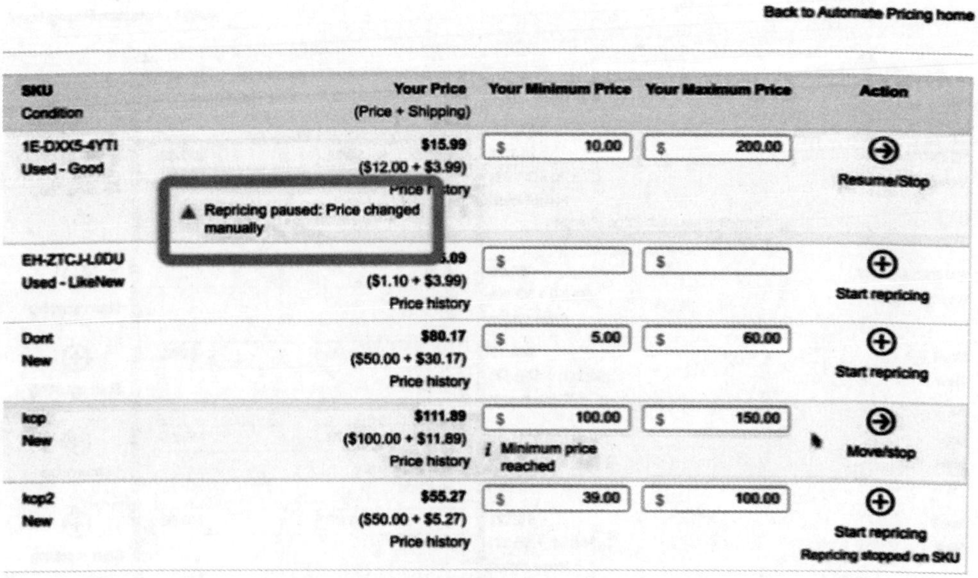

图 8－29　亚马逊卖家后台查看定价界面

当使用自动定价自动化商品信息时，可以查看该商品的价格历史记录。图 8－30 显示过去 30 天内的所有自动价格更改。打开编辑商品页面，然后找到所需的 SKU，点击价格更改历史记录链接。

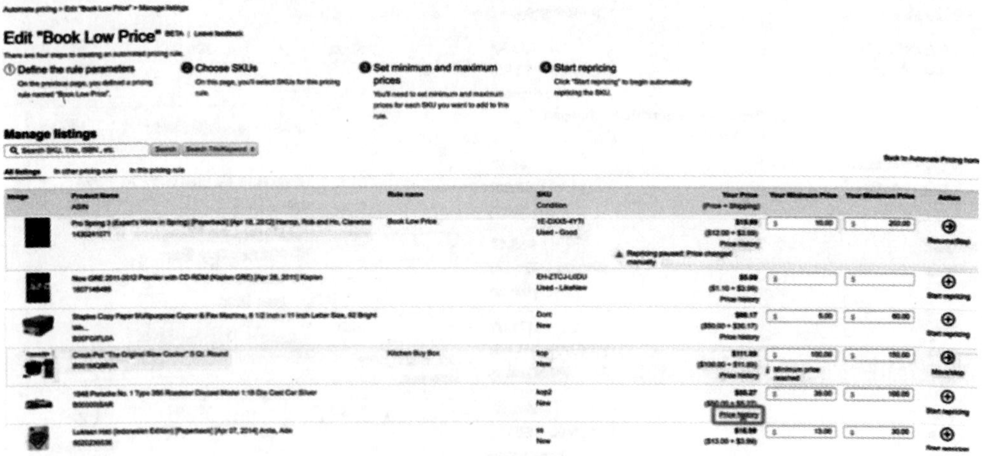

图 8－30　过去 30 天所有自动价格更改记录

之后将打开的新选项卡显示与自动定价相关的所有价格更改，包括价格更改、规则参数更改以及重新定价开始或停止的情况，见图 8－31。使用日期筛选条件，还可以筛选到某一天或一系列事件。

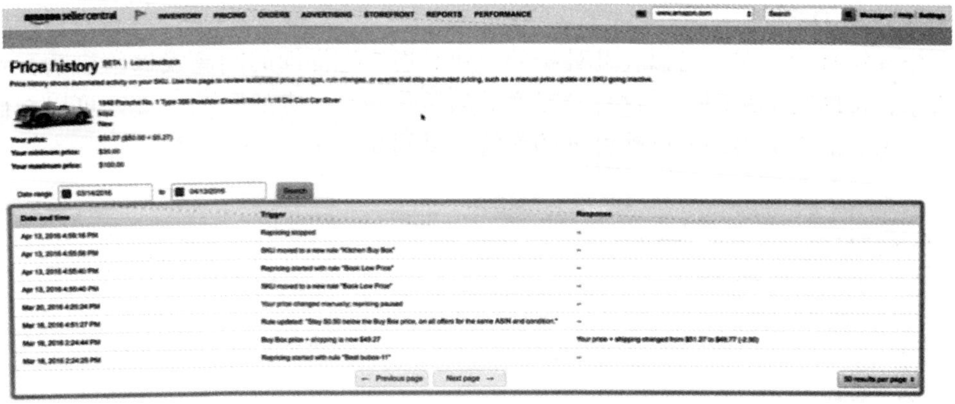

图 8－31　价格更改历史界面

六、其他部分介绍

除了商品上架时要上传的关键内容，如图片、标题、短描述、长描述、价格等内容外，商品详情页上还有其他一些重要信息。

1. Compare with similar items

商品详情页的下方，有其他卖家的类似商品出现，见图 8－32。

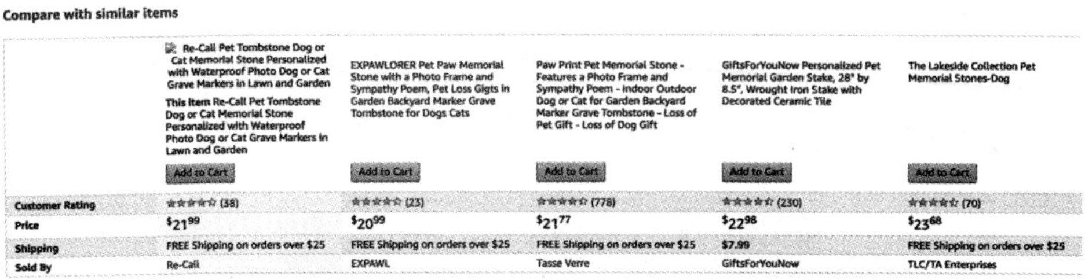

图 8－32　商品详情页上卖家的类似商品 Compare with similar item 示例

2. Sponsored products related to this item

图 8－33 所示的页面部分显示的是广告商品。卖家可以通过站内付费广告的形式让自己的商品出现在竞争对手的商品详情页正下方，以便买家对比。此处的广告是点击付费广告，买家只看不点击，不会扣费。

图 8－33　商品详情页上 Sponsored products related to this item 示例

3. 问答 Q&A

当买家有疑问时，可以在此处提问，亚马逊会把提问的问题发送给已购买过的买家，帮助其解决问题。这部分对商品的转化率有一定的影响。卖家可以在此处将买家可能会提出的问题作标准的解答，见图 8－34。

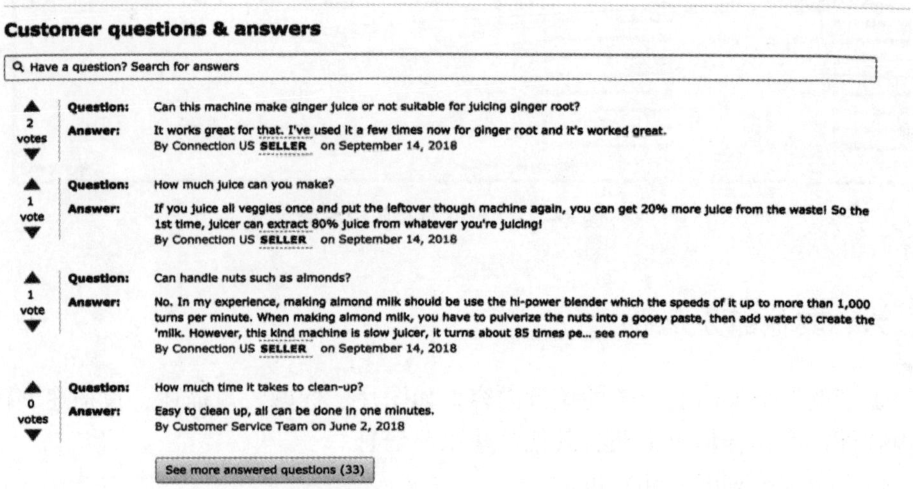

图 8－34　商品详情页上买家可能会提出的问题作标准的解答

4. 购买按钮

在亚马逊详情页面上部右侧，有一个购买按钮 Add to Cart，见图 8－35。该按钮表示商品是在售状态。获得购买按钮资格有助于提高销售量。

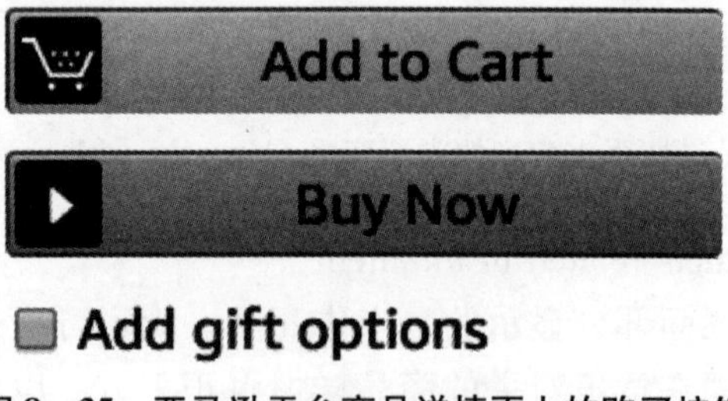

图 8－35　亚马逊平台商品详情页上的购买按钮

点击管理库存 Manage Inventory 页面上的首选项，点击页面右上角的 Performance & Column Hidden，显示图 8－36 页面。勾选购买按钮价格旁的方框，并点击页面底部的保存更改。

页面 Buy Box Eligible 列会出现 Yes，见图 8－37，表示对应商品赢得了购买按钮位置。

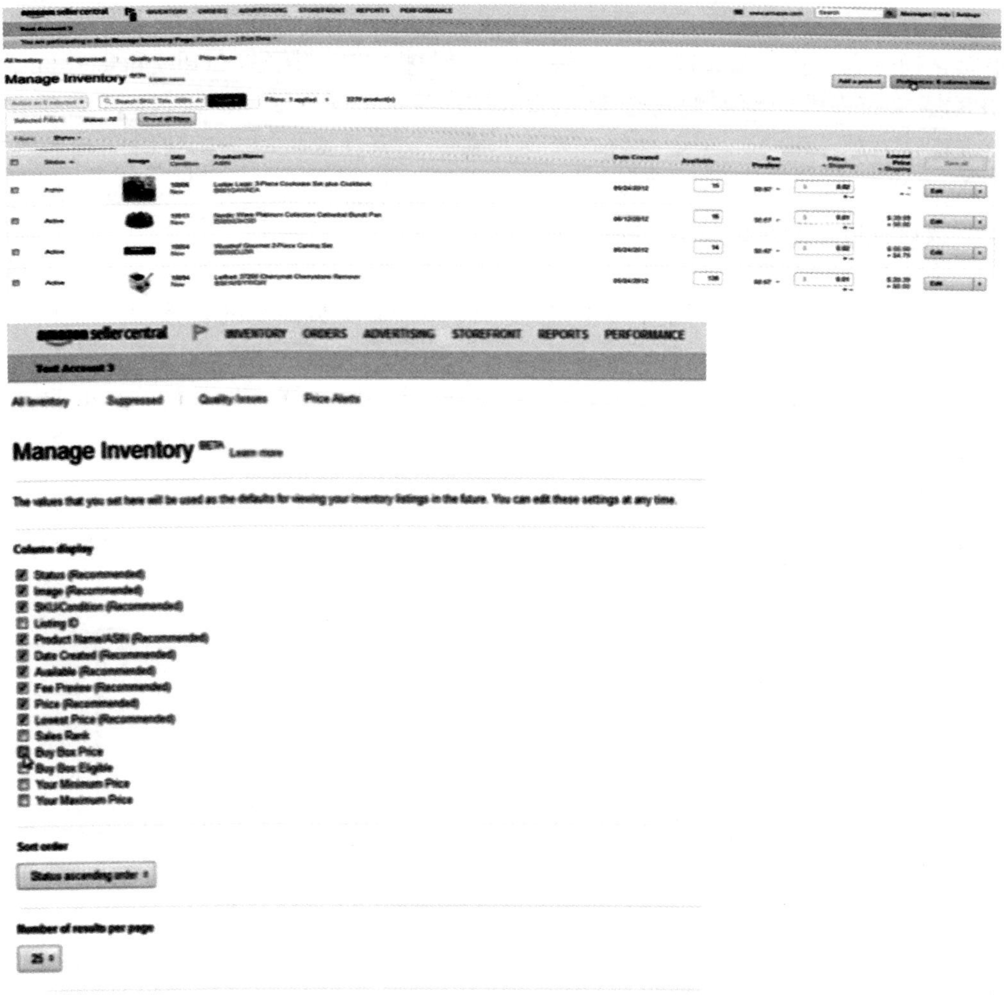

图 8－36　获得购买按钮操作界面

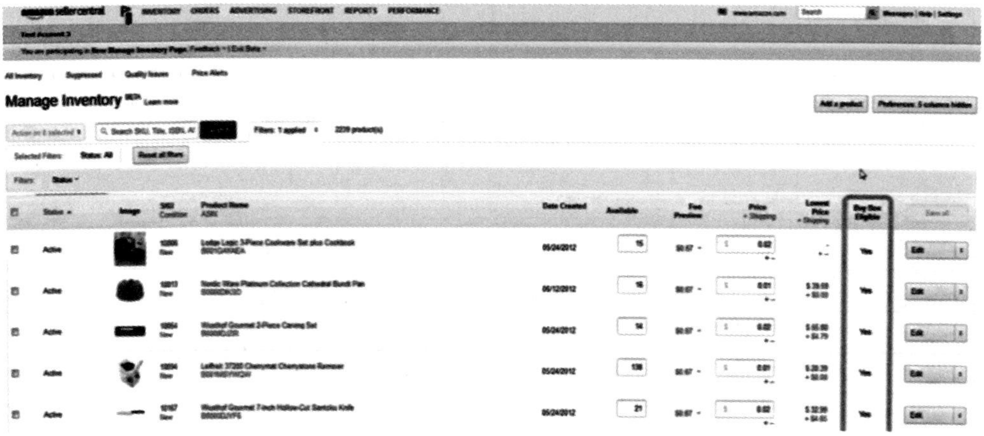

图 8－37　赢得购买按钮界面示例

只有具有专业销售账户的卖家，在满足一定的绩效要求成为合格卖家后，才有资格通过竞争获得购买按钮。这些绩效要求包括订单缺陷率（order defect rate, OPR）、卖家提供的顾客购物体验（customer shopping experience），比如交货速度，配送选项，价格和7天24小时顾客服务、卖家在亚马逊的销售时间和经验（time and experience）以及其他卖家绩效指标（other metrics）。必须指出的是：购买按钮资格根据商品类别不同而有所不同。

为了具备购买按钮资格，卖家需要从以下四个方面努力提高绩效：

（1）价格竞争力。点击管理库存 Manage Inventory 页面上的首选项，点击页面右上角的 Performance & Column Hidden，勾选购买按钮价格旁的方框，并点击页面底部的保存更改。页面会出现一个新增列，见图8－38，显示当前赢得购买按钮的价格。

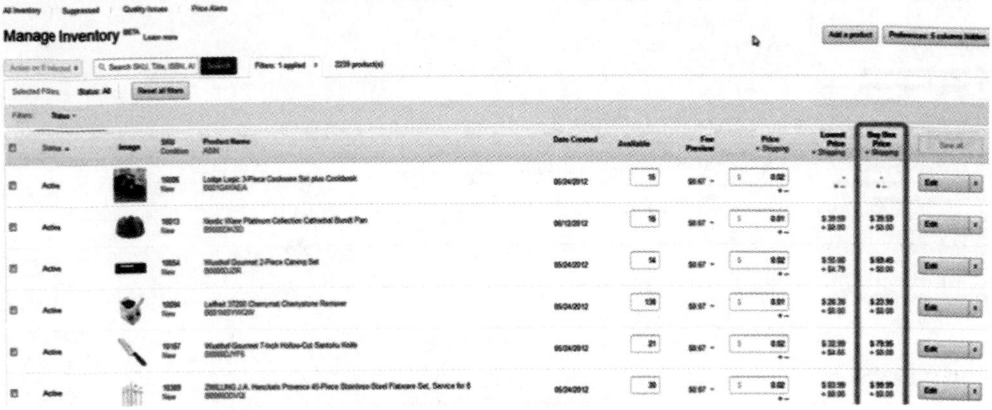

图8－38　当前赢得购买按钮的价格界面

卖家可以通过点击卖家平台定价 PRICING 标签下的查看定价助理 View Pricing Assistant，查看价格与其他报价的对比，见图8－39，获得亚马逊销售指导提供实时定价数据。

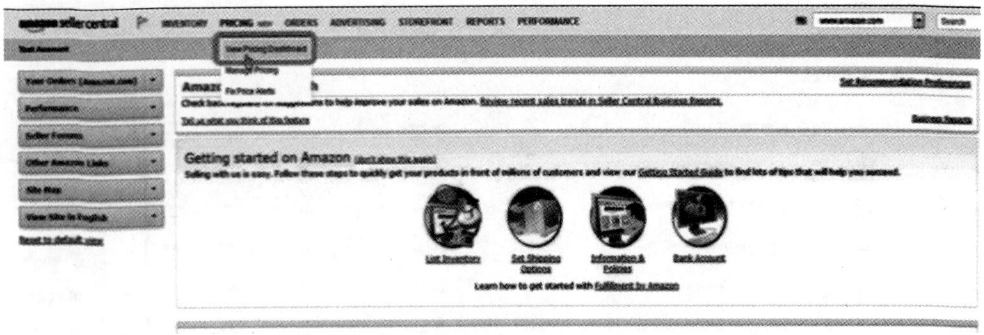

图8－39　亚马逊定价助理 View Pricing Assistant 界面

（2）维持有货状态。因为商品缺货时，卖家的报价不能赢得购买按钮，所以卖家需随时经常关注卖家平台主页上的销售指导是否有低库存提示，见图 8－40，更新库存。

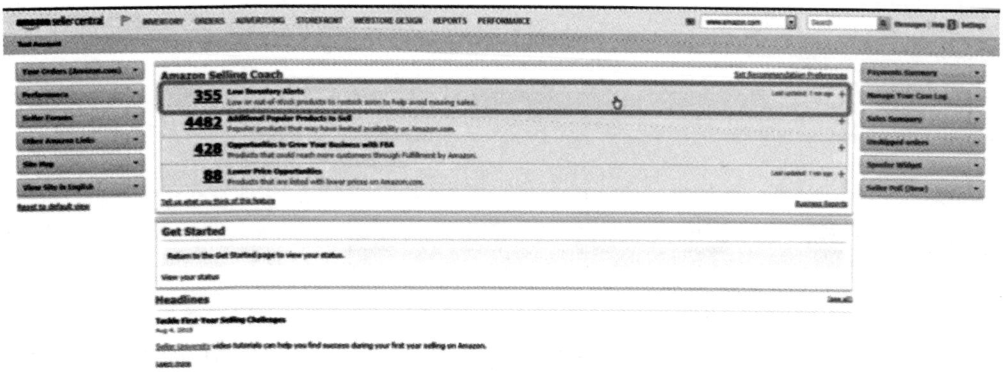

图 8－40　亚马逊卖家平台主页上的关于低库存提示的销售指导

卖家如果长时间外出，务必确保商品信息为不可售状态。具体操作为：从设置的下拉菜单选定账户信息，见图 8－41。

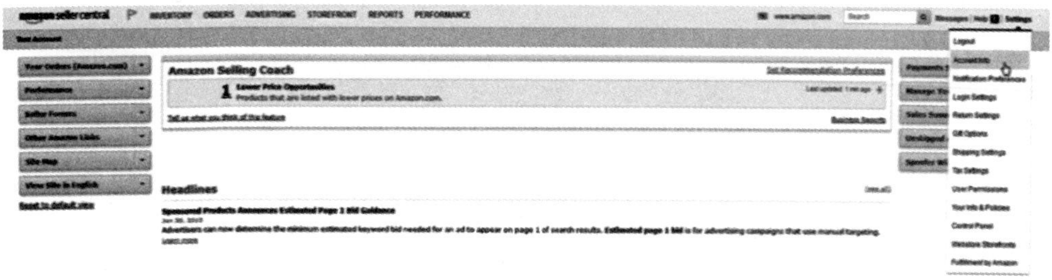

图 8－41　卖家设置商品不可售状态的初始界面

点击假期设置 Going on a Vacation，选择不可售 Inactive，并保存。再次设置可售前，亚马逊不会显示卖家的商品。这样，就可以避免顾客不良购物体验发生的概率。

（3）为商品提供多种配送选项。在卖家平台 Seller Central 的右上角，点击设置 Setting 的下拉菜单中的 Shipping Setting，检查可提供的配送选项，如果条件允许，采用免运费。

（4）提供优质的顾客服务。优质的顾客服务可提高客户评分和评价，有助于提高排名和增加销量。打开卖家平台主页 Seller Central，点击账户状况 Account Health。

出现的页面会显示订单缺失率（order defect rate，ODR，即一般而言 ODR 是由负面的卖家评价、A－to－Z Claim 以及交易失败的比率来决定）、Cancellation Rate 订单取消率、Late shipment rate 延迟出货率（是订单在下单后三天或以上才被卖家确认的比率）、Policy Violations 违规行为、On－Time Delivery 按时送达率、Contract Response Time 订单响应时间等信息，见图 8－42。

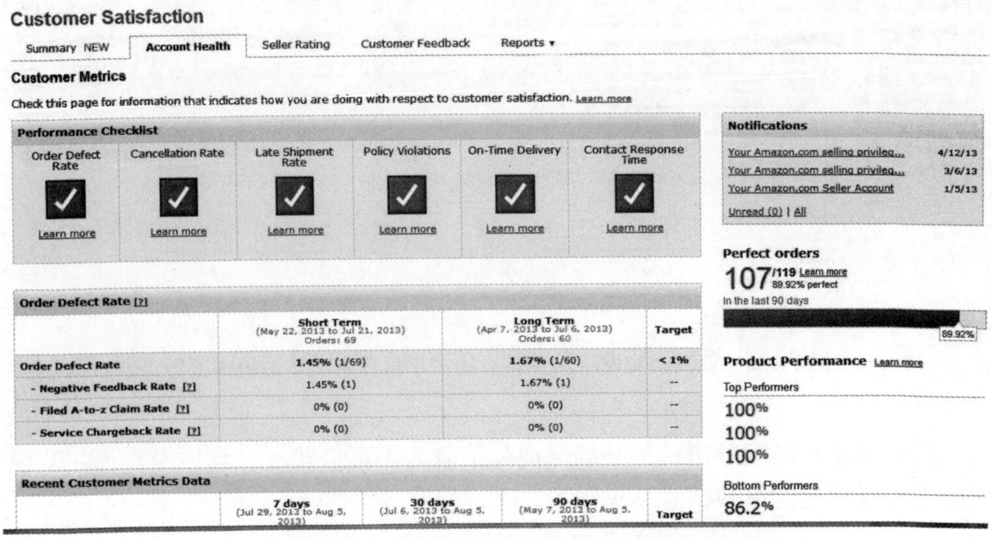

图 8－42　亚马逊卖家账户状况消费者满意度界面

第二节　商品上架操作

与线下实体超市商品的上架是实物商品的上架不同，电商平台上商品的上架是商品图片、标题、描述、价格等信息的上传，见图 8－43 和图 8－44。

图 8－43　线下超市商品上架

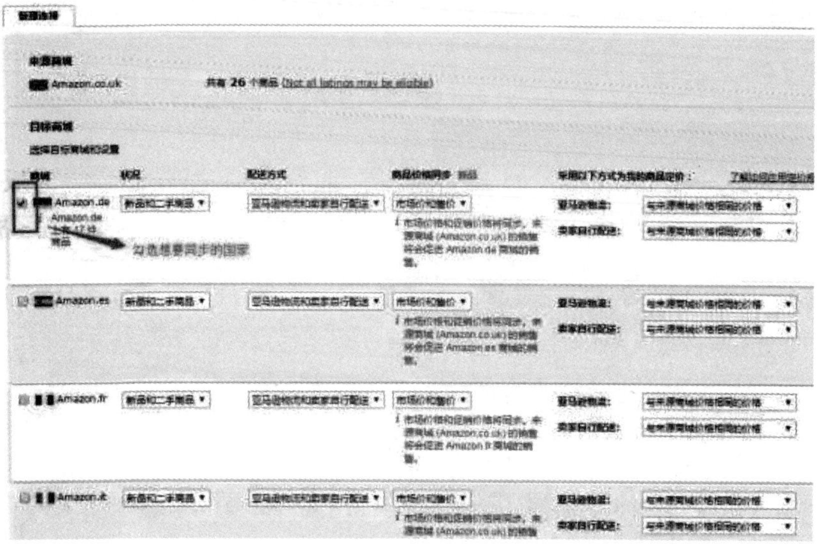

图 8-44　线上电商平台商品上架

商品上架操作需在卖家后台 seller central 中进行。下面以美国站点为例，详细介绍亚马逊商品上架 listing 操作流程。

一、创建新商品

（1）进入卖家后台，点击屏幕左上角库存 Inventory 下拉菜单中的添加新商品 Add a product 工具，见图 8-45，可以完成以下任务：在亚马逊上创建一个全新的商品、上传少量商品或者使用简单的页面而非电子表格上传商品的信息。

图 8-45　登录亚马逊卖家后台创建新商品界面

（2）在 Add a product 页面点击 Create a new product，见图 8-46。

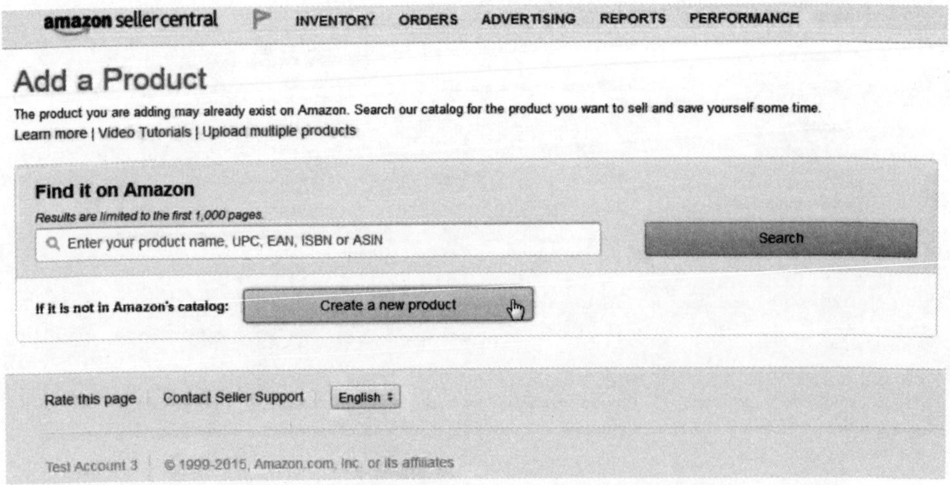

图 8－46 亚马逊卖家后台创建新商品操作界面

（3）在图 8－47 列表中选择商品详细品类，在搜索框里输入关键字可以搜索品类，点击 Select 确认品类。

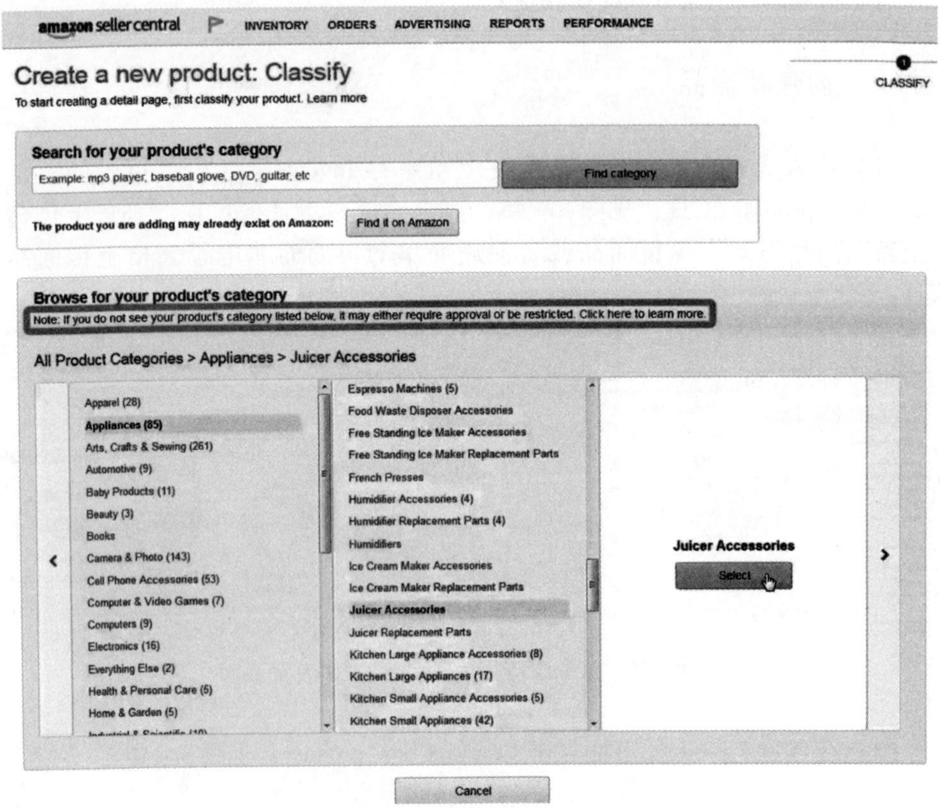

图 8－47 选择新商品类目界面

如果卖家不确定所选商品的品类，可以使用品类搜索功能，输入品类关键字后，进行搜索，见图 8－48。在搜索结果中选择相应的品类，点击后，进入添加商品页面。

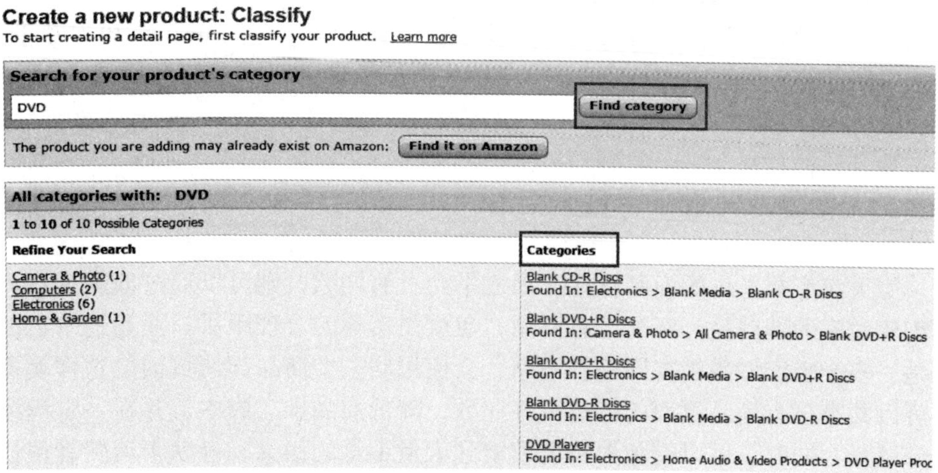

图 8－48　搜索商品品类操作界面

如果没有看到该品类，可能是因为该品类的上传需要审核或者受限。卖家还可以点击 Learn more 获得更多信息。

（4）输入重要的商品信息，完成 listing 的编辑。

在图 8－49 中，有红色星号标记的为必填项，提供所有必填的商品信息非常重要。信息全面的商品应具备：规范的商品名称，纯白背景的高质量图片，详细的商品介绍和重要属性，能够帮助消费者在全面了解商品的基础上做出购买决定。未能提供必要的商品数据，可能导致卖家的商品受到质量警告或被禁售。

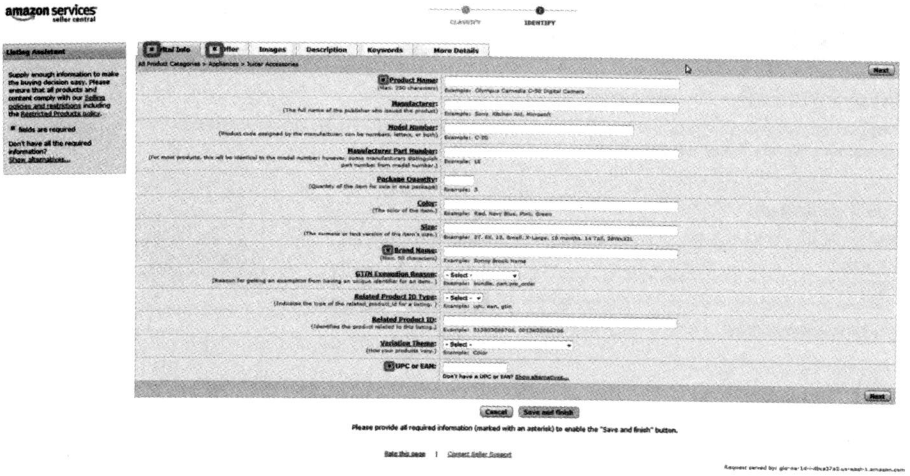

图 8－49　输入商品信息编辑 listing 操作界面

确认所有标识为红星的信息都填上以后，屏幕下方的 Save and finish 按钮会由灰色变成橘黄色，点击 Save and finish 创建商品。

在首次创建商品的过程中，图片不会马上上传，要等商品信息都输入完毕，点击 Save and finish 按钮的时候图片才会上传。

（5）所有商品必填项信息都填好以后，点击 Save and finish 按钮保存商品，完成商品创建。保存后大约 30 分钟之后，商品信息会展示到亚马逊前台和 Manage Inventory 页面。

二、销售亚马逊平台已有商品

如果卖家要上传的商品已在亚马逊平台上有同款，则可以通过匹配现有商品来创建卖家的新商品。匹配已有商品，也就是俗称的合理跟买。亚马逊平台的特色是，多个卖家如果销售同一款商品，会使用同一个商品详情页面。这样卖家不仅可以共享已有商品页面的流量及好评数，降低商品推广成本，并在一定程度上提升销量，同时，可以避免消费者搜索到大量重复的信息，有助于消费者很快找到卖家的商品，提升顾客的购物搜索体验。

1. 如何匹配亚马逊现有商品来创建新商品

进入亚马逊卖家后台，点击 INVENTORY 选择 Add a Product。首先，需要在亚马逊商品目录中查找出已有的商品，在 find it on Amazon 搜索栏下面输入卖家的商品名称、UPC、EAN、ISBN 或者 ASIN 编码来点击搜索，见图 8－50。以榨汁机为例，卖家可以在搜索栏中输入 juicer，点击搜索按钮进入子页面图 8－51。

图 8－51 显示的商品是亚马逊在售的榨汁机。卖家也可以在左侧的品类导航栏下精准搜索范围。

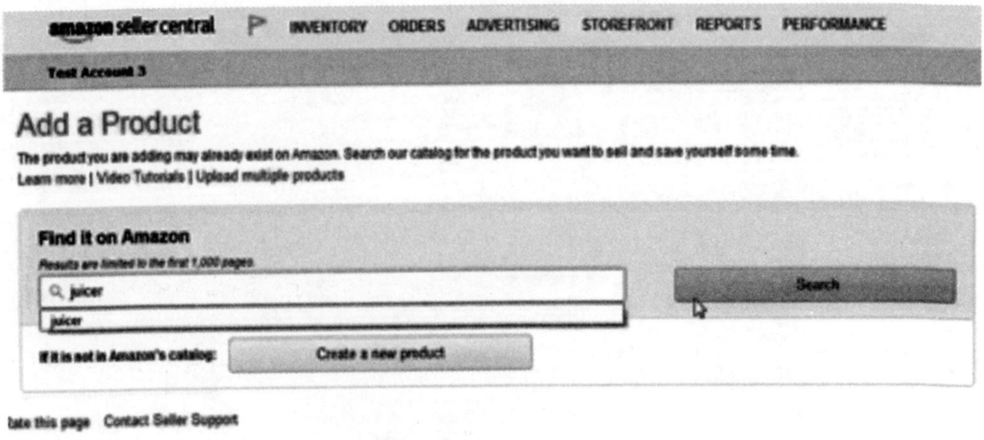

图 8－50　亚马逊商品目录中查找出已有 juicer 商品的操作界面

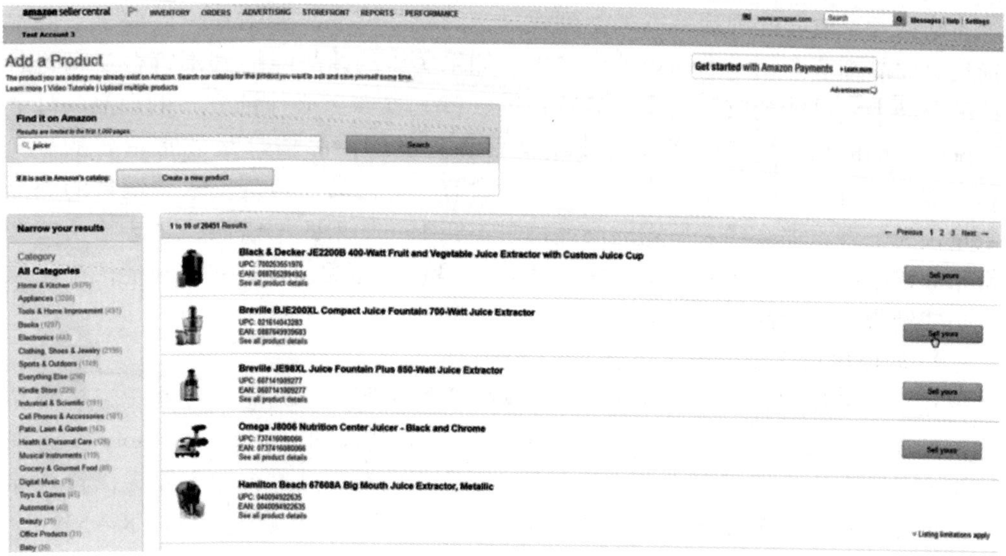

图 8-51　亚马逊在售的部分榨汁机搜索结果子页面

确认卖家要销售的商品与搜索到的商品列表中的某一款完全一致后，点击 Sell yours，页面会跳转到商品信息页面，见图 8-52。

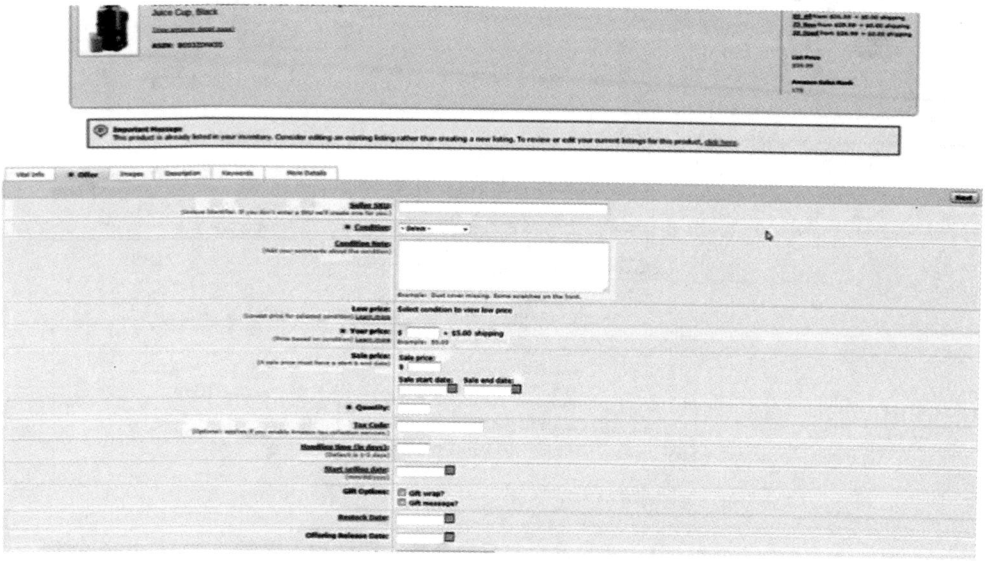

图 8-52　亚马逊卖家后台输入商品信息页面

在商品信息页面，需要填写卖家的商品状况、价格和数量等，点击保存后，商品将在 30 分钟内完成上传，并显示在库存的管理库存页面下。

这里需要注意三点：（1）卖家必须将自己的商品和高质量的现有商品进行匹

配，确保卖家要匹配的现有商品达到亚马逊的商品标准，如图片白底要求、商品描述、商品细节介绍、商品规范命名等。如果卖家的商品匹配到不符合亚马逊标准的商品上，可能会收到商品质量警告等。（2）卖家务必保证发布的商品与计划匹配的商品的信息完全一致，提供给消费者正确的商品信息是非常重要的。例如，如果平台上销售的是一个商品套装，含有3件商品，但是卖家要销售的商品数量仅为一件，那么代表所卖的商品信息不匹配。如果匹配错误，将会给消费者带来非常不好的用户体验，影响卖家绩效。（3）为避免侵权，卖家只能匹配已取得正式销售许可或品牌授权的商品。

2. 如何填写必要的商品信息并上传到后台

在平台上找到高度匹配的商品后，卖家需要更新商品信息。即使卖家将商品匹配到现有商品进行销售，仍可以在 inventory 下进入到 manage inventory 页面来编辑商品信息。卖家需要注意，平台要求卖家正确对商品进行命名及提供符合标准的商品图片、完善商品特有的描述和介绍、添加搜索关键词，见图 8－53，以便于帮助用户搜索到卖家的商品。最原始的商品信息页面仍然是系统默认的商品介绍页面，但是卖家可以添加自己的商品描述来吸引消费者，就会帮助卖家避免后续质量警告等麻烦。

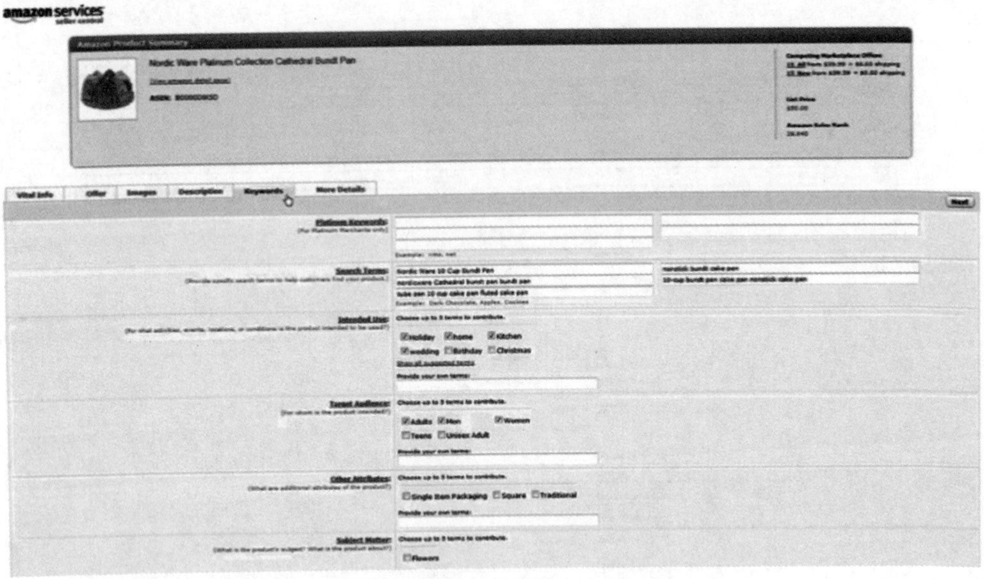

图 8－53　亚马逊卖家后台商品关键词输入界面

三、创建变体商品

如果同一款商品有不同尺寸和颜色，平台称其为多属性商品，也称为变体商品。顾客喜欢多样性，创建变体让顾客可以在一个页面上查看所有购买选项，并有助于提高转换性。对于多属性商品或者变体商品，卖家无须分别上传不同单品。从变体主题下拉列表中选择颜色、尺寸、包装数量或者尺寸+颜色的组合等主题即可。在图 8－54 页面上方有一个变体 Variation Theme 选项。例如，假设卖家出售一款男士夹克衫，颜色有 8 种。在这种情况下，可以选择颜色这一变体主题。

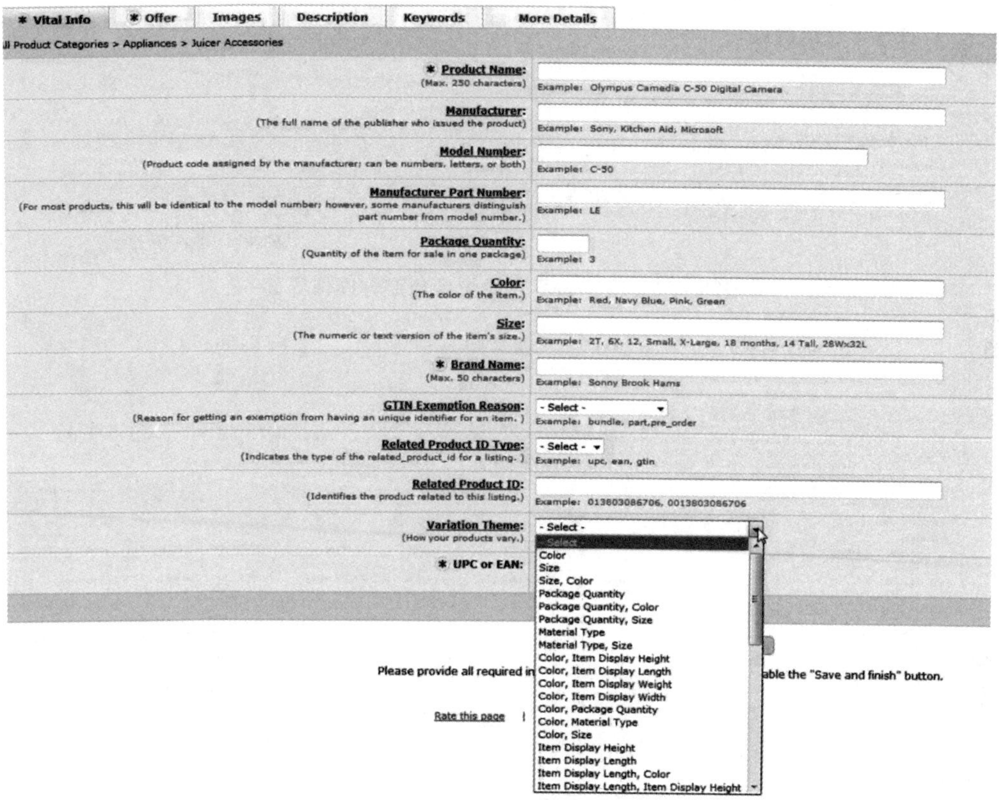

图 8－54　亚马逊卖家后台商品变体设置参数界面

然后，在图 8－55 的页面中填入不同颜色，每个颜色选项对应一个商品。

接下来，在变体详细信息页面中，见图 8－56 和图 8－57，卖家可以列出所有变体的细节，更新每个变体商品（自己商品）的信息，包括卖家的 Seller SKU、商品的条码 Product ID、商品的状况 Condition、价格 Your price 和数量 Quantity。卖家在其他条框中填写的商品信息将被复制到每个子商品中。

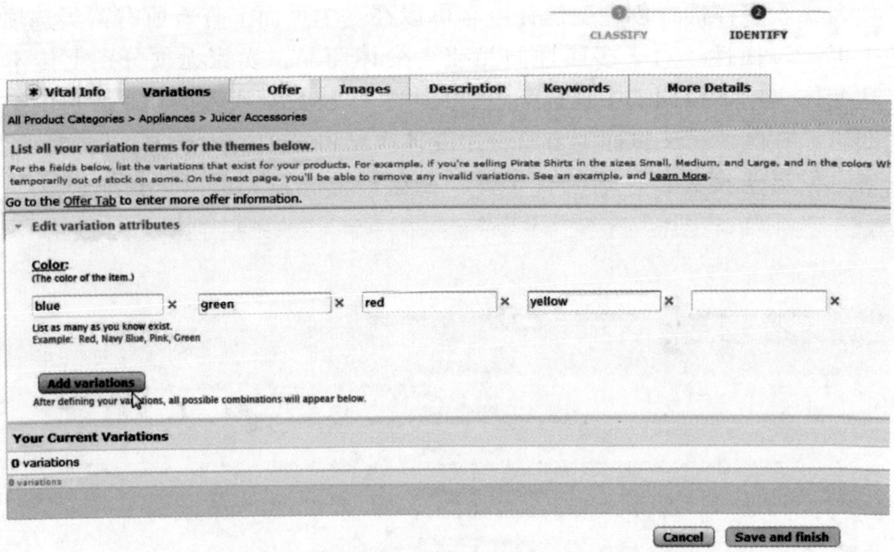

图 8－55　亚马逊平台设置颜色变体操作界面

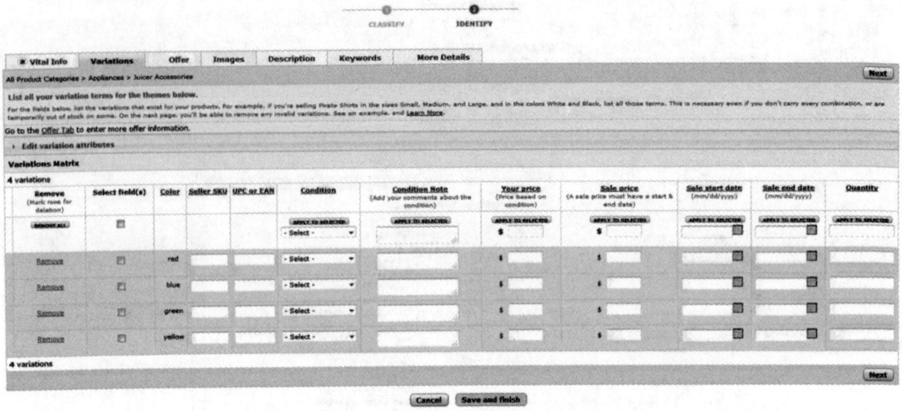

图 8－56　编辑商品变体详细信息页面

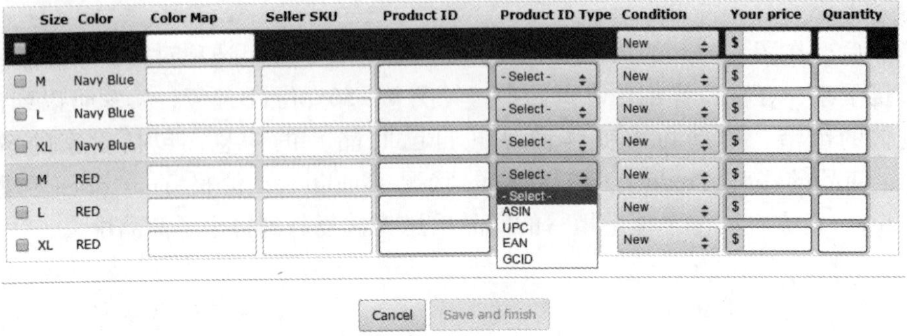

图 8－57　选择变体 ID 详细信息页面

当添加一个变体时，确保为每个子商品提供照片，有时会根据不同颜色的受欢迎程度给不同变体定不同的价格等，见图 8－58。在男士夹克衫的例子中，要为每种颜色提供一个照片，如需要，可以为不同颜色夹克衫定不同的价格。商品信息填写完成后，点击保存，完成商品创建。

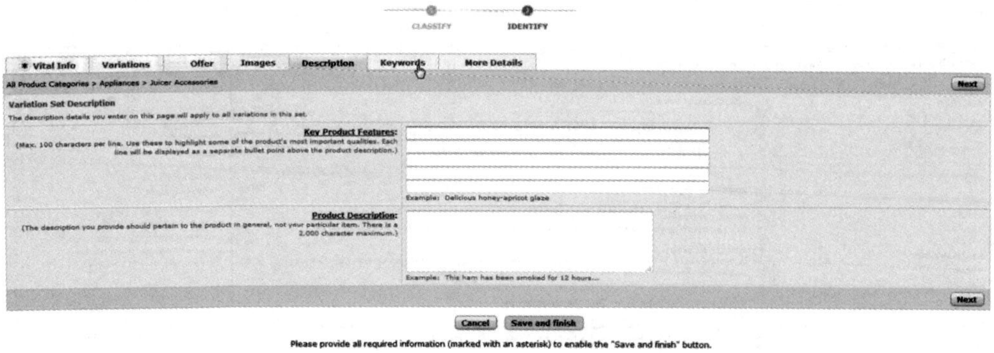

图 8－58　编辑商品变体详细描述等信息界面

所有商品必填项信息都填好以后点击 Save and finish 按钮保存商品，见图 8－59，完成商品创建。保存后大约 30 分钟，商品信息会展示到亚马逊前台和 Manage Inventory 页面。多属性商品创建成功后，该商品左侧有一个加号，点击加号可以展开并查看该商品下的其他子商品。

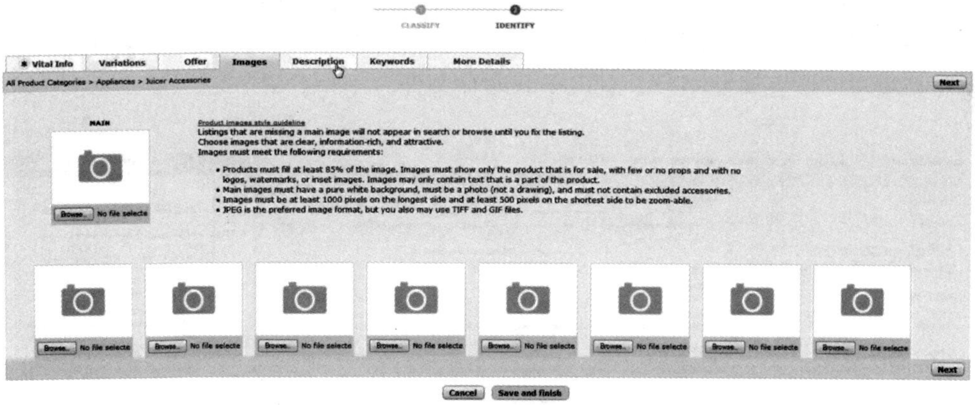

图 8－59　完成编辑商品变体后保存操作界面

四、使用库存文件上传商品

如果卖家的库存量较大，可使用库存文件批量而非逐个上传商品来节省大量时间。利用这种方式上传商品，卖家受限需要下载特定库存文件模板，正确填写商品信息，并将库存文件上传至卖家平台账户。注意：这种功能仅适用于专业销售计划。

1. 库存文件模板的下载与商品信息填写

在卖家平台主页，可找与要上传商品类别相对应的库存文件模板。点击与该词组匹配的链接，将显示图 8－60 页面，可下载最新文件。

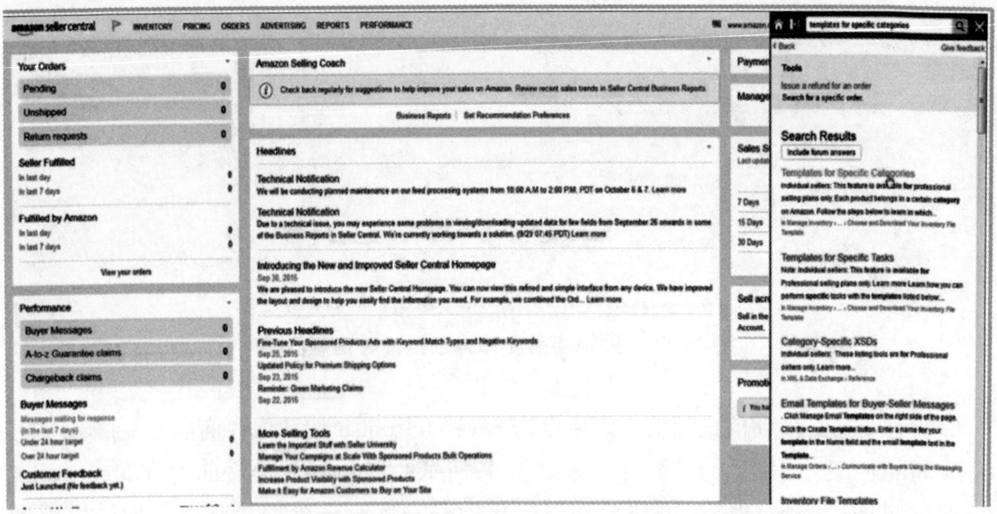

图 8－60　下载亚马逊库存文件模板页面

图 8－61 显示有两种模板：精简版模板和文件模板。精简版模板设计易于浏览，并且包含卖家列出商品详情所需的大部分信息。文件模板包括卖家可能为某项商品填写的所有属性字段。点击下载库存文件。

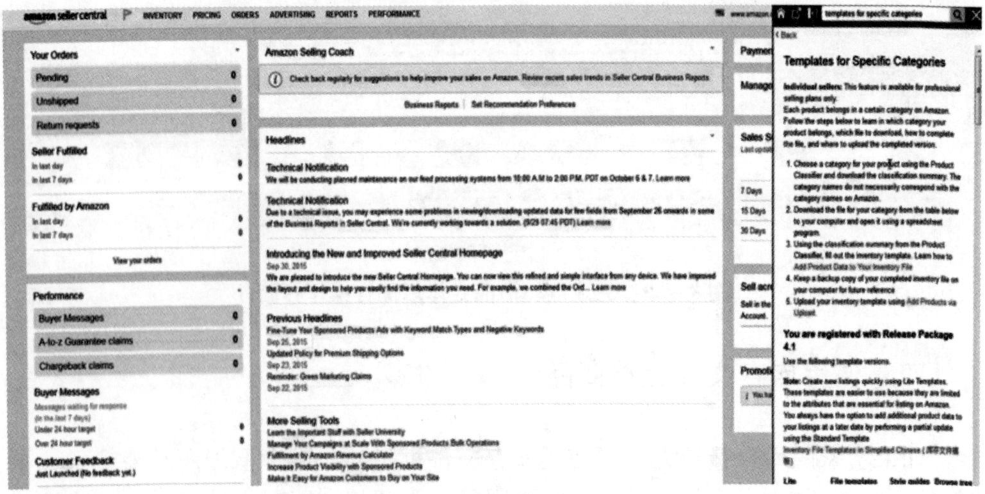

图 8－61　下载精简版模板和文件模板界面

在 Microsoft Excel 中打开库存文件模板，见图 8 - 62，工作簿底部会显示以下标签：库存文件使用说明 Instruction、图片 Images（概括了亚马逊商品的图片要求）、数据定义 Data Definition（定义了库存文件的各项属性）、模板 Tcmplate（可在该模板上实际填写卖家的商品信息），提供额外指导的示例模板 Example、有效值 Valid Value，包括填写模板时需要的可接受词条清单。

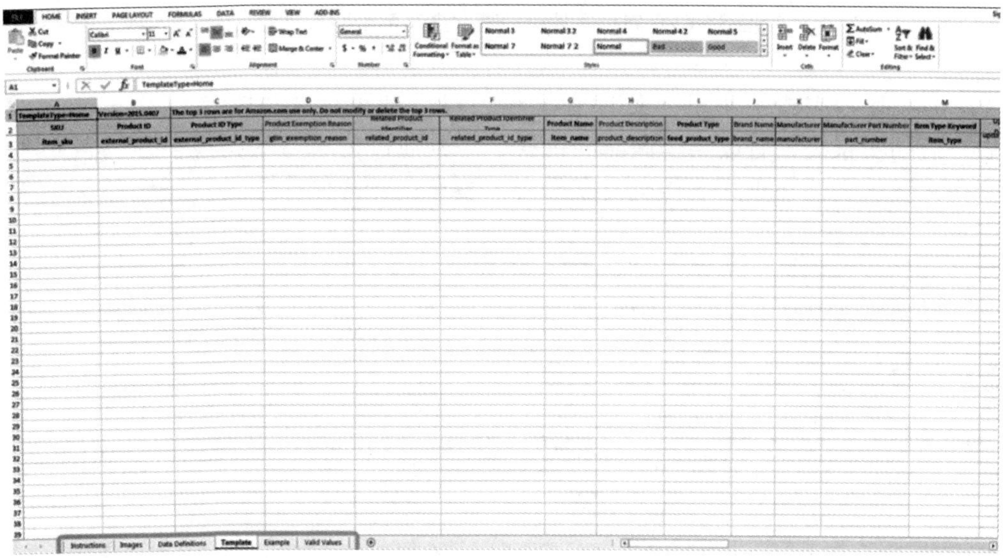

图 8 - 62　库存文件模板工作簿及各个标签界面

当卖家在模板标签中输入商品信息时，可以查阅数据定义标签对属性的释义，也可以查阅有效值标签，查看可接受词条。数据定义标签列出了所有属性名、定义、用途、容许值、视力和是否需要填写。卖家需要从具体值列表中选取属性时，可使用有效值标签，仅有部分属性需要有效值。卖家可在完成库存文件后，随时点击数据定义标签查看。

模板文件顶部各栏分别代表着商品的数据属性，见图 8 - 63，可在 A 栏的 SKU 输入商品的 SKU，在 J 栏的商品名输入商品名称等。切勿更改编辑前 3 项！如果更改了其中任何一项，文件将无法被正常处理。Excel 电子表中一行代表一个拟上传商品的信息，从左至右输入：（1）SKU；（2）商品 ID；（3）该商品采用的 UPC；（4）商品名；（5）商品描述；（6）商品类型，记住可参考有效值标签，并选择合适的商品类型；（7）品牌名；（8）商品类型关键词；（9）进入更新删除栏。如果希望将此商品添加至库存，选择更新；如果之前已上传了此商品并希望删除它，则输入删除；（10）价格；（11）数量和包装数量；（12）配送重量和计量单位；（13）五种商品特征，也就是显示在商品详情页的要点；（14）主图链接。这样就填完了库存文件上的一个商品详情。

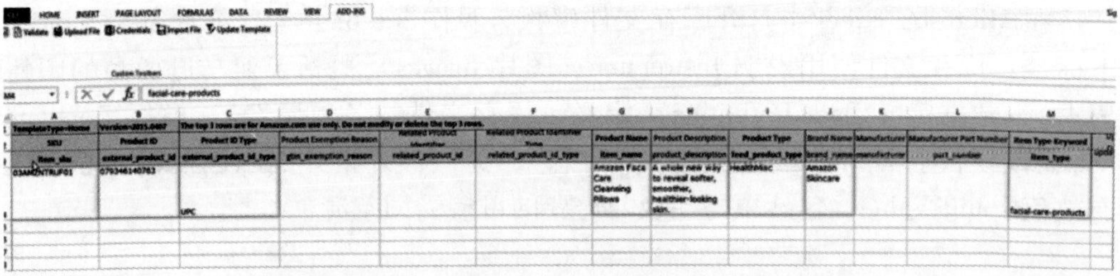

图 8-63　库存文件模板顶部各商品数据属性栏

卖家填写完成了批量上传库存文件，以后就可以快速对商品作更改。例如，假如卖家决定更改某个商品的价格，立刻通过已填写的相应商品文件更新价格，保存文件并重新上传至卖家平台。注意：要确保保存文件副本作为个人记录。

2. 将库存文件上传至卖家平台

首先，将库存文件保存至电脑。点击卖家平台主页的库存标签，下拉菜单中选择批量上传商品，见图 8-64。

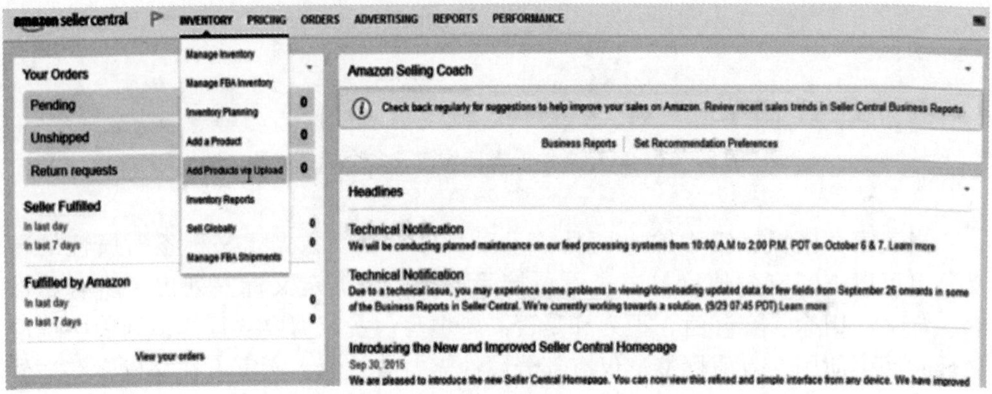

图 8-64　卖家后台选择批量上传界面

点击顶部的上传库存文件，向下滚动至上传文件区，选择文件类型，点击选择文件，并找到电脑上的库存文件，见图 8-65。每当上传一个库存文件，亚马逊会提供一个处理报告，卖家可选择接收文本格式 text 或 Excel 格式的报告。

文件处理完毕后，见图 8-66，卖家可在下方提供通知的电子邮件地址，可继续上传或再将商品详情添加至亚马逊前，通过检查库存文件，识别文件中可能出现的任何错误。文件处理时间随每次上传的商品数量而变化。小文件可在数分钟内上传，大于 5M 的文件，最多花费 8 小时进行处理，卖家可点击监控上传状态查看上传进度。

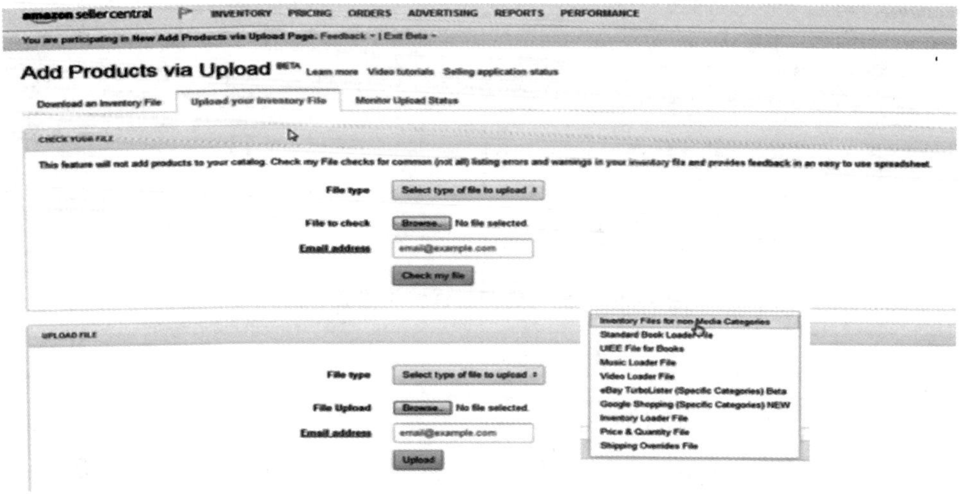

图 8-65　卖家后台选择上传库存文件界面

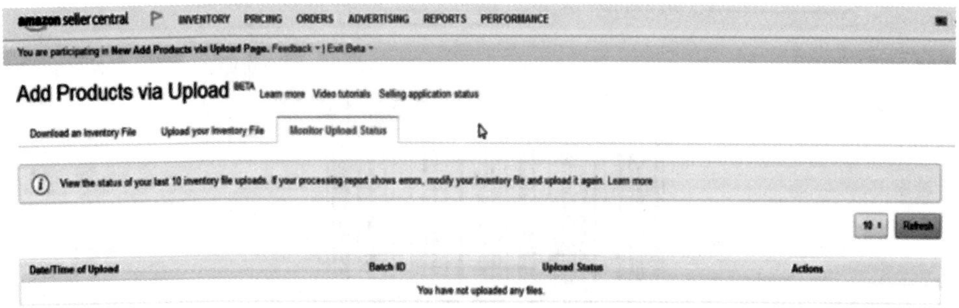

图 8-66　卖家后台上传库存文件完毕界面

所有上传文件将分别显示一个 ID，并将在处理完毕后显示文件，文件中的错误也会列出。如果存在错误，卖家可以检查处理报告，查看需编辑的部分。

五、商品详情页的修改

商品上传时，要注意商品信息本地化和完整性，符合当地消费者的购买习惯，注意习惯用语、尺码等。商品上传后，根据实际情况，有时卖家需要修改商品详情。打开库存管理页面 Manage Inventory，找到需要修改的商品，点击右面的 Edit，见图 8-67。

在 Valid Info 版块更改商品的标题，在 Description 版块修改短描述，在 More detail 版块修改长描述，然后点击保存。

如果需要修改照片，只要在库存管理页面 Manage Inventory 上，找到需要修改的商品，点击右面的 Edit，在下拉菜单中选择 Manage Images，进入商品详情页编辑页面，Manage Images 完成图片的修改。

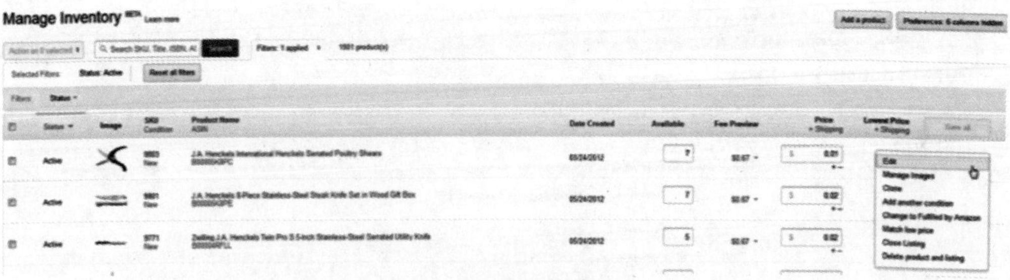

图 8－67　亚马逊商品详情页修改界面

📖 资料：关于 UPC 码

UPC 码，全称 Universal Product Code，是美国统一代码委员会制定的一种商品用条码，主要用于美国和加拿大地区。UPC 码是最早大规模应用的条码，由于其应用范围广泛，故又被称万用条码，通行于国际贸易中。UPC 条码也有标准版和缩短版两种，标准版由 12 位数字构成，缩短版由 8 位数字构成，见图 8－68。

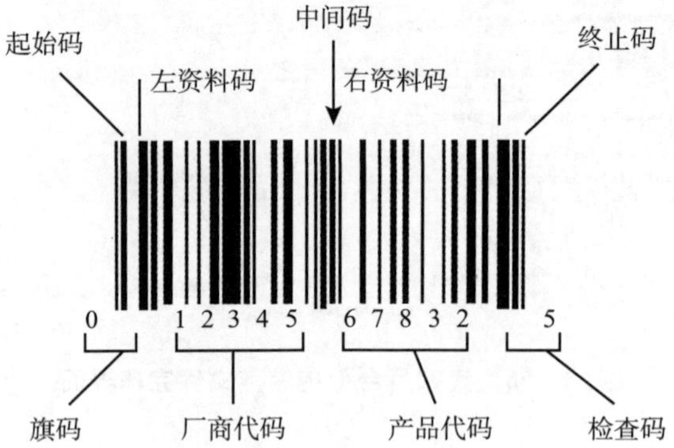

图 8－68　商品 UPC 码示例

亚马逊北美站的卖家，在上传商品时确实需要 UPC 码。原则上 UPC 码是由生产制造商向当地的编码中心提出申请，获得的独一无二的编码。中国的编码管理机构是“中国物品编码中心（www. ancc. org. cn）”。卖家还可以通过亚马逊官方推荐的 BarCodesTalk 网站购买 barcodestalk. com，见图 8－69。中文版购买地址为：https：//hans. barcodestalk. cn. com/bar-code-numbers。

买得越多价格越便宜。买 1 个条形码，单价要 34. 65 元人民币，而买 1500 个条形码，单价会降低到 1. 04 元人民币。购买后，BarCodesTalk 网站会给一个 UPC 编码管理中心承认的数字证书。正规的条码都是公司主体通过申请获得，并且政府机构给予的一个条码范围段的一个授权证书。

卖家购买 UPC 码后，可以在美国统一代码委员会网站查询（http：//gepir. gs1. org/v32/xx/gtin. aspx？Lang = en－US）。如果卖家要投诉别人冒用自己 UPC 码的时候，这个授权证书就是需要提供给亚马逊的证明。如果卖家买到 A 公司的

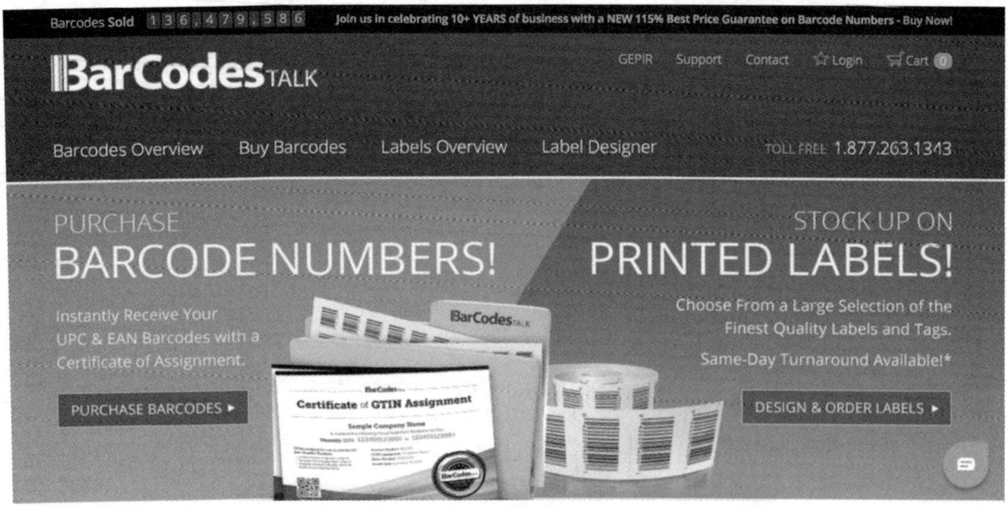

图 8－69　亚马逊官方推荐的购买 UPC 码的 BarCodesTalk 网站

条码，通过 GS1 查询结果显示所属公司是 B 或是其他公司，那么卖家在亚马逊上的投诉是不会奏效的，亚马逊会认为卖家不是 UPC 所属人。相反，卖家还会被 B 公司投诉导致商品下架。

虽然北美站基本上所有的商品都需要 UPC 码才能上架，但是，根据亚马逊的规定，并不是所有的商品都需要提交 UPC 码。如果卖家销售的商品和分类是：私有商品，非国家注册公司工厂生产；拥有特殊功能用途的小的商品零件，配件；分销店中的 B2B 零售商品；顾客定制商品，可以向亚马逊申请免除上传商品使用 UPC 码。具体到某一款商品是否需要提供 UPC 码，还要以亚马逊网站最新规定为准。

如果不想填写或者不想买 UPC 码的话，有两个办法：一是卖家注册品牌，在亚马逊后台品牌备案之后，系统将在批准后 48 小时内为商品分配 GCID 码（Global Catalog Identifier，全球目录编码），是唯一商品编码。GCID 码 16 个字符长度的字母和数字的组合，不包含空格或连字符。这个 GCID 码就等同于卖家的每一条 listing 里面的 UPC 码。二是用 ENA 码替代 UPC 码。如果卖家的商品使用了全球通用的 ENA 码，上传到北美站也是可以的。EAN 码（European Article Number），是国际物品编码协会制定的一种商品用条码，通用于全世界。EAN 码有标准版（EAN－13）和缩短版（EAN－8）两种，由前缀码、厂商识别码、商品项目代码和校验码组成。两种条码的最后一位为校验位，由前面的 12 位或 7 位数字计算得出。前缀码是国际 EAN 组织标识各会员组织的代码，我国为 690－695。

📖 资料：关于 GCID 码

1. GCID 码，全称 Global Catalog Identifier，“全球目录编码”，是卖家在亚马逊后台品牌备案之后，系统将在批准后 48 小时内为商品分配的唯一商品编码。

如果卖家品牌备案成功分配到 GCID 码后，则无须再购买 UPC 码或 EAN 码。

（1）listing 已经填好 brand name 和 key attribute 信息的商品，系统会自动分配 GCID。

（2）如果 listing 不包含 brand name 和 key attribute 信息，为了让商品分配 GCID，需要使用模板部分更新商品信息，系统才会分配 GCID。

2. 关于 Key Attribute（关键属性）

（1）制造商零件编号 Manufacturer part number。

（2）款号 Style number。

（3）型号 Model number。

（4）目录编号 Catalog number。

（5）Upc/EAN/JAN。

建议选择除 Upc/EAN/JAN 之外的关键属性备案。

3. 查看商品 GCID 码的操作

（1）点击卖家后台中 INVENTORY 下拉菜单中的"Inventory Reports"进入库存报告页面。

（2）在"Inventory Reports"页面上的报告类型下拉列表中选择"Active Listings Report"，然后点击"Request Report"。

（3）当报告生成后，请将 Txt 文本内的信息复制到 Excel 内进行查看。

（4）在报告中找到 W 列（product-id 列）。如果卖家的商品已分配了 GCID，则将在该列内看到一个由 16 位字母数字组成的编码（不含空格或连字符）。

课后练习

1. 某卖家拟在亚马逊平台上对美国用户推出一款 dog bed。该款商品具有很好的防水性；采用了优质高级材料（65% 化纤、35% 棉），能够经久耐用、舒适且可回收；很好的外罩设计，带有两个拉锁；在内芯硬质记忆棉的外面有防水罩等。

Brand Name：PetFusion

Color：late Gray | Size：Large（36 ×28″）

Product Dimensions：36 ×28 ×9inches；14 pounds

Shipping Weight：15 pounds

Item model number：PF – IBL1

请根据上述信息：

（1）给出这款商品的英文标题。

（2）用英文写出这款商品的 5 个短描述（卖点）。

2. 某公司拟在亚马逊平台上对美国用户推出一款皮鞋，其图片和商品参数如下：

Brand Name：Flower Bright

Upper Material：Leather，

Lining Material：Fabric

Sole Material：TPR Rubber sole

Fastening Type：Lace

Insoles：In-built Ortholite insoles，which wick away moisture，odour and fungus and provide extra cushioning to give your feet all-day comfort. No Removable Insole.

Product Dimensions：5 ×5 ×0. 7 inches

Shipping Weight：12 ounces

Item model number：Tilden Cap

请根据上述信息：

(1) 给出这款商品的英文标题。

(2) 用英文写出这款商品的5个短描述（卖点）及长描述。

3. 请根据以下信息给出商品标题：

品牌：Laura Ashley	商品线：Sophia 系列
材料或主要特点：300 支纱线密度	商品类型：枕套
颜色：蓝色	尺寸：大号
包装/数量：2 件套	

第九章

营销推广

教学目标：

1. 学生能够根据亚马逊平台搜索规则 A9 算法的影响因素，结合具体运营情况，给出提高商品推广效果的途径。

2. 学生能够设置商品的手动投放广告、自动投放广告、同时投放手动和自动广告三种方式，以及设置头条搜索广告。

3. 学生能够操作秒杀、抽奖等亚马逊平台其他营销推广方式。

4. 学生掌握亚马逊广告投放的几种基本策略，并能根据实际运营情况作出合适的广告投放策略。

📖 引导案例：

广告预算规划为安致股份带来高增长

安致股份全称杭州安致电子商务股份有限公司，成立于2011年10月17日，是杭州综试区的重点跨境电商企业，也是首批进行合规化改造的自主时尚品牌跨境电商公司。公司拥有户外运动服装自有品牌“WantDo”，涵盖了滑雪、骑行、跑步、瑜伽、登山、游泳、徒步等10多个运动类型，产品有运动服装、运动箱包、运动配饰，以及篮球袜、滑雪袜、运动手套等运动配件等。安致股份有限公司产品主要通过亚马逊、eBay等大型电商平台进行销售，公司也与多家电商自营平台建立直接的业务关系。业务市场主要集中在美国、英国、法国、德国、意大利、西班牙、日本等国家。安致股份每年200%～300%的销售年增长率，2016年浙江省成长性科技型百强企业。2017年9月15日，杭州安致电子商务股份有限公司在新三板挂牌上市，证券代码：871967。

对亚马逊卖家而言，精打细算是必备的技能，尤其是针对广告预算的制定。安致股份的成功离不开其成功的亚马逊广告预算分配的策略和技巧。

2013年，安致股份在亚马逊平台的重点产品线主要是户外服装，设有美国、加拿大、澳洲、日本四个站点。安致股份CEO说：“公司目前美国站销售最佳，得益于商品推广。我们80%的商品长期占据亚马逊的前列。行走在西雅图、纽约，我们都能遇到很多身着Wantdo的客户。”经验是点滴积累的，运营初期新产品上架曝光量不足。使用商品推广后，效果立竿见影，相比新产品上架，曝光量较广告投放之前增长了5倍，两周内排名和流量相对稳定，转化率逐步提升。经过优化，逐步成为小爆款。第一个月，广告带来销量占比60%，让我们更加懂得商品推广合理规划的重要性。

安致股份的运营总监豆可可分享经验，“我们会参考产品的曝光量、点击率，订单的数量、ACoS以及利润情况的数据报告，在当年第四季度的时候会制定次年全年的商品推广计划。商品推广占我们全部营销费用的90%左右，占当年销售额的3%。最初在开通广告时，会把大部分预算放在自动广告上。广告运营2~3周后，开通手动广告。对于手动广告关键词的设置，我们的策略是会把主要的预算放在长尾关键词上，逐渐往中等搜索词和核心大词上转。同时，根据产品定位来分配预算，对于中低价的引流款，我们会加大预算，对于旺季节日要提前规划，针对主推产品在旺季到来之前就要持续低价竞投，目的是通过长期少量的广告投入改善相关度得分。这样在旺季来临时，可以通过更少的广告预算带来更多的曝光量。比如，我们有些产品在到达旺季之后，相较之前的投入会增加3倍，相应带来的曝光和流量也有3倍以上的增长，秋冬季款冲锋衣就是一个明显的例子。我们会在8月份提高广告预算，积累更多的曝光和流量，计划到每日预算。我们建议新手卖家根据投放产品的数量来制定预算。这样一来投放的产品就能得到充分的曝光，快速积累绩效数据，进而优化广告成效。通过合理规划预算，可以提高资金的有效利用率和投资回报率”。

亚马逊广告预算分配的策略和技巧成功地助力安致股份实现出口业绩快速增长，并不断靠近其“让世界爱上中国品牌”的梦想。

资料来源：亚马逊成功卖家故事，https：//gs. amazon. cn/。

亚马逊搜寻引擎就跟百度一样，用户在搜寻列表上输入一个搜寻词，就能得到一连串搜寻结果。一般来说，用户大多只会点击排在最前面的几个结果，而越往后，点击率越低。2018年，亚马逊广告收入46.1亿美元，占美国广告市场份额的7%，排名第三。虽然这比2018年谷歌和Facebook的37%和20%市场份额还有一定差距，但是，到亚马逊上搜索的人群具有更强的购买目的，44%的美国消费者在亚马逊开始网购，比谷歌高出11%；40%的美国人每月至少在亚马逊上购买一次产品。超过55%的美国买家会首先在亚马逊上搜索商品，并使用商品详情页面上的信息①做调查。这也是为什么越来越多的广告商开始转向亚马逊平台的原因。因此，亚马逊卖家有必要通过广告推广活动，尽量使自己的商品排名靠前。本章主要介绍亚马逊平台搜索规则A9算法，商品推广、头条搜索广告、品牌旗舰店三种主要营销推广方式，秒杀、抽奖等其他营销推广方式，以及亚马

① https：//www. bloomberg. com/news/articles/2016 - 09 - 27/more-than-50-of-shoppers-turn-first-to-amazon-in-product-search.

逊广告投放策略。

第一节　亚马逊搜索规则 A9 算法

早在 2002 年，搜索引擎优化和排名专业服务商 iProspect 发布的调查结果表明（http：//www. iprospect. com），75% 以上的用户使用搜索引擎，56. 6% 的用户只看搜索结果前 2 页的内容，大约 16% 的用户只看搜索结果的前几条内容，只有 23% 的用户会查看第 2 页的内容，查看前 3 页的用户数量下降到 10. 35%，愿意查看 3 页以上内容的用户只有 8. 7%。不过，如果搜索结果不是数十页的话，差不多会有 10% 的用户可以看完全部结果。网站在搜索引擎排名靠前非常重要，最好能出现在搜索结果的第一页的前几位。尽管没有近年来的具体的、相关的数字，但这项结论其实已经成为常识。

因此，每个卖家都希望自己上架的产品能够尽可能地显示在前几页，尽可能地被买家靠前看到，那就必须要首先了解亚马逊平台搜索规则 A9 算法。A9 算法就是亚马逊追踪、分析买家在亚马逊的每一个行为的数据，从大类目中根据相关性挑选优质的产品展示给客户，最终执行买家最大化收益（revenue per customer，RPC）。

A9 算法就是个性化标签，有千人千面的效果，会根据不同消费者的搜索习惯和爱好推送产品给客户，让新卖家有机会，让买家有选择，可以更快速、更精准地找到喜欢的产品。影响 A9 算法的因素主要有三个：转化率、相关性和买家留存率，见图 9－1。

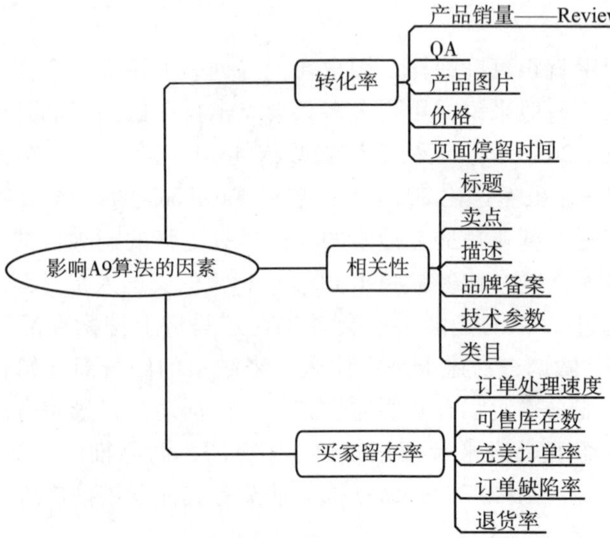

图 9－1　亚马逊搜索规则 A9 算法的影响因素

一、影响转化率的因素

影响转化率主要有5个因素：（1）产品销量：排名越靠前销量越高，review就越多，review是A9算法中最不可或缺的衡量因素，是体现产品综合质量的指标，所以销量高，产品质量高，review评分高，就会形成良性循环，使listing有更多的搜索权重。（2）QA（Question & Answer）：是解答客户疑问的地方，位于listing顶端，足以显示其是影响转化率的重要因素。（3）产品图片：当客户在搜索页面浏览时，看到的第一项内容就是产品图片，所以产品图片质量一定要好，要高清的，每一张都要在1001×1001像素以上。（4）价格：价格也是影响转化率的重要因素，在定价时要参考竞争对手的价格，也要照顾到客户的心理，既要做到让客户觉得物美价廉，买到就是赚到，也要保证自己有利润可拿。（5）页面停留时间：亚马逊会计算买家的页面停留时间，来判断买家是否对某款产品有兴趣，若停留时间较长，那么购买可能性就比较大，或者证明卖家的listing写得很好，会增加搜索权重。

二、影响相关性的因素

影响相关性主要有6个因素：（1）标题：在200个字符内尽可能多地填产品关键词。（2）短描述/卖点：一共可以写五个，前三个一定要凸显产品的核心功能，根据卖点轻重调整顺序。（3）长描述：精心设计页面，字体可以加粗，换行，尽量吸引眼球。（4）品牌备案：申请成功品牌备案后可以做A+页面，在详情页面添加产品图片等。（5）技术参数：写清楚产品技术及细节等描述，能写多少写多少，但不能乱写，要结合产品实际情况。（6）类目：要选择明确表明某件产品的类目及子类目信息。

三、影响买家留存率的因素

影响买家留存率主要有5个因素：（1）订单处理速度。卖家要做到既快又准，提高买家满意度。（2）可售库存数。卖家要跟踪FBA数量，最好不要断货。（3）完美订单率。完美订单率是衡量多少订单完美地从加入购物车到送达客户手中的指标，即是指从买家下单到收货后评论产品这期间，买家与卖家没有任何沟通，就是完美订单。（4）订单缺陷率。一旦出现有买家的负面反馈、索赔、任何一种运输问题以及信用卡退款，都是确定订单缺陷率的因素。这个订单缺陷率不能大于1%。（5）退货率。如果产品的退货率高达10%就有可能被亚马逊警告或下架listing，如果卖家选择FBA，一定要把包裹包装好，确保产品完整地送到客户手中。

上述A9算法的诸多影响因素中，产品图片、价格、标题、卖点、描述、品牌备案、技术参数、类目 8 个因素是在产品上架 listing 时决定的。所以，产品上架的上述 8 个环节要给予特别的重视，主要从高穿透、强转化的产品图片，图文并茂的 A + 页面，正确了解亚马逊内部搜索规则、打造高流量的标题 Title，优质的 Bullet Point，详尽地描述 Description，非同寻常的 Search Terms，以及积累和管理产品的评价 review 等方面入手，提高产品在亚马逊平台的搜索排名。

第二节　亚马逊商品推广

根据 2016 年 9 月 Bloomreach 发布的调查报告，众多的美国消费者将亚马逊作为首选的在线商品搜索平台。卖家使用亚马逊商品推广进行广告宣传，可以长年自动、实时地提高卖家商品的曝光率、让购物者更容易发现自己的商品，并且有助于提高卖家在亚马逊上的销售额。

一、什么是亚马逊商品推广

在亚马逊网站首页搜索栏内输入某个关键词搜索某商品时，在搜索结果页面靠前显示的、带有 Sponsored 标志的商品就是做了推广广告的商品。亚马逊平台的商品推广还显示在商品详情页上。

目前，亚马逊商品推广广告在北美、欧洲（英国、德国、法国、意大利、西班牙）、中国、日本和印度等国家站（地区）可用；在电脑、平板电脑、智能手机等设备上可以显示；经销商、品牌商、制造商、批发商等专业卖家都可以使用商品推广；在家用电器、艺术品、工艺品和缝纫用品、汽车用品、婴儿用品、美妆等 33 个品类可用。其他开放商品推广的品类见表 9 - 1。

表 9 - 1　　亚马逊商品推广广告适用品类

家用电器 Appliances	美术品 Fine Art	庭院、草坪与花园用品 Patio，Lawn & Garden
艺术品、工艺和缝纫用品 Arts，Crafts & Sewing	食品和酒水 Grocery & Gourmet Food	宠物商店 Pet Supplies
汽车用品 Automotive	手工艺品 Handmade	鞋 Shoes
婴儿用品 Baby	个护健康 Health & Personal Care	软件 Software
美妆 Beauty	家具和厨具 Home & Kitchen	体育用品 Sports
摄像机 Camera	工业与科学 Industrial & Scientific	工具及家装 Tools & Home Improvement

续表

手机和配件 Cell Phones & Accessories	箱包 Luggage	玩具和游戏 Toys & Games
服饰和配饰 Clothing & Accessories	影视 Movies & TV	视频游戏 Video Games
收藏品 Collectibles	音乐 Music	手表 Watches
计算机 Computers	乐器 Musical Instruments	办公用品 Office Products
电子产品—音频/视频 Electronics - Audio/Video	电子产品—移动设备 Electronics - Mobile	户外用品 Outdoors

商品推广是一个按点击付费的计划。这意味着只有当购物者点击卖家的广告时，才会向卖家收取费用。卖家可以选择要进行广告宣传的商品，并控制支出的金额。

二、亚马逊广告指标

在做亚马逊商品推广之前，卖家有必要了解一下广告指标，有助于成功优化在亚马逊的商品推广活动。登录卖家后台，点击 ADVERTISING 下拉菜单中的 Campaign Management，显示如图 9 - 2 所示。

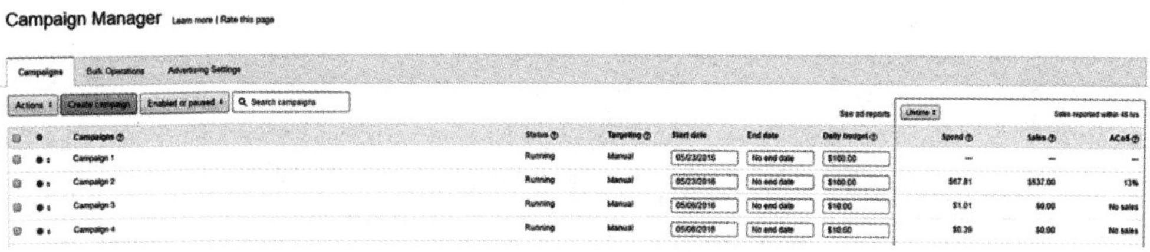

图 9 - 2 亚马逊创建商品广告推广活动界面

图 9 - 2 页面右面有三个指标：

广告费用（spend）是为获得点击而花费的广告费用。

销售量（sales）指经点击广告生成的商品销售总量。销售量是一周之内经点击广告生成的商品销售总量。这包括已打广告产品和经点击生成的其他产品的销售量。

广告投入产出比（ACoS）是指花费的广告费用占对应销售总额的比例。确定 ACoS 时需要综合考虑广告商品的利润、广告预算、销售目标、增加需求和曝光、是否要吸引新顾客重复消费 5 个方面的因素。

选择一个商品广告活动，点击，显示其详细指标如图 9 - 3 所示。

图 9－3　亚马逊商品广告活动详细指标界面

曝光量（impression）是广告显示次数。

点击量（clicks）是指在显示商品广告时，亚马逊购物者点击广告的次数。

此外，亚马逊广告还有以下 5 个重要指标：

转化率（conversion）是用销售量除以点击量得到的点击百分比，指最终实现商品销售的点击量。

每次点击成本（CPC）是点击总成本除以点击数量得到的结果，即为卖家广告收到点击需要的平均成本。

订购产品销售量（ordered product sales）是由一次点击生成的销售订购总量。使用亚马逊商品推广服务，可得到自点击之日起一天、一周和一个月之内完成的购买数据。

其他产品订购总数（other SKU units ordered）是除推广产品外，卖家提供的选品中其他产品的订购总数。例如，如果广告中推广的是一种黄色的杯子，而且有一位消费者点击了此广告，但是，消费者最后购买了红色的杯子。这类购买就会被视为订购“其他产品”。使用亚马逊商品推广服务，综合与消费者购买活动相关的其他指标，可得到自点击之日起一天、一周和一个月之内完成的其他产品订购数据。

同种产品订购总数（same SKU units ordered）指特定推广产品的订购数量。因为在点击广告后，消费者可能会立刻购买产品，但有时也会几天之后再购买。所以，亚马逊商品推广服务能提供自点击之日起一天、一周和一个月之内完成的同类产品订购数据。

三、亚马逊广告投放的几种方式及操作

亚马逊平台有三种广告投放方式：自动投放、手动投放、同时启用自动投放和手动投放。自动投放可以在几分钟之内创建广告。自动投放广告活动会根据顾客在亚马逊上购物的行为习惯，使用亚马逊 A9 算法，为卖家已经选择需要广告推广的产品自动收集、键入高度相关的关键词。手动投放可以从卖家的自动投放广告活动中使用较为有效的查询词条，或者选择卖家自己的关键词，还可以选择相关词汇、设置关键词竞价。同时启用自动投放和手动投放方式的广告活动，可以增加展示机会。默认情况下，广告费用将从卖家账户中扣除。

1. 自动投放广告操作

登录亚马逊卖家后台 Seller Central，点击广告 ADVERTISING 下拉菜单中的广告活动管理 Campaign Manager，出现下面的页面，点击图 9 - 4 中的 Create a campaign 按钮。

图 9 - 4 创建商品推广广告初始界面

在图 9 - 5 的页面中，输入本次创建的广告活动名称。这可以是任何名称，如可以是卖家要做广告的产品类型、可以是卖家正在推销的季节性商品，或是 123 等随机数字。然后，输入每日预算，这是卖家希望每日花费在此项商品推广活动上的最大金额，可以随时调整。然后，设置广告推广活动的开始日期和结束日期。如果不指定结束日期 No end date，则广告开始后一直处于活跃状态，可以在需要的情况下选择暂停活动。接下来，在页面自动投放 Automatic targeting 和手动投放 Manual targeting 两个选项中，选择自动投放。亚马逊平台便可自动地在相关顾客搜索中显示卖家的广告。

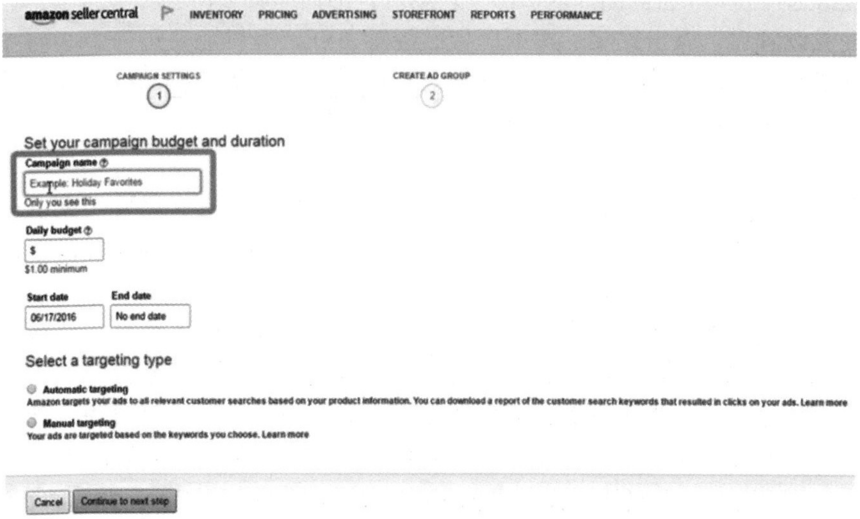

图 9 - 5 设置商品推广活动名称、每日预算、起止日期、手动/自动等参数界面

点击 Continue to next step，页面显示见图 9－6。

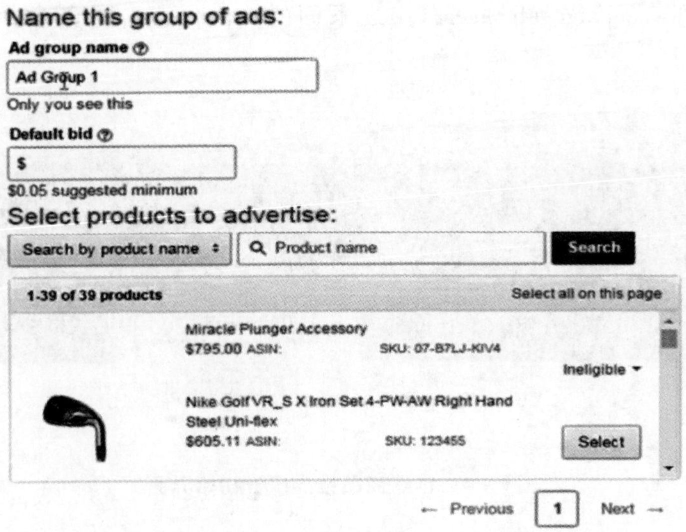

图 9－6 设置商品推广广告组的名称、选择商品界面

在图 9－6 显示的页面中，要为广告组命名 Ad group name，一个推广活动中可以有多个广告组。然后设置改组的广告出价 Default bid，出价是卖家愿意为每次点击支付的最高金额。对于自动投放的广告推广活动，默认出价适用于广告组中的每一款商品，所以卖家既要考虑每件商品的利润率，也要在卖家平台的帮助页找到各个类别或者点击的平均成本做参考，见图 9－7。最后，卖家要为广告组选择包含的商品，既可以通过商品名称，也可以通过 SKU 或者 ASIN 码搜索找到想要推广的商品，点击选择 Select 将商品加入活动中，则选择的商品就会出现。

完成设置后，点击提交，卖家广告已经准备好，但可能要过一个小时才开始在亚马逊平台显示。请注意：上述操作只有针对获取购买按钮的商品才有效，才会在商品详情页和搜索结果页上出现 Sponsored 的标记。

2. 手动投放广告操作

采用手动投放创建广告活动，卖家可对广告有更多控制，需要卖家自己添加买家会搜索的关键词和卖家希望自己的广告会相应出现的关键词，并设定每个关键词的出价。很多卖家会选择使用自动投放中成功的关键词或其他广告平台上表现好的关键词。在手动投放广告活动前，卖家需要明确为哪些商品做广告、广告活动的每日预算、添加哪些关键词以及每个关键词的出价四个要素。

手动投放广告操作与自动投放广告操作的前几步是一样的。首先，登录亚马逊卖家后台 Seller Central，点击广告 ADVERTISING 下拉菜单中的广告活动管理 Campaign Manager，出现的页面中点击 Create a campaign。在随后出现的页面中，输入本次创建的广告活动名称、每日预算、设置广告推广活动的开始日期和结束

How much you bid depends on your business goals for a particular SKU.

To help you understand the market rate for clicks, the table below provides the average winning cost-per-click bids for the date listed at the end of the table.

Keep in mind that these are average winning bids for keywords that have bids. These averages do not include the many relevant keywords that don't have bids and can be won with a below-average bid.

These averages are provided to help guide your bidding decisions, and don't guarantee an impression or a click. We recommend you not bid more on a keyword than you are willing to pay for a click.

Average winning cost-per-click bids by category

Appliances	$0.47	Luggage	$0.27
Automotive	$0.18	Movies & TV	$0.06
Baby	$0.34	Music	$0.07
Beauty	$0.49	Musical Instruments	$0.19
Camera	$0.31	Office Products	$0.27
Cell Phones & Accessories	$0.39	Outdoor Recreation	$0.31
Clothing & Accessories	$0.16	Patio, Lawn & Garden	$0.36
Computers	$0.31	Personal Care Appliances	$0.46
Electronics	$0.42	Pet Supplies	$0.42
Electronics- Mobile	$0.28	Shoes	$0.12
Grocery & Gourmet Food	$0.38	Software	$0.21
Health & Personal Care	$0.61	Sports	$0.26
Home Improvement	$0.33	Sports Memorabilia	$0.19
Home	$0.30	Toys & Games	$0.15
Industrial & Scientific	$0.23	Video Games	$0.08
Jewelry	$0.19	Watches	$0.16
Kitchen	$0.38	Tools	$0.21

图 9－7　为广告组选择包含的商品操作界面

日期、在页面自动投放 Automatic targeting 和手动投放 Manual targeting 两个选项中，选择手动投放，点击下一步 Continue to next step。然后，给广告组命名、选择要进行宣传的商品、设定缺省竞价，此竞价将适用于这组广告的所有关键字。

然后，手动投放广告的操作与自动投放广告的操作就不同了。在下面的页面中，卖家要自己输入关键词。在创建手动投放广告活动过程中，亚马逊会建议关键词或卖家输入自己的关键词，每个关键词一行，每行结尾处都不要标点符号。在匹配类型 Match Type 处选择广泛匹配 Broad，见图 9－8。

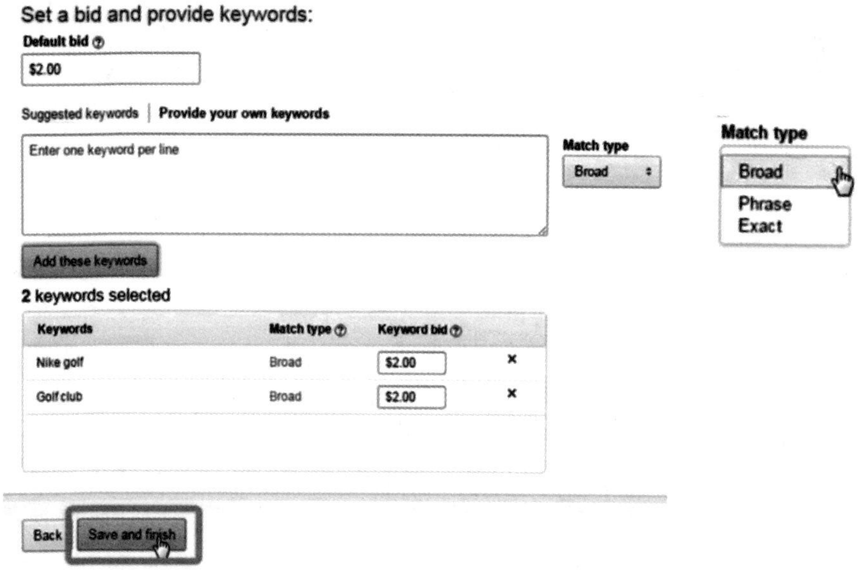

图 9－8　关键词及匹配类型选择操作界面

点击保存，完成手动广告的设置。卖家广告已经准备好，但可能要过一个小时才开始在亚马逊平台显示，见图 9 – 9。

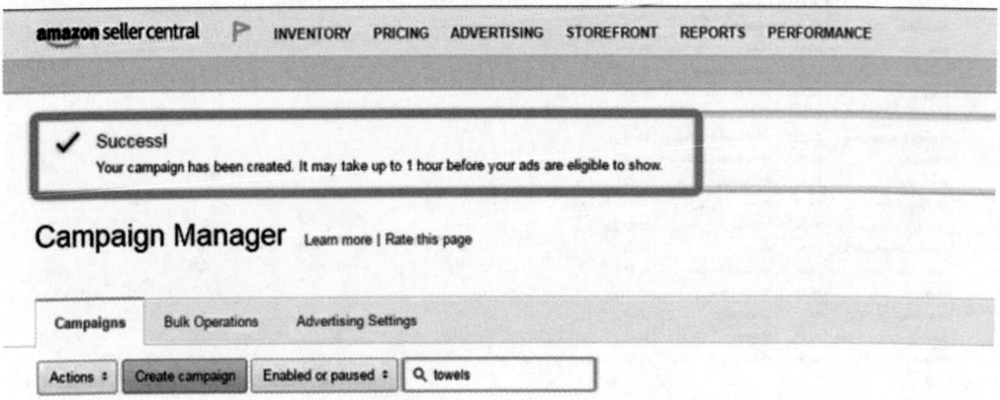

图 9 – 9　手动广告设置完成保存后的界面

广告组中每个关键词的出价都以之前创建广告活动时设定的缺省竞价为起点。如果卖家想调整某个关键词广告的出价，只要登录 Campaign Manager 中找到该广告相关的关键词，点击关键词，竞价框输入新出价，点击保存即可，见图 9 – 10。

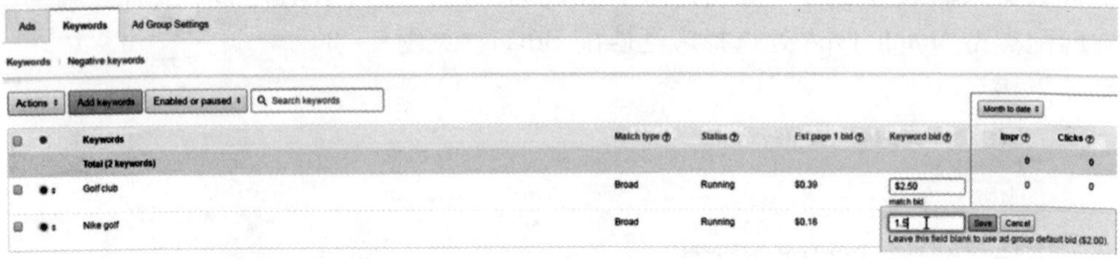

图 9 – 10　更改关键词广告出价的操作界面

🕮 资料：关键词匹配类型

买家搜索词是指买家在亚马逊网站上进行搜索时输入的词或词组。关键词是指卖家在广告活动管理器中为卖家的广告所设置的词或词组。卖家的关键词与买家搜索词的匹配程度，极大影响卖家广告推广的效果，也影响买家找到想买商品的结果。在亚马逊平台，卖家关键词与买家搜索词有三种匹配方式：

Broad match 广泛匹配是指卖家添加到商品推广广告组的关键词会默认针对客户搜索词进行广泛匹配。广泛匹配会使卖家的广告在其关键词或关键词变体被搜索时显示出来，触及最为广泛的受众。广泛匹配可以识别拼写错误，单复数，相似关键字、不讲究顺序等。例如，如果买家搜索 red women's sunglasses 时，卖家选择 sunglasses 或 red sunglasses 或 women sunglasses 或 women's sunglasses red 做广泛匹配广告，都会触发广告，使卖家的产品出现在搜索结果中。但是，卖家如果选择 men's sunglasses 或者 brown sunglasses 为关键词做广泛匹配广告，就不会触发广告。当卖家没有该产品的关键词相关数据的时候，不知道哪个词展示和点击比较多，可以先选择广泛匹配，被搜索到的可能性更高，给产品带来最大限度的曝光，但点击访问的针对性和转化率不如精确匹配和短语匹配。

Phrase match 词组匹配是指卖家添加到商品推广广告组的关键词组会默认针对客户搜索词进行短语匹配，词组匹配会使卖家的广告在其关键词组及其近似变体被搜索时显示出来。词组匹配时，买家搜索词必须包含所有卖家广告关键词组且与输入广告组的关键词保持顺序一致才会被匹配从而激活广告。短语匹配可以识别拼写错误、单复数、ing、介词等。例如，如果买家搜索 red women's sunglasses 时，卖家选择 women's sunglasses、women sunglasses 或 red women's sunglasses 做词组匹配广告，都会触发广告，使卖家的产品出现在搜索结果中。但是，卖家如果选择 red sunglasses 或 women's sunglasses red 为关键词组做词组匹配广告，就不会触发广告。词组匹配的点击访问的针对性和转化率均高于广泛匹配，低于精准匹配，但曝光率低于广泛匹配，高于精准匹配。

Exact match 精准匹配是指只有买家搜索词必须与广告关键词完全匹配，或与广告关键词十分接近的词匹配，才能被匹配从而激活卖家广告显示卖家商品。精确匹配只能识别单复数的形式。还例如，如果买家搜索 red women's sunglasses 时，卖家只有选择 red women's sunglasses 做精确匹配广告，才会触发广告，使卖家的产品出现在搜索结果中。如果卖家选择 women sunglasses 或 women's sunglasses 或 red sunglasses 或 women's sunglasses red 等词组，就不会触发广告，见表 9－2。精确匹配可以获得最具针对性的点击访问，转化率较高，但会降低展示次数，获得潜在客户的范围较窄。精确匹配可以出价高一些，因为买家的广告只对寻找的客户搜索词进行投放。

表 9－2　　买家搜索词与卖家关键词匹配示例

买家	搜索词		red women's sunglasses
卖家	广泛匹配	关键词	sunglasses red sunglasses women sunglasses women's sunglasses red
	词组匹配	关键词	women's sunglasses women sunglasses red women's sunglasses
	精确匹配	关键词	red women's sunglasses

对于三种广告的方式，并不限于只使用某一方式的广告，卖家可以结合自己的产品和关键词以及运营的需求，使用三种方式相结合的方式。

3. 同时启用自动投放和手动投放广告操作

卖家要使广告投放效果最佳，可以选择自动广告投放和手动广告投放相结合的方法。

第一步：卖家创建自动投放广告活动，与之前的操作一样。

第二步：在自动广告投放后约 2 周左右，找出那些表现较好的买家搜索词。具体操作方法如下：从数据报告下拉菜单中选择广告，见图 9－11。

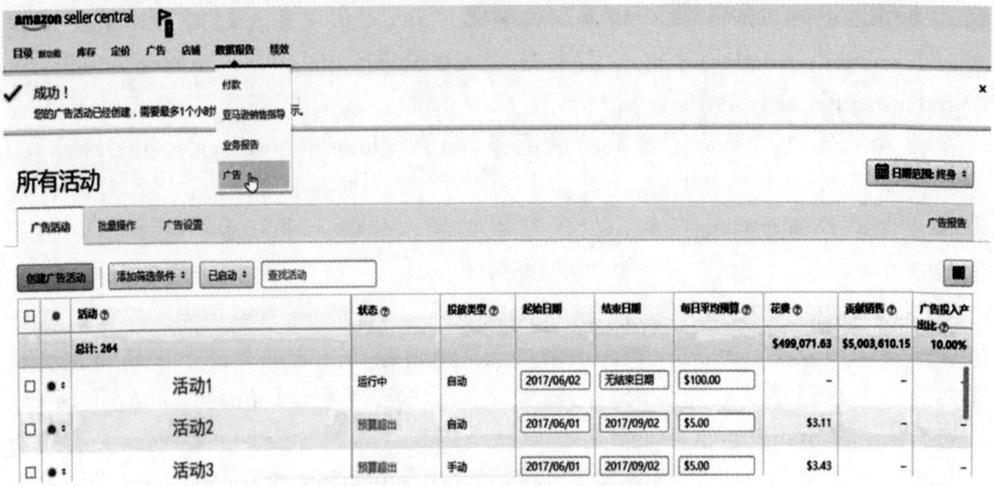

图 9－11　创建广告操作初始界面

在图 9－12 界面，点击自动投放广告。

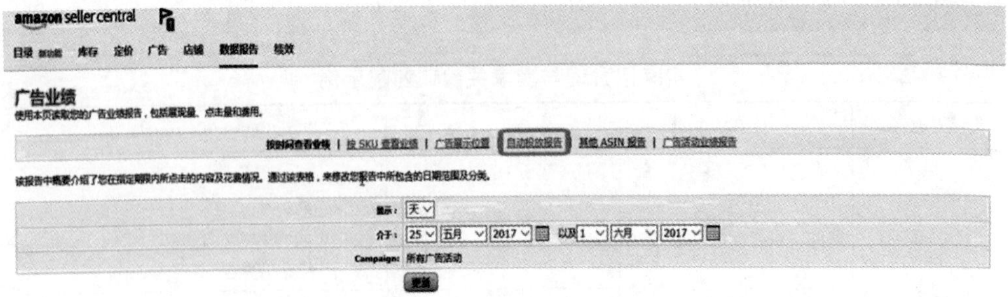

图 9－12　自动投放广告操作界面

在广告报告菜单中下载自动投放报告，见图 9－13 和图 9－14。

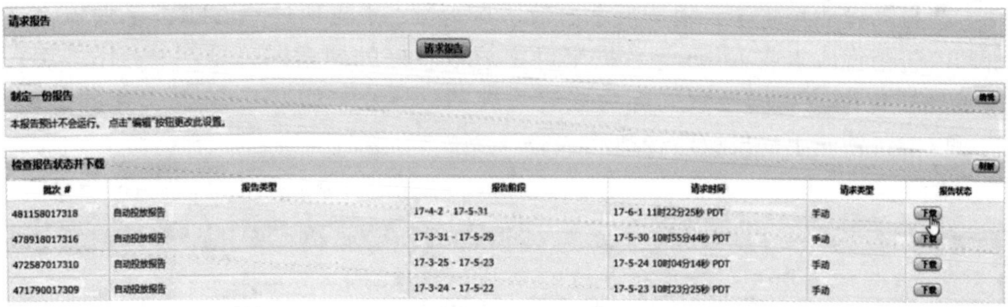

图 9－13　广告报告菜单中下载自动投放报告界面

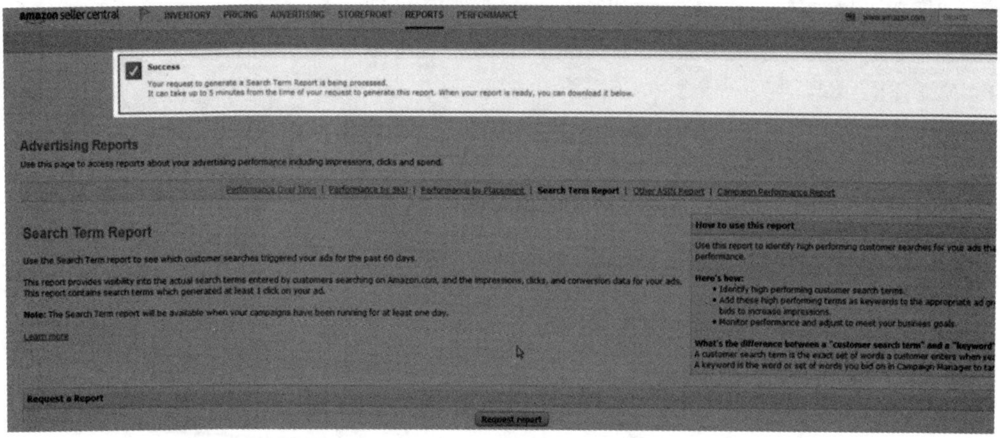

图 9－14　成功下载自动投放报告界面

然后，使用电子表格应用程序打开，见图 9－15。

图 9－15　打开下载自动投放报告界面

在自动投放报告中，根据展示次数、点击量、点击通过率 CTR、平均点击竞价和广告销售成本或 ACoS 等数据来确定绩效较好的搜索词，见图 9－16。次数较多且转化率较高的搜索词即为优选关键词，只要平均 CPC 符合卖家的策略，就可以准备创建手动投放广告活动。

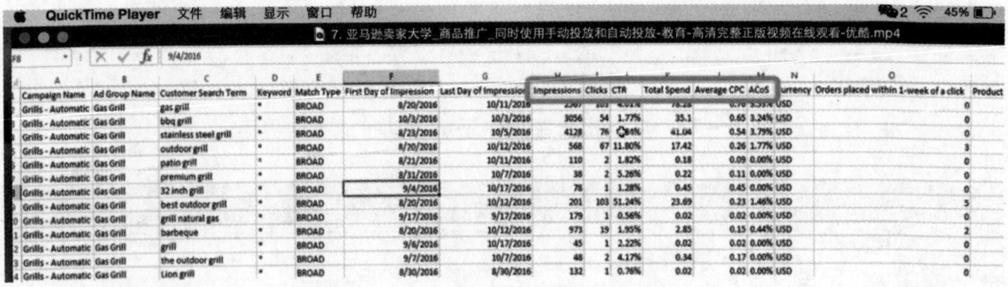

图 9－16 自动投放的各组广告指标界面

第三步：手动投放广告活动。将表现较好的买家搜索词作为关键词添加到适合的广告组中，并最好把默认竞价比自动投放广告的竞价适当设置得高一些，以增加展示量。

四、使用否定关键词

从自动投放广告活动中得出的搜索词报告中，查找点击次数较多但销量为零或非常低的所有关键词。这些词几乎无法帮助卖家有效触及相关消费者。将这些词设定为否定关键词后，购物者搜索到此类否定关键词时，将不会显示相应的广告。设置否定关键词需要三步：

第一步：从后台数据报告下拉菜单中选择广告，点击自动投放报告，然后点击请求报告。报告生成之后（大约需要 5 分钟），点击下载按钮，将文件保存至硬盘中。用 Excel 等程序打开文件。

第二步：确认低销量关键词。在广告成本销售比 ACoS 栏中，找出值比较大的关键词，也可以自定阈值来确定哪些词可以算作低销量关键词，确认否定关键词的候选词。

第三步：在广告活动中添加否定关键词。点击想添加否定关键词的广告所在的活动，然后点击广告组名称，转换到“否定关键词”标签，然后点击“添加否定关键词”按钮，出现图 9－17 的页面。

输入确定的低销量关键词，每行一个关键词或词组，选择“否定词组”或者“否定精确”，然后点击“添加这些关键词”的按钮。这些否定关键词设置会立刻生效。

否定关键词有两种匹配类型：否定词组会阻止包含该词组以及类似词组的任

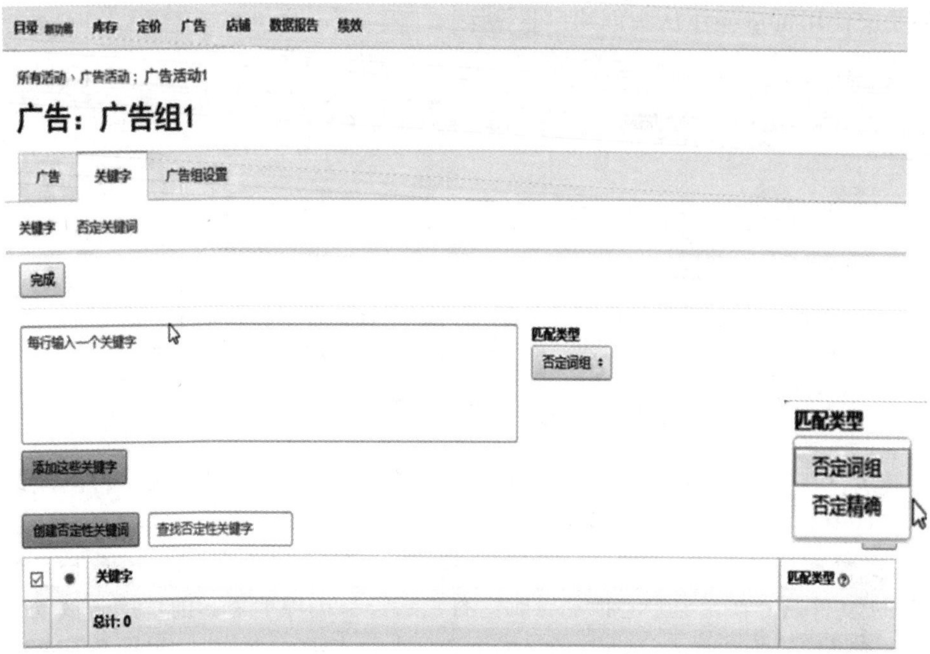

图 9－17 否定关键词操作界面

何搜索；否定精确仅阻止与关键词完全相同的搜索词。对于否定词组和否定精确类型，单复数变体也归为匹配。经常是先使用否定精确，除非您确定不想要的关键词要作为搜索词组的一部分显示，见表 9－3。

表 9－3　　否定关键词的匹配类型示例

匹配类型	关键词示例	排除买家搜索词示例	不排除买家搜索词示例
否定词组匹配	men sunglasses	men sunglasses men sunglass blue men sunglasses	sunglasses for men
否定精确匹配	men sunglasses	men sunglasses men sunglass	blue men sunglasses

五、批量操作

批量操作是卖家实现批量上传商品和大规模修改现有广告活动、广告组、广告以及关键词的一种有效手段。

1. 批量上传

首先，从图 9－18“批量操作”选项卡中的链接下载批量文件模板。该模板可使卖家使用批量操作从头创建广告活动。

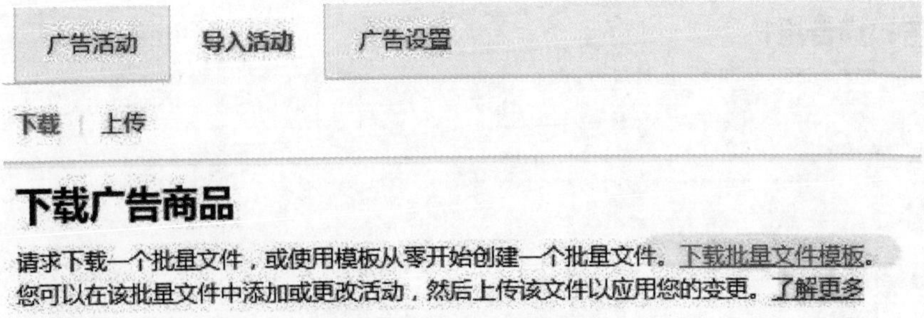

图 9－18　下载批量文件模板界面

其次，在 Excel 中打开批量文件模板。在单独的行中分别输入广告活动的名称、每日预算、起始日期、投放类型及状态，广告组的名称、最高竞价、状态、SKU、关键词最高竞价、匹配类型和状态等信息，确保填写了所有必填字段。准备好 Excel 文件后，在卖家中心顶部导航栏的“广告”选项卡下，前往广告活动管理平台，选择标签为“导入活动”的第二个选项卡，点击“上传”，见图 9－19。

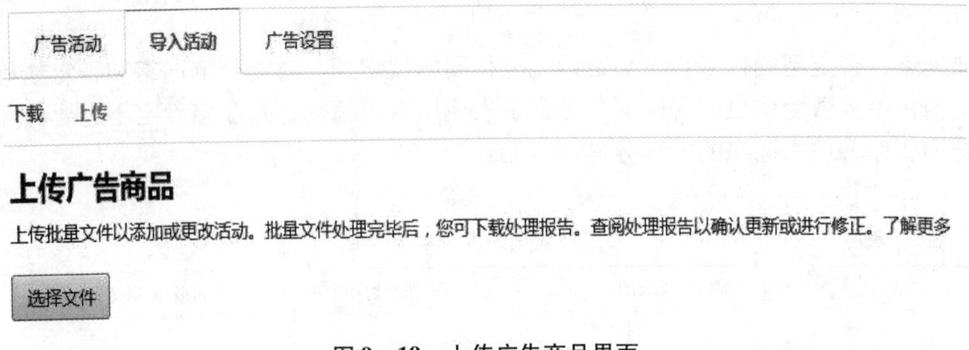

图 9－19　上传广告商品界面

再次，选择卖家要创建的文件，点击上传后，卖家会在“文件上传状态”下看到文件已被提交。在状态栏显示“下载处理报告”按钮前，刷新页面。

最后，打开链接，以确保您的更改无任何错误，上传并处理文件后，更改将立即生效。

2. 批量修改

批量修改是大规模更改现有广告活动、广告组、广告以及关键词的一种有效手段。卖家可下载文件，包括现有广告活动信息。下载后，卖家可以更改该文件中的广告活动并上传至广告活动管理平台。

登录卖家中心，点击“广告”选项卡下拉菜单的“广告活动管理器”，选择“导入活动”选项卡，页面将默认进入“下载”选项卡，见图 9－20，选择日期范围（建议最近2周至60天，最多选择60天前），在批量操作报告中，默认7天内产生的任何订单或销售回顾时间段，计算广告销售效果，也可以查看广告报告项下广告活动业绩报告中的其他时间段。选择文件格式（最常用的格式是须在Excel中查看的.xlsx格式文件）。

图9-20　下载广告商品界面

点击“申请批量文件”按钮，将出现带“请求的报告”字样的复选标记，刷新页面。在“批量文件下载”部分生成文件前，卖家可能需要刷新几次。一旦“下载”按钮出现，点击以打开文件。

批量文件会自动将某一广告活动的所有要素划分为一组。将在广告活动下方连续地展示广告活动中的所有广告组、广告和关键词。通过突出显示含数据的所有栏、选择Excel顶端的“数据”选项卡，可为批量表单添加筛选器，见图9-21。

图9-21　为批量表单添加筛选器操作界面

使用文本和数字筛选器，轻松地选择并查看特定数据。点击卖家想筛选的栏中的箭头，根据栏中所含的数据，“文本筛选器”或者“数字筛选器”选项将出现在下拉菜单中。卖家可以依据“大于”“小于”或“等于”来进行筛选。

利用筛选器功能，还可以实现批量编辑修改每日预算、竞价+、关键词匹配类型、在现有广告组中添加否定关键词等操作。

卖家在Excel中编辑文件后，在上传前要保存为.csv格式文件，以确保格式正确。如果卖家只做几项更改，那么使用广告活动管理平台比较简单。批量操作对于数个以上更改而言效率更高。

第三节　亚马逊头条搜索广告

本节主要介绍什么是亚马逊头条搜索广告、头条搜索广告的特点、如何创建头条搜索广告。

一、什么是亚马逊头条搜索广告

亚马逊头条搜索广告（headline search ads，HAS）是一种具有高影响力的广告产品，可以将卖家的产品展示在亚马逊搜索结果页面的显著位置，即搜索结果上方，见图9－22。

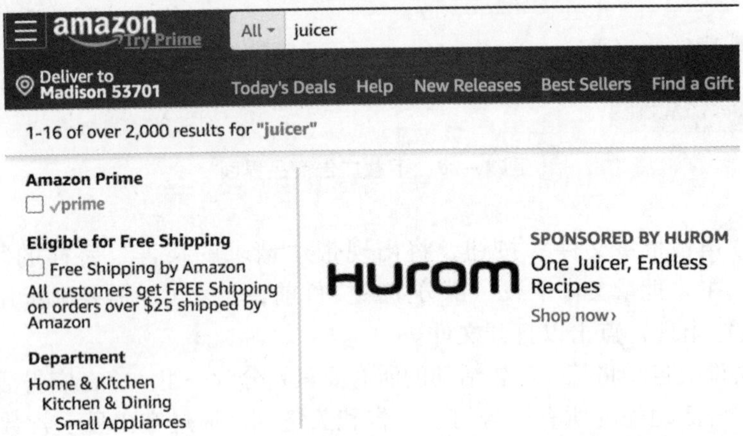

图9－22　亚马逊果汁机 Juicer 头条搜索广告示例（2019年11月13日）

点击图9－22中最前面的HUROM图片，或者点击标题One Juicer、Endless Recipes，或者点击购买提示按钮shop now，页面都可跳转至具有商品集合的页面或亚马逊品牌旗舰店的页面。

二、头条搜索广告的主要特点

亚马逊头条搜索广告具有显著的益处：（1）可以在移动和电脑端拥有高度可见的显著位置，有效提升销量和品牌知名度。（2）可以自定义、创意设计以便卖家掌控品牌传递信息。在头条搜索广告中，卖家可以根据需要，将最想推广的商品图片放在最左位置，也可以把品牌Logo放在最左位置，可以相对自由掌控品牌传递信息；卖家可以使用具有吸引力的信息文本创建标题，例如“独家”；可以使用一些号召性的措辞，如“buy now”。[①]（3）用关键词关联购物者并对其投放广告。（4）按点击付费制广告，只为广告绩效埋单。（5）通过关键词定向在搜索结果上方投放广告以提升销售和品牌知名度。（6）广告具有三个 ASIN 展位，可以更多地展示明星商品[②]。（7）卖家可以自定义广告活动图片、标题以及登录页面体验。（8）随时在线，持续运行广告活动。利用头条搜索广告持续自动、实时转化亚马逊平台上的消费者，等等。

目前，要创建并使用亚马逊头条广告进行推广，卖家必须具备以下几个条件：（1）卖家必须是品牌注册的专业卖家；（2）卖家必须拥有一个有效且信誉良好的亚马逊账户；（3）能够发货到商品所出售的各个国家；（4）提供有效的信用卡；（5）要推广的商品不能是成人用品、二手商品或翻新商品的其他适用品类；（6）要推广的商品为全新商品。

三、创建头条搜索广告

登录卖家平台，点击“广告”，进入“广告活动管理”页面，即可创建头条搜索广告活动。头条搜索广告的溢价最高可达 900%，见图 9－23。这是 2019 年 3 月亚马逊广告作出的重大调整之一。所以，卖家要考虑获客成本，广告出价设置要谨慎。

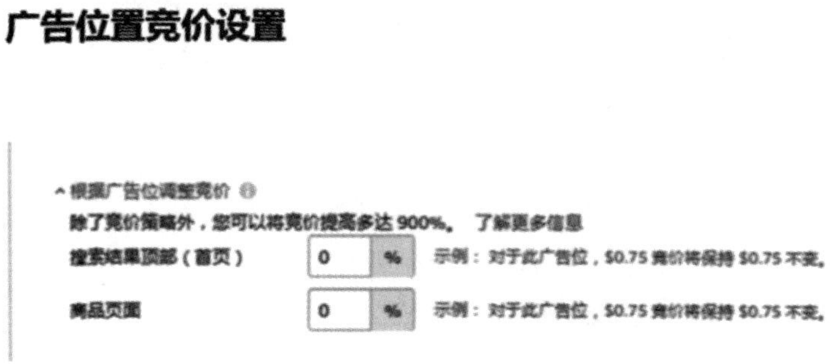

图 9－23　头条搜索广告竞价设置界面

亚马逊平台广告的定价模式是以竞价为基础，也就是说，每次点击成本的最终收费会在符合条件的广告竞争者中产生。广告收取的费用会在排名第一位与第二位的广告之间。如果卖家的商品曝光度较低并且已经扩大了关键词列表范围，那么卖家可以尝试提高竞价，以获得更多曝光次数。如果卖家的竞价太低，则会被其他人的广告取代。

---

① 但是，卖家的所有描述声明必须出现在商品详情页上，且要避免使用无根据的声明描述，如“#1”或“最畅销商品”等词，这类推广词将不被获批。

② 广告中展示的品牌徽标或明星产品图 400×400 像素。

当卖家为头条搜索广告输入关键词时，系统会推荐一组建议的关键词，每个关键词旁边会出现一个流量指标（高、中、低）。这是根据预期的展示量和被投放广告的 ASIN 相关性来决定的。当关键词具有高流量时，卖家一定注意广告预算，可能会出现花掉了很多广告支出，却无法在非常热门的高流量关键词上赢得展示。一般来说，低流量的关键词不会有太多的竞标。因此，低流量的关键词会让卖家更容易地赢得竞价。卖家需要的是那些搜索词刚好匹配自己产品的买家。

做头条搜索广告时，卖家除了需要关注 ACoS 指标外，还要关注一个特有指标——商品详情页浏览数（detail page view，DPV）。这个指标只能通过广告活动报告获取。卖家可以对比该指标和点击率的变化，如果点击率较高，但商品详情页浏览数较低，就意味着有些买家在进入自定义登录页面后并未点击某个商品。在这种情况下，卖家最好开始测试 ASIN 的搭配。

第四节　亚马逊品牌旗舰店

本节主要介绍什么是亚马逊品牌旗舰店、选择亚马逊品牌旗舰店的理由、3 种模板和页面上的各个模块以及如何操作亚马逊品牌旗舰店。

一、什么是亚马逊品牌旗舰店

亚马逊品牌旗舰店是一款免费自助服务，允许品牌卖家创建单页面或多页面的品牌旗舰店，以展示其品牌理念和商品。品牌旗舰店适用于 PC、移动端和平板电脑。购物者可以通过商品详情页或者品牌推广上的品牌名称链接进入品牌旗舰店，如点击图 9 - 22 产品详情页上的 HUROM，就可进入 HUROM 品牌旗舰店。

二、选择亚马逊品牌旗舰店的理由

有如下六个理由促使卖家选择亚马逊品牌旗舰店：

（1）带来更多流量和曝光。一方面，亚马逊品牌旗舰店持续运行，在自己品牌的专属空间迎接回头客，增加产品曝光。另一方面，卖家可以为品牌旗舰店创建包含品牌名称的唯一亚马逊 URL（uniform resource locator，统一资源定位符，对可以从互联网上得到的资源的位置和访问方法的一种简洁的表示，是互联网上标准资源的地址）[①]，包含社交分享按钮通往品牌旗舰店，卖家可以通过亚马逊站内站外的广告、博客、社交媒体或其他营销活动来宣传自己的品牌，从而获得更多流量。

---

① Elizabeth Castro. HTML XHTML CSS 基础教程. 人民邮电出版社，2007.

（2）旗舰店购物体验。打造一种以卖家的品牌、产品和价值主张为中心的高品质亚马逊购物体验。

（3）支持多平台。只需构建一次，适用于 PC、移动端和平板电脑。

（4）易于操作。卖家可以借助各种模板，不需要拥有专业设计技能，可以快速生成多页面品牌旗舰店。

（5）卖家可以通过“品牌旗舰店透视”查看流量和销售额报告。借助来源标记，卖家可以查看特定广告活动、创意内容或营销活动的流量和销售额。

（6）品牌卖家可以享受的免费服务。

三、亚马逊品牌旗舰店的模板与页面模块

亚马逊品牌旗舰店有 3 种模板：组合展示、展柜和商品网格。组合展示模板可以通过一组商品创建品牌或子品牌页面。展柜模板可以展示商品和相关内容。商品网格模板可以显示大量的商品。

每种模板的亚马逊品牌旗舰店页面都分为若干模块。亚马逊品牌旗舰店上的内容模块主要有页眉模块、图像模块、视频模块、商品模块、文本模块、库、推荐商品（recemmended for you）、商品网格、畅销商品（shop best sellers）10 种模块。这些模块都可以用于搭建亚马逊品牌旗舰店。

1. 亚马逊模块大小

亚马逊品牌旗舰店内容模块有 4 种大小规格：全宽、大、中、小，比例见图 9－24。横幅模块、库模块、商品网络模块、推荐模块、畅销商品模块只能用全宽 1 种大小规格，图像模块和文本模块可以使用 4 种大小规格，而视频模块可以使用全宽、大和中 3 种大小规格。

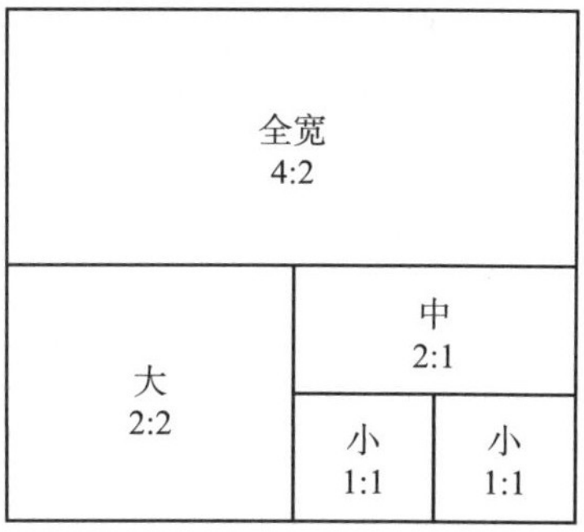

图 9－24 亚马逊品牌旗舰店内容模块的 4 种大小规格

2. 标题模块

每个亚马逊品牌旗舰店都有一个标题模块，包括横幅、品牌商标和导航栏等 3 个部分，见图 9－25。

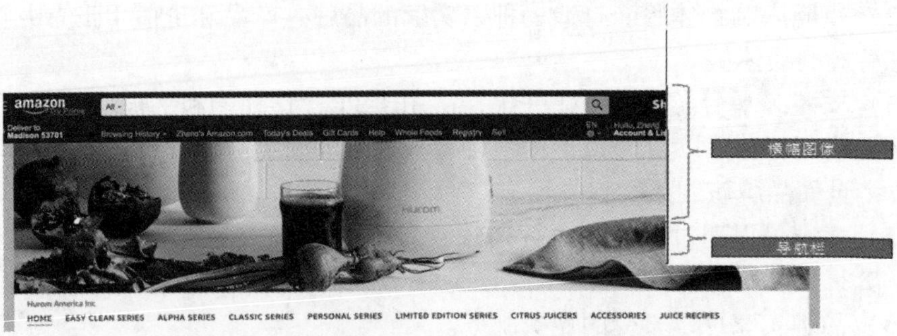

图 9－25　亚马逊品牌旗舰店标题模块构成示例

品牌商标充当主按钮，并显示所有页面的导航中心位置。品牌商标在亚马逊品牌旗舰店设置中进行配置。为了支持各种屏幕分辨率，标题横幅图像的两侧各预留了多达 20% 的区域，宽度分辨率低于 1500 像素时，图像将被裁切。品牌商标会覆盖 200 ×400 像素宽的区域。横幅图像中的任何商标或文本必须位于安全区域，以防止裁切，见表 9－4。

表 9－4　横幅和商标的规格

模块类型	最小分辨率	最大分辨率	安全区域
横幅图像	3000 ×1200	3000 ×600	1800 ×600
商标	400 ×400		

随着亚马逊品牌旗舰店各模块的搭建，导航栏会自动生成。可以通过使用品牌旗舰店操作界面中的页面导航工具，重新组织菜单中各模块项目的排列。

3. 文本模块

文本模块包含自由格式的文本，可以链接到品牌旗舰店或详情页面，可以左对齐、右对齐、居中对齐或两端对齐。当选择超大、大、中和小规格时，文本最多行数分别为 20 行、9 行、5 行和 8 行。

4. 图像模块

图像模块可以链接到亚马逊品牌旗舰店子页面或商品详情页面。如果图像包含文本，则在以全屏模块大小使用时，文本必须高为 32 像素，而在以任何其他模块大小使用时，文本高均为 16 像素。图像模块采用全屏、大、中和小规格时，最小图像分辨率为要求分别为 3000 × 1500、1500 × 1500、1500 × 750 和 750 × 750。

5. 图像＋文本模块

当模块采用图像＋文本模式时，图像模块可以选择包含文本，而文本包含标题和描述文本。图像＋文本模块规格要求见表 9－5。

表 9-5 图像+文本模块的规格要求

模块类型	模块大小	最小图像分辨率	最大标题文本行数	最大描述文本行数
图片（和文本）	超大	1500×1500	2 行	3 行
图片（和文本）	大	1500×1500	2 行	3 行
图片（和文本）	中	750×750	2 行	3 行
图像（和标题）	小	750×750	1 行	不适用

6. 视频模块

视频模块需要图像和视频文件，最大长度 5 分钟。视频可以在移动设备上全屏播放，也可以在桌面上内嵌播放，选择扩展到全屏。视频文件可以链接到亚马逊品牌旗舰店页面或商品详情页面。视频文件的规格要求见表 9-6。

表 9-6 亚马逊品牌旗舰店视频模块规格要求

模块类型	模块大小	最小图像分辨率	最小视频分辨率	最小/最大纵横比
视频	全屏	3000×1500	1280×640	6:4~8:3
视频	大	1500×1500	640×640	3:4~4:3
视频	中	1500×750	450×320	6:4~8:3

7. 商品模块

商品模块可以突出显示单个商品、显示价格和基本状态，可以链接到商品详情页面，还可以包含自定义的商品名称和描述。

商品模块中商品和文本采用全宽、大和小规格时，最大模块文本行数都是 2 行、最大描述文本行数都是 3 行。

8. 商品网格模块

一个商品网格模块中可以显示 4~100 个商品，可以手动或基于搜索关键词选择商品列表。在 PC 端，每行可以显示 4 个商品；在移动端，每行可以显示 2 个商品。可显示的内容包括商品名称、商品图像、价格和星级。此外，网格中的每个商品链接到商品详情页面。

标准的商品网格模块要求初始商品行数 2 行，最大商品数量 100 个。

9. 库

库模块最多可显示 8 个图像或视频。视频可在桌面播放，可选择扩展到全屏。

库模块的标题只能是 1 行，描述最多 2 行。库模块中，图像最小分辨率是 1500×750，视频文件的最小图像分辨率是 1500×750，最小视频分辨率是 1280×640，最小纵横比是 6:4，最大纵横比是 8:3。

10. 畅销商品和推荐商品模块

畅销商品模块主要是显示品牌中最畅销的商品。一次可以显示 5 个商品。推荐商品模块是根据以前的购物历史记录向买家推荐品牌商品。一次可以显示 5 个商品。如果没有畅销商品或者推荐给购物者的品牌商品，则不会显示，无须设置。

四、亚马逊品牌旗舰店操作

亚马逊品牌旗舰店操作界面有四个部分：页面管理器、预览窗口、模块管理器、状态栏。页面管理器用于亚马逊品牌旗舰店页面的创建、选择、移动和删除。预览窗口提供当前页面的实时视图，它也可以用于在模块管理器中选择需要编辑的模块。模块管理器用于亚马逊品牌旗舰店页面模块的添加、编辑、移动和删除。状态栏提供亚马逊品牌旗舰店的当前审核状态并显示有关的错误消息，见图 9 – 26。

图 9 – 26　亚马逊品牌旗舰店操作界面示例

1. 创建品牌旗舰店

点击图 9 – 27 页面管理中的“添加页面”按钮，将显示如下“添加页面”页面。

输入页面名称、页面描述、选择一个新页面模板、点击“保存”。

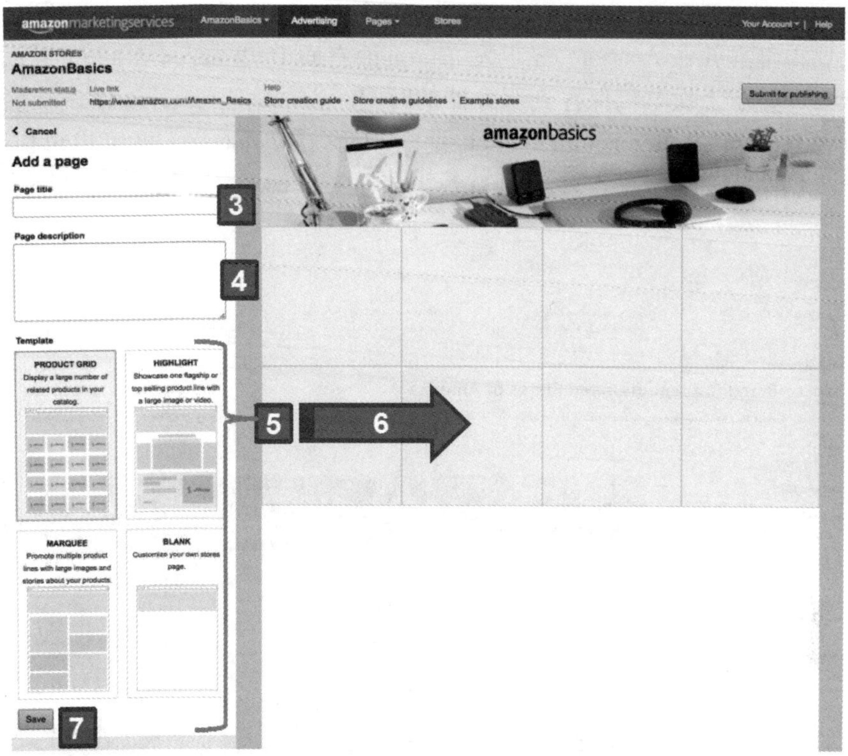

图 9－27　创建品牌旗舰店操作界面

然后，检查是否有拼写或标点符号错误、所有更改是否都包含在草稿版本中、使用移动端的预览，以确保是否品牌旗舰店针对移动端的体验进行了优化、检查图像和视频，以确保是否其中的任何文本可以在所有设备上轻松查看。

点击“提交以供发布”按钮进行提交。卖家的亚马逊品牌旗舰店将被提交以供审核。草稿在审核期间无法被修改。审核过程可能需要几天时间。

2. 品牌旗舰店的编辑

设置品牌旗舰店后，卖家可以进行多项编辑修改。例如，打开“品牌旗舰店设置”面板，卖家可以在其中更改品牌旗舰店的商标或颜色；点击页面导航器，可以编辑页面的层次结构；点击某个内容模块，可以在模块管理器中进行编辑；模块管理器允许卖家添加、删除或替换分区等。

创建和编辑品牌旗舰店后，状态栏提供了有关亚马逊旗舰店和当前草稿的反馈，如图 9－28 所示。

图 9－28　创建和编辑品牌旗舰店后的反馈界面

页面主题部分显示亚马逊品牌旗舰店的当前审核状态。Approved 表示先前的草稿已获得批准并在 Amazon. cn 上发布。页面右面 Draft saved 2 minutes ago 表示草稿状态，显示上次草稿保存到服务器的时间。

登录 https：//sellercentral. amazon. com/gspn/searchpage/，卖家也可以寻求品牌提升提供商的专业服务，见图 9－29。

图 9－29　亚马逊品牌内涵提升第三方提供商

第五节　亚马逊其他营销推广方式

亚马逊平台除了商品推广、头条搜索广告、品牌旗舰店等主要营销方式外，还有秒杀、抽奖等营销方式。

一、秒杀

秒杀是一种限时促销。参与秒杀的商品会在亚马逊“Z秒杀”页面上特别展示几个小时。秒杀只需少量的费用，却能够很好地帮助买家发现并购买卖家的商品，提高卖家销量，为卖家的整个品牌制造光环效应，还可以清空积压或季末库存，见图9－30。

图9－30　亚马逊秒杀活动示例

要创建秒杀，首先要从图9－31广告下拉菜单中点击秒杀lighting Deals。

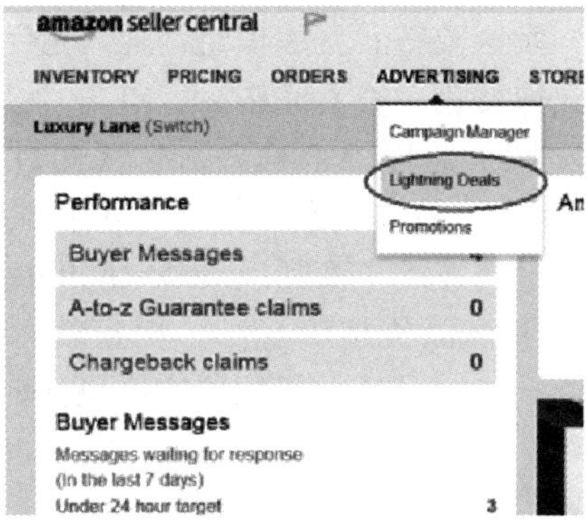

图9－31　创建秒杀操作初始界面

在图9－32页面点击Create创建。如果有推荐，卖家可以点击See all recommendations，从推荐中选择秒杀。

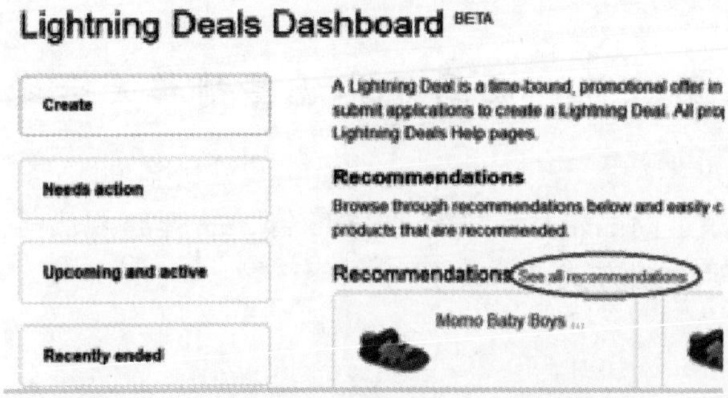

图 9－32　从推荐中选择创建秒杀操作界面

如果没有推荐，卖家要确定秒杀商品，点击编辑或高级编辑按钮。编辑按钮为卖家提供各种选项，用于编辑秒杀数量、秒杀价格、秒杀图片和秒杀计划。如果卖家点击高级编辑按钮，则页面跳转至“创建秒杀”页面，可以编辑商品变体等其他参数，见图 9－33。

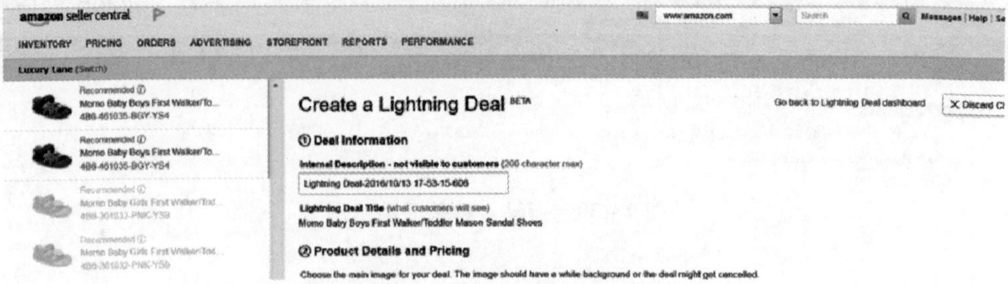

图 9－33　秒杀高级编辑界面

设置完秒杀参数后，卖家要查看费用信息。亚马逊平台根据具体商城和秒杀时间在秒杀活动结束后收取费用。查看完毕后，点击“提交”进入审核。

创建秒杀活动后，卖家要监控秒杀状态，确保拥有充足的库存满足秒杀数量。在秒杀计划开始的 24 小时前，卖家可以随时使用控制面板取消秒杀。

只要是全新的、亚马逊物流配送商品或 Seller Fulfilled Prime 商品并满足商品星级评分、变体供货情况和商品资格等规则，卖家就可以为此商品创建秒杀活动。所有秒杀均需获得批准。亚马逊保留拒绝或终止任何秒杀的权利。

二、亚马逊抽奖

亚马逊抽奖可以让品牌所有者针对其商品发起传统抽奖或即抽即中式抽奖活动。抽奖活动可以帮助卖家将品牌和商品介绍给新买家，从而提高品牌和商品被发现的概率，提高浏览量和销量，建立商品和品牌的口碑，提高流量和知名度，还可以使用抽奖来推广新商品或销售现有库存。

亚马逊不对抽奖活动收取费用，但卖家要支付奖品的费用、运费和税费（如有需要）。目前，只有使用亚马逊物流的卖家才可以通过卖家平台将ASIN注册加入抽奖计划。设置抽奖前，卖家应在设置页面上将库存加入抽奖计划。操作为点击“设置”—“亚马逊物流”—“抽奖设置”—“启用”，见图9－34。

图9－34　设置抽奖活动前将ASIN注册加入抽奖计划界面

然后，卖家可以创建抽奖活动了。登录http：//amazon. com/sellergiveaway，从图9－35“广告”下拉菜单中选择“促销”，点击“创建抽奖”。

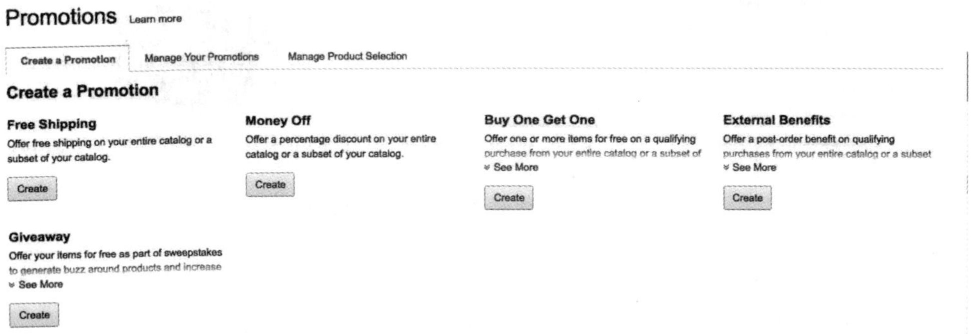

图9－35　设置抽奖活动操作初始界面

选择商品并点击“设置抽奖”，页面再次跳转到“设置您的抽奖”页面，见图9－36。选择“设置抽奖类型”。页面有四种即抽即中模式：Sweepstakes抽奖、Random Instant Win随机即抽即中、Lucky Number Instant Win幸运号码即抽即中、First-come，First-served先到先得模式。卖家可根据自身情况选择。

然后，设置要求，包括抽奖活动名称、欢迎词、抽中页面等信息（见图9－37），还要设置参与抽奖者的条件/要求，即在参与抽奖之前，卖家希望参与者做什么，见图9－38。

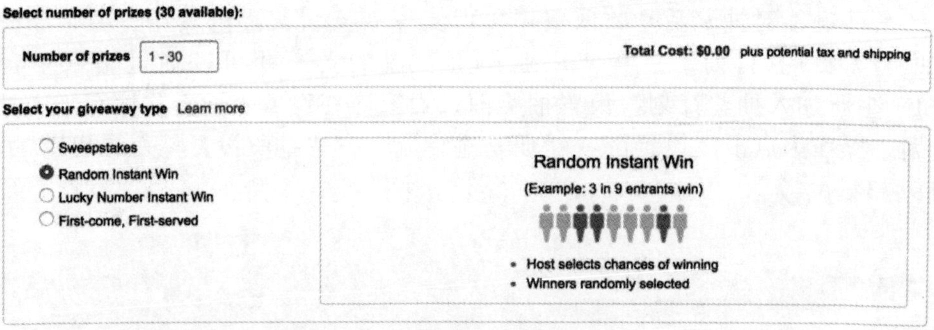

图 9－36　选择设置抽奖类型界面

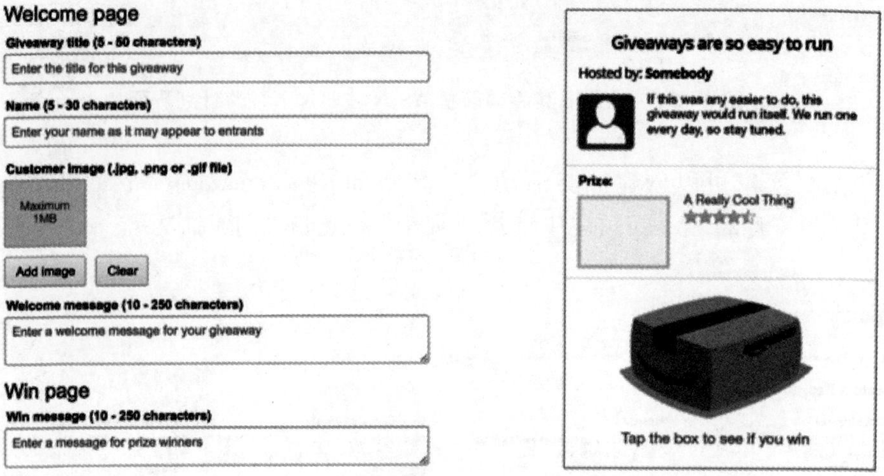

图 9－37　抽奖活动参数设置界面

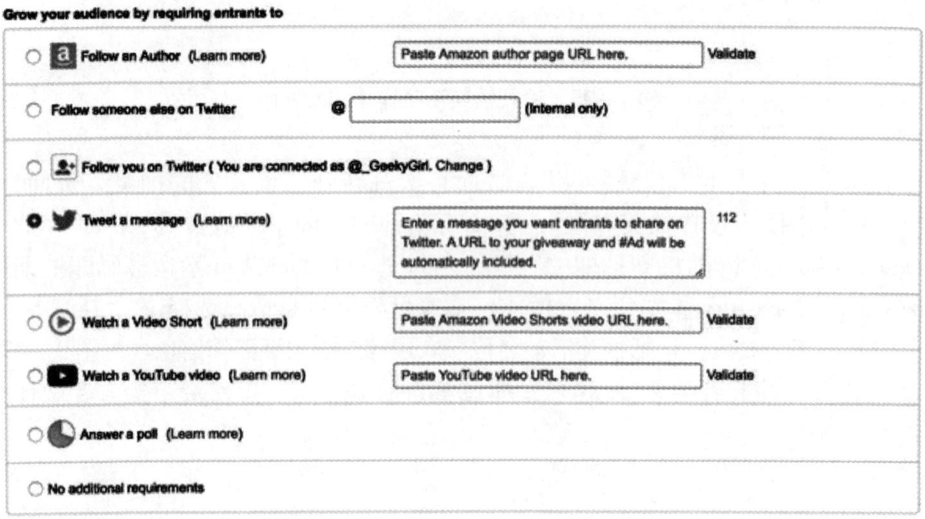

图 9－38　设置抽奖活动链接界面

设置完成后，卖家会收到一封电子邮件，见图 9－39，其中包含有关如何选择参与者的指导（如 Twitter、Facebook、电子邮件）。卖家也可以选择“公开我的奖品”，这样卖家的奖品就会在“今日抽奖”等面向亚马逊买家的计划中公开。

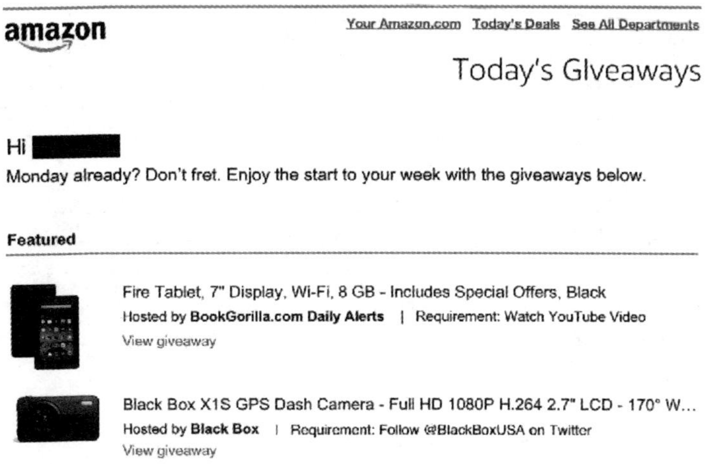

图 9－39 卖家收到的抽奖活动电子邮件

三、亚马逊联盟

亚马逊联盟是一项免费广告计划。品牌所有者可通过联盟活动将流量引导至亚马逊商品详情页面，同时，还可利用此流量获利。申请加入联盟无须支付任何费用，也没有最低推荐要求或限额。联盟提供易于使用的工具，卖家可轻松创建和自定义链接。联盟还提供详细的收益和流量报告，查看访客购买的商品以及卖家因这些购买获得的收益，可以帮助卖家了解链接的效果。

品牌所有者使用联盟，通过链接、小工具和横幅，可以将买家从其网站、博客或社交媒体渠道引至亚马逊上购买其商品，有助于提供良好的买家购物体验。如果这些买家在亚马逊上购买商品，品牌所有者可以赚取广告费，广告费按照总价的百分比进行计算。

1. 启动亚马逊联盟

卖家要阅读亚马逊联盟运营协议，确保了解并能遵守所有条款，见图 9－40。

然后，填写简短的在线注册表进行注册。选择“供应商”作为网站类型。

注册后，亚马逊团队将在卖家推动合格销售后检查卖家的申请（前 180 天内至少需要三个）。亚马逊要审查卖家申请的网站、移动应用和社交媒体。

卖家须拥有自己的网站，且网站上的内容必须是最近的（通常在最近 60 天

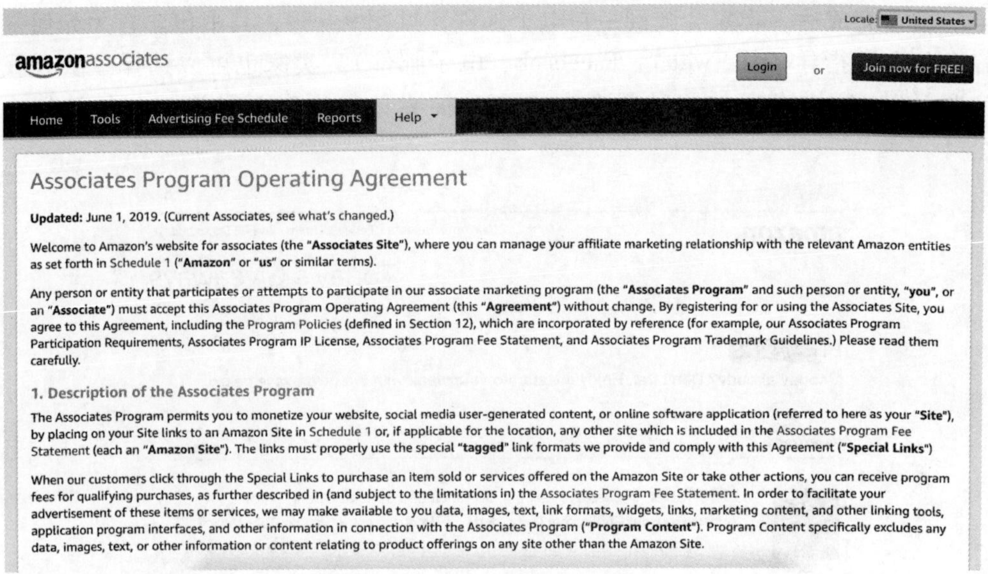

图9-40　亚马逊联盟运营协议

资料来源：https：//affiliate-program. amazon. com/help/operating/agreement.

内）。个人订单不符合条件。亚马逊会审核卖家提供的所有网站（网站、移动应用和社交网络页面），以确保它们符合亚马逊的客户体验。所有网站都必须具有强大的原创内容（即使广告被删除）。一个好的经验法则是至少10个帖子，以及一些内容已在上个月内更新。卖家的网站必须是公众的、实时的和可见的。例如，没有封闭或私人社交媒体组或需要付费或访问会员资格的网站。在任何情况下，不合适的网站都不能参与。更多参与要求，详见亚马逊联盟帮助①。

如果卖家的网站包含旨在用于移动电话、平板电脑或其他手持设备（“移动应用程序”）的软件应用程序，则卖家的移动应用程序必须在Google Play、Apple或Amazon应用商店中提供，必须可以免费下载，所有亚马逊链接必须无须访问即可访问，必须有原创内容，不得模仿亚马逊自己的购物应用功能，并且不得在WebView中托管或呈现Amazon网页。

亚马逊目前只接受Facebook（包括开放群组页面和粉丝页面），Instagram，Twitter，YouTube和Twitch. tv等社交网络。卖家的申请不仅要列出社交网络网址，还必须建立和清楚地列出账户或群组，有大约500个有机粉丝，而且它必须是公开的。

如果申请不符合这些标准，亚马逊将拒绝申请。一旦被拒绝，无法重新评估

① https：//affiliate-program. amazon. com/help/operating/policies#Associates%20Program%20Participation%20Requirements.

该应用程序。卖家还要记住更新自己的站点列表，以便亚马逊检查正确的流量来源。

注册后，卖家可以立即访问联盟平台。网站获批后，卖家将能够通过链接带来的销售自动赚取广告费。品牌所有者从合格购买中获得最高达10%广告费，见表9-7，而不仅仅是其宣传的产品。

表9-7　指定商品类目通过联盟活动赚取的广告费率

Product Category	Fixed Standard Program Fee Rates
Luxury Beauty，Amazon Coins	10.00%
Furniture，Home，Home Improvement，Lawn & Garden，Pets Products，Pantry	8.00%
Headphones，Beauty，Musical Instruments，Business & Industrial Supplies	6.00%
Outdoors，Tools	5.50%
Digital Music，Grocery，Physical Music，Handmade，Digital Videos	5.00%
Physical Books，Health & Personal Care，Sports，Kitchen，Automotive，Baby Products	4.50%
Amazon Fire Tablet Devices，Amazon Kindle Devices，Amazon Fashion Women's，Men's & Kids Private Label，Apparel，Amazon Cloud Cam Devices，Fire TV Edition Smart TVs，Amazon Fire TV Devices，Amazon Echo Devices，Ring Devices，Watches，Jewelry，Luggage，Shoes，and Handbags & Accessories	4.00%
Amazon Fresh，Toys	3.00%
PC，PC Components，DVD & Blu-Ray	2.50%
Televisions，Digital Video Games	2.00%
Physical Video Games & Video Game Consoles	1.00%
Gift Cards；Wireless Service Plans；Alcoholic Beverages；Digital Kindle Products purchased as a subscription；Food prepared and delivered from a restaurant；Amazon Appstore，Prime Now，Amazon Pay Places，or Prime Wardrobe Purchases	0.00%
All Other Categories	4.00%

资料来源：https：//affiliate-program.amazon.com/help/node/topic/GRXPHT8U84RAYDXZ.

2. 店铺编号和追踪编号

账户设置后，店铺编号会按照以下命名规则自动生成，"YourBusinessName-20"。此唯一编号用于识别卖家的账户在亚马逊联盟中的身份，并将成为所有链接、报告和设置的基础。

卖家可以创建其他追踪编号，用于替代或补充卖家的店铺编号，具体方法是点击"账户设置"，然后点击"管理您的追踪编号"。追踪编号示例：

店铺编号：YourBusinessName – 20

追踪编号 1：BusinessName – StoreLocator – 20

追踪编号 2：BusinessName – 300x250 – RightRail – 20

3. 联盟链接方式

联盟主要有以下四种链接方式。

第一，从静态链接开始。要推动买家在亚马逊上购买卖家的商品，最简单的方法是在网站首页放置“购买地址”或“销售地址”链接。店铺链接通常采用以下格式：amazon. com/YourName。要想直接链接到卖家的店铺并使用联盟追踪服务，卖家需要将自己的店铺编号附加到店铺链接：Amazon. com/YourName?tag = STOREIDHERE。

第二，将链接置于卖家自己的首页和商品页面上。将链接置于首页上可以方便买家一登录卖家的网站便知道何处可购买卖家的商品。因此，首选链接到首页上。此外，还可以将链接置于商品页面上，以便买家可以在浏览卖家的商品时立即点击购买。

第三，使用社交媒体。使用可将买家引导至亚马逊的联盟链接，例如，在 Facebook、Twitter 及其他社交媒体渠道上推广卖家自己的商品，从而充分利用亚马逊联盟计划。

第四，使用追踪编号。使用不同的追踪编号监控各个链接或活动的效果。例如，如果卖家拥有多个网站，则可以为每个网站指定不同的追踪编号，以便更好地了解各个网站的绩效。卖家也可以使用不同的追踪编号区分活动或计划。

四、亚马逊购物活动

亚马逊购物活动是亚马逊在每年的特定时期举办的促销活动。为推进这些活动，亚马逊会在相应期间推出其他推销举措（如促销），还会通过相关电子邮件广告和针对购物活动的其他营销措施来加大买家拓展力度。

对于品牌所有者来说，亚马逊购物活动是推销商品的有利时机，而且大量新买家会在此期间认识卖家的品牌。具体而言，这些活动会在一年内的若干集中时段引导买家购买特定商品。例如，在 1 月很多人都制定了新年健身计划，通常会查找健身配件。卖家在每年的这个时段开展健身商品促销，可以帮助买家在其最有可能购物之时找到卖家的商品，从而大幅提高销量。Father's Day 前夕，卖家可以开展一些男士用品的促销，帮助买家在其最有可能购买男士用品/父亲节礼物之时找到卖家的商品，从而大幅提高销量。再比如，7 月的亚马逊 Prime Day 等。表 9 – 8 列出了全年购物活动时间表，卖家可据此制订营销计划。

表 9－8　　美国全年购物活动时间表

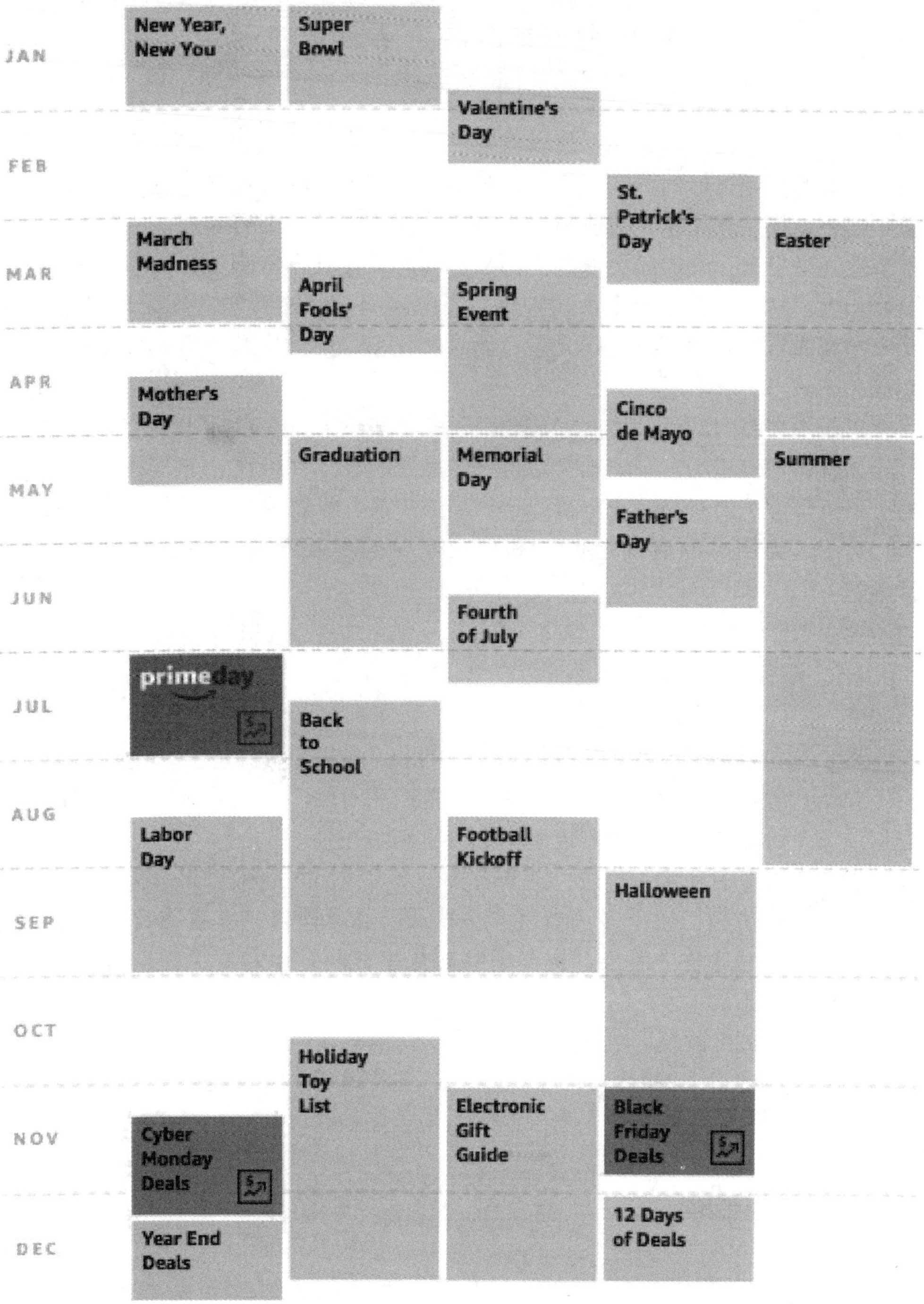

第六节　亚马逊广告投放策略

在亚马逊平台上，卖家广告投放策略因不同商品品类、不同消费者旅程、不同的卖家的商业目标而不同。不同商品品类具有不同的特点，比如有的品类商品全年销售趋势比较稳定；无明显的季节性，而有的品类则有明显的季节性，销售季节性波动很大；有的品类商品不同品牌间同质化且竞争激烈，而有的品类商品恰好相反。消费者旅程分为认知阶段、考虑和购买阶段和忠诚度阶段三个阶段。卖家的商业目标可能是增大曝光量、商品转化率、广告投入产出比以及重复购买率等。

对于不同品牌的商品之间同质化高、竞争较激烈，在目标市场有明显的对标领先品牌；均价适中，买家通常对价格较敏感，注重性价比；如耳机、计算机配件、相机等电子消费品，充电器等手机周边产品，家庭或厨房用品，无人机等玩具。对于这类商品的有制造能力和稳定库存的卖家而言，营销策略该如何选择哪？

一、明确商业目标

卖家首先要按照消费者旅程，采取不同的广告策略。

在消费者建立认知阶段，买家的搜索范围相对较广。这一阶段，卖家的商业目标应该是增加流量，最大限度地增加流量和曝光量。

在消费者考虑和购买阶段，消费者会在众多商品之间做对比。这一阶段，卖家应抢占市场份额，让更多消费者产生购买。在此阶段，卖家需要打造爆款商品，以在激烈的竞争中胜出，提高商品转化率，同时也需要关注广告的投入产出比。

在客户忠诚度阶段，买家会重复性购买。这一定阶段，卖家需要保证老客户能够轻易地在搜索结果中找到自己的商品，并将他们引流至能展示自己更多商品的页面，以增加重复购买率，形成品牌与销售互相促进的良性循环。

二、广告策略

在讨论广告策略前，需要熟悉几个术语或者变量。SP 是商品推广广告（sponsored products）。SB 是品牌推广广告（sponsored brands）。CTR 是点击率，等于点量除以曝光量。RoAS 是广告支出回报，等于总广告销售额除以总广告支出。RoAS 是 ACoS 的倒数。

1. 消费者认知阶段

在消费者认知阶段，卖家的商业目标是增加流量和商品曝光量。此时卖家可采取如下 SP 和 SB 广告投放策略。

SP 广告投放策略。第一步：创建自动广告活动，按照品类分成不同的广告组，使用建议竞价。第二步：为主力 ASIN 创建手动广告活动，同时投放广泛匹配的品类关键词广告与主要品类商品广告投放，设置比默认竞价较高的固定竞价以获得更多广告竞拍与曝光机会。第三步：让广告活动跑 2 ~ 4 周后，观察广告活动指标、曝光量与 CTR 的表现，调整广告投放。

SB 广告投放策略。第一步：卖家创建自己的品牌旗舰店，将最想要传递的品牌信息以及商品信息呈现在店铺中。第二步：为 3 个主力 ASIN 创建品牌推广广告活动，落地页面设置为卖家的品牌旗舰店首页，并使用比默认竞价。第三步：广告活动开始 2 ~ 4 周后，观察广告活动指标、曝光量与 CTR 的表现调整广告活动。第四步：对品牌推广广告活动进行 A/B 测试，以选出表现最优的广告活动持续投放。A/B 测试要点：每次只改变一个因素，如只改变 ASIN 的选择或者只改变标题行的文字内容或者只改变落地页，运行相同的时间后，测试品牌推广广告的曝光量和 CTR 表现，用以调整广告活动以达到最大 RoAS。

2. 考虑和购买阶段

在消费者考虑和购买阶段，卖家的商业目标是增加销量以抢占市场份额，同时控制 RoAS。此时，卖家可采取如下 SP 和 SB 广告投放策略。

SP 投放策略。第一步：根据广告表现，将自动广告分为不同的广告活动，即将主力或高转化 ASIN 与其他 ASIN 放入不同的自动广告活动。第二步：为不同的广告活动设置不同的竞价策略与预算策略。为主力或高转化 ASIN 设置较稳健的竞价（介于中等和偏高之间），并设置足够的每日预算避免超出预算的情况。对于其他 ASIN，使用较保守的竞价策略（介于较低和中等之间）。第三步：为主力或高转化 ASIN 创建手动广告活动，争取首页首位曝光。具体地，使用词组匹配和精确匹配，在竞品关键词、品类关键词与长尾关键词上投放广告，使用竞品 ASIN 广告。开启基于广告位调整竞价的功能，以获得更多在首页首位的竞拍与曝光机会。

对于主力或高转化 ASIN，最好为每一个 ASIN 及其所有变体放在一个广告活动下，观察搜索词报告，筛选出表现优异的关键词加入对应 ASIN 的手动广告活动，并使用较激进的竞价策略。

SB 投放策略。第一步：卖家创建品牌旗舰店，将最想要传递的品牌信息以及商品信息呈现在店铺中。第二步：选择 3 个主力或高转化 ASIN，创建品牌推广广告活动，落地页面设置为品牌旗舰店首页或品牌旗舰店产品子页面。使用比默认竞价稍高的关键词竞价，开启自动竞价。第三步：广告活动开始 2 ~ 4 周后，观察广告活动指标、首页首位点击量比例与订单数的表现调整广告活动。第四步：对品牌推广广告活动进行 A/B 测试，以选出表现最优的广告活动持续投放。

对品牌推广广告活动进行 A/B 测试，以选出表现最优的广告活动持续投放。A/B 测试要点：每次只改变一个因素，如只改变 ASIN 的选择或者只改变标题行的文字内容或者只改变落地页，运行相同的时间后，测试品牌推广广告的首页首位点击量与订单数的表现，据此调整广告活动以达到最大投资回报率。同时，卖家还要观察主力或高转化 ASIN 的所有广告活动的总销量与广告渗透率（广告花费/总销量）。

3. 忠诚度阶段

在消费和忠诚度阶段，卖家的商业目标是增加老客户的重复购买。在此阶段，可采用的 SP 投放策略和 SB 投放策略如下：

SP 投放策略。第一步：为高复购率 ASIN 和新品分别创建自动广告活动，设置适中竞价。第二步：为高复购率 ASIN 和新品创建手动广告活动。除了品类词之外，品牌词最好添加为手动广告活动的关键词，让购买过商品的客户更容易找到卖家的商品。根据卖家自身品牌的影响力设置竞价，若品牌影响力高，需要设置相对较高的竞价，品牌影响力较低则设置适中或较低竞价。第三步：广告活动开始 2～4 周后，根据点击量与转化率的表现，调整广告活动。

SB 投放策略。第一步：优化品牌旗舰店，力争使设计更美观、界面展示元素的界面更清晰，带给进入店铺的客户以沉浸式体验，为建立品牌忠诚度打好基础。同时，可以用其他线上渠道或线下渠道为品牌旗舰店引流。第二步：选择高复购率 ASIN、新品或者老品 + 新品创建品牌推广广告，使用转化率表现好的关键词以及品牌词作为其品牌推广广告活动的关键词，并将品牌旗舰店作为落地页面。第三步：对品牌推广广告活动进行 A/B 测试，以选出表现最优的广告活动持续投放。第四步：定期看广告活动表现以及品牌旗舰店数据，调整广告活动。当卖家开启了品牌推广广告后，会在卖家后台看到“品牌新买家”数据。该数据显示那些首次在亚马逊上购买自己品牌商品的买家所带来的订单数和销售额以及它们所占总量的比例。借助这些“品牌新买家”指标，卖家可以更好地衡量和优化正在投放的广告活动，并且规划未来的营销策略，从而提升买家获取率和品牌忠诚度。卖家应重点关注品牌旗舰店总体流量（访问者数量）和自然流量的增长及相关销售额数据。通过关注品牌旗舰店的流量来源，判断哪个来源对品牌旗舰店流量的贡献最大，以此调整品牌推广广告活动及品牌旗舰店。

此外，卖家还需要根据商品的买家搜索设备比例优化广告活动。例如，在“耳机”和“充电宝”子品类中，均有明显超过 50% 的搜索和购买量来自移动设备，超过了 PC 端。因此，卖家需要确保商品标题已针对移动设备的特性进行了优化（在移动设备上，标题可显示的字符数在 73～91 个之间，而桌面设备则在 111～114 个字符之间），确保标题中最重要的部分没有超出移动设备显示的字符上限。必要时进行搜索测试，确保标题的展示效果。

课后练习

1. 为一款 dog bed 产品设置关键词精准匹配手动广告，每日预算 $10，并设置 bed 为否定关键词匹配。

2. 亚马逊品牌旗舰店包括哪些版式？每种版式可以包括哪些模块？

3. 登录 https：//sellercentral. amazon. com/gspn/searchpage/，了解第三方广告优化提供商。

4. 简述 RoAS 与 ACoS 的区别与联系。

参考资料：

1. Elizabeth Castro. HTML XHTML CSS 基础教程．人民邮电出版社，2007.

2. 亚马逊网站联盟计划参加者的要求．http：//associates. amazon. cn/help/operating/participation.

3. 雨果网，跨境电商智能服务平台，https：//www. cifnews. com.

第十章

客户服务

教学目标：

1. 学生能够描述亚马逊退换货及退款政策及A-to-z保障索赔条款内容。
2. 学生熟知并学会使用售前、售后服务沟通的操作流程与技巧。
3. 学生能够独立熟练地与买家进行售前售后服务沟通业务。

🕮 引言：

跨境电子商务客户服务，是指卖家依托于电子信息的技术条件，在与国外客户接触过程中，以国外客户为中心，运用外语为客户提供咨询、解答疑问、了解客户需求，并尽力满足客户需求，进而促进电商的产品销售等业务活动。客户服务质量的好坏直接影响到客户的购买决心及卖家的形象与声誉。

跨境电商的客户服务内容，通常包含：回应售前的咨询、订单的处理、售中及售后的沟通、纠纷的处理及退换货服务等。

🕮 引导案例：

2018年2月15日，宁波的一家跨境电商运营人小李在运营后台的绩效模块中发现有一个买家于3天前发起的A-to-z索赔请求。根据亚马逊商城交易保障索赔条款，卖家需要在索赔开启7天内在亚马逊上面进行跟进回复。如果买家的A-to-z索赔尚未被核准受理时，且确是卖家责任，卖家可以立即通过全额退款的方式处理索赔要求。

小李发现后，立即积极主动联系买家。经过反复与买家发送电子邮件沟通，了解情况后得知，买家收到货物后发现货物受损严重，很不满意，要求卖家退货退款，情况属实。运营商小李深知亚马逊平台规则，如果在买家提出索赔日后的7天内，卖家没有回应，亚马逊将会批准索赔要求，并且从卖家的账户中直接退款给买家。

因此，小李经与买家积极沟通协商，双发达成共识，立即向买家退还全部款额，此事得以圆满解决，买家也表示还会继续下单购买，并对卖家的客户服务态度及回应速度表示满意。

本案例中，小李认真、及时地处理了顾客的退款请求，既维护了自身的企业形象并赢得了声誉，同时也减少了亚马逊商城交易保障索赔的概率。众所周知，亚马逊平台为确保顾客良好的购买体验，以“重买家，轻卖家”为其经营理念，因此，索赔或服务退款过度的卖家可能受到警告、暂停销售权限以及账户终结的处罚。本章将较为详实地解读亚马逊平台对入驻卖家的客户服务规则与规范，以保障买家权益，进而保证该平台的长期良性健康发展。

第一节　亚马逊退换货政策

众所周知，客户服务无小事。成功的客户沟通是促进在线客户下订单的关键因素。通过线上沟通进行的跨境电子商务的客户沟通有助于销售人员更好地了解客户的消费心理和消费需求，进而更加有效地设计销售策略。

亚马逊及其入驻的大多数卖家均提供收货后 30 天内的商品退货服务。部分商品的相关政策或要求会有所不同。卖家应根据已经发布的退货政策决定批准或是拒绝退货请求。在买家提出退货请求后，无论是否符合亚马逊退货政策的规定，亚马逊都将通过电子邮件告知卖家。

一、亚马逊全球商店退货政策

大多数情况下，亚马逊在收货后 30 天内通过在线退换货中心退货。买家退货后，亚马逊需要多达 25 天才能收到商品，其运营中心收到商品后，需要 2 个工作日处理退款，退款金额需要 3 到 5 个工作日才能显示在买家的账户中。

买家的退货标签将要求由买家自行承担退货费用。收货后，亚马逊自动退还最多 20 美元的退货邮费。如果买家的退货邮费超过 20 美元，则可以联系亚马逊的客户服务中心请求退还剩余的邮费。如若退回的商品有缺陷、或已残损，亚马逊在处理退货后，将退还买家的全部邮费以及进口费用保证金。①

二、卖家退货政策

如果买家订购的商品是由卖家直接从其自己的库存（也称为第三方卖家）中配送的，需要直接退货给该卖家，而不是 Amazon. com。虽然大多数卖家的退货政策与 Amazon. com 一致，但部分卖家的退货政策可能会有所不同。买家可以在购买商品前进入卖家的资料页面，查看“退货与退款政策”部分，了解此卖家的退货政策。要查看卖家的退货政策，买家可在下单后，从在线退换货中心选择自

① 本章节任何有关亚马逊政策规定，均以亚马逊最新规定为准。

己的订单。

第三方卖家必须提供美国境内的退货地址，提供预付费退货标签或提供全额退款，而不要求退还商品。如果有卖家不提供这些退货方法，买家可以提交一份“亚马逊商城交易保障索赔”，以寻求退货帮助。

如果卖家销售的商品符合亚马逊 Prime 条件，则遵循的退货政策与本文所列的由 Amazon. com 配送商品所适用的政策相同。

三、亚马逊商城交易保障索赔条款

1. 关于 A-to-z 保障索赔条款

A-to-z 保障索赔条款是亚马逊用于保护买家从第三方卖家购买商品时的权益的保障条款，对维持顾客信任十分重要。亚马逊平台通过对顾客担忧做出回应，迅速解决顾客的订单问题，让顾客可以满怀信心购买商品，通过亚马逊商城交易保障索赔计划，将宝贵的顾客信任延伸到亚马逊上所有的商品和服务的卖家，顾客在亚马逊上购买商品时，商品质量与及时送货均在保障范围内。

买家在符合以下任何条件时，均有资格根据 A-to-z 保障索赔条款申请退款：

（1）未接到订单。顾客订单未出现或收货日期晚于最迟预计交货日期，或者物流跟踪已显示确认送货，无论哪种情况先发生。

（2）商品与描述不符。顾客收到的商品与商品详情页上所述的商品完全不同，或在收货时发现货品已受损、有缺陷、分类错误，或不如实叙述，或商品零件丢失，并已向卖方提出退货请求。

（3）退货未退款。顾客退货，但是卖家没有退款，或者退款金额不正确、拒绝退货、卖家拒绝接受符合亚马逊适用退货政策的退货要求，或卖家没有提供本地的国内退货地址，或者没有提供退往国际地址的退货运费。如果顾客已经用自己的账户联系了卖家，但在 2 个营业日后，卖家仍未做出回应，顾客可以提出索赔。

2. 买家申请退款的条件

一般情况下，亚马逊会积极鼓励买家先与卖家联系并等待回复，或等待 48 小时后才有资格申请退款。根据 A-to-z 保障，买家在最迟预计交货日期后最多 90 天内提出退款申请。卖家需要在索赔开启 7 天内在亚马逊上面进行跟进回复；对于已经退款的订单买家不能再提出索赔申请。

A-to-z 保障不包括数字产品（digital products）、服务费用的支付（payments for services）、储值工具（stored value instruments）。此外，如果买家向付款服务提供商或银行提交退款申请，则根据 A-to-z 保障，买家将无法获得退款。

A-to-z 保障仅适用于从入驻 Amazon. com 网站的第三方卖家进行的购买。如果买家需要有关 Amazon Global Store 销售的商品或通过 Prime 交付的 Marketplace 商品的帮助，请与亚马逊联系。对于使用 Amazon Pay 在第三方网站上进行的购买，则请访问 Amazon Pay 以寻求帮助。

3. 卖家如何应对

由于亚马逊保留在所述时间表之外的时间接受索赔的权利，如前文所述，大部分顾客无须诉诸索赔程序，卖家只需作一点工作，便能避免顾客提出索赔，那便是提高警觉，并能确保采取了下列措施：

首先，准确描述商品，并提供清晰的商品图片，包括确保商品描述正确。发货同样重要，请小心发货，使用适当包装，发货方法可追踪，确保贵重商品有识别标志。卖家还要确认立刻发货，包括随时追踪订单信息。

其次，确保立刻取消脱销订单，向顾客发送邮件，让顾客不会一直等商品到货。

最后，保持主动。立即回复买家信息，经常因为回应时间慢，即便是良好的卖家，也会被索赔，卖家需要迅速调整情况，并退款。

作为卖家，请尽量减少对您提出的亚马逊商城交易保障索赔。请记住，索赔或服务退款过度的卖家可能受到警告、暂停销售权限，以及账户终结的处罚。

那么，如果卖家收到亚马逊商城交易保障索赔，该如何应对呢？

如果买家的 A-to-z 索赔尚未被核准受理时，卖家可以立即通过全额退款的方式处理索赔要求。如果卖家账户不支持退款，则可以请买家联系亚马逊客服协助处理。否则，卖家若不同意退款，需要立即回应，并迅速清楚地做出亚马逊卖方的陈述。

也就是说，在卖家平台，卖家可通过将鼠标悬停在绩效选项卡（performance）上，并选择亚马逊商城交易保障索赔（A-to-z Guarantee Claims）进行中的索赔。针对索赔，卖家可以选择退款给顾客，或向亚马逊叙述清楚作为亚马逊卖家的陈述，点击更多操作按钮，了解关于索赔或订单的更多细节，并选择联系顾客。

通常，如果订单还未配送，则退款是回应顾客问题的最简单方式。若选择叙述清楚作为亚马逊卖家方的陈述，首先，点击“向亚马逊陈述”，并查看订单索赔历史记录，再简要描述相关情况，亚马逊建议卖家提供订单详情、卖家与买家的沟通记录、交货或签字确认详情、货件追踪信息、退款信息、或可以支持自己观点的任何其他信息，点击“继续”，并在提交之前，再次检查一遍。

在收到卖家的回复之后，亚马逊调查小组会联系卖家，以了解更多信息。卖家需要在一周内回应索赔通知（claim notification）。如果在买家提出索赔日后的7天内，卖家没有回应，亚马逊将会批准索赔要求，并且从卖家的账户中直接退款给买家。

总之，在发生 A-to-z 保障索赔时，若是卖家的责任，则卖家应当积极帮助买家解决，并退款给买家；反之，则可以立即主动向亚马逊提供作为卖家方的陈述资料。无论在哪种情况下，卖家都应该迅速采取措施解决问题，以避免收到索赔，并且有助于亚马逊及卖家维持数百万客户群的满意度。

四、退货流程及配送服务

1. 退货流程

亚马逊支持多种类型商品的退货服务。买家可以根据自己购买的商品类型，参考不同的退货流程。本文简单介绍亚马逊自营商品的退货流程，如购买的商品属于【海外购商品】或【入驻卖家商品】，请选择亚马逊官网中对应的帮助页面进行了解。

退货流程如下：

（1）登录在线退换货中心，并点击【退换货商品】按钮。

（2）选择需要退货的商品。输入所需退回的商品数量，选择【退货原因】，可在备注中填写详细描述。

（3）根据所购商品的实际情况完成以下操作：

如果退货商品属于亚马逊自营商品或由亚马逊配送的入驻卖家商品，请直接选择退货。如果退货商品属于入驻卖家销售并配送的商品，请点击【提交申请】。

注意：部分入驻卖家需要查看买家的退货请求，并与买家联系，指导买家如何退货。如果买家在提交退货请求后没有收到入驻卖家回复，可以根据亚马逊相关政策提交亚马逊商城交易保障索赔申请。更多详情信息请参见亚马逊商城交易保障索赔关于入驻卖家商品的退换货具体流程，请参见入驻卖家商品的退换货及退款。

（4）确认退货方式及上门取货地址。系统会根据买家选择的退货原因提示买家需要支付的退货运费，并计算出预估退款总计。此外，在线退换货中心默认的退货地址为您的送货地址。如需更改，请在选择地址下方点击【选择其他地址】。如需新增地址，可以进入我的账户，打开设置页面，点击【管理地址簿】添加新地址，随后将其选为退货地址即可。确认无误后点击提交按钮，进入申请退货流程。

（5）打印退货标签：点击【打印退换货标签】按钮，将打印好的退货标签放入退货包裹内，待配送员上门取货时一并交付。

（6）提交清关信息：所有海外购退货需要退回亚马逊海外库房。根据中国海关的清关要求，买家需要提供有效的身份证信息用作清关使用。亚马逊授权的承运商易客满会在买家成功提交退货申请的 24 小时内通过邮件或短信的方式通知买家去易客满官网上传清关信息。

（7）约定上门取货时间：收到准确有效的清关信息后，易客满会委托配送员通过买家提供的手机号与买家联系，并安排上门取货的时间。

（8）准备退货包裹：配送员上门取货前，买家需要将含有扫描码、商品描述及商品数量的退货标签与退货商品一起放置进包装箱或包装袋内。

（9）退货运费扣除：配送员上门取货时，买家不需要支付任何退货运费。注意：如果因非商品质量原因办理退货，买家将需要承担国际退货费用，将从买家的商品退款中直接扣除。

（10）等待退款：亚马逊海外库房收到商品并确认商品符合退货条款后安排退款，退款将退到买家的原支付账户。退款平均处理时间为3～10个工作日（自亚马逊海外库房收到商品并确认可安排退款起）。

2. 配送服务

◇ 对于从提供配送服务（上门拆箱、安装、组装等）的第三方卖家购买的商品，退货或换货必须由卖家预约。

◇ 在预约退货取货期间，卖家将卸载或拆卸，然后将商品取走。

◇ 所有参加“配送服务”计划的卖家都需要支持预约退货取货或换货。

◇ 如果卖家没有提供这些服务，或者没有安排预约商品退货时间，买家可以联系亚马逊上门服务团队，或提出亚马逊商城交易保障索赔。

◇ 如果“配送服务”商品由于买家误用而缺失零件或残损，则可能会根据商品的状况向买家收取重新入库费（restocking fee）。

第二节 买家与卖家消息

一、买家与卖家消息概述

买家与卖家消息服务是唯一已获批准的与亚马逊买家进行沟通的一种方式。在买家与卖家消息页面上，卖家可以通过电子邮件或卖家平台与亚马逊商城的买家沟通。卖家可以直接从卖家账户或使用卖家的授权电子邮件账户联系买家（如果卖家有之前通过买家与卖家消息获得的买家加密电子邮件地址）。无论采用哪种方式，这些往来消息都会显示在“买家与卖家消息”页面上。[①]

1. 联系买家指南（Guidelines for contacting buyers）

通常情况下，卖家只能在需要完成订单或回复客户服务咨询的情况下才可以联系买家。不能出于营销或促销目的联系买家（包括发送电子邮件、寄信、打电话或其他方式）；当退货中包含指定为礼品的亚马逊物流商品时，卖家也不能主动联系买家。

在向亚马逊买家发送允许发送的电子邮件时，卖家的邮件中不得包含以下内容：

（1）任何网站的链接。

（2）亚马逊商品详情页面或店铺的链接。

---

① 通常的情况下，亚马逊会为联系卖家的买家分配一个加密的电子邮件别名，例如t969vz2jn3bdsy7@marketplace.amazon.com。然后，亚马逊会通过加密别名将电子邮件发送给卖家。

（3）含有或显示卖家网站链接的卖家标志。

（4）任何营销信息或促销内容。

（5）其他商品的任何促销内容，或涉及第三方商品或促销内容的信息。

在与买家的任何沟通中（包括包装箱中的广告插页），卖家都不能要求买家为其商品留下积极的买家评论，也不能要求买家只在对所购商品拥有良好体验时才留下评论。同样，卖家不能只要求对其商品拥有良好体验的买家留下评论。此外，不能提供任何补偿来换取评论，包括现金或礼品卡、免费或打折商品、退款或赔偿以及任何其他未来优惠。有关更多信息，请参阅买家商品评论政策中的亚马逊指南。

2. 买家与卖家消息服务的优点（Benefits of Buyer - Seller Messaging）

买家与卖家消息服务会保留买家与卖家之间进行的所有通信记录。即使您使用个人或公司电子邮件地址回复消息，此服务也会使用加密的电子邮件别名记录通信内容。它的优点包括：

（1）增强了买家与卖家沟通的安全性。在一个位置即可查看通过此服务或卖家的电子邮件系统（包括 Outlook、Hotmail、Gmail、Thunderbird、GMX 等）收发的所有邮件。

（2）改善买家与卖家之间的沟通，有助于减少纠纷和索赔。

（3）保留买家与卖家之间的所有通信记录，便于亚马逊更快地解决纠纷。

（4）在使用亚马逊物流（FBA）时，卖家可以启用买家与卖家消息来回复具体的商品问题，这有助于改善亚马逊物流买家的体验。卖家所掌握的商品专业知识有助于降低商品退货率，并促使买家再次购买。此外，如果卖家自行配送订单，则买家与卖家消息默认为启用状态。

需要说明的是，亚马逊物流买家与卖家消息仅用于商品咨询。当退货中包含指定为礼品的亚马逊物流商品时，卖家只能回复消息，不能主动发送消息。即便是使用了亚马逊物流，对于由亚马逊配送的订单，已购买的商品如何退货或在哪里退货之类与客户服务相关的咨询，则应转给亚马逊客户服务解决。

二、操作步骤

使用“买家与卖家消息”页面，可以在需要更多信息来完成订单或回复客户服务问题时联系买家。如果卖家有多人负责与买家沟通，需先行启用他们的电子邮件地址，然后他们才能与买家沟通。

在【联系买家】页面上，可以根据订单状态和特定商品分类选择某些联系原因。具体操作步骤如下：

（1）在【订单】选项卡上，选择【管理订单】。

（2）找到所要联系的买家所下的订单。

（3）在【订单详情】列中可以打开【联系买家】页面时，单击买家名称。

（4）执行以下操作之一：

①使用卖家账户：在下一页上，选择联系原因，填写消息，然后单击【发送】。

②使用电子邮件：在“买家与卖家消息”页面上的【收件人】字段中，复制买家的加密电子邮件地址。然后打开卖家自己的电子邮件并使用此地址联系买家。买家仍然无法看到卖家的电子邮件地址。

以上步骤不适用于已取消的订单。如果买家对取消流程有意见或问题，应使用“联系我们”表单联系客户服务。

关于消息延迟：如果卖家的电子邮件服务商向亚马逊发送的消息有延迟，则“买家与卖家消息”页面的消息显示也会有延迟。

关于被拒的电子邮件：在向买家发送电子邮件时，如果卖家使用的不是已注册的买家与卖家消息电子邮件地址或其他获批准的电子邮件地址，卖家的消息将被拒收。卖家可以先启用要使用的电子邮件地址，然后再重新发送消息。

三、模板

作为卖家，可能经常会有大量消息发送给买家，可以为经常发送给买家的消息创建模板，无须每次都重新编写相同的消息。

回复模板功能是买家与卖家消息的一部分，点击卖家平台右上角的【消息】链接便可使用该功能。要向买家发送新消息，您可以使用【联系买家】页面上提供的选项。

1. 创建模板的步骤

（1）前往管理电子邮件模板。

（2）点击【创建模板】按钮。

（3）在【模板名称】字段中输入模板名称，然后再【模板文本】字段中输入模板的电子邮件内容。

（4）创建或选择要应用到此模板的标签。这是可选项，但是标签将对所建模板进行分类，以便日后查找。

（5）点击【保存】完成操作。

2. 如何使用模板

（1）前往买家与卖家消息页面。

（2）找到所要回复的消息，然后点击位于【回复】框上方的【选择模板】下拉项。

（3）从弹出的列表中选择一个模板。模板文本将显示在“回复”框中。在发送消息之前，仍可选择对消息进行个性化设置。

（4）点击【发送】。

3. 如何编辑或删除模板

（1）前往管理电子邮件模板。

（2）点击要更改的模板旁边的【编辑】或【删除】。

(3) 编辑模板时，请务必在完成修改后点击【保存】。

(4) 删除模板时，请点击【删除】，然后在系统提示［是否确定要删除此模板?］时确认删除。

四、向买家发送重要消息

在【联系买家】页面上，卖家只能根据订单状态和特定商品分类选择部分联系原因。

如果是必须发送消息才能完成订单，亚马逊不会屏蔽这些消息。如果卖家的消息被屏蔽，原因可能是买家选择不接收卖家发送的非关键消息，或者亚马逊将所选的联系原因视为对完成订单并不重要。要发送与特定订单相关的消息，需要按照以下步骤操作：

(1) 前往管理订单页面。

(2) 找到所要联系的买家所下的订单。

(3) 在【订单详情】列中，点击买家名称即可打开【联系买家】页面。

(4) 有两种联系方式可供选择：

①使用卖家账户：在下一页上，选择联系原因，填写消息，然后点击【发送】。

②使用电子邮件客户端：在主题行的任意位置使用方括号添加［重要］一词。该电子邮件不会被屏蔽，卖家也不会收到退信邮件。卖家可以使用大写或小写字母，但必须使用方括号将［重要］一词包含在内才有效。例如，主题行［XXX］应改为［［重要］XXX］或［XXX［重要］］。需要注意的是，对非重要消息误用［重要］，可能会导致账户被停用。

五、向买家发送附件

对于因特定联系原因从卖家平台发送的消息，可以添加最大10MB的附件。如果卖家使用自己的电子邮件服务（如Outlook），则电子邮件文本和所有附件的总大小不得超过10MB。

卖家可以在回复买家消息时发送一个或多个附件（最大不超过10MB）。买家同样可以发送一个或多个附件（最大不超过10MB）。但是，需要注意一点，即，亚马逊可能会删除任何包含不当内容的附件。

支持以下格式的附件：

文本文件（.txt）、PDF（Adobe便携式文档格式）、Word文档（.doc和.docx）、图片文件（.jpg、gif、.tiff、.bmp和.png）。

六、消息权限

如果卖家有多人负责与买家沟通，则可以使用消息权限批准或拦截他们与买家沟通的电子邮件地址。如果向买家发送的电子邮件消息既非来自为“买家与卖家消息服务”注册的电子邮件地址，也非来自卖家的另外一个电子邮件地址，将被拒收。这些电子邮件消息需要在授权电子邮件地址后重新发送。

【消息权限】页面显示以下内容：

（1）卖家内已获得授权的，并且允许通过买家与卖家消息服务向买家发送电子邮件的人员的电子邮件地址。

（2）尚未获得批准或已禁止向买家发送消息的人员的电子邮件地址。

（3）电子邮件地址可以使个人电子邮件别名，也可以使团体电子邮件地址别名（例如卖家的客户服务部门）。

若要添加其他已授权的电子邮件地址，需要按照以下步骤操作：

（1）前往消息授权页面。

（2）点击电子邮件列下方的【添加电子邮件地址】。

（3）输入电子邮件地址，然后从“已批准”“已拦截”或“删除”选项中选择相应的状态。

（4）点击【保存】。

若要更改以前输入的电子邮件地址的状态，需要执行以下步骤：

（1）前往消息权限页面。

（2）点击【编辑】。

（3）从三个可用选项中选择要更改的电子邮件地址的状态。

（4）点击【保存】。

七、搜索和筛选消息

1. 搜索

通过在买家与卖家消息页面顶部的搜索框中输入订单编号，卖家即可以搜索与订单编号相关的消息。这种搜索不包含消息的主题行或正文。

2. 筛选条件

默认情况下，“买家与卖家消息”页面会显示需要回复的消息。若要更改默认筛选条件，请点击【需要回复】标题，然后更改选择。可用的筛选条件包括：

所有消息、需要回复、未读、已发送消息、已接收消息、按日期筛选、企业买家和已存档。

八、买家与卖家消息常见问题

买家与卖家消息页面用于促进买家与卖家在亚马逊商城中进行的沟通。通过该系统，买家和卖家可以在保护双方隐私的情况下互相沟通，包括向每个买家分配一个唯一、匿名的电子邮件别名。卖家可以将这种匿名电子邮件别名作为真实电子邮件地址使用。而且，对于以后与同一买家的所有通信，匿名的电子邮件别名都是相同的。买家会收到系统为其分配的唯一电子邮件别名，用于与每个卖家进行通信。

那么，买家与卖家消息页面经常会有哪些常见问题呢？这里简单给大家罗列几个典型的常见问题。

1.“联系买家”页面

（1）为什么更改“联系买家”体验？

现在，卖家可以使用包含亚马逊提供的内容的模板，从而无须输入重复内容。这些模板有助于买家收到风格和语气一致的消息。此外，亚马逊提供的文本将自动翻译为买家商城使用的默认语言版本。

（2）为什么不支持某些联系原因？

在【联系买家】页面上，卖家可以根据订单状态和特定商品分类选用联系原因。例如，如果订单尚未完成，卖家将看到用来联系买家以通报意外问题的选项，但仍看不到联系买家处理退货问题的选项。

2. 消息递送

（1）为何卖家收到亚马逊发来的通知，说明卖家的消息无法送达？

买家可以选择不接收所有卖家主动发送的消息。这意味着卖家的电子邮件会被屏蔽，卖家将收到包含就重要问题与买家联系的说明的退信邮件。但是，如果起初是买家先给卖家发消息，只要卖家就同一条消息回复买家，对方就不能选择不接收卖家的回复。如果卖家的回复被屏蔽，可以尝试回复买家的原始消息（不要发新消息），并确保卖家的回复中含有对方的原始消息。

注意：当买家选择不接收卖家消息时，如果卖家不想接收退信邮件，请参阅下文中的“如何屏蔽退信邮件?”

（2）买家是否可以选择不接收来自卖家的消息?

可以。亚马逊允许买家选择不接收卖家主动发送的消息。但是，如果买家主动与您联系，则不能选择不接收卖家的回复。

（3）如果卖家的消息被屏蔽，如何发送对完成订单非常重要的消息?

如果是必须发送消息才能完成订单，亚马逊不会屏蔽这些消息。如果卖家的消息被屏蔽，原因可能是买家选择不接收卖家发送的非关键消息，或者亚马逊将所选的联系原因视为对完成订单并不重要。

（4）哪类消息对于完成订单非常重要?

①以下消息对于完成买家订单非常重要：

◇ 商品定制问题；

◇ 配送安排；

◇ 与配送地址相关的问题。

②以下消息对于完成订单的重要性较低：

◇ 请求提供卖家反馈或买家评论；

◇ 订单、货件、配送或退款确认。亚马逊已经发送过这些电子邮件；

◇ 主动提供的客户服务，例如，商品手册、商品使用技巧、常见问题解答、关于解决问题的建议；

◇ 缺货或延迟通知，或者提供替代商品（请改为取消订单）。

（5）如何屏蔽退信邮件？

当买家选择不接收卖家消息时，卖家可以选择停止接收退信邮件。

需要注意的是，如果卖家屏蔽退信邮件，则将无法确认发送给买家的消息是遭到屏蔽还是已送达。

（6）买家联系卖家时，消息发送到哪里？

电子邮件将发送至卖家在账户信息页面中输入的客户服务电子邮件地址。

（7）卖家如何知道亚马逊是否已将其电子邮件发送至买家？

在“买家与卖家消息服务”中，卖家可以点击【需要回复】下拉筛选条件，然后选择【已发送消息】，查看已发送给买家的通信内容。

（8）卖家通常会将买家电子邮件地址提供给配送承运人，以便承运人告知买家订单配送事宜。卖家是否可以对匿名电子邮件别名进行此操作？

不可以。卖家应该使用亚马逊的现有流程确认发货。

3. 管理消息

（1）如何找到未回复的消息？

默认情况下，卖家首次导航至买家与卖家消息页面时会看到需要回复的消息。卖家可以点击【需要回复】下拉列表，然后选择其他选项，以更改筛选条件。

（2）若卖家收到一封无须回复的买家电子邮件，如何停止邮件的回复时间计时？

要标记不需要回复的邮件，请在“买家与卖家消息”页面上，点击邮件下方的【无须回复】。卖家也可以在收到的电子邮件中点击【标记为无须回复】链接。采取以上任一种方式，便不会计算该邮件的联系回复时间。

（3）卖家可以继续使用现有的电子邮件客户端管理与买家的沟通吗？

是。卖家无须登录卖家账户就可以与买家交流。

注意：如果卖家向买家发送电子邮件时并非使用注册账户专用的电子邮件地址，电子邮件将被拒收。卖家可以先添加和批准要使用的电子邮件地址，然后再重新发送此类消息。

（4）卖家每天可发送的消息是否有数量限制？

是。亚马逊使用以下公式设置卖家每天可以发送的最大消息数量：

日均订单量的 5 倍，外加 600 条消息。

卖家无须使用“买家与卖家消息服务”另行发送货件通知或追踪编码，因为当卖家从【管理订单】页面确认发货时，亚马逊会代为发送。

4. 电子邮件地址和功能

（1）电子邮件别名有多长？使用哪种格式？

电子邮件别名共有 35 个字符（包括域名）。示例如下：

t969vz2jn3bdsy7@ marketplace. amazon. com

（2）买家是否对多个卖家使用同一电子邮件别名？

不是。买家与每个卖家进行通信时，系统都会为其分配一个唯一的电子邮件别名。

（3）是否需要对每一封邮件使用不同的电子邮件地址？

不需要。对于卖家与每位个人买家进行的所有联系而言，匿名电子邮件别名将始终保持不变。这样，卖家就可以使用买家的匿名电子邮件地址作为唯一标识，可以追踪在多个订单期间进行的对话。

（4）是否支持 HTML 电子邮件？

是。亚马逊支持买家与卖家使用 HTML 电子邮件进行通信。

（5）是否支持在电子邮件中添加附件？

卖家可以向买家发送附件，也可以接收买家发送的附件。请参阅向买家发送附件。

（6）其他信息。

①卖家收到一则不含订单编号的买家消息。如何查找买家的订单信息？

当买家在订单页面以外的位置联系您时，消息可能不会包含订单编号。在【管理订单】中搜索匿名电子邮件别名，可以找到买家的订单编号。电子邮件别名包含在卖家收到的消息的【发件人】一栏中。

②为什么亚马逊要保留买家与卖家通过亚马逊进行的通信？

通过保留买家与卖家之间的通信，可以确保当亚马逊争议解决团队审查亚马逊商城交易保障索赔和信用卡拒付时，可以查看所有买家与卖家通信，从而更快地对争议进行仲裁。

③作为卖家，能否联系其他卖家？

不能。作为卖家，不应使用卖家店铺页面上的“提问”功能联系其他卖家。如果卖家需要举报版权、商标或专利侵权行为，请参阅举报侵权页面。

④如何报告买家发来的消息？

要举报消息，请点击买家与卖家消息页面、卖家应用或卖家收到的电子邮件中的【举报消息】按钮。然后，选择相应的报告原因并点击消息底部显示的【报告消息】按钮以提交报告。

使用【报告消息】按钮向亚马逊举报任何可疑活动，例如卖家认为是垃圾邮件的消息。虽然亚马逊无法调查每一个被举报的消息，但亚马逊会分析这些数据，以识别可疑活动的模式并防止日后出现类似滥用行为。举报消息之后，卖家无须回复该消息或将其标记为【无须回复】。也没有必要将其从收件箱中删除。

⑤买家如何将卖家发送的消息与亚马逊发送的其他电子邮件区分开来？

卖家发送给买家的消息的发件人字段中将显示卖家的商户名称，而不是在买家的电子邮件收件箱中显示亚马逊。买家打开卖家的消息后，亚马逊会在消息正文中注明卖家的商户名称。

第三节 电子邮件沟通与服务

客户沟通是跨境电子商务业务中非常重要的一个方面。成功有效的客户沟通是促进在线客户下订单、使得客户获得良好的购买体验的关键因素。客户沟通的内容主要包括产品介绍、物流配送、退换货政策、纠纷解决等几个方面，使得客户能够体验到卖家客服的专业化、精准化、人性化的服务。

在跨境电商平台上运营的店铺，最常见的客户沟通方式就是通过英文邮件与客户沟通，也就是传统国际商务函电的另外一种表现形式。因此，国际商务函电的写作原则及语言特点同样适用于电子商务邮件的写作。一般来说，英文邮件除了基本的语法句法、单词拼写等要求外，内容上必须遵循主旨分明，用词准确，简洁明了、礼貌谦逊等写作原则。

需要说明的是，亚马逊后台邮件的回复，除了与传统商务函电有着共同点以外，也有其自身的特殊性，主要表现在口语化表达方式的广泛使用。因此，卖家客服人员在回复的邮件中，除了遵循传统商务函电写作原则和技巧，还应该根据具体情况，尽可能做到简明扼要、用词贴切、专业规范。

一、邮件沟通步骤

【步骤 1】查看买家邮件，并及时给予回复

买家与卖家的邮件沟通贯穿售前、售中和售后的各个环节。通常情况下，卖家应在 24 小时内回复买家邮件，否则可能会被买家投诉。因此，卖家需要每天登陆店铺界面，随时查看是否有需要回复的邮件。需要注意的是，各个账号之间为了防止关联，每台电脑只能登陆对应的账号，不能在同一台电脑上同时登陆两个账号，否则会被亚马逊检测到并按违规处理。

卖家可以进入卖家中心（Seller Central）首页的“绩效”（“买家消息”界面），并点击查看买家邮件，如图 10－1 所示。

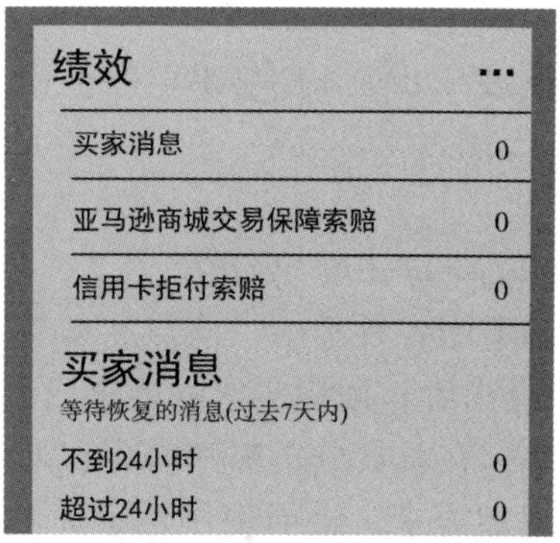

图 10－1 沟通步骤

【步骤2】分析买家邮件，了解买家需求

卖家必须认真仔细分析买家邮件的详细内容，分析买家的具体需求，即买家想要通过邮件交流解决的问题。一般来说，买家的需求多侧重于商品的询价、商品的具体信息、订单的配送、退换货规定等。图10－2所示邮件内容主要是关于买家对某种特定商品的咨询。

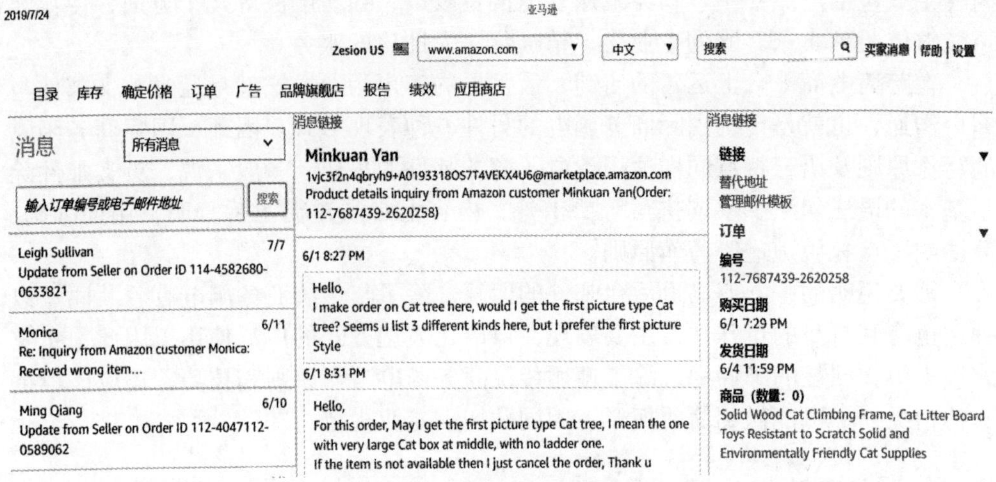

图10－2　客户咨询邮件实例

【步骤3】参照传统商务函电格式，使用专业规范的语言

卖家客服人员在回复买家邮件时，可以参照传统商务函电的格式，选用专业规范的语言，同时需要注意一些问候语或礼节性用语，这样既可以使邮件内容完整连贯，又可以提升买家体验，为卖家赢得信誉。

例如，针对图10－2中所示邮件内容，卖家在回复邮件的开头，首先要告知对方，来函咨询已经收到，并表示感谢，所以开头可以使用以下格式：

Dear Mr. Yan

Thank you for your inquiry.

……

结尾可以加入结尾敬谦语，以使邮件显得更加正式而又规范，如：

Best Regards / Sincerely yours, etc.

Jason Swift

Customer Experience Manager of ABC STORE

注意：关于国际商务函电的各种用语，请参见本节下文“商务函电用语”。

【步骤4】根据买家邮件内容，回应买家的诉求

回复买家邮件的关键是，在认真分析邮件内容和诉求的基础上，提炼出邮件核心内容，明确买家的意图和需求，进而使用地道简洁的语言做出详细的答复，或提出解决方案。如图10－3所示，针对上文买家邮件提出的特定商品的咨询，

卖家告知对方，无法满足买家需求，并给出了合理妥当的理由。如果可行的话，还可以补充说明一些优惠活动，以鼓励买家继续关注和购买。最后点击“发送”，即可完成了一封邮件的回复。

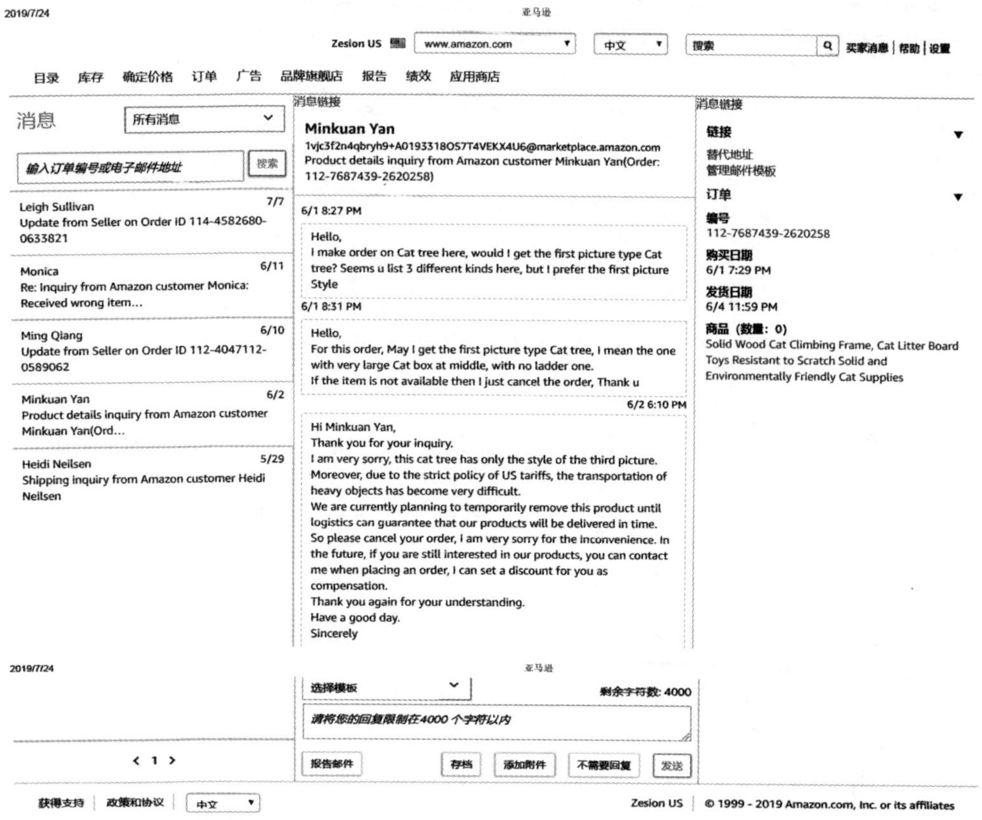

图 10－3 卖家回复客户邮件实例

二、常用商务函电用语

传统商务函电用语基本上同样适用于跨境电商中与客户的邮件沟通。这里列举一些通用的英语句式。

（1）当收到买家邮件后，在给予回复时，开头可以使用以下句式：

	asking if...
Thank you for your email	*enquiring about...*
We have received your email	*concerning...*
	etc.

（2）邮件的结尾句，可使用的句式如下：

一般情况下，卖家都希望买家下订单购买商品，因此，回复邮件的结尾通常可使用的句式如下：

I look forward to receiving your reply/order/etc.
Looking forward to hearing from you.

或者，卖家在回复邮件中，解答了买家的疑惑，则可使用以下句式，以表现出足够的热情和耐心，以期待着买家下决心购买。

I hope that this information will help you.
Please contact me if you need any further information.
Please feel free to contact me if you have any further questions.
Please let me know if you need any further information.

（3）告知对方好消息。

当卖家告知买家一些好消息，如优惠活动给、降价、限时促销等，则可以使用以下句式：

	pleased		*tell*	
I am	*delighted*	*to*	*inform*	*you that…*
	happy		*advise*	

（4）告知对方坏消息。

当卖家告知对方一些不好的消息，如断货、无法如期发货、取消优惠活动或涨价、无法接受退货或退款等，则可以使用如下句式：

	regret		*tell*	
I	*am sorry*	*to*	*inform*	*you that…*
			advise	

We regret that…
Regretfully, …unable to help you…

（5）解释能做某事或不能做某事。

在书面商务沟通中，如需解释能做某事或不能做某事，一般不用 can / can not do…，而是使用如下句式：

We are able to…
We are in a position to…
We are unable to…
We have been forced to…

例如：Thank you for your order for 50 metric tons of Emery Powder but regret that we are unable to accept your request for a 30% discount.

再如：We have been forced to increase our prices. This is due to the rise of the price of raw materials.

（6）给出某个理由。

This is	*owing to…*
	due to…
	as a result of…
	because of…
	because…

注意：若要在这些短语后面加句子，则需加上 *the fact that…*

例如：'This is due to the fact that the dollar has fallen.'

（7）请求对方做某事。

在英语商务沟通中，若需请求对方做某事时，通常不使用祈使句，而是使用更加委婉客气的说法：

Please could you…
We would be grateful if you could…
We would appreciate it if you could…
I wonder whether you could …
Could you possibly tell us…
(In particular, in addition) we would like to know (about/if)…
It would be helpful if you could…
Please let me know…
Please inform us of…

例如：I wonder whether it could be possible for you to let us know the size of your order so that we could determine what discount we are able to offer you.

或者：We would also appreciate it if you could give us further details about your request for the delivery.

（8）回复对方请求。

同意请求

We are pleased to / are delighted to / should like to tell you that…
I am delighted to be able to agree to your request.
Thank you for…. We are pleased to tell you that…

拒绝请求

We are sorry that we are not able to help you with…
I'm sorry to inform you that we are unable to…
I am sorry but I am unable to…
I'm afraid I don't have the information available just now. I will contact you again as soon as possible.

需要注意的是：

在答应买方请求时，应当在回复邮件时，尽早告知对方，以增加买家购买信心。

但是拒绝时，应当先给出理由，再拒绝，而且如果可能的话，最好使用礼貌用语，并表示安慰或示意以后在条件允许的情况下，愿意满足买家请求。

（9）向买家道歉。

We (must) apologize if…
We (would like to) apologize for…(any inconvenience this may have caused).
Please accept our deep and sincere apologies.
We are extremely / terribly / truly sorry for / about…/ not to be able to…
I am sorry I could not be of more help.
We hope that this has not caused you any inconvenience.
With apologies once again.
I regret any inconvenience caused.

例如：We must apologize for the delay in shipping this order. This was due to unforeseen circumstances. However, we are dealing with your order now and it will be sent without further delay.

With apologies once again.

再如：I apologize for the error and hope that this replacement shipment will reach you in time to meet your needs.

也就是说，当买家对某种购买或服务不满意或投诉时，卖家应立即做出反应，委婉的道歉不失为一种明智之举，先平和买家不满情绪，再慢慢协商问题的解决办法。总之，在发生纠纷时，买家一定要先从自身找问题，表态度，以尽力维护买家的购买体验。

三、邮件沟通模板

模板一：回复客户发来的商品咨询函

1. Positive reply

Dear Customer *Thank you for your inquiry. We are delighted to tell you that the sports shoes you inquired about are all available in stock. Additionally, we are launching promotion activities for some of our products including shoes. As a new customer, you will get a 5% discount for the first order.* *Please read the detail information of the item, and choose the size as you wish. Thank you again for your interest in our products.* *Looking forward to your order.* *Best regards* *Taylor Swift* *Customer Experience Manager*

2. Negative reply

Dear Customer *Thank you for your interest in our products. I'm sorry to tell you that the product you inquired about is not available in stock at the moment. Moreover, due to the strict policy of* US *tariffs, the transportation of heavy objects has become very difficult. We are currently planning to temporarily remove this product until logistics can guarantee delivery of our products. In the future, please contact us if you are still interested in our products. We'll try to offer you a special discount as compensation. Thank you again for your understanding.* *Sincerely* *Taylor Swift* *Customer Experience Manager*

在回复买家询盘函时，若卖家能够满足买家需求，则最好开门见山，直接告诉对方，并表示期待买家的订单，即可；若是因为缺货或物流配送等原因无法满足买家需求时，则应妥当地给出理由，并尽力表示出如果买家对其他产品有兴趣的话，欢迎选购，并提出一些优惠政策以鼓励其继续购买。

模板二：买家询问货物送达时间

Dear Customer *Thank you so much for your order.* *Usually, it takes about* 7 – 10 *days for the item to reach you.* *Please contact us if you have any other questions. We'll reply to you* ASAP. *Best Regards* *Taylor Swift* *Customer Experience Manager*

在买家已经下订单后，来函询问有关商品相关信息或物流信息是，卖家首先要表示感谢对方的订单，然后根据实情直接回复即可。语言尽量简洁，段落清晰，切记不要把所有信息全部含在一个段落里。

模板三：提醒客户付款

Dear Customer *Thank you for your order.* *The item you selected is of great demand for its good quality and competitive price. I'm sure you will like it, so instant payment can ensure earlier arrangement and avoid shortage of stock.* *Thank you. Awaiting your earlier payment.* *Sincerely* *Henry Spencer* *Customer Experience Manager*

当客户下订单但尚未付款的时候，卖家应在邮件中强调两点。首先，简要概述产品的最大卖点，如产品质量（good quality），价格具有竞争力（competitive price），需求量大（of great demand）等，以强化客户对产品的信心。其次，建议提及尽早付款（instant payment）以避免缺货。但是，切记不要过分赘述，以免引起客户不愉快，反而有可能取消订单。

模板四：客户付款后，卖家确认有货

Dear Customer *Thank you for choosing our product.* *We're happy to tell you that your item is available in stock and will be arranged within* 24 – 48 *hours to be delivered. The courier number will be online for tracking within* 3 *days of the delivery date, and we would keep you informed of the delivery progress.* *Furthermore, we would check the quality of the product and try our best to assure you that your item is in a satisfactory condition.* *Thanks again for your purchase.* *Best Regards* *Jerry* *Customer Experience Manager*

当客户下单后，卖家应首先确认是否库存有货。在该例文中，卖家有库存可发货，遂告知买家，可在 24 ~ 48 小时内发货。单号会在发货日期起 3 天可在线追踪，并且卖家会随时告知买家物流进展情况。此外，卖家还可适当表示，对订单货物保证质量及包装情况，以证明友好的服务态度，并消除买家的顾虑。

模板五：告知买家已发货

Dear Valued Customer

Thank you for ordering with us.

We have arranged shipment of your ordered item on 17 *July by* EMS. *The tracking number is* 1001709226727. *It will take* 6 – 8 *days to reach you. Please check the tracking number for updated information.*

Please feel free to contact us if you have any questions about the delivery. And we would appreciate it if you could leave us five-star appraisal after you receive the item.

Looking forward to your future order.

Sincerely

Kelly

Customer Experience Manager of ABC STORE

在这类内容的邮件中，需要告知买家，货已发出，并提供单号，以便买家可随时跟查物流情况。同时，告知买家大概的到货时间，使对方有一个心理预期，从而增加满意度。在邮件结束前，可表示出如果买家对此次购买满意的话，可以给出五星好评，并期待其日后继续购买，以维持住老顾客。

模板六：买家已下单，货已经发出，但在网上未查到物流信息，买家发来邮件查询货物情况。

Dear Valued Customer

Thank you for your purchase. It will take 3 *days for the shipping information to be online for tracking. Could you please keep your patience and wait a few more days? We assure that you will be kept informed of the tracking.*

Your understanding will be highly appreciated.

Best regards

Kevin Spencer

Customer Experience Manager of ABC STORE

针对买家对已下订单的物流情况的咨询，只需回复告知物流信息需要几天的时间才会在线显示，且可查询，请对方耐心等待。此外，向买家保证随时向买家更新物流信息，以消除买家的顾虑，增强买家的信心。

模板七：客户付款后，卖家告知断货

Dear Customer

Thank you for your order.

However, we are sorry to inform you that the item you selected has been out of stock. So we would like to recommend to you some other items which we think might be

of interest to you. Please click the following link to check them out.
If you don't want any other item, please cancel it by clicking 'Cancel the Order'. We would be much obliged if you could choose the reason 'Buyer Ordered Wrong Product', and your payment will be returned within 7 business days.
Sorry for the trouble and thanks for your understanding. Looking forward to your next order.
Yours sincerely
Florent Greenbank
Customer Experience Manager of ABC STORE

当客户下单付款后，卖家发现订单产品缺货，应及时告知客户实情，并可考虑向对方推荐其他类似产品。如果买家欲取消订单，卖家应明确告知大致的操作流程，建议买家在退货原因处选择“购买错误商品”，并表示款项将在 7 个工作日内退还。最后，再次道歉并感谢买家的理解，表示期待未来的继续购买。

模板八：买家退货，卖家同意

Dear Customer
We are writing to tell you that your return request has been approved. You will be receiving a shipping label and RMA instructions via Amazon. Please be advised that the return shipping cost is to be on the buyer's account. The initial shipping cost cannot be refunded and a 20% restocking fee may be charged if the merchandise is found used or damaged.
Additionally, we would like to point out that our store is registered on Amazon and we only accept returns of our merchandise. Please make sure that you ship the item purchased from our store. Otherwise, the merchandise will be shipped back to you and any shipping cost incurred will be borne by you.
We appreciate your cooperation and look forward to your future order soon.
Yours sincerely
Yiming Tang
Customer Experience Manager of ABC STORE

上述模板适用于买家以不想要为由要求退货，卖家接受退款请求的情况。建议在邮件中提到两个方面。首先，告知对方的退货申请被批准，并且说明运费及重返仓费用问题。其次，建议提醒卖家，必须保证所退商品确是从我家店铺所购，否则商品会被退回买家，且所发生的运费将由买家承担。

模板九：买家没有收到货，发邮件询问情况

> *Dear Customer*
> *Thank you for your purchase.*
> *I am sorry to tell you that your order cannot not be shipped. I checked the logistics progress of your order, but it just shows that the merchandise is still under the customs inspection and there has been no further update for a few days.*
> *I learned from the shipping company that due to the newly-issued US trade policy, this heavy cargo could not be effectively cleared through the customs. We will refund you immediately, therefore, please check your account later.*
> *Sorry again for the trouble. Your understanding will be highly appreciated.*
> *Sincerely*
> *Macy*
> *Customer Experience Manager of* ABC STORE

如果在买家下订单后，卖家才发现货物无法运出，那么卖家需要尽快联系买家，告知结果，并做出合理适当的解释，以消除买家的误会。然后，表示立即向买家退款。

模板十：收到客户好评

> *Dear Valued Customer*
> *Thank you for shopping from us and leaving us 5-star appraisal. We are happy to inform you that you have been upgraded to VIP Customer.*
> *But we have to say that your opinion also matters and will be highly appreciated.*
> *Frankly, pictures are worth 1000 words. We would be grateful, therefore, if you could include your pictures in your review or make your review come alive by uploading a video.*
> *Many thanks again and we will do our best to provide better products and services to you in the future.*
> *Best Regards.*
> *Jerry Spencer*
> *Customer Experience Manager of* ABC STORE

亚马逊网站非常重视评价、重视产品而非广告，因此，评论（Review）对亚马逊商城起着至关重要的作用。根据亚马逊平台对卖家禁止行为的规定，卖家可以请求买家提供反馈，但不可以利诱买家，使其提供或删除评论。卖家向买家发消息时，有些话是不能说的，比如直接要 5 个星好评或者用折扣获取 Review 等。

但是，卖家可以巧妙地与买家联系，尤其是已留五星评价（appraisal）的客户，在收到客户好评后，发一封感谢信，这将大大加深客户对该店铺的好印象。

向其表示感谢的同时，轻轻引导其留评论（Review），鼓励其用文字、图片或视频来分享他们的看法。

模板十一：收到买家中评或差评

> *Dear Valued Customer*
>
> *We are so sorry to see that you left negative (neutral) feedback relating to your recent purchase experience from our store.*
>
> *It would be much appreciated if you could contact us and let us know what the problem is. We assure you that we would try our best to correct it, and would be grateful if you could revise your feedback into a positive one for us. Thank you.*
>
> *Yours sincerely*
>
> *Jerry Spencer*
>
> *Customer Experience Manager of* ABC STORE

从客户的角度来说，面对中评或差评的 Listing，内心或多或少会对产品质量产生顾虑。而从广告投放的角度看，因为中评或差评，所以客户有疑虑，有疑虑转化率就低，转化率低就会导致关键词质量得分下降，关键词质量得分不高，排名就靠后，想往前冲，就需要出更高的竞价，因此，评论的内容在很大程度上影响着广告成本的变化。

因此，如果客户给出了中评或差评，客服人员应当首先向客户表达歉意，然后恳请买家告知具体的问题所在，以找到解决方案，最终让客户满意并修改评价。

总之，作为亚马逊卖家，一定要及时处理买家的邮件，因为买家对于卖家处理结果的满意度是亚马逊考核卖家店铺绩效的一个重要指标。买家邮件内容基本上围绕商品本身和物流、或售后退换货、纠纷解决等方面的问题。如果关于商品本身的质量、数量、规格、颜色、尺码等相关信息反馈较多，卖家则应当及时优化和完善商品描述、属性等，并在发货后给买家留言，提供物流单号给买家。如果关于售后退换货或纠纷解决等问题，卖家也应及时回复买家，积极主动帮助买家处理好具体的问题，以使买家获得愉快的购物体验，这样才能使买家保持对卖家店铺的忠诚度及再次购买的决心。

鉴于此，卖家客服人员必须具备较好的英文功底，能够熟练地运用英语进行业务沟通，并且非常清楚公司的产品、服务及相关的政策规定。此外，在邮件的书写方面，必须保证格式规范、态度诚恳、语言地道，且有耐心懂礼貌、尽可能高效并合理地帮助买家解决问题。

小结：

本章节主要介绍了亚马逊平台退换货政策，并详细介绍了亚马逊商城交易保障索赔条款（A-to-z Guarantee Claims）；介绍了买家与卖家消息（Buyer - Seller Messages），这项服务是唯一已获批准的与亚马逊买家进行沟通的一种方式。卖家与买家的往来信息都显示在“买家与卖家消息”页面上；介绍了客户服务过程的英文邮件沟通的特点及写作技巧，为跨境电商的客服人员提供了大量的参考依据。

课后练习

1. 根据亚马逊的客户服务相关政策，如果你欲在其平台开店，从中获得什么启示？

2. 卖家应该如何应对 A-to-z 保障索赔要求？

3. 跨境电商的客服人员应该具备哪些素质？

参考资料：

1. 亚马逊全球开店，gs. amazon. cn。

2. 中国电子商务研究中心，网经社，网络经济服务平台，http：//www. 100ec. cn。

3. 雨果网，跨境电商智能服务平台，https：//www. cifnews. com。